Maria Lúcia de Arruda Aranha

Filosofia da Educação

Maria Lúcia de Arruda Aranha

Coautora de *Filosofando: introdução à filosofia* e *Temas de filosofia*.
Autora de *História da educação* e *Maquiavel: a lógica da força*.

Filosofia da Educação

3ª edição
revista e ampliada

© MARIA LÚCIA DE ARRUDA ARANHA, 2006

COORDENAÇÃO EDITORIAL	Lisabeth Bansi e Ademir Garcia Telles
COORDENAÇÃO DE PRODUÇÃO GRÁFICA	André Monteiro, Maria de Lourdes Rodrigues
PREPARAÇÃO DE TEXTO	Edna Viana
COORDENAÇÃO DE REVISÃO	Estevam Vieira Lédo Jr.
REVISÃO	Editora Mania de Livro
EDIÇÃO DE ARTE, CAPA E PROJETO GRÁFICO	Ricardo Postacchini
COORDENAÇÃO DE PESQUISA ICONOGRÁFICA	Ana Lucia Soares
PESQUISA ICONOGRÁFICA	Monica de Souza
	As imagens identificadas com a sigla CID foram fornecidas pelo Centro de Informação e Documentação da Editora Moderna.
DIAGRAMAÇÃO	Camila Fiorenza Crispino
COORDENAÇÃO DE TRATAMENTO DE IMAGENS	Américo Jesus
TRATAMENTO DE IMAGENS	Rodrigo Fragoso
SAÍDA DE FILMES	Helio P. de Souza Filho, Marcio H. Kamoto
COORDENAÇÃO DE PRODUÇÃO INDUSTRIAL	Wilson Aparecido Troque
IMPRESSÃO E ACABAMENTO	Forma Certa
LOTE	749348

CRÉDITOS DAS FOTOS: pág. 16 - Stanza della Segnatura, Vaticano – Roma/Bridgeman/Keystone, pág. 30 - AKG/Stock Photos, pág. 42 - Publius Vergilius/Folha Imagem, pág. 56 - Burstein Collection/Corbis/Stock Photos, pág. 74 - Tate Gallery – Londres/The Andy Warhol Foundation for the Visual Arts Inc., pág. 92 - Museu do Louvre, Paris, pág. 110 - Bettmann/Corbis/Stock Photos, pág. 122 - Patrícia Santos/Folha Imagem, pág. 148 - Museu de Arte da Filadélfia, EUA/Bridgeman/Keystone, pág. 158 - Coleção Simon Spierer, pág. 170 - André Sarmento/Folha Imagem, pág. 190 - Edison Vara/Pressphoto/Folha Imagem, pág. 206 - AKG/Stock Photos, pág. 222 - Kurt Hutton/Picture Post/Getty Images, pág. 240 - Bettmann/Corbis/Stock Photos, pág. 262 - Espólio de Jean-Michel Basquiat, pág. 292 - Coleção Particular

Dados Internacionais de Catalogação na Publicação (CIP)
(Câmara Brasileira do Livro, SP, Brasil)

Aranha, Maria Lúcia de Arruda
Filosofia da educação / Maria Lúcia de Arruda Aranha. — 3. ed. rev. e ampl. — São Paulo : Moderna 2006.

Bibliografia

1. Educação - Filosofia I. Título.

06-3921   CDD-370.1

Índices para catálogo sistemático:
1. Educação : Filosofia 370.1
2. Filosofia da educação 370.1

Reprodução proibida. Art.184 do Código Penal e Lei 9.610 de 19 de fevereiro de 1998.

Todos os direitos reservados

EDITORA MODERNA LTDA.
Rua Padre Adelino, 758 - Belenzinho
São Paulo - SP - Brasil - CEP 03303-904
Vendas e Atendimento: Tel. (0_ _11) 2790-1500
Fax (0_ _11) 2790-1501
www.moderna.com.br
2022

Impresso no Brasil

1   3   5   7   9   10   8   6   4   2

Para meu pai, ao completar seus 90 anos:
Embora tenha percorrido outros caminhos profissionais,
manteve sempre viva a vocação de educador.

Apresentação

Nesta 3ª edição de *Filosofia da educação* procedemos a diversas alterações, desde a revisão integral e a atualização, até uma reestruturação que julgamos facilitar a exposição didática dos temas.

Os dezessete capítulos estão distribuídos em quatro unidades:

Unidade I — Filosofia e educação: reflexões introdutórias

Optamos por iniciar pela explicitação dos conceitos básicos que orientam o enfoque do restante do livro, quais sejam: filosofia, filosofia da educação, educação e pedagogia. E, ainda, o que entendemos por prática docente e especificidade da formação do professor.

Unidade II — Educação e sociedade

Nos cinco capítulos dessa unidade buscamos compreender o solo em que se fundam a educação e a teoria pedagógica. Para tanto abordamos o conceito antropológico de cultura para analisar a atuação humana na sociedade e compreender as relações intersubjetivas nas diversas atividades que são importantes para o processo educativo de socialização e humanização. Destacamos ainda os riscos da alienação e da ideologia, que nos advertem sobre o caráter político da educação e a não neutralidade dos procedimentos e teorias. Na sequência, a partir de um enfoque histórico, contrapomos os tipos de educação informal e não formal com a instituição escolar, a fim de compreender de modo contextualizado as diversas concepções de infância, de família e de educação. Fechando esse panorama, uma visão crítica sobre aqueles que foram ou ainda têm sido os excluídos da escola: as mulheres, os segmentos populares, os negros e os indígenas.

Unidade III — Pressupostos filosóficos da educação

Essa unidade, com seus quatro capítulos, constitui o "coração" do livro. Nela examinamos os pressupostos filosóficos subjacentes às práticas educativas e às teorias pedagógicas, ou seja, são explicitados os seus fundamentos antropológicos, epistemológicos e axiológicos, assim como as relações entre política e educação. Por meio desses fundamentos podemos melhor compreender a orientação e os propósitos que movem os educadores, condição para que a sua atuação seja intencional e não apenas empírica.

Unidade IV — Concepções contemporâneas de educação

Os cinco capítulos finais elencam as principais teorias pedagógicas, desde as tradicionais até as mais contemporâneas, oportunidade essa de investigar como os conceitos vistos até então se aplicam de modo variado nas diversas tendências. Essa abordagem não pretende ser exaustiva, por não se tratar propriamente de uma história da educação, embora tenhamos acrescido nesta edição outras teorias que melhor situam o estágio em que se encontra a reflexão sobre a educação. Finalizamos com uma indagação prospectiva, diante do impasse em que se encontra a instituição escolar.

Para auxiliar o trabalho do professor em sala de aula e oferecer maiores subsídios para os alunos, usamos diversos recursos didáticos:

• Cada capítulo apresenta o assunto de forma suficientemente clara, sendo complementado por *Dropes e Leituras complementares*, a fim de diversificar as abordagens feitas e ampliar a discussão dos temas. Para completar, as *Atividades* propõem questões de dificuldade variada que estimulam a reflexão do aluno.

• O *Vocabulário* privilegia os conceitos mais usados, facilitando a consulta rápida.

• A *Orientação bibliográfica* consta de uma *Bibliografia básica* (obras de filosofia da educação, história da educação e da pedagogia, introdução à filosofia, dicionários, revistas, coleções, orientação para trabalhos) e de uma *Bibliografia geral* para a complementação de pesquisas.

• O *Índice de nomes* identifica os autores em sua atividade principal, situando-os no tempo, além de fazer a remissão às páginas em que foram citados.

Esperamos que este livro continue servindo para auxiliar o professor e o estudante. Temos também a esperança de estar contribuindo para o exercício da análise crítica dos problemas relativos à educação que a realidade concreta nos apresenta.

A autora

Sumário

UNIDADE I — FILOSOFIA E EDUCAÇÃO: REFLEXÕES INTRODUTÓRIAS 15

1. Filosofia e filosofia da educação 17

1. Diferentes olhares 18
O mito, O senso comum, A ciência, A arte, A filosofia
2. O processo do filosofar 20
3. Origem da filosofia 22
4. Áreas da investigação filosófica 23
5. Filosofia da educação 25

Conclusão 26

Leituras complementares 27
1. Fernando Savater: [Filosofar] 2. André Comte-Sponville: [O sentido]

2. Educação e pedagogia 31

1. O ato de educar 31
2. A reflexão pedagógica 33
Pedagogia: ciência da educação
3. Ciências auxiliares da pedagogia 35
A psicologia, A sociologia, Outras ciências
4. A especificidade da pedagogia 37

Leitura complementar 39
Maria Amélia Santoro Franco: [As ações educativas e a ciência pedagógica]

3. A formação do educador 43

1. A prática docente 43
2. A profissionalização do educador: um pouco de história 44
3. Professores como intelectuais transformadores 46
4. Professores reflexivos e escola reflexiva 49
5. Para não concluir 49

Leitura complementar ***51***
José Carlos Libâneo *et al.*: A escola, lugar de aprendizagem da profissão

UNIDADE II — EDUCAÇÃO E SOCIEDADE 55

4. Cultura e humanização 57

1. Conceito antropológico de cultura 58
2. Cultura e socialização 59
3. Sentido restrito de cultura 60
4. Diversos tipos de cultura 61
A cultura erudita, A cultura popular, A cultura de massa, A cultura popular individualizada
5. Pluralidade cultural 65
Cultura, direitos humanos e globalização
6. Educação e cultura 67

Leituras complementares ***69***
1. Luís Milanesi: [Os três verbos da ação cultural]
2. Antonio Joaquim Severino: A cidadania e suas mediações

5. Alienação e ideologia 75

1. O trabalho como práxis 75
2. A alienação na sociedade industrial 76
3. Sociedade pós-moderna e alienação 78
A sociedade do lazer
4. Ideologia e trabalho 80
Características da ideologia
5. Alienação, ideologia e educação 82
Legislação e ideologia, Prática educativa e ideologia
6. Contraideologia: educar para a cidadania 85

Leitura complementar ***87***
Antonio Joaquim Severino: O espaço de contradição da educação e sua força transformadora

6. Educação informal e não formal 93

1. Distinções preliminares 93
Educação informal, Educação não formal
2. Família e infância 95
A família e a socialização das crianças, Conceito histórico de família e de infância, A reinvenção da família
3. Os meios de comunicação de massa 101
A evolução das técnicas de comunicação, Os efeitos dos meios de comunicação de massa

Conclusão ***103***

Leituras complementares...***105***
1. Angel Pino: Os diferentes rostos da infância
2. Henry A. Giroux: Redefinição de alfabetismo

7. Educação formal: a instituição escolar 111

1. A escola antiga e a medieval..111
2. Os colégios religiosos...112
3. A pedagogia realista...114
4. O impacto da Revolução Industrial.............................115
5. A escola em nossos dias 117

Conclusão ***118***

Leitura complementar..***119***
Inés Dussel e Marcelo Caruso: O futuro da sala de aula

8. Educação e inclusão.. 123

PARTE I — Educação popular **124**
1. Dificuldades de conceituação 124
2. Histórico da educação popular 124
3. A educação popular no Brasil 126
4. Uma tradição de exclusão 128
5. Desafios 130

Conclusão ***131***

Leitura complementar..***133***
Amartya Sen: Capital humano e capacidade humana

PARTE II — Educação da mulher **137**
1. O mito da feminilidade 137
2. Histórico da educação da mulher 139
A educação da mulher no Brasil
3. A profissionalização da mulher 141
4. A quem interessa a emancipação feminina? 142

Conclusão ***143***

Leitura complementar ***144***
Jacques Delors *et al.*: Participação das mulheres na educação

UNIDADE III — PRESSUPOSTOS FILOSÓFICOS DA EDUCAÇÃO.................. 147

9. Antropologia filosófica 149

1. A questão antropológica...150
2. Concepção essencialista 150

3. Concepção naturalista..151
4. Concepção histórico-social..153

Conclusão **154**

Leitura complementar **155**
Laurent Gerbier: O próprio do homem e a natureza humana

10. Epistemologia 159
1. A teoria do conhecimento...160
2. Inatismo e empirismo...160
Ciências humanas e positivismo
3. Proposta de superação...162
4. A epistemologia e a práxis pedagógica..................................165

Conclusão **165**

Leitura complementar...**167**
Fernando Becker: [A epistemologia do professor]

11. Axiologia... 171
1. A teoria dos valores 172
2. Educação moral: o sujeito autônomo...................................173
O que é moral, Aprender a ser livre, Programas de educação moral
3. Educação política: a cidadania..179
A política democrática, Histórico da cidadania, Educação e cidadania
4. Educação estética: a sensibilidade 182
O que é estética, A educação como atividade estética

Conclusão **185**

Leituras complementares...**186**
1. Barbara Freitag: [Os programas de educação moral]
2. Sandra Mara Corazza: Artistar

12. Política e educação... 191
1. O que é liberalismo 191
Um novo modo de pensar e agir, A educação liberal
2. As ideias socialistas 195
Socialismo e educação
3. Neoliberalismo e globalização..198

Conclusão **200**

Leitura complementar...**202**
Slavoj Zizek: [Estado e globalização]

UNIDADE IV — CONCEPÇÕES CONTEMPORÂNEAS DE EDUCAÇÃO 205

13. A pedagogia nos séculos XVIII e XIX 207

1. O ideal iluminista de educação 207
2. A pedagogia de Rousseau...208
3. Kant pedagogo 210
4. A experiência de Pestalozzi 211
5. As turbulências do século XIX..212
O idealismo dialético, O positivismo
6. A pedagogia de Herbart..214
7. As críticas de Nietzsche 215

Conclusão **216**

Leitura complementar..**218**
Michel Foucault: [A disciplina]

14. Concepções liberais do século XX 223

1. O legado da escola tradicional 224
2. A Escola Nova 225
Características gerais da Escola Nova, Escola Nova e pragmatismo, O escolanovismo
no Brasil, As ilusões da Escola Nova
3. A tendência tecnicista...231
Características do tecnicismo, Pressupostos teóricos do tecnicismo, O tecnicismo no Brasil,
Críticas ao tecnicismo

Conclusão **234**

Leitura complementar..**236**
Anísio Teixeira: Organização psicológica das "matérias" escolares

15. Críticas à escola 241

1. Uma proposta radical: a desescolarização 242
A sociedade institucionalizada, Sociedade sem escolas, Avaliação da proposta
de desescolarização
2. Pedagogias não diretivas liberais 245
Principais representantes, Avaliação do não diretivismo
3. Teorias anarquistas..247
A autogestão pedagógica, A escola libertária de Ferrer, A pedagogia institucional,
O anarquismo no Brasil, Avaliação das pedagogias antiautoritárias
4. Teorias crítico-reprodutivistas 252
Bourdieu e Passeron: a violência simbólica, Althusser: a escola como aparelho ideológico
de Estado, Baudelot e Establet: a escola dualista, Representantes brasileiros,
Avaliação das teorias crítico-reprodutivistas

Conclusão **257**

Leitura complementar...***258***
Silvio Gallo: A autogestão pedagógica

16. Pedagogias histórico-sociais e outras tendências....................263

1. Teorias socialistas 263
2. A concepção histórico-cultural de Vygotsky...............................265
3. Teorias progressistas 268
Principais representantes, A pedagogia de Snyders, A pedagogia libertadora de Paulo Freire,
Pedagogia histórico-crítica, A escola progressista e a democracia
4. Teorias construtivistas 278
A epistemologia genética: Jean Piaget, A psicogênese da escrita: Emilia Ferreiro,
Outros teóricos construtivistas
5. Outras tendências: o pós-modernismo....................................281

Conclusão ***284***

Leituras complementares ***286***
1. Georges Snyders: [Não se educa inocentemente]
2. Lev Vygotsky: A história natural da operação com signos

17. Desafios para o século XXI 293

1. A crise da sociedade contemporânea 294
2. A crise da escola 295
3. Relação entre escola e Estado 296
4. Reflexos no Brasil 298
5. Formação do professor 299
6. Outros desafios 300
Educação permanente e integral

Conclusão ***302***

Leitura complementar...***303***
Pierre Lévy: Educação e cibercultura

Vocabulário 306

Orientação bibliográfica...315

Bibliografia básica 315

Bibliografia geral 317

Índice de nomes 321

UNIDADE I

Filosofia e Educação: reflexões introdutórias

1. Filosofia e filosofia da educação

2. Educação e pedagogia

3. A formação do educador

Capítulo 1

Filosofia e filosofia da educação

Neste capítulo introdutório veremos o que representa a reflexão filosófica no campo das indagações sobre a educação. Dizemos introdutório porque aqui alinhavaremos os primeiros vetores que serão desenvolvidos ao longo deste livro.

Para começar, um pensamento do filósofo espanhol Fernando Savater: "Filosofamos partindo do que sabemos para o que não sabemos, para o que parece que nunca poderemos saber totalmente; em muitas ocasiões filosofamos *contra* o que sabemos, ou melhor, repensando e questionando o que acreditávamos já saber. Então nunca podemos tirar nada a limpo? Sim, quando pelo menos conseguimos *orientar* melhor o alcance de nossas dúvidas ou de nossas convicções. Quanto ao mais, quem não for capaz de viver na incerteza fará bem em nunca se pôr a pensar"[1].

‹ **O mestre (talvez Euclides?) ensina geometria, sob o olhar atento dos jovens. Este gesto milenar é objeto de estudo não só da pedagogia, mas também do filósofo, que acompanha reflexiva e criticamente a ação educativa.**

---

[1] *As perguntas da vida*. São Paulo, Martins Fontes, 2001, p. 210.

1. Diferentes olhares

Podemos olhar o mundo e a nós mesmos de diversas perspectivas: do mito, da religião, do senso comum, da ciência, da arte e da filosofia. Essas abordagens compreensivas da realidade não se excluem necessariamente, mas coexistem no nosso cotidiano: um cientista, com elaborado conhecimento numa área específica (por exemplo, a física), não deixa de usar o senso comum na vida cotidiana quando, empiricamente, educa seu filho ou, ainda, ao recorrer à filosofia para analisar os fundamentos de sua ciência; uma pessoa religiosa aproxima-se de Deus pela fé, mas também busca na filosofia a justificação racional da existência de Deus; o mesmo acontece com o artista, cuja percepção sensível do mundo coexiste com as demais maneiras de conhecer.

No entanto, conforme a época ou o lugar, pode haver variação da ênfase que se dá a alguma dessas abordagens. É o que veremos a seguir.

O mito

O mito é um tipo de compreensão intuitiva da realidade. Entendemos por intuição um conhecimento imediato, que dispensa argumentos e fundamentações. Bastam as crenças, sem que se exija daquele que crê a compreensão plena dos mistérios: estes são aceitos sem discussão, transmitidos pela tradição cultural, muitas vezes com forte apelo ao sobrenatural, isto é, à origem divina dos fenômenos.

Entre os povos tribais, o mito constitui uma estrutura dominante, porque abarca as demais abordagens, fecundando todo o pensar, o agir e o valorar. Ou seja, por acreditar na atuação constante dos deuses, o mito primitivo ritualiza todas as atividades: os instrumentos úteis e as manifestações artísticas têm características mágicas; o mesmo ocorre com o plantio e a colheita, a caça, a guerra, as relações entre os indivíduos (nascer, tornar-se adulto, casar, morrer), a explicação da origem do universo, os valores aceitos. Em suma, no mundo primitivo tudo é mito e tudo se faz por magia.

Quando as relações sociais começam a se tornar mais complexas, muitas vezes devido ao incremento do comércio, o contato com outros povos e o confronto com costumes diversos produzem uma racionalidade mais elaborada e crítica que reduz o poder do mito, restringindo-o a alguns setores da vida da comunidade, sobretudo no campo religioso.

À medida que o mito deixa de ser uma compreensão abrangente do real, o conhecimento se seculariza, isto é, torna-se predominantemente profano, "do mundo". Pode-se então falar de um saber menos mítico e mais racional, bem como de um agir menos mágico e mais técnico, ambos — pensamento e ação — orientados pela experiência de vida.

É preciso ressaltar que o desenvolvimento do pensamento reflexivo não decreta a morte da consciência mítica, porque o mito, mesmo entre os povos ditos civilizados, ainda ocupa lugar de destaque como modo fundamental de todo viver humano. Em outras palavras, tudo o que pensamos e queremos se situa inicialmente no horizonte da imaginação, nos pressupostos míticos, cujo sentido existencial serve de base para o trabalho posterior da razão.

Caberá, porém, a cada um de nós distinguir os mitos que são destrutivos daqueles outros que embalam nossos sonhos e que nos são oferecidos pela religião, pela literatura, pelos ideais políticos e que mobilizam nossas convicções mais íntimas. Como exemplo dos primeiros, lembramos os mitos da "raça pura" que desencadearam as perseguições nazistas e embalaram gerações na crença cega no poder de um *fuhrer* (aquele que conduz).

O senso comum

Chamamos de *senso comum* o conhecimento herdado por um grupo social, cujas experiências fecundas continuam sendo levadas a efeito pelos indivíduos da comunidade. Não se trata de um conhecimento inferior, como alguns poderiam supor, desde que as pessoas saibam reelaborar a herança recebida, transformando o senso comum em *bom senso*.

O senso comum é fragmentário, difuso, ametódico e assistemático e, como tal, em um primeiro momento, o que é herdado não é questionado. Caberá ao bom senso retomar criticamente os saberes e valores recebidos, para adequá-los ou transformá-los a partir da análise das novas situações vividas. Nesse sentido, o bom senso não depende de erudição ou "estudo", mas da sabedoria pela qual conseguimos dar um sentido humano à vida e ao nosso destino.

No entanto, como veremos no capítulo 5, nem sempre é possível criticar o saber comum, sobretudo nas sociedades em que persiste a dominação ou a exploração de um grupo sobre o outro. Nesses casos, aquilo que se entende por senso comum na verdade não passa de ideologia, de imposição de ideias e valores que garantem os interesses de classe.

A ciência

A ciência é uma conquista relativamente recente da humanidade. Surgiu no século XVII, quando Galileu estabeleceu as bases de um revolucionário método científico que transformou a física e a astronomia vigentes desde a Antiguidade grega em ciências modernas. Daí em diante, com o recurso da experimentação e da matematização, foi possível aos cientistas delimitar os objetos estudados e descobrir regularidades nos fenômenos observados, estabelecendo leis gerais e teorias. As consequências de um saber tão rigoroso e elaborado não demoraram a se fazer sentir, com as transformações tecnológicas que mudaram a face do mundo.

O sucesso da ciência e da tecnologia, porém, não justifica a supervalorização da ciência e a exclusão de outros tipos de conhecimento. Embora rigoroso e eficaz, o conhecimento científico é apenas uma das maneiras de compreensão da realidade. Além disso, a ciência reduz nossa experiência do mundo, que se constitui também de intuições, imaginação, crenças, emoções e afetividade. Basta lembrar que a religião e a arte são também maneiras válidas e fortes de compreensão de si e do mundo.

A arte

Havíamos dito que o mito é um tipo de compreensão intuitiva da realidade e, sob esse aspecto, destacamos o prevalecimento da crença, da fé sobre a argumentação racional. No entanto, também a arte constitui um entendimento intuitivo do mundo, no sentido de não recorrer a conceitos logicamente organizados, mas por usar recursos que "falam" ao sentimento e à imaginação. Por meio de objetos concretos, o artista intui a realidade de modo original, provocando também naquele que frui a obra de arte (igualmente por meio de seus sentidos) uma nova interpretação da experiência vivida (ver capítulo 11).

A imaginação é a mediadora entre o vivido e o pensado, mas esse pensamento é de natureza analógica. Ou seja: "A imaginação, ao tornar o mundo presente em imagens, nos faz pensar. Saltamos dessas imagens para outras semelhantes, fazendo uma síntese criativa. O mundo imaginário assim criado não é irreal. É, antes, pré-real, isto é, antecede o real porque aponta suas possibilidades em vez de fixá-lo numa forma cristalizada. Por isso, a imaginação alarga o campo do real percebido, preenchendo-o de outros sentidos"[2].

A filosofia

Por ser o assunto principal deste capítulo, analisaremos a seguir, de modo mais atento, o que entendemos por *filosofia* e em que medida ela pode nos ajudar a compreender o fenômeno da educação e da pedagogia.

2. O processo do filosofar

É comum usarmos a expressão *filosofia de vida* para designar uma certa sabedoria que permeia as reflexões de todas as pessoas. Portanto, mesmo sem saber muito claramente o que é filosofia, reconhecemos que "filosofamos" nas mais diversas circunstâncias, não apenas nas mais graves, quando um acidente nos faz parar para pensar na fragilidade e finitude da vida, mas também em situações cotidianas, quando indagamos, por exemplo, se vale a pena continuar em um emprego só porque temos um bom salário, embora não estejamos felizes nele; se devemos ou não dar propinas para apressar um procedimento burocrático; se a corrupção é inerente ou não à atuação dos políticos; se a existência de ricos e pobres é um fato natural ou se vale a pena lutar pela igualdade de condições na sociedade; se a mentira é detestável ou se há mentiras "piedosas"; se a arte é dispensável ou necessária, e assim por diante.

Embora no dia a dia sejamos capazes de elaborar uma filosofia de vida, a reflexão do filósofo especialista é muito diferente, pelo fato de ele conhecer a tradição dos pensadores, debater com os teóricos do seu tempo e criar conceitos, de maneira metódica, rigorosa e sistemática. Mas o que seria esse pensar

do filósofo? Nos poucos exemplos dados no parágrafo anterior, podemos perceber como é amplo o campo de indagação da filosofia.

Na verdade, a filosofia pode ter por objeto de reflexão qualquer tema. Mas o mesmo tema tratado pela ciência, pela religião, pela arte etc. merece do filósofo um outro olhar. Até porque não se pode dizer que a filosofia seja um conhecimento, pelo menos do tipo do senso comum ou da ciência. Ela é mais a atitude de colocar em questão o que parece para muitos indiscutível, seja porque eles têm "certezas", seja porque estão acostumados com aquilo que lhes parece "banal". Por aí podemos ver que o filósofo desestabiliza certezas e questiona o que é convencional. Não por acaso, para Platão, a primeira virtude do filósofo é *admirar-se*. Essa é a condição para problematizar, o que marca a filosofia não como posse da verdade, mas como sua busca. Sob esse aspecto, se o filósofo é capaz de se surpreender com o óbvio e questionar as verdades dadas, aceita a dúvida como desencadeadora desse processo crítico.

A filosofia não oferece um corpo acabado de conhecimentos, tampouco o filósofo detém um saber que o coloca acima de todos. A filosofia se insere na história, e os temas com que se ocupa mudam de acordo com os problemas que precisa enfrentar e que exigem esse tipo de reflexão. Vejamos então o que caracteriza a reflexão filosófica. Examinemos a palavra *reflexão*: *reflectere*, em latim, significa "fazer retroceder", "voltar para trás", "recurvar". Refletir é, portanto, retomar o próprio pensamento, pensar o já pensado, voltar para si mesmo e colocar em questão o que já se conhece.

Segundo o professor Dermeval Saviani, a reflexão propriamente filosófica é radical, rigorosa e de conjunto[3].

---

[2] M. Lúcia de Arruda Aranha e M. Helena Pires Martins, *Filosofando*: introdução à filosofia. 3. ed. São Paulo, Moderna, 2003, p. 374.

[3] *Educação brasileira*: estrutura e sistema. São Paulo, Saraiva, 1973, p. 68.

A filosofia é *radical* porque sua reflexão busca as *raízes* da questão: do latim *radix*, *radicis*, "raiz", e, no sentido derivado, "fundamento", "base". Portanto, a filosofia é radical por explicitar os fundamentos do pensar e do agir. No momento em que o matemático se pergunta o que é o número ou qual a validade da demonstração geométrica, passa a investigar a raiz do seu saber e, nesse caso, faz filosofia da matemática. Do mesmo modo, como veremos adiante, ao questionarmos os fundamentos da educação, fazemos filosofia da educação.

A filosofia é *rigorosa* porque, enquanto a filosofia de vida não leva suas conclusões até as últimas consequências, o filósofo especialista dispõe de um método claramente explicitado que permite proceder com rigor, garantindo a coerência e o exercício da crítica. Para justificar suas afirmações com argumentos, usa de uma linguagem rigorosa que define os conceitos, evitando a ambiguidade típica das expressões cotidianas. Para aprimorar essa linguagem, o filósofo inventa conceitos, cria expressões novas ou altera e especifica o sentido de palavras usuais. O que torna a reflexão filosófica rigorosa varia conforme a *orientação metodológica* de cada filósofo e as tendências históricas decorrentes da situação vivida na ação humana sobre o mundo.

A reflexão filosófica é *de conjunto* por ser globalizante, ao examinar os problemas na perspectiva do todo, relacionando os seus diversos aspectos. Enquanto os demais saberes se ocupam com "recortes" da realidade — incluindo aí as diversas ciências —, a filosofia, além de poder examinar tudo (porque nada escapa ao seu interesse), também visa ao todo, à totalidade. Daí sua função de interdisciplinaridade, que permite estabelecer o elo entre os diversos tipos do saber e do agir humanos. Voltaremos a esta questão no próximo item, ao retomarmos a relação entre filosofia e ciência.

Após essas considerações, talvez reste uma dúvida, uma vez que a reflexão e o pensamento crítico não são prerrogativas apenas do filósofo, podendo ser atribuídos também a diversas atividades intelectuais do ser humano. O que, portanto, seria específico da reflexão filosófica, além do já indicado anteriormente? Resta-nos esclarecer melhor a distinção pela qual a filosofia não quer *explicar* a realidade — função que compete à ciência —, mas *compreendê-la*. E a compreensão supõe a busca do *sentido* das coisas e da vida.

O poeta francês Paul Claudel assim se refere ao tempo e ao sentido: "O tempo é o sentido da vida (*sentido*: do mesmo modo que se fala do sentido de um rio, do sentido de uma frase, do sentido de um tecido, do sentido do olfato)". O que podemos entender por essa expressão poética?

Primeiramente, que o conceito de *sentido* se refere: a) à *sensação*, como os sentidos da visão, do olfato, do paladar, da audição, do tato; b) à *direção*, como o sentido de um rio, dos fios de um tecido, da meta que desejamos atingir quando caminhamos etc.; c) à *significação*, ou seja, ao sentido de uma frase, de um gesto, de um comportamento. E também que não entendemos o ser humano, o mundo, a vida, fora de sua temporalidade. Portanto, ao dar sentido ao mundo, a compreensão humana o intui na sua continuidade, em que o presente dá sentido ao passado e projeta o futuro. Nesse processo de construção do vivido, criamos o que "ainda não é", orientamo-nos para o que "pode vir-a-ser" (consultar a leitura complementar 2, adiante).

Fique claro, porém, que não existe "a filosofia" e sim "filosofias" que desafiam ao longo do tempo a busca dos sentidos, mesmo quando as leituras banais dos fatos resistem às interpretações mais radicais ou quando se teme mergulhar em incertezas. Mais ainda, essas "filosofias" não são corpos acabados de conhecimento, mas exercícios do filosofar.

A esse respeito, lembremos uma citação bastante conhecida do filósofo Immanuel Kant: "... não é possível aprender qualquer filosofia; pois onde se encontra, quem a possui e segundo quais características se pode reconhecê-la? Só é possível aprender a filosofar, ou seja, exercitar o talento da razão, fazendo-a seguir os seus princípios universais em certas tentativas filosóficas já existentes, mas sempre reservando à razão o direito de investigar aqueles princípios até mesmo em suas fontes, confirmando-os ou rejeitando-os"[4].

3. Origem da filosofia

A filosofia ocidental surgiu na Grécia, por volta dos séculos VII e VI a.C. Antes da filosofia predominava o pensamento mítico, sobretudo representado pelas epopeias de Homero (*Ilíada* e *Odisseia*) e a *Teogonia* de Hesíodo. A grande aventura intelectual não começou propriamente na Grécia continental, mas nas colônias gregas: Jônia (metade sul da costa ocidental da Ásia Menor) e Magna Grécia (sul da Península Itálica e Sicília). Esse novo tipo de reflexão foi chamado de *filosofia* por Pitágoras, matemático e um dos primeiros pensadores, que não ousou atribuir a si mesmo a denominação de "sábio" (*sophos*), mas de "amigo da sabedoria" (*philo + sophos*).

Desse modo, os gregos dessacralizaram a natureza ao inventar conceitos e ao estimular o debate argumentativo. Aliás, o helenista Jean-Pierre Vernant diz que "a filosofia é filha da cidade", justamente porque na pólis grega se desenvolveu o gosto pela discussão em praça pública, o que fez nascer a reflexão sobre a política.

Os primeiros filósofos denominados *pré-socráticos* — por anteciparem a filosofia do período clássico representada por Sócrates, Platão e Aristóteles — começaram a teorizar sobre o universo e a natureza, ao procurar racionalmente o princípio (os fundamentos) de todas as coisas.

No período clássico da filosofia grega, ampliaram-se os temas de discussão, não mais apenas cosmológicos, como antes, para assuntos de ética, política, estética, teoria do conhecimento. O filósofo grego também era de certa forma um "cientista", um sábio que refletia sobre todos os setores da indagação humana. Ao abordar a física, a astronomia, a biologia, em suma, todo o saber de seu tempo, Aristóteles estabeleceu uma íntima ligação entre filosofia e ciência. Esse procedimento persistiu durante toda a Antiguidade e também na Idade Média, uma vez que o pensamento de Platão e depois o de Aristóteles foram adaptados à visão cristã do mundo medieval.

Após a revolução científica do século XVII, porém, ocorreu a separação entre filosofia e ciência. Lentamente, até o século XIX, foram se constituindo os métodos das chamadas *ciências particulares* — física, astronomia, química, biologia, psicologia, sociologia etc. —, delimitando campos específicos de pesquisa. Deu-se então a especialização do saber, cada ciência ocupando-se com seu objeto específico.

Diante da separação entre filosofia e ciência, a primeira pergunta versa sobre o que restaria à filosofia se, ao longo do tempo, ela foi "esvaziada" de seu conteúdo. No século XX, até as questões referentes

---

[4] *Crítica da razão pura*, v. I. São Paulo, Abril Cultural, 1980, p. 407-408.

ao ser humano foram apropriadas pelas ciências humanas. Ora, a filosofia continua tratando do mesmo objeto abordado pelas diversas ciências. Mas, enquanto cada cientista se especializa em "recortes" do real, o filósofo jamais renuncia a considerar o objeto do ponto de vista da totalidade. Como vimos no item anterior, a filosofia busca uma visão de conjunto, ou seja, não examina o problema de modo parcial, mas em uma perspectiva que relacione cada aspecto com os demais, no contexto em que se encontra inserido. Portanto, a realidade fragmentada pelo saber especializado de cada ciência particular merece da filosofia um outro olhar que possibilite a reflexão crítica e global a respeito do saber e da prática humanos.

Exemplificando: os físicos e químicos reduzem seu campo de pesquisa aos fenômenos físicos e químicos, mas já estão fazendo filosofia quando se perguntam o que garante a suas experiências a denominação de científicas, se o método científico é adequado ou não para conhecer os fenômenos que investiga, qual a dimensão de verdade das construções de razão que são as teorias, e assim por diante. O mesmo se dá com o psicólogo que aborda o conceito de liberdade: indagar se o ser humano é livre ou determinado já é fazer filosofia. Assim, em todos os setores do conhecimento e da ação, a filosofia está presente como reflexão crítica a respeito dos fundamentos desse conhecimento e desse agir. A partir da análise das relações sociais resultantes da divisão do trabalho fornecida pelas ciências sociológicas, o filósofo pode questionar, por exemplo, o que o trabalho significa para os indivíduos, tanto como instrumento de realização humana, como de alienação.

No desenrolar deste livro, veremos como os filósofos usaram este outro olhar para refletir sobre a educação e a pedagogia.

4. Áreas da investigação filosófica

Considerando que a filosofia tem por objeto a reflexão sobre todas as coisas, mas a partir de um modo reflexivo que lhe é peculiar, veremos neste item quais os possíveis campos em que os filósofos têm se debruçado. É evidente que, dependendo da época, alguns enfoques tiveram prioridade, de modo que, se de um lado pode ter havido restrição, não do interesse pela totalidade, mas devido à preferência de alguns tipos de reflexão, por outro lado surgiram novos campos de investigação filosófica.

Por exemplo, os primeiros filósofos, chamados de *pré-socráticos*, investigavam os fundamentos da natureza, buscando a *arché*, o princípio fundador de todas as coisas, e restringiam-se, portanto, à reflexão cosmológica. Na época clássica da filosofia grega, esse interesse se expandiu de modo vigoroso, sobretudo no sistema filosófico aristotélico, abrangendo os mais diversos campos do saber. Bem mais tarde, a revolução científica iniciada no século XVII provocou o desligamento das ciências do corpo da filosofia, o que levou ao desvio do foco para as questões epistemológicas. No século XVIII, Kant deu um golpe de morte na metafísica ao declarar a impossibilidade de conhecer os princípios e fundamentos últimos de toda a realidade, o que não quer dizer, porém, que alguns filósofos tenham deixado de ser metafísicos. Atualmente tem sido grande o interesse pela filosofia da linguagem.

Essa advertência inicial tem a intenção de mostrar que esses campos de reflexão não surgiram de uma vez por todas e que também se modificaram no tempo, além de que os filósofos sempre estão propondo novas áreas de indagação, dependendo dos problemas a serem enfrentados.

De modo geral, mas não como uma classificação definitiva, podemos distinguir os seguintes campos[5] da investigação filosófica:

• *Lógica* (do grego *logos*, "razão", "teoria"; mais primitivamente, "palavra") — Investiga as condições da validade dos argumentos e dá as regras do pensamento correto. A *lógica clássica* ou *lógica formal* é a que remonta a Aristóteles. No final do século XIX começaram os estudos relativos à *lógica simbólica* ou *matemática*, que adota uma linguagem artificial, mais rigorosa. Há ainda outras lógicas, além dessas.

• *Metafísica* (do grego *meta*, "além de") — Também conhecida como *ontologia*, estuda o "ser enquanto ser", isto é, o ser independentemente de suas determinações particulares; estudo do ser absoluto e dos primeiros princípios. Era chamada por Aristóteles de *filosofia primeira*, porque fornece a todas as outras o fundamento comum, isto é, o objeto ao qual todas se referem e os princípios dos quais dependem, e estuda os seres imateriais como a essência do universo, a existência da alma e de Deus. A metafísica moderna teve seu campo reduzido, à medida que muitos de seus assuntos passaram para outros campos da reflexão filosófica, como a teoria do conhecimento.

• *Teoria do conhecimento* — Estuda as relações entre sujeito e objeto no ato de conhecer. Por exemplo, como apreendemos o real, se o conhecimento deriva principalmente de nossas sensações, se existem ideias anteriores a qualquer experiência, se é possível ou não conhecer a realidade, as noções de verdade e falsidade etc. Também chamada *gnosiologia* e *epistemologia*, esta última quando abrange as questões sobre o conhecimento científico.

• *Epistemologia* (do grego *episteme*, "ciência") — Estuda o conhecimento científico do ponto de vista crítico, isto é, do valor de suas hipóteses, do seu método, das conclusões alcançadas, da sua natureza; também chamada *filosofia das ciências* e *teoria do conhecimento científico*.

• *Antropologia* (do grego *anthropos*, "homem") — Investiga a concepção de ser humano, ou seja, a partir do que o ser humano é, reflete sobre aquilo que se pensa que ele deva ser. Distingue-se da antropologia científica, que estuda as diferentes culturas existentes.

• *Axiologia* (do grego *axios*, "digno de", "o que vale") — Também chamada *filosofia dos valores*, reflete sobre a natureza e as características do valor. Os juízos de valor podem ser de vários tipos: éticos, estéticos, políticos, religiosos, pragmáticos etc.

• *Filosofia política* (do termo grego *politiké*, derivado de *polis*, "cidade") — Reflexão sobre as relações de poder entre os cidadãos, a sociedade e o Estado; a avaliação das formas de regimes políticos; os fins da política; a violência.

• *Ética* (do grego *ethos*, "costume") — Também chamada *filosofia moral*, reflete sobre as noções, os princípios e os fins que fundamentam a vida moral; o que são o bem e o mal, a liberdade etc. A *moral* (do latim *mos, moris*) é o conjunto de regras de conduta assumido livre e conscientemente pelos indivíduos, com a finalidade de organizar as relações interpessoais segundo os valores do bem e do mal.

• *Estética* (do grego *aisthesis*, "faculdade de sentir", "compreensão pelos sentidos") — Também chamada *filosofia da arte*, reflete sobre a arte e o sentimento que as obras de arte despertam nos seres humanos; a produção e a recepção estética da obra de arte. Analisa criticamente o belo e o feio.

---

[5] Sugerimos consultar os verbetes correspondentes aos conceitos indicados no Vocabulário, no final do livro.

• *Filosofia da linguagem* — Reflexão sobre a linguagem como elemento estruturador que explica a relação do ser humano com a realidade; a natureza da linguagem; os sentidos dos signos e proposições linguísticas etc. Há várias correntes teóricas: filosofia analítica da linguagem, semiótica, positivismo lógico, teoria linguística, hermenêutica, entre outras.

• *Filosofia da educação* — Reflexão sobre a educação e a pedagogia. Investiga o ser humano que se quer formar, os valores emergentes que se contrapõem a outros, já decadentes, e os pressupostos do conhecimento subjacentes aos métodos e procedimentos utilizados.

Essa lista poderia ter continuidade, mas nos restringiremos a chamar a atenção para o fato de que os campos da reflexão filosófica — inclusive os já enunciados — indicam de fato as inúmeras *"filosofias de"*: filosofia da religião, filosofia da filosofia, filosofia de cada uma das ciências (filosofia da matemática, filosofia da história, filosofia do direito etc.).

5. Filosofia da educação

Assim como as demais ciências nasceram no bojo da reflexão filosófica, também a pedagogia se achava intimamente ligada à filosofia, já que os filósofos também discutiam sobre a educação. Ao se desprender dela, a pedagogia organizou seu próprio espaço de pesquisa, o que começou a ocorrer de maneira mais sistemática na Idade Moderna.

Se a filosofia é uma reflexão radical, rigorosa e de conjunto que se faz a partir dos problemas propostos pelo nosso existir, é inevitável que entre esses problemas estejam os que se referem à educação.

Portanto, cabe ao filósofo acompanhar reflexiva e criticamente a ação pedagógica, de modo que promova a passagem "de uma educação assistemática (guiada pelo senso comum) para uma educação sistematizada (alçada ao nível da consciência filosófica)"[6].

A partir da análise do contexto vivido, o filósofo indaga a respeito do ser humano que se quer formar, sobre os valores emergentes que se contrapõem a outros, já decadentes, e sobre os pressupostos do conhecimento subjacentes aos métodos e procedimentos utilizados. Como se vê, destacamos aí os três aspectos que serão objeto de estudo nos capítulos da unidade III. Veremos então as indagações da antropologia filosófica (o que é o ser humano), da epistemologia (teoria do conhecimento) e da axiologia (reflexão sobre os valores), e como as respostas variam conforme a época e, com elas, as concepções que se tem de como educar e para que educar.

Cabe à filosofia, entre outras coisas, examinar a concepção de humanidade que orienta a ação pedagógica, para que não se eduque a partir da noção abstrata e atemporal de "criança em si", de "ser humano em si", tal como a que persistiu na concepção essencialista de educação (ver capítulo 9). Do mesmo modo, não há como definir objetivos educacionais se não tivermos clareza dos valores que orientam nossa ação. O filósofo deve avaliar os currículos, as técnicas e os métodos para julgar se são adequados ou não aos fins propostos sem cair no tecnicismo, risco inevitável sempre que os meios são supervalorizados e se desconhecem as bases teóricas do agir.

Diante do avanço das ciências humanas, alguém talvez argumente que a filosofia da educação terá seu campo bastante restringido. Embora sejam importantíssimas as conquistas da psicologia, da sociologia, da

---

[6] Dermeval Saviani, *Educação*: do senso comum à consciência filosófica. São Paulo, Cortez, 1980, p. 54.

história, da linguística e de outras ciências, à filosofia estão reservadas tarefas bastante específicas, que não podem ser desprezadas.

Além das análises antropológicas, axiológicas e epistemológicas já referidas, a filosofia tem a função de *interdisciplinaridade*, pela qual estabelece a ligação entre as diversas ciências e técnicas que auxiliam a pedagogia. Por exemplo, é a análise filosófica que permite refletir a respeito do risco que representam os "ismos", ou seja, a preponderância de determinada ciência na análise dos fenômenos pedagógicos (o psicologismo, o sociologismo, o economicismo etc.), como veremos no próximo capítulo.

Ao manter sempre presente o questionamento sobre o que é a educação, a filosofia busca evitar que ela se torne dogmática ou se transforme em adestramento. Por isso é necessário que a formação do pedagogo esteja voltada não só para o preparo técnico-científico, mas também para a fundamentação filosófica de sua atividade.

Conclusão

Vivemos em um mundo pragmático, voltado para as coisas práticas, para a eficácia e as soluções imediatistas. Por isso, com suas indagações intermináveis, nem sempre se compreende por que a filosofia é importante. Contudo, ela é necessária. E, se desejamos desenvolver nossa humanidade e a das novas gerações, pela educação, ela é um tipo de reflexão inevitável.

A intenção deste livro é discutir sobre caminhos possíveis pelos quais os futuros educadores possam filosofar sobre a educação.

Dropes

1 - Quando se deu a passagem do mundo mítico para a consciência filosófica, apareceram os primeiros sábios, *sophos*, como se diz em grego. Um deles, chamado Pitágoras (século VI a.C.) — também conhecido como matemático —, usou pela primeira vez a palavra *filosofia* (*philos* + *sophia*), que significa "amor à sabedoria". É bom observar que a própria etimologia mostra que a filosofia não é puro logos, pura razão: ela é a procura amorosa da verdade.

2 - (...) uma última palavra aos que temem a ditadura da razão: é tempo de arquivar de uma vez por todas a máxima obscurantista de que "cinzenta é toda teoria, e verde apenas a árvore esplêndida da vida". Ela só pode ser sustentada, paradoxalmente, pelas naturezas não passionais, insensíveis ao erotismo do pensar. Quem, lendo um poema de Drummond, um livro de Tolstoi ou um tratado de Hegel, acha que está se afastando da vida, não começou ainda a viver. Sem pensamento, a vida não é verde: é cinzenta. A vida do pensamento é uma parte integrante da verdadeira vida. Não é a razão que é castradora, e sim o poder repressivo, que deriva sua solidez da incapacidade de pensar que ele induz em suas vítimas. O fascismo se implantou através da difusão de uma ideologia vitalista reacionária, que proclamava o primado dos instintos vitais sobre a razão, e com isso inutilizou a razão, o único instrumento que permitiria desmascará-lo como a negação absoluta da vida. (Sérgio Paulo Rouanet)

● Leituras complementares

❶ [Filosofar]*

Filosofar não deveria ser sair de dúvidas, mas entrar nelas. É claro que muitos filósofos — e até dos maiores! — cometem às vezes formulações peremptórias que dão a impressão de já ter encontrado respostas definitivas às perguntas que nunca podem nem devem "fechar-se" por inteiro intelectualmente (...). Vamos agradecer-lhes suas contribuições, mas não seguir seus dogmatismos. Há quatro coisas que nenhum bom professor de filosofia deveria esconder de seus alunos:

• *primeira*, que não existe "a" filosofia, mas "as" filosofias e, sobretudo, o filosofar: "A filosofia não é um longo rio tranquilo, em que cada um pode pescar sua verdade. É um mar no qual mil ondas se defrontam, em que mil correntes se opõem, se encontram, às vezes se misturam, se separam, voltam a se encontrar, opõem-se de novo... cada um o navega como pode, e é isso que chamamos de filosofar"[7]. Há *uma* perspectiva filosófica (em face da perspectiva científica ou da artística), mas felizmente ela é multifacetada;

• *segunda*, que o estudo da filosofia não é interessante porque a ela se dedicaram talentos extraordinários como Aristóteles ou Kant, mas esses talentos nos interessam porque se ocuparam dessas questões de amplo alcance que são tão importantes para nossa própria vida humana, racional e civilizada. Ou seja, o empenho de filosofar é muito mais importante do que qualquer uma das pessoas que bem ou mal se dedicaram a ele;

• *terceira*, que até os melhores filósofos disseram absurdos notórios e cometeram erros graves. Quem mais se arrisca a pensar fora dos caminhos intelectualmente trilhados corre mais riscos de se equivocar, e digo isso como elogio e não como censura. Portanto, a tarefa do professor de filosofia não pode ser apenas ajudar a compreender as teorias dos grandes filósofos, nem mesmo contextualizadas em sua devida época, mas sobretudo mostrar como a intelecção correta dessas ideias e raciocínios pode nos ajudar hoje a melhorar a compreensão da realidade em que vivemos. A filosofia não é um ramo da arqueologia e muito menos simples veneração de *tudo* o que vem assinado por um nome ilustre. Seu estudo deve nos render alguma coisa mais do que um título acadêmico ou um certo verniz de "cultura elevada";

• *quarta*, que em determinadas questões extremamente gerais aprender a perguntar bem também é aprender a desconfiar das respostas demasiado taxativas. Filosofamos partindo do que sabemos para o que não sabemos, para o que parece que nunca poderemos saber totalmente; em muitas ocasiões filosofamos *contra* o que sabemos, ou melhor, repensando e questionando o que acreditávamos já saber. Então nunca podemos tirar nada a limpo? Sim, quando pelo menos conseguimos *orientar* melhor o alcance de nossas dúvidas ou de nossas convicções. Quanto ao mais, quem não for capaz de viver na incerteza fará bem em nunca se pôr a pensar.

Fernando Savater, *As perguntas da vida*. São Paulo, Martins Fontes, 2001, p. 209-210.

---

* Os títulos que aparecem entre colchetes nas leituras complementares ao longo do livro não constam da obra original.

[7] *La sagesse des modernes*, de A. Comte-Sponville e L. Ferry, Laffont, Paris (citação do autor; observação: o livro citado foi traduzido pela Martins Fontes, *Sabedoria dos modernos*: dez questões para o nosso tempo, 1999).

❷ [O sentido]

Sentido é usado principalmente em três sentidos: como sensibilidade (o sentido do olfato), como direção (o sentido de um rio), como significação (o sentido de uma frase). Um sentido é o que você sente, segue ou persegue, enfim o que você compreende.

(...) Note-se que, nessas três acepções principais, especialmente nas duas que nos ocupam (como direção e como significado), o sentido supõe uma exterioridade, uma alteridade, digamos uma relação com outra coisa que não si mesmo. Pegar a autoestrada em direção a Paris é possível apenas para quem *não está* em Paris. E um signo só tem sentido na medida em que remete a outra coisa que não esse signo mesmo. Que palavra se significa a si mesma? Que ato se significa a si mesmo? Toda palavra significa outra coisa que não si mesma (uma ideia: seu significado; ou um objeto: seu referente). Todo ato significa outra coisa que não si mesmo (seu fim, consciente ou inconsciente, ou o desejo que o visa). Não há sentido que seja puramente intrínseco. (...) Foi o que Merleau-Ponty percebeu: "Em todas as acepções da palavra *sentido*, encontramos a mesma noção fundamental de um ser orientado ou polarizado para o que não é" [em *Fenomenologia da percepção*, III, 2]. (...) Ninguém se instala no sentido como numa poltrona. Ninguém o possui como um bibelô ou uma conta bancária. Nós o buscamos, perseguimos, perdemos, antecipamos... O sentido nunca está diante de nós, nunca está presente, nunca é dado. Ele não está onde estou, mas aonde vou; não é o que somos ou fazemos, mas o que queremos fazer ou que nos faz. Não há sentido, jamais, senão do outro.

(...) O sentido do que é, é o que já não é ou que ainda não é: o sentido do ser é o tempo. É o que justifica a bela fórmula de Claudel, em *L'art poétique*: "tempo é o sentido da vida (*sentido*: do mesmo modo que se fala do sentido de um rio, do sentido de uma frase, do sentido de um tecido, do sentido do olfato)". Mas é também porque o sentido, como o tempo, não cessa de fugir de nós, e tanto mais quanto mais o buscamos: o sentido do presente nunca está presente. Por isso o sentido, como o tempo, não cessa de nos separar de nós mesmos, do real, de tudo. (...) A busca do sentido é, por natureza, infinita. É o que nos condena à insatisfação: sempre buscando outra coisa, que seria o sentido, sempre buscando o sentido, que só pode ser outra coisa.

(...) O que significam nossos filhos? O que significa o mundo? O que significa a humanidade? O que significa a justiça? Não é por terem sentido que os amamos; é porque os amamos que nossa vida, para nós, adquire sentido. Uma ilusão? Não, pois que é verdade que amamos a tudo isso. Ilusão seria hipostasiar esse sentido, transformá-lo em absoluto, crer que ele existe fora de nós e da sua busca.

(...) O sentido não é para ser buscado, nem encontrado, como se já existisse em outro lugar, como se nos aguardasse. Não é um tesouro; é um trabalho. Não está todo pronto: tem de ser feito (mas sempre fazendo-se outra coisa), inventado, criado. É a função da arte. É a função do pensamento. É a função do amor.

(...) A vida tem um sentido? Nenhum que a preceda ou a justifique absolutamente. "Ela deve ser sua própria meta", como diz Montaigne [em *Ensaios*, III, 12, 1062]. Ela não é um enigma a resolver. Nem uma corrida a ganhar. Nem um sintoma a interpretar. É uma aventura, um risco, um combate — que vale a pena, se dele gostamos.

É o que temos de recordar a nossos filhos, antes que morram de tédio ou de violência.

Não é o sentido que é amável; é o amor que faz sentido.

André Comte-Sponville, *Dicionário filosófico*. São Paulo, Martins Fontes, 2003, p. 539-543.

Atividades

Questões gerais

1. Em que sentido o mito ainda faz parte da vida contemporânea? Identifique, na nossa cultura, o caráter mítico de fenômenos como o carnaval, o futebol, as comemorações (casamento, formatura etc.).

2. Explique as semelhanças e as diferenças existentes entre as seguintes abordagens do real:
a) ciência e filosofia;
b) senso comum e bom senso;
c) bom senso e filosofia.

3. Como se distingue o filósofo do indivíduo não especialista, capaz de desenvolver uma "filosofia de vida"?

4. Explique o significado da frase de Kant: "(…) não é possível aprender qualquer filosofia (…) só é possível aprender a filosofar".

5. O que significa dizer, com Vernant, que "a filosofia é filha da cidade"?

6. Justifique a importância da filosofia. Por que ela é tão desvalorizada nos tempos atuais?

7. Qual é a importância da filosofia para a pedagogia?

8. Explique a frase de Merleau-Ponty: "A verdadeira filosofia é reaprender a ver o mundo".

9. Tendo como base o dropes 2, responda às questões:
a) O que Rouanet quer dizer com "erotismo do pensar"?
b) Por que o fascismo é uma teoria vitalista e por que é reacionária?
c) Por que o uso da razão é justamente o contrário da negação da vida?
d) Partindo das conclusões de Rouanet, justifique a necessidade de uma filosofia da educação.

Questões sobre as leituras complementares

Considerando a leitura complementar 1, atenda às questões a seguir.

1. O texto selecionado enfatiza a incerteza humana, o que não significa, para o autor, admitir o ceticismo pelo qual nada podemos conhecer. Identifique esses dois aspectos e posicione-se pessoalmente a respeito.

2. O autor adverte para o risco de abordar a filosofia como recurso de erudição. Quando isso pode ocorrer?

3. Sob que aspectos o autor defende a importância do filosofar?

Com relação à leitura complementar 2, atenda às questões a seguir.

4. Por que a noção de *sentido* é fundamental na reflexão filosófica?

5. A partir do teor desse texto, podemos criticar as atitudes dogmáticas, com suas certezas inabaláveis e os fundamentalismos religiosos. Justifique.

6. Relacione com o texto a citação de Guimarães Rosa em *Grande sertão, veredas*: "Viver — não é? — é muito perigoso. Porque ainda não se sabe. Porque aprender-a-viver é que é viver, mesmo".

Filosofia e filosofia da educação

Capítulo 2

Educação e pedagogia

Neste capítulo entrelaçamos conceitos fundamentais como educação e pedagogia, procurando compreendê-los à luz daquilo que atualmente se espera do educador e do pedagogo. Aqui, apenas esboçamos algumas diretrizes, cujos principais vetores serão retomados ao longo do livro.

1. O ato de educar

A educação não é a simples transmissão da herança dos antepassados para as novas gerações, mas o processo pelo qual também se torna possível a gestação do novo e a ruptura com o velho. Evidentemente, isso ocorre de maneira variável, conforme sejam as sociedades estáveis ou dinâmicas. As comunidades primitivas e as tradicionalistas resistem mais à mudança, enquanto nas sociedades urbanas contemporâneas a mobilidade é muito maior.

Para o professor José Carlos Libâneo, "educar (em latim, *educare*) é conduzir de um estado a outro, é modificar numa certa direção o que é suscetível de educação. O ato pedagógico pode, então, ser definido como uma atividade sistemática de interação entre seres sociais, tanto no nível do intrapessoal como no nível da influência

‹ Nesta xilogravura do início do século XVI, o mestre lê, tendo ao chão a vara que castiga. De lá para cá, percebemos quanto já mudamos na ação educativa, mas também quanto ainda teremos de mudar.

do meio, interação essa que se configura numa ação exercida sobre sujeitos ou grupos de sujeitos visando provocar neles mudanças tão eficazes que os tornem elementos ativos desta própria ação exercida. Presume-se, aí, a interligação no ato pedagógico de três componentes: um *agente* (alguém, um grupo, um meio social etc.), uma *mensagem transmitida* (conteúdos, métodos, automatismos, habilidades etc.) e um *educando* (aluno, grupos de alunos, uma geração etc.)"[1].

Diz ainda o professor Libâneo que o especificamente pedagógico está na imbricação entre a mensagem e o educando, propiciada pelo agente. Como *instância mediadora*, a ação pedagógica estabelece a relação de reciprocidade entre indivíduo e sociedade. Conclui-se que a educação não pode ser compreendida fora de um contexto histórico-social concreto e, portanto, a prática social é o ponto de partida e o ponto de chegada da ação pedagógica.

Veremos na unidade II como a educação se processa de modo difuso nas sociedades tribais ou, ainda hoje, permanece informal na família e no convívio social. Mas a educação também pode ser formal, quando são criadas instituições especialmente voltadas para a educação intencional, cujo exemplo mais comum é a escola. Neste capítulo abordaremos sobretudo o sentido da educação formal, intencional.

Para que a práxis educacional seja intencional, é preciso que saiba explicitar de antemão os fins a serem atingidos no processo.

Retomando o curso da história, vemos que a Grécia dos tempos homéricos preparava o guerreiro; na época clássica, Atenas formava o cidadão, e Esparta era uma cidade que privilegiava a formação militar; na Idade Média, os valores terrenos eram submetidos aos divinos, considerados superiores; no Renascimento, buscava-se educar para formar o *gentil-homem*, e assim por diante.

Seguindo esse raciocínio, sem dúvida teríamos muita dificuldade em determinar com segurança quais os fins da educação no mundo contemporâneo: que valores se encontram subjacentes ao processo educacional? Se tal elucidação é relativamente simples quando realizada *a posteriori*, mostra-se problemática quando queremos definir os fins aqui e agora.

Para o pedagogo norte-americano John Dewey, o processo educativo é o seu próprio fim (o fim não é prévio, nem último, mas deve ser interior à ação). A partir dessa visão, o professor argentino Gustavo Cirigliano teceu as seguintes considerações: "No viver diário, vida, atividade e fim se confundem. Os pais criam os seus filhos para torná-los adultos? Ou a sua criação é parte da vida deles e dos seus próprios filhos?". Isso significa que a educação não deve estar separada da vida nem é preparação para a vida, mas é a vida mesma.

Se os fins não são exteriores à ação, isso não quer dizer que a ação se realize sem a clarificação dos fins, mas sim que estes constituem objetivos colocados a partir da valoração por meio da qual o indivíduo se esforça para superar a situação vivida. Sob esse aspecto, as necessidades humanas devem ser analisadas concretamente, e as prioridades serão diferentes se nos propusermos a educar em uma favela ou em um bairro de elite. Portanto, os fins se baseiam em valores provisórios que se alteram conforme alcançamos os objetivos imediatos propostos e também enquanto muda a realidade vivida.

Essas questões nos remetem ao tema da política (que veremos melhor no capítulo 11).

---

[1] *Democratização da escola pública*: a pedagogia crítico-social dos conteúdos. São Paulo, Loyola, 1985, p. 97.

A educação não pode ser compreendida à margem da história, mas apenas no contexto em que os indivíduos estabelecem entre si as relações de produção da sua própria existência. Desse modo, não há como separar educação e poder: a educação não é um processo neutro, mas se acha comprometida com a economia e a política de seu tempo.

Por exemplo, veremos no capítulo já referido que a ideologia impõe valores de uma classe (portanto seus valores particulares) a outra, como se estes fossem valores universais. Assim, para o colonizador português, o "bom índio" era o índio submisso, disposto a trabalhar de acordo com o padrão europeu e a se tornar cristão, abandonando suas crenças, consideradas atrasadas.

A educação não pode, portanto, ser considerada apenas um simples veículo transmissor de saberes e valores, mas também um instrumento de crítica dessa herança. A educação deve abrir espaço para que seja possível a reflexão crítica da cultura.

2. A reflexão pedagógica

Qualquer atividade educacional que se queira intencional e eficaz tem claros os pressupostos teóricos que orientam a ação. Ao elaborar leis, fundar uma escola, preparar o planejamento escolar ou enfrentar dificuldades específicas em sala de aula, é preciso ter clareza a respeito da teoria que permeia as decisões. No entanto, é comum observarmos o "espontaneísmo", resultado da indevida dicotomia entre teoria e prática, porque o professor não foi adequadamente informado a respeito da teoria ou porque não sabe como integrá-la à prática efetiva.

Vejamos alguns exemplos: uma escola de ensino médio que oferece, a cada semana, dez aulas de química, uma de história e na, dez aulas de química, uma de história e nenhuma de filosofia; uma sala de aula para crianças em que as carteiras estão fixadas no chão; um professor que prefere estimular pesquisas em grupo e outro que privilegia a exposição oral; alguém que lamenta o fato de não se ensinar mais latim no colégio; um professor que exige leituras extraclasse, um que faz chamada oral com frequência e outro que dá pouca ênfase às avaliações.

Todos esses aspectos resultam de concepções — tematizadas ou não — que colocam, primeiramente, as seguintes questões: Que tipo de pessoa se quer formar? Para qual sociedade? A partir da elucidação da base antropológica, passamos para a seleção dos conteúdos a serem transmitidos: O que ensinar? Só então se colocam questões metodológicas: Como ensinar? Podemos concluir que a escolha dos conteúdos e do método não é casual e — quer o professor saiba, quer não — depende de determinada concepção de ser humano e de sociedade, concepção esta que não é neutra, por estar impregnada da visão política que a anima.

Desse modo, os procedimentos específicos usados em sala de aula adquirem sentido a partir do esclarecimento dos pressupostos antropológicos, epistemológicos e axiológicos bem como da sua coerência (ou incoerência) com o método e o conteúdo escolhidos.

Dependendo das respostas dadas a essas questões teóricas, podemos compreender as diversas propostas pedagógicas e as consequências delas para a práxis educativa, sejam da escola tradicional, sejam da escola renovada, da tecnicista, da libertária, e assim por diante.

Pedagogia: ciência da educação

A palavra *pedagogo* designava, na Grécia antiga, o escravo que conduzia a criança à escola (ver dropes 2). Essa denominação concreta (pedagogo/pedagogia) assumiu posteriormente conotações abstratas para indicar as *teorias sobre a educação*. Ao longo do tempo o conceito de *pedagogia* sofreu variações, do mesmo modo que os princípios e os fins da educação nem sempre permaneceram os mesmos.

De modo geral, podemos distinguir pelo menos três tendências mais marcantes (e cada uma delas, por sua vez, produziu diversas teorias ao longo do tempo): a) as pedagogias filosóficas (ou essencialistas), baseadas nos modelos ideais do ser humano "universal"; b) as pedagogias positivistas, que buscam garantir sua cientificidade; c) as pedagogias dialéticas, que refletem cientificamente sobre a educação como também propõem modos de uma ação emancipatória. Na unidade IV veremos mais detidamente as diversas correntes que se fundamentam nessas orientações básicas.

Embora admitindo a coexistência ainda hoje dessas diversas tendências, vamos neste capítulo analisar as características da terceira, que também é conhecida como *pedagogia crítico-emancipatória*, começando com as perguntas da pedagoga e psicóloga da educação Maria Amélia Santoro Franco: "O que pode e deve ser hoje a pedagogia? A que necessidades sociais ela deve responder? A que específico objeto deve focar sua ação? De que métodos de investigação precisará se utilizar, para tornar pertinente sua ação, no sentido de concretizar seu papel social?"[2].

Nas respostas a essas questões, a autora propõe uma concepção de pedagogia reinserida na política, partindo do pressuposto de que nenhuma práxis educativa é neutra. Por isso mesmo, diante das desigualdades presentes na estrutura da sociedade vigente — sobretudo no Brasil —, precisamos de uma ciência pedagógica que, em seu fazer social, se assuma como instrumento político de emancipação humana.

Para esclarecer o que significa esse foco da teoria, comecemos por determinar a *prática educativa* como o objeto da pedagogia. Trata-se de um objeto de grande complexidade, sobretudo porque educar é uma *prática social intencionada*, isto é, antecedida por um projeto teórico consciente que visa a mudanças de comportamentos, não só no educando, mas também no educador e na sociedade. Daí podermos considerar a ciência pedagógica inserida em um processo histórico-social sempre renovado e que nunca termina.

O pedagogo, cientista que é, investigará de maneira metódica e rigorosa o modo pelo qual se instauram e se processam essas práticas educativas e para tanto não recusa a parceria das ciências auxiliares da educação. Mas não só. O pedagogo também deverá propor modos de transformação dessas práticas. Ou seja, a ciência pedagógica não visa apenas a *pesquisar* e *conhecer* a realidade educativa, mas a *agir* sobre ela, fecundando-a, transformando-a.

Alguém poderia se perguntar se, nesse caso, a pedagogia seria propriamente uma *ciência aplicada* — em que a pesquisa visa desde o primeiro momento à aplicação prática — e não uma *ciência básica*, na qual o cientista amplia pela teoria o conhecimento científico em determinada área. Por exemplo, enquanto na biologia (ciência básica) são feitas pesquisas sobre determinado vírus, na farmacologia (ciência aplicada) buscar-se-ia encontrar ou sintetizar uma droga para tratar pessoas acometidas por aqueles vírus. Neste último caso, o objetivo das pesquisas seria pragmático, por estas estarem voltadas para o desenvolvimento de uma tecnologia.

No entanto, ancorada em ampla bibliografia, a professora Maria Amélia Santoro Franco se recusa a restringir a pedagogia

---

[2] *Pedagogia como ciência da educação*. Campinas, Papirus, 2003, p. 15-16.

ao campo das ciências aplicadas. Diante da especificidade do pensar-agir pedagógico, a ciência pedagógica seria como uma *práxis pedagógica*. E completa: "A pedagogia não poderá ser ciência se não se organizar em torno da *reflexão engajada* [grifo meu], devendo se constituir como ciência crítica e reflexiva, mergulhada no universo da prática educativa, engajada nos anseios do coletivo, sabendo, por princípio, que não basta a ela ser uma ciência da crítica sobre a prática. Isto é pouco e não é um caminho fecundador de novas percepções"[3].

Por isso podemos falar em *práxis educativa* e *práxis pedagógica* como dois polos inseparáveis, sempre em intercomunicação: a pedagogia, ao mesmo tempo que é a teoria da práxis, deve estar voltada para a práxis.

3. Ciências auxiliares da pedagogia

O século XVII destacou-se pela busca do rigor metodológico, seja na filosofia, seja na ciência. São conhecidos os esforços empreendidos nesse sentido por René Descartes, Francis Bacon e Galileu Galilei, entre muitos outros. Também na pedagogia surgiu nesse mesmo período o interesse pela metodologia e pelo rigor da teoria quando relacionada com a prática. O educador morávio Amós Comênio foi um precursor nesse assunto, propondo métodos de ensino mais elaborados que pudessem superar o espontaneísmo em educação.

O interesse pelos métodos reflete-se no aperfeiçoamento das ciências da natureza nascentes, também voltadas para a busca de rigor na investigação de seu objeto de estudo. Como veremos, no que diz respeito às ciências humanas, seu desenvolvimento ocorreu mais tardiamente, no final do século XIX e começo do XX.

A psicologia

No século XVIII, Jean-Jacques Rousseau destacou a importância de se conhecer bem aquele que se quer educar. Nesta linha, seguiram Johann Pestalozzi e Friedrich Froebel, convencidos de que a educação seria mais eficaz, com maiores chances de formar um adulto feliz, se o desenvolvimento do psiquismo infantil ocorresse de modo harmonioso e sem coações.

Como naquele período a psicologia se encontrava em estado incipiente como ciência, esses esforços não passavam de tentativas bem-intencionadas, sem muito rigor na sua fundamentação. Somente no final do século XIX as ciências humanas (psicologia, sociologia, economia etc.) começaram a se separar da filosofia, delimitando objeto e método próprios. Tornou-se, então, possível à psicologia a superação do conhecimento superficial e, segundo Claparède, "passar das opiniões às certezas". A psicologia aplicada à educação, por exemplo, contribui para avaliar questões como controle e distúrbio de aprendizagem, níveis de dificuldade do educando, ritmo de aquisição de conhecimentos etc.

No século XIX foram importantes os trabalhos de Johann F. Herbart, e no início do século XX Alfred Binet estabeleceu uma escala métrica da inteligência que se tornou famosa. Pesquisas foram desenvolvidas, e inúmeros psicólogos das mais variadas tendências metodológicas contribuíram para o aperfeiçoamento da pedagogia.

Havia os que privilegiavam experiências no campo do comportamento, como, por exemplo, John B. Watson, Burrhus F. Skinner e Edward L. Thorndike. A psicanálise de Sigmund Freud, a psicologia genética de Jean Piaget e a análise histórica e cultural

---

[3] *Pedagogia como ciência da educação*, p. 90. A partir da p. 89, são citados os seguintes autores: W. Flitner, W. Schmied-Kowarzik, Theodor Litt e outros.

levada a efeito por Lev S. Vygotsky deram destaque às relações interpessoais. Alguns partiram da filosofia fenomenológica, como os gestaltistas Kurt Koffka e Wolfgang Köhler, ou ainda do pragmatismo, como William James e John Dewey.

A sociologia

O desenvolvimento da sociologia ampliou a compreensão da escola como grupo social complexo e da educação como processo de perpetuação e desenvolvimento da sociedade. Na passagem do século XIX para o XX, Émile Durkheim analisou pela primeira vez o caráter social da educação, realizando uma abordagem científica centrada no fato concreto da educação e não mais no seu conceito metafísico.

Como sociólogo, Durkheim aplicou sua ciência no estudo dos fatos da educação, com ênfase na sua origem social. Tornou-se clássica sua definição: "A educação é a ação exercida pelas gerações adultas sobre as gerações que não se encontram ainda preparadas para a vida social; tem por objeto suscitar e desenvolver, na criança, certo número de estados físicos, intelectuais e morais, reclamados pela sociedade política no seu conjunto e pelo meio especial a que a criança, particularmente, se destine"[4].

Portanto, para Durkheim, "a educação satisfaz, antes de tudo, a necessidades sociais" e "salta aos olhos que toda educação consiste num esforço contínuo para impor à criança maneiras de ver, de sentir e de agir às quais a criança não teria espontaneamente chegado".

Essa nova abordagem deu destaque ao caráter social dos fins da educação e instituiu a pedagogia como disciplina autônoma, desligada da filosofia, da moral e da teologia. Além disso, Durkheim considerava a pedagogia uma "teoria prática" da educação que, ao fundar suas principais noções na sociologia e na psicologia, se torna capaz de guiar e esclarecer a prática.

Os limites da abordagem durkheimiana estão em ser ela também parcial, na medida em que, ao enfatizar o processo externo, se descuida do processo interno da educação. Além disso, absolutiza o poder da sociedade sobre o indivíduo, retirando dele todo o poder de contestação. Mesmo considerando os diversos segmentos que compõem a sociedade, não analisa os conflitos que determinam o caráter ideológico da educação. Trata-se de uma concepção de certa forma conservadora, pois vê a educação como forma de manutenção da estrutura social.

A novidade da aplicação da sociologia na educação privilegia a atitude descritiva e volta-se para o exame dos elementos reais, tais como a análise da inserção da escola em determinado campo da realidade, os instrumentos utilizados, o caráter das instituições escolares, a herança social (tradições, ideias, técnicas etc.), a interação entre quem recebe e quem transmite a educação e assim por diante.

Muitos sociólogos têm trazido contribuições valiosas para a pedagogia. Desde as reflexões de Marx, chegando no século XX com o impacto das análises feitas pelas duplas francesas Bourdieu/Passeron e Baudelot/Establet, que denunciaram a função reprodutora da escola na sociedade de classes. Na unidade IV voltaremos a eles.

Outras ciências

A *economia* é outra ciência auxiliar da pedagogia: partindo da análise dos modelos econômicos, compreendemos as relações entre a economia e os fluxos de demanda

---

[4] *Educação e sociologia*. 6. ed. São Paulo, Melhoramentos, 1965.

de escolarização. Nesse sentido, são fecundas as análises feitas a propósito dos níveis de desenvolvimento econômico dos países, o que tem servido, inclusive, para melhor entender as contradições que perduram nas regiões subdesenvolvidas.

No Brasil, por exemplo, o modelo agrário de economia, típico do primeiro período de nossa história (que vai do século XVI até a vinda da família real para o Brasil, em 1808), caracterizou-se pela pouca exigência no campo educacional. No entanto, o desenvolvimento do comércio e, posteriormente, no século XX, o início da industrialização recrudesceram o interesse pela educação e a necessidade de sua expansão.

Outra ciência de especial importância para a reflexão sobre a pedagogia é a *história da educação*. O interesse pelo passado não resulta de simples preocupação erudita ou mera curiosidade, mas viabiliza projetos de mudança que não sejam visionários e ingênuos, ou que, ao contrário, não estejam contaminados pelo pessimismo gerado por crises repetidas. No entanto, apenas no século XIX os historiadores começaram a se interessar por uma história sistemática e exclusiva da educação, antes apenas um "apêndice" da história geral. No Brasil essa preocupação é muito mais recente — e tornou-se mais intensa a partir da década de 1970 —, embora muitos campos ainda exijam premente investigação para que se desenhe um perfil mais nítido da educação brasileira. Só assim será bem fundamentada uma análise crítica que proporcione mudanças efetivas.

Sem pretender citar todas as ciências auxiliares da pedagogia, podemos ainda destacar a *antropologia*, a *geografia humana* e a *linguística*, além da *cibernética*, que revolucionou os métodos pedagógicos. Merece destaque especial a *biologia*, que mantém estreita ligação com a educação, devido ao estudo do desenvolvimento fisiológico, da interação corpo-mente, da genética.

4. A especificidade da pedagogia

Vimos no capítulo anterior que a filosofia é muito importante para a pedagogia, mas não se confunde com ela. Agora, o reconhecimento da relevante contribuição das ciências da educação igualmente não nos leva a colocá-las no lugar da pedagogia.

As tendências contemporâneas da pedagogia visam a descartar análises parciais — individualista ou social —, na busca de uma abordagem dialética da educação que possa equacionar devidamente os polos opostos indivíduo-sociedade, reflexão-ação, teoria-prática, particular-geral.

Pretende-se superar, com isso, a concepção da pedagogia como "filha" da filosofia e também o risco do psicologismo, do sociologismo ou de qualquer outro "ismo". Isso não significa desprezar o importante papel desempenhado pela filosofia, que acompanha reflexivamente os problemas educacionais, e a contribuição dada pelas ciências em geral para a maior objetividade na análise dos fatos educacionais.

Ao pedagogo cabe equilibrar as diversas contribuições teóricas que enriquecem sua teoria e lhe dão rigor e objetividade, desde que evite o que o professor Luiz B. Lacerda Orlandi denominou "flutuações da consciência pedagógica"[5]. O risco dos "ismos" só será evitado se a educação for o ponto de partida e de chegada dessas análises. Explicando: o ponto de partida da pedagogia é sempre um problema apresentado pela realidade educacional. Busca-se, em seguida, a contribuição das ciências auxiliares da educação, para só então atingir o ponto de chegada, que é, de novo, a realidade educacional. Assim, não se deve perder de vista

---

[5] "O problema da pesquisa em educação e algumas de suas implicações", in *Educação Hoje*, nº 2, março de 1969.

a especificidade da pedagogia como teoria distinta daquelas ciências, não rejeitando, ao mesmo tempo, sua contribuição.

Desse modo, a pedagogia delimita o próprio campo e estabelece seu caminho, podendo então ser compreendida como *teoria geral da educação*, capaz de transformar a educação em uma atividade intencional e eficaz.

A partir da consciência dos problemas educacionais de seu tempo, o pedagogo estabelece objetivos realizáveis, busca os meios para atingi-los, verifica a sua eficácia, revê os processos utilizados, e assim por diante. Só dessa forma a educação se tornará instrumento real de transformação.

À guisa de conclusão, convém lembrar a importância da formação do educador, para que a superação das contradições seja possível com maior grau de intencionalidade e compreensão dos fins da educação.

Nos tempos que vivemos hoje, algumas tarefas urgentes se impõem. A principal delas é que tenhamos força suficiente para que a sociedade seja mais justa e menos seletiva, dando condições para a educação verdadeiramente universal, formativa, que socialize a cultura herdada, ao mesmo tempo que possibilite a autonomia que permita a crítica dessa mesma cultura.

Dropes

1 - Empreendo, pois, o deixar-me levar pela força de toda vida viva: o esquecimento. Há uma idade em que se ensina o que se sabe; mas vem em seguida outra, em que se ensina o que não se sabe: isso se chama pesquisar.

Vem talvez agora a idade de uma outra experiência, a de desaprender, de deixar trabalhar o remanejamento imprevisível que o esquecimento impõe à sedimentação dos saberes, das culturas, das crenças que atravessamos. Essa experiência tem, creio eu, um nome ilustre e fora de moda, que ousarei tomar aqui sem complexo, na própria encruzilhada de sua etimologia — *Sapientia*: nenhum poder, um pouco de saber, um pouco de sabedoria, e o máximo de sabor possível. (Roland Barthes)

2 - Pequeno vocabulário etimológico:
- Aluno — do latim *alumnus, alumni*: criança nutrida no peito. Daí, pupilo, discípulo.
- Aprender — do latim *apprehendere*: agarrar, apanhar, segurar, apoderar-se de. Daí, tomar conhecimento de, prender na memória.
- Educar — do latim *educare*: criar, amamentar; e *educere*: levar para fora, fazer sair, tirar de; dar à luz, produzir. Daí, conduzir de um estado a outro, modificar.
- Ensinar — do latim *insignire*: assinalar, distinguir, colocar um sinal, mostrar, indicar. Daí, indicar o caminho para aprender.
- Infância — do latim *infans, infantis*: que não fala, incapaz de falar.
- Instrução — do latim *instructio, intructionis*: construção, edificação.
- Mestre — do latim *magister, magistri*: o que comanda, dirige, conduz. Daí, mestre.
- Pedagogo — do grego *paidogogós* (*pais, paidós* = criança e *agogós* = guia, condutor): escravo que acompanhava as crianças à escola; depois, mestre, preceptor.
- Saber — do latim *sapere*: ter sabor, agradar ao paladar; saber, conhecer, aprender.
- Texto — do latim *textum, texti*: tecido, pano; obra formada por várias partes reunidas.

● Leitura complementar

[As ações educativas e a ciência pedagógica]

Pode-se hoje observar um grande distanciamento entre a esfera das ações educativas e a esfera do exercício pedagógico. A educação tem-se organizado na sociedade de modo distante das ações pedagógicas. E temos hoje uma sociedade muito complexa, com forte potencial educacional. Será preciso e necessário que ações científicas e pedagógicas possam produzir transformações desse potencial em possibilidades educativas, reintegrando novamente o educativo ao pedagógico.

A crescente dissociação entre a atividade educativa e o exercício pedagógico foi produzindo a não valorização científica da pedagogia, que, abdicando de ser a ciência da educação, foi-se contentando em ser apenas um instrumento de organização da instrução educativa. Outras ciências, distantes da ótica do pedagógico, foram assumindo o papel que lhe deveria ser destinado, qual seja o de mediadora interpretativa da práxis.

Decorre então que as teorias educacionais, que antes foram teorias sociológicas, psicológicas, antropológicas, não deram conta de serem instrumentos fomentadores de práticas educativas. Inevitavelmente, a não fecundação mútua de teorias educacionais e práticas pedagógicas foi redundando na instrumentação acrítica das práticas, produzindo caminhos lineares e paralelos entre os dois polos de ação educativa e, dessa forma, o fosso entre a teoria e a prática pedagógica foi ficando cada vez maior, subdimensionando-se a validade teórica e prática da pedagogia.

Assim, ao se pretender reconduzir a pedagogia como ciência da prática educativa, em consonância com as demandas e as possibilidades do contexto histórico contemporâneo e consoante à sua matriz epistemológica, será preciso considerar que ela deve ter necessariamente um papel político, uma vez que estará sempre refletindo, avaliando, propondo à discussão os fins e os valores da educação, num determinado tempo e espaço históricos.

Numa sociedade de classes, nem sempre tão democrática como se pretende um ideal humanista, há que se perguntar: a serviço de que interesses está a pedagogia — da manutenção dessa mesma sociedade ou da transformação dela? Se estiver a serviço da transformação, em que direção caminham tais transformações? Se estiver a serviço da manutenção, quais os interesses que estão sendo contemplados nessa relação?

(...) Devemos ainda refletir sobre *qual deve ser o objetivo neural da ação pedagógica, seu irredutível epistemológico*. Se considerarmos que sua ação deve estar diretamente vinculada à humanização da sociedade, ela será sempre um instrumento político, portanto é fundamental que ela funcione como uma ação social inclusiva e participativa, e que fique clara sua posição a favor da humanização, da equalização de oportunidades, da construção da justiça e da paz entre os homens. Ela precisa ser explícita e democrática.

E mais, estando a pedagogia a serviço da humanização do homem, isso significa estar ao lado de sua emancipação, de sua libertação. Há que se lembrar que a emancipação se fará em estreitas, contínuas, dialéticas relações do homem com a cultura, do ser com o significado. Não haveria necessidade de pedagogia se não fosse crucial ao homem, para se fazer homem, ser conduzido à cultura e, nesse processo, apreender, interpretar, criar significados para que, amalgamado com os significados da cultura, fazer-se homem e construtor da cultura.

Maria Amélia Santoro Franco, *Pedagogia como ciência da educação*. Campinas, Papirus, 2003, p. 70-71.

Educação e pedagogia

Atividades

Questões gerais

1. Explique em que sentido o ato pedagógico se desenvolve pelo processo de mediação.

2. Por que o adestramento de animais não pode ser considerado educação? Responda explicando que também entre as pessoas muitas vezes são aplicadas — inadequadamente — técnicas semelhantes.

3. Veja no Vocabulário (final do livro) o significado da palavra *práxis*. Em seguida, explique em que sentido podemos falar da indissociabilidade entre a *práxis educativa* e a *práxis pedagógica*. Complete justificando por que a ciência pedagógica não visa apenas a *conhecer* o fato educativo.

4. "No favor dos movimentos de renovação pedagógica, certas disciplinas têm sido objeto (...) de estudos mais aprofundados; é o caso, notadamente, do ensino das matemáticas modernas e (...) do ensino da língua. Outras vezes, trabalho análogo tem sido feito para corresponder à necessidade de readaptar o aluno a certas atividades, quando suas perturbações poderiam comprometer-lhe o futuro dos estudos. É o caso, por exemplo, do que se pode chamar de *perturbações em dis*: dislexia, disortografia e discalculia, correspondentes às grandes aprendizagens instrumentais no começo da vida escolar: leitura, escrita e cálculo." A partir desse texto de Maurice Debesse, atenda às questões:

a) Identifique as ciências particulares que podem contribuir para melhorar o ensino das referidas disciplinas e as que fornecem subsídios para compreender as perturbações da aprendizagem.

b) Forme grupo com seus colegas para pesquisar a respeito das diversas ciências auxiliares e sobre a contribuição que elas têm dado à educação e à pedagogia.

c) Apesar da contribuição das ciências auxiliares, discuta qual é a especificidade da ciência da pedagogia diante delas.

5. "De um certo modo, emancipação significa o mesmo que conscientização, racionalidade. Mas a realidade sempre é simultaneamente uma comprovação da realidade, e esta envolve continuamente um movimento de adaptação. / A educação seria impotente e ideológica se ignorasse o objetivo de adaptação e não preparasse os homens para se orientarem no mundo. Porém ela seria igualmente questionável se ficasse nisto, produzindo nada além de *well adjusted people*, pessoas bem ajustadas, em consequência do que a situação existente se impõe precisamente no que tem de pior." Com base nessa citação de Theodor Adorno, comente o caráter ambíguo da educação sob os seus dois aspectos, de adaptação e transgressão.

6. "(...) assim como a educação tem por termo seu fim, sua própria negação, pois o educador visa ao poder e à autonomia do educando (o que não deixa de tornar trágico, em certo sentido, o vivido dessa relação), assim o Estado 'eminente', o Estado que seria 'grande educador', desejaria sua própria niilificação." A partir dessa citação de Lévêque e Best, atenda às questões:

a) No texto, "ter por termo seu fim" significa uma relação que *deve* se extinguir. Se isso não ocorrer, de que tipo de educação estaríamos falando?

b) O que significa dizer que "o educador visa ao poder e à autonomia do educando"?

c) Segundo os autores, também o Estado, como educador, deveria desejar sua própria niilificação, ou seja, seu desaparecimento como poder. Explique o significado dessa afirmação e os riscos de um Estado por demais orientador do processo educativo.

d) Faça um paralelo entre a relação educador—educando e a relação pais—filhos, discutindo como também esta última precisa "ter por termo seu fim". Em seguida, analise os riscos quando esse projeto de ruptura não se cumpre (entenda-se *ruptura* não necessariamente como rompimento de laços afetivos, mas como desconstrução da figura de *filho*, tal como existe na relação assimétrica com os pais infantis).

7. Com base no texto de Roland Barthes (dropes 1), responda às questões:

a) Quais são os três níveis do aprender a que se refere Barthes?

b) Em que o pesquisar é superior ao ensinar o que se sabe?

c) O que o autor quer dizer a respeito da importância do desaprender?

d) Em que sentido o esquecimento representa a força dc toda vida viva?

e) Por que para o autor é importante recuperar a etimologia da palavra *saber*? A partir desse aspecto, faça uma crítica às maneiras pelas quais a escola se relaciona com o saber.

8. "O poder que dá o saber, destrói o saber; muda a verdade em dogma, e pensador em censor." A partir da citação de Olivier Reboul, distinga *educação* e *doutrinação*.

Questões sobre a leitura complementar

1. No primeiro parágrafo, a autora denuncia um certo "estado de coisas" e propõe uma mudança de orientação do exercício pedagógico. Explique o que isso significa, com suas palavras.

2. Explicite a relação intrínseca que existe entre pedagogia e política.

3. Discuta com seus colegas sobre o que significa *humanizar* o ser humano pela educação. Em seguida, deem exemplos de sua *desumanização* nas sociedades de classes.

Capítulo 3

A formação do educador

Quando examinamos a história da educação, constatamos que nem sempre se cuidou adequadamente da importante questão da formação do professor. Persiste ainda uma ideia corrente de que vocação e desprendimento generoso bastam para que a pessoa se encaminhe para essa profissão, crença essa que gera a ilusão de não haver necessidade de preparo especializado.

Aqui vamos discutir não só a importância de se educar o educador como também a premente necessidade de sua adequada profissionalização. Mais ainda: que tipo de trabalho é esse, o de educar?

1. A prática docente

‹ **O engajamento dos profissionais da educação nas instituições representativas de classe é importante não só para a discussão de problemas do cotidiano, como também para a reivindicação coletiva de melhor qualidade da educação e de salários mais justos.**

A revalorização da profissão docente deve começar pelos cuidados com a formação do professor. Tornar os cursos de pedagogia momentos efetivos de reflexão sobre a educação é condição para a superação da atividade meramente burocrática em que mergulham muitos desses cursos. Afinal, não basta ser químico para ser um bom professor de química nem "ter jeito para lidar com crianças" para dar aulas nos cursos de educação infantil.

Os cursos de pedagogia e licenciatura devem proporcionar uma compreensão sistematizada da educação, a fim de que o trabalho pedagógico se desenvolva para além do senso comum e se torne realmente uma atividade intencional.

Destacamos três aspectos importantes na formação do professor:

• *qualificação*: o professor precisa adquirir os conhecimentos científicos indispensáveis para o ensino de um conteúdo específico;

• *formação pedagógica*: a atividade educativa supera os níveis do senso comum, para se tornar uma atividade sistematizada que visa a transformar a realidade;

• *formação ética e política*: o professor educa a partir de valores, tendo em vista a construção de um mundo melhor.

No primeiro aspecto, busca-se garantir a competência do professor por meio do domínio do conteúdo dentro da área escolhida — alfabetização, história, geografia, matemática etc. —, já que ninguém ensina o que não sabe.

O segundo aspecto nos mostra que não basta ser bem informado. É fundamental selecionar o conteúdo a partir dos objetivos concebidos de antemão, visando a garantir a eficácia da ação. Nesse caso, o professor precisa ter acesso às contribuições das ciências auxiliares da educação, da filosofia da educação e da história da educação. Deve dominar também, além dos aspectos teóricos, os recursos técnicos, desenvolvendo as habilidades que viabilizem a atividade docente, e agregando elementos que possibilitem uma práxis educativa reflexiva.

O último aspecto diz respeito ao fato de que o professor desenvolve um trabalho intelectual transformador: ele não só quer mudar o comportamento do aluno, como também educa para um mundo melhor, que está para ser construído. A educação está inserida em um contexto maior — social, econômico e político. Por isso o professor não pode estar alheio aos acontecimentos de seu tempo, devendo ser capaz de realizar juízos de valor a respeito dos comportamentos coletivos e individuais, sempre atento aos valores políticos e morais.

Posicionar-se não quer dizer, em absoluto, assumir atitudes de proselitismo, que são perniciosas porque visam a doutrinar o aluno, abusando de sua receptividade intelectual. Assumir posições significa estar comprometido com o mundo e disposto a participar, lutando contra o trabalho degradante, a submissão política, a alienação da consciência, as exclusões injustas e as diversas formas de preconceito.

A formação ética e política do professor permitiria a melhor compreensão a respeito do que é relevante na aprendizagem, a fim de evitar o enciclopedismo, o academicismo, o tecnicismo ou a manipulação do educando.

2. A profissionalização do educador: um pouco de história

Chamar a professora de "tia" ou exclamar, com reverência, que "o magistério é um sacerdócio" são maneiras semelhantes de depreciação do trabalho do mestre. O tom falsamente afetivo dessas expressões descaracteriza o cunho profissional da atividade docente, que merece ser respeitada principalmente sob o aspecto do trabalho realizado, e não como ocupação desinteressada, amorosa ou mística.

A expressão "tia", além de conferir um "ar doméstico" à atividade profissional, nos faz lembrar a desde sempre existente "feminização" do magistério. Não é a vocação o motivo pelo qual predominam mulheres na função docente, sobretudo na educação fundamental: o desprestígio e a baixa remuneração destinam essas atividades ao segmento feminino, igualmente desvalorizado profissionalmente na sociedade sexista.

A expressão "sacerdócio" nos faz lembrar abnegação, total dedicação a uma atividade vilmente remunerada, levando à convicção de que a "grandeza espiritual" do empreendimento de educar estaria na razão inversa da exigência de um salário justo. Aliás, de modo correlato, é sempre interessante observar como são tratadas em todos os tempos as "obras de pensamento". As pessoas tendem a considerar que, para os intelectuais, dar uma aula, fazer uma conferência, escrever um artigo ou livro[1], dispondo, para isso, de suas ideias, não lhes custa nada e que eles poderiam oferecer seus préstimos como dádivas. A mesma atitude seria impensável nas situações em que precisamos de um técnico para consertar a torneira ou de um médico para nos extrair a vesícula…

O professor é um profissional e, como tal, além da boa formação, deve ter garantidas condições mínimas para um trabalho decente: materiais adequados, reuniões pedagógicas, atualização permanente, plano de carreira, além de salários mais dignos.

Essas modificações não dependem dos indivíduos isolados, mas só serão possíveis se os professores tomarem consciência política da sua situação e estiverem dispostos a se mobilizar como corpo coletivo, sempre que necessário, como grupo ativo em sua própria escola e/ou engajados em associações representativas de classe que defendam seus interesses.

Embora sejam importantes as instituições voltadas para a formação de professores e pedagogos, a história nos mostra um panorama diferente, de interesse tardio e nem sempre persistente nesse empenho. Desde os séculos XVII e XVIII, quando começaram a se conformar as escolas à semelhança das atuais (ver capítulo 7), a preparação dos mestres era incumbência principalmente das ordens religiosas, uma vez que só a partir do século XIX o Estado passou a se interessar pela organização da escola pública e formação dos professores.

No Brasil, a primeira a ser fundada foi a Escola Normal de Niterói (1835), capital da província do Rio de Janeiro. Funcionava precariamente com um só professor e poucos estudantes. Fechou em 1849 por falta de alunos, para retornar mais tarde às atividades. Em seguida, surgiram várias outras escolas normais nas diversas províncias, mas sempre com duração instável.

O descaso pelo preparo do mestre fazia sentido em uma sociedade não comprometida em priorizar a educação elementar. Além disso, prevalecia a tradição pragmática de acolher professores sem formação, conforme o pressuposto de que não havia necessidade de nenhum método pedagógico específico. Essa tendência, embora começasse a ser criticada pelo governo, predominaria ainda por muito tempo, em decorrência da concepção "artesanal" da formação do professor.

Por volta das décadas de 1860 e seguintes, quando o interesse pela educação recrudesceu nos debates da sociedade brasileira, a formação de professores adquiriu maior relevo, ao lado de inúmeras outras providências para melhorar o ensino. Nesse período, o currículo foi ampliado e enriquecido, e a aprendizagem da metodologia pedagógica modernizou-se, acatando as novidades da Europa e dos Estados Unidos.

No início da era republicana, a Escola Normal Caetano de Campos, na cidade de São Paulo, instalada em 1890, e a do Rio

---

[1] A propósito, observar como se disseminou o costume de tirar cópias xerográficas de livros inteiros, sem que se dê conta de que se trata de roubo de direito autoral. A Associação Brasileira de Direitos Reprográficos (ABDR) atua no sentido de regularizar a cópia de pequenos trechos com recolhimento de direito autoral, bem como de coibir as cópias "piratas" e criminosas.

de Janeiro serviram de modelo para as similares nos demais estados. Depois, com a instalação da Universidade de São Paulo, em 1934, foi criado o Instituto de Educação, que oferecia complementação pedagógica para os alunos formados em outras disciplinas. Assim, em 1937 diplomaram-se os primeiros professores licenciados para o ensino secundário. A esse respeito disse Fernando de Azevedo: "Com esse acontecimento inaugurou-se, de fato, uma nova era do ensino secundário, cujos quadros docentes, constituídos até então de egressos de outras profissões, autodidatas ou práticos experimentados no magistério, começaram a renovar e a enriquecer-se, ainda que lentamente, com especialistas formados nas faculdades de filosofia que, além do encargo da preparação cultural e científica, receberam por acréscimo o da formação pedagógica dos candidatos ao professorado do ensino secundário"[2].

Nova reorganização dos cursos de magistério (de nível médio) ocorreu na década de 1940, embora neles predominasse o interesse pela cultura geral, em detrimento da formação profissional. Daí para a frente, as escolas normais tornaram-se reduto das moças de classe média em busca da "profissão feminina".

No período da ditadura militar ocorreram as reformas universitária (Lei nº 5.540/68) e do ensino fundamental e médio (Lei nº 5.692/71), concomitantemente à implantação da tendência tecnicista da educação, que, por inspiração norte-americana, propunha um modelo tecnocrático, imbuído dos ideais de racionalidade, organização, objetividade, eficiência e produtividade, cujas consequências atingiram não só os cursos superiores, mas todos os níveis de escolaridade.

Na universidade o curso de pedagogia foi fracionado em habilitações técnicas, para formação de especialistas. Quanto ao ensino médio, a proposta de profissionalização apresentou uma lista de 130 habilitações para a formação profissional, entre elas a "habilitação específica para o magistério", que substituía as escolas normais, experiência especialmente danosa porque este curso perdeu sua identidade bem como os recursos humanos e materiais necessários à especificidade de sua função.

Com o descontentamento e as críticas a essas mudanças danosas, na década de 1980 foram criados os Centros de Formação e Aperfeiçoamento do Magistério (Cefams), que trouxeram novo alento para a profissionalização do educador, embora o governo não desenvolvesse políticas adequadas para a carreira e a remuneração dos professores, o que justifica o crescente desinteresse dos jovens pela profissão.

Após a Constituição de 1988, a Lei de Diretrizes e Bases (Lei nº 9.394/96) manteve os cursos universitários de pedagogia e criou os Institutos Superiores de Educação, voltados para a formação de professores de educação básica (curso normal superior), a formação pedagógica e a educação continuada para profissionais de educação. Os cursos de magistério de nível secundário continuam preparando professores para a educação infantil e as primeiras séries do ensino fundamental, exigindo-se para o restante a formação superior. No entanto, a intenção é que, com o tempo, todos os professores de qualquer nível tenham formação universitária.

3. Professores como intelectuais transformadores

As observações anteriores exigem o aprofundamento de uma discussão que busca definir a identidade do educador e do pe-

---

[2] *A cultura brasileira*: introdução ao estudo da cultura no Brasil. 4. ed. Brasília, Ed. UnB, 1963, p. 753.

dagogo. Para tanto, retomamos a temática do capítulo 2, no qual analisamos a ação pedagógica como *instância mediadora* que estabelece a relação de reciprocidade entre indivíduo e sociedade. Vimos também a ciência da pedagogia como *práxis pedagógica*, ou seja, como um saber intrinsecamente ligado ao compromisso de transformação de pessoas e de crítica da cultura.

Nesse sentido, espera-se que o profissional da educação seja um sujeito crítico, reflexivo, um *intelectual transformador*, capaz de compreender o contexto social-econômico-político em que vive. Ou seja, não se deve confundir o intelectual com o especialista em alguma área do conhecimento, mas sim ter em mente que ele é o sujeito capaz de ter uma visão do todo, além de estar comprometido com a ética e a política. Que ele então esteja atento à intencionalidade de sua ação, questionando continuamente seu saber e agir, articulando o conhecimento sobre educação com sua práxis educativa, com flexibilidade para inventar caminhos quando a situação concreta exige soluções criativas. Enfim, que participe ativamente no propósito da emancipação humana.

Ser um educador intelectual transformador é compreender que as escolas não são espaços *neutros* de mera instrução, mas carregados de pressupostos que representam as relações de poder vigentes e convicções pessoais nem sempre explicitadas. Imaginar que a escola seja um local apolítico, em que são transmitidos conhecimentos objetivos e apartados do mundo das injustiças sociais, é manter uma postura conservadora. Perigosamente conservadora, por contribuir para a manutenção do *status quo*.

Nesse caso, é sempre bom lembrar: mesmo quando existem um falso apoliticismo e a crença de que se está desenvolvendo uma atividade neutra, encontramos bem escondidos os interesses do grupo que se encontra no poder. Quer queira, quer não, as convicções do professor a respeito da ética e da política aparecem na maneira pela qual enfrenta os conflitos surgidos em classe por meio daquilo que ele diz, no modo pelo qual se comporta e mesmo quando silencia.

De fato, a política vigente impõe-se não só pelas leis — que nem sempre são justas —, mas também por um "currículo oculto" que permeia o comportamento de alunos e professores. Ou seja, para além do currículo oficial, a atividade educativa é permeada de normas, valores e crenças de tal modo entranhados que as pessoas não tomam consciência explícita deles. Por exemplo, o insucesso e a exclusão escolar muitas vezes são atribuídos à incapacidade do aluno, quando na verdade já existe uma divisão na sociedade que impede a melhor distribuição de bens, incluindo aí o saber escolar. Da mesma maneira, os preconceitos arraigados no imaginário da sociedade contra negros, pobres, mulheres e *gays* orientam a postura de pouco interesse ou até de hostilidade nas relações em sala de aula. Por exemplo, as diferenças de gênero criaram estereótipos sobre a capacidade intelectual da mulher e a respeito das atividades a que estavam destinadas — e não outras —, determinando inclusive a expectativa de um certo "comportamento feminino". O que se observa é que o "currículo oculto" se manifesta no poder do professor quando elogia ou reprova um comportamento ou, em situações extremas, quando lisonjeia ou hostiliza, conforme suas convicções ou seus preconceitos.

Em outras palavras, a formação do professor como intelectual transformador supõe o reconhecimento de que as crenças, as condutas e os valores incorporados pelo senso comum muitas vezes estão a serviço da manutenção de uma ordem social hierarquizada, isto é, são ideológicos. Veremos, no capítulo 5, como a ideologia provoca uma consciência ilusória da realidade, porque camufla o conflito existente dentro da sociedade ao disseminar a maneira de pensar dos segmentos privilegiados. Por consequência, a ideologia impede a mudança e mantém a desigualdade.

Segundo Henry Giroux, "a compreensão de como a ideologia funciona fornece aos professores uma ferramenta heurística para examinar como suas próprias visões sobre conhecimento, natureza humana, valores e sociedade são mediadas através das suposições do 'senso comum' que usam para estruturar suas experiências em sala de aula. As suposições acerca de aprendizagem, realização, relações professor—aluno, objetividade, autoridade escolar etc. precisam ser criticamente avaliadas pelos educadores"[3].

Ao reconhecer o que é ideológico, o professor terá condições de propiciar aos alunos a oportunidade de desenvolver, por sua vez, a capacidade de questionamento e de promover a desmistificação da cultura. Embora não consiga atuar de maneira tão revolucionária quanto sonharam os escolanovistas, tampouco permaneça passiva diante da ideologia, como denunciaram os crítico-reprodutivistas[4], não resta dúvida de que a escola desempenha, entre outras instituições, importante papel no processo de conscientização das novas gerações diante dos problemas a serem enfrentados.

Nem sempre, porém, a postura dos educadores atende aos projetos aqui explicitados. Sobretudo porque sua formação tem sido com frequência descurada. Mas não só: com a visão pragmática da educação representada pela tendência tecnicista implantada na década de 1970 — que ainda hoje continua exercendo influência —, o professor é visto antes de tudo como um *técnico*. Daí a advertência da professora Maria Amélia Santoro Franco, para quem "à medida que a Pedagogia foi se instrumentalizando, para organizar procedimentos de sala de aula, dentro dos pressupostos de uma racionalidade técnica, ela foi perdendo sua dimensão fundamentadora de ser a parceira crítica da prática educativa, para ser apenas a formadora de *técnicos de produção de aulas*. À medida que historicamente se concebeu que a organização e condução de uma aula é uma tarefa rotineira e tão simples quanto uma linha de montagem e que por isto não há necessidade de reflexão sobre essa prática, o pedagogo foi até considerado como um profissional desnecessário. E, nessa direção, a pedagogia foi deixando de ser Pedagogia"[5].

Por isso vemos com reserva a crescente implementação de grupos de escolas que padronizam o ensino em atividades apostiladas, determinando não só o que o professor deve ensinar, mas como deve fazê-lo, independentemente das características únicas das classes, dos indivíduos que as compõem e do agente do processo, que é o professor. A esse respeito assim se posiciona o pedagogo norte-americano Henry Giroux: "As atuais estruturas da maior parte das escolas isolam os professores e eliminam as possibilidades de uma tomada de decisões democrática e de relações sociais positivas. As relações entre os administradores escolares e o corpo docente com frequência representam os aspectos mais prejudiciais da divisão do trabalho, *a divisão entre concepção e execução* [grifo meu]. Tal modelo administrativo é

---

[3] *Os professores como intelectuais*: rumo a uma pedagogia crítica da aprendizagem. Porto Alegre, Artes Médicas, 1997, p. 37.

[4] Faremos a análise da Escola Nova e das teorias crítico-reprodutivistas na última unidade deste livro.

[5] *Pedagogia como ciência da educação*. Campinas, Papirus, 2003, p. 125.

aviltante para professores e também alunos. Se quisermos levar a questão da escolarização a sério, as escolas devem ser o lugar onde relações sociais democráticas tornem-se parte de nossas experiências vividas"[6].

4. Professores reflexivos e escola reflexiva

Afinal, os professores seriam intelectuais transformadores ou apenas técnicos? A resposta a essa questão é decisiva para definirmos a identidade do educador e do pedagogo. Apesar das dificuldades da formação de professores e das imposições das instituições escolares vigentes que muitas vezes cerceiam essa atividade crítica, apostamos na primeira hipótese.

São muitos os pedagogos que têm se debruçado sobre a questão do professor como profissional reflexivo, como também não lhes têm faltado críticas, algumas delas devido a um eventual descuido pelo saber escolar, pela assimilação dos conhecimentos, em decorrência da maior ênfase dada à construção do conhecimento. Igualmente, criticam-se os riscos de falta de rigor e um "recuo da teoria", ao se valorizar a flexibilidade do professor diante das situações concretas. São questões polêmicas em aberto.

Em todo caso, esse movimento de defesa do educador reflexivo tem se mostrado forte, e dentre os norte-americanos destacaram-se, no final da década de 1980 e na de 1990, Donald Schön e Henry Giroux, este último amigo do brasileiro Paulo Freire, com o qual compartilhou essas ideias. Representam essa tendência também construtivistas como o suíço Philippe Perrenoud e, com bastante difusão no Brasil, a portuguesa Isabel Alarcão, entre outros.

Para Isabel Alarcão, "a noção de professor reflexivo baseia-se na consciência da capacidade de pensamento e reflexão que caracteriza o ser humano como criativo e não como mero reprodutor de ideias e práticas que lhe são exteriores. É central, nessa conceptualização, a noção do profissional como uma pessoa que, nas situações profissionais, tantas vezes incertas e imprevistas, atua de forma inteligente e flexível, situada e reativa"[7]. Ela adverte, porém, que esse paradigma funcionaria melhor caso não se reduzisse à formação individual do professor, mas se ampliasse para a "formação situada no coletivo dos professores no contexto da sua escola".

Nesse sentido, além da atividade de engajamento dos professores nas instituições representativas de classe, que cuidam de diversos interesses do professor, sobretudo os econômicos e jurídicos, os grupos de professores podem se ocupar com a discussão de problemas do seu cotidiano, com o aperfeiçoamento profissional e a melhoria da qualidade da educação.

5. Para não concluir

Pelo que vimos, há ainda muito que discutir e implantar no campo da formação dos profissionais da educação. A importância dessas instituições muitas vezes tem sido minimizada pela visão pragmática que prevalece na busca do profissional técnico em detrimento da formação do educador intelectual transformador. Ainda hoje são poucas as chances de formação continuada, oportunidade de estabelecer contato permanente com outros profissionais da área.

Veremos no capítulo 12 as dificuldades de implantação desse projeto nas sociedades neoliberais e globalizadas.

---

[6] *Os professores como intelectuais*: rumo a uma pedagogia crítica da aprendizagem, p. 41.
[7] *Professores reflexivos em uma escola reflexiva*. 2. ed. São Paulo, Cortez, 2003, p. 41.

Dropes

1 - Na burocracia, na obediência cega, que confunde (...) autoridade com autoritarismo e segue a ordem pela ordem, está um dos pioneiros germes da dissolução do social, que é o germe do fascismo e do nazismo. Numa sociedade autoritária, ditatorial, a opressão é fundada basicamente na rotina e na burocracia. São aqueles que obedecem até o ponto de torturar e matar os outros. Quando se passa a obedecer cegamente, você perde o sentimento do que é a lei, na medida em que as regras são frutos da discussão pública. As leis mudam, somos nós que as fazemos e elas são sempre melhores em função do interesse comum. Se não as discutimos, e advogamos que qualquer lei é lei, então estamos ao lado da marginalidade e somos capazes de desprezar as regras e instaurar nossa própria lei. (Jurandir Freire Costa)

2 - (...) além da qualificação técnico-científica e da nova consciência social, é ainda exigência da preparação dos professores uma profunda formação filosófica. E esta formação é a tarefa que cabe à filosofia da educação. A existência de disciplina desse teor no currículo dos cursos de preparação de professores justifica-se não por alguma sofisticada erudição ou academicismo: é uma exigência do próprio amadurecimento humano do educador. Coloca-se, com efeito, uma questão antropológica: trata-se de explicitar qual o sentido possível da existência do homem brasileiro como pessoa situada na sua comunidade, de tais contornos sociais e em tal momento histórico. (...) Ou seja, não é possível compreender um projeto educacional fora de um projeto político, nem este fora de um projeto antropológico, isto é, de uma visão de totalidade que articula o destino das pessoas como o destino da comunidade humana. (Antonio Joaquim Severino)

3 - Em todas as reformas de ensino dos últimos anos, pensou-se em reestruturar os níveis de ensino, passar do modelo francês ao americano, introduzir moderna tecnologia, alterar o sistema de avaliação, propor novas metodologias de ensino, sugerir novos métodos didáticos. Somente não se pensou na valorização do professor, pagando-lhe melhores salários, qualificando-o e reciclando-o. (...) Este fato revela um desprezo profundo pela educação e, possivelmente, por este trabalho remunerado da mulher. Assim como a dona de casa trabalha "no lar", educa os filhos e zela pelo bem-estar de todos de graça, sem nenhuma recompensa ou facilidade financeira, assim também se espera que as professoras, vistas de certa forma como "substitutas da mãe" na escola, tenham dedicação semelhante, sem que lhes sejam oferecidos salários dignos e justos. (Barbara Freitag)

4 - As décadas 70 e 80, em plena ditadura militar, apresentaram-se como o momento histórico de maior organização dos profissionais da educação e do ensino. (...) Nessa fase, ao final da década de 70, ocorreram as primeiras greves de trabalhadores e professores contra o regime militar. Ainda nessa década, foram criadas a Associação

Nacional de Educação (Ande) e a Associação Nacional de Pós-Graduação e Pesquisa em Educação (Anped) e realizadas, a partir do início da década de 80, as Conferências Brasileiras de Educação (CBEs). Outras entidades científicas ligaram-se aos profissionais do ensino, como o Centro de Estudos Educação e Sociedade (Cedes), que publica cadernos temáticos periodicamente, e a Associação Nacional de Política e Administração da Educação (Anpae), que criou também uma revista e realiza diversos eventos organizados por suas seções regionais. (José Carlos Libâneo *et al*)

● Leitura complementar

A escola, lugar de aprendizagem da profissão

A escola é o local do trabalho docente, e a organização escolar é espaço de aprendizagem da profissão, na qual o professor põe em prática suas convicções, seu conhecimento da realidade, suas competências pessoais e profissionais, trocando experiências com os colegas e aprendendo mais sobre seu trabalho. O professor participa ativamente da organização do trabalho escolar, formando com os demais colegas uma equipe de trabalho, aprendendo novos saberes e competências, assim como um modo de agir coletivo, em favor da formação dos alunos. A organização escolar funciona com base em dois movimentos inter-relacionados: de um lado, a estrutura e a dinâmica organizacional atuam na produção das ideias, dos modos de agir, das práticas profissionais dos professores; de outro, estes são participantes ativos da organização, contribuindo com a definição de objetivos, com a formulação do projeto pedagógico-curricular, com a atuação nos processos de gestão e de tomadas de decisão. Há, portanto, uma concomitância entre o desenvolvimento profissional e o desenvolvimento organizacional.

Na maior parte das vezes, a realidade das escolas ainda é de isolamento do professor. Sua responsabilidade começa e termina na sala de aula. A mudança dessa situação pode ocorrer pela adoção de práticas participativas em que os professores aprendam nas situações de trabalho, compartilhem com os colegas conhecimentos, metodologias e dificuldades, discutam e tomem decisões sobre o projeto pedagógico-curricular, sobre o currículo, sobre as relações sociais internas, sobre as práticas de avaliação. Esse modo de funcionamento da organização e da gestão considera a escola uma *comunidade de aprendizagem*, ou seja, uma comunidade democrática, aberta, de aprendizagem, de ação e de reflexão.

Essa concepção equivale a transpor para a organização escolar os mesmos referenciais que a Didática atual utiliza para compreender a sala de aula. Segundo Pérez Gómez[8], toda aprendizagem relevante é um processo de diálogo com a realidade natural e social, o qual supõe participação, interação, debate, trocas de significados e representações e envolve professores e alunos e alunos entre si. Nesse sentido, a sala de aula é um lugar de construção, de reconstrução e de compartilhamento de culturas.

---

[8] *A cultura escolar na sociedade neoliberal.* Porto Alegre, Artes Médicas, 2000.

Também a organização escolar é um espaço de compartilhamento de significados, de conhecimento e de ações entre as pessoas. A organização escolar entendida como comunidade democrática de aprendizagem transforma a escola em lugar de compartilhamento de valores e de práticas, por meio do trabalho e da reflexão conjunta sobre planos de trabalho, problemas e soluções relacionados à aprendizagem dos alunos e ao funcionamento da instituição. Para tanto, esta precisa introduzir formas de participação real de seus membros nas decisões, como reuniões, elaboração do projeto pedagógico-curricular, atribuição de responsabilidades, definição de modos de agir coletivos e de formas de avaliação, acompanhamento do projeto e das atividades da escola e da sala de aula. É preciso, ainda, que estabeleça ações de formação continuada, para o *desenvolvimento profissional dos professores* e seu aprimoramento. (...)

Se tanto a escola quanto a sala de aula são comunidades de aprendizagem, pode-se deduzir que valores e práticas compartilhados no âmbito da organização escolar exercem efeitos diretos na sala de aula e o que ocorre na sala de aula tem efeitos na organização escolar.

A adoção da gestão participativa, para a comunidade de aprendizagem e para o compartilhamento de significados e de culturas, introduz um modelo alternativo de vida em sociedade que repercute em outras esferas da vida social. Todavia, a ideia de que todos devem estar envolvidos com os objetivos e os processos da gestão não pode ser confundida com um falso igualitarismo entre funções e papéis dos membros da equipe escolar. A ênfase na natureza e nas características da gestão visa assinalar que as escolas precisam funcionar bem, estando a serviço dos objetivos de aprendizagem, o que implica funções e papéis diferenciados para pedagogos, docentes, funcionários e estudantes.

José Carlos Libâneo, João Ferreira de Oliveira e Mirza Seabra Toschi, *Educação escolar*: políticas, estrutura e organização. São Paulo, Cortez, 2003, p. 307-309.

Atividades

Questões gerais

1. Explique por que, para ser um bom professor, não basta adquirir os conhecimentos indispensáveis para o ensino, embora essa qualificação seja importante. Responda usando suas próprias palavras.

2. A partir do histórico da implantação das escolas de magistério, discuta com seu grupo a respeito do que ainda há para ser feito nesse campo.

3. Relembrando sua experiência escolar, identifique comportamentos de professores, alunos ou diretores que exemplifiquem expressões do "currículo oculto".

4. Explique por que não podemos considerar a escola um espaço neutro. Em decorrência, analise a relação entre educação e política.

5. Levando em conta a citação de Henry Giroux na página 48, investigue com seus colegas que tipo de escolas têm padronizado a atividade docente, seja quanto ao conteúdo, seja quanto aos procedimentos usados. Em seguida, discuta se vocês concordam ou não com Giroux, para quem a separação entre concepção e execução no trabalho do professor é aviltante.

6. Diante da relação explicitada por Isabel Alarcão entre o professor reflexivo e a escola reflexiva, discuta com seu grupo quais são as dificuldades atuais para esse tipo de implantação de trabalho participativo nas escolas vigentes. Relacione essa discussão com o teor da citação de Jurandir Freire Costa (dropes 1).

7. Diante da polêmica exposta no capítulo, posicione-se a respeito da questão: O professor deve ser um intelectual transformador ou basta ser um técnico? Justifique com argumentos.

8. Para ampliar a discussão a respeito do professor como intelectual transformador, leia a citação do professor Severino (dropes 2) a fim de destacar a importância da filosofia da educação no curso de formação de professores.

9. Considerando o dropes 3, atenda às questões:

a) Discuta com seus colegas a situação atual de remuneração da atividade docente.

b) Ao se referir a "professoras", a autora destaca a predominância de mulheres na educação infantil e nos primeiros níveis do ensino fundamental. Analise se continua existindo essa tendência e por quê.

c) A autora escreveu esse texto na década de 1980, quando saíamos da ditadura militar, ocasião em que se tentava substituir o modelo francês pelo americano. Pesquise no capítulo 14 quais são as principais características da tendência tecnicista e discuta com seus colegas quais são as consequências da implantação dessa teoria para a formação do professor. Relacione os termos dessa discussão com a citação da professora Maria Amélia Santoro Franco sobre a racionalidade técnica, na página 48.

10. A propósito do dropes 4, faça uma pesquisa a respeito das greves de professores durante a ditadura militar.

11. "Sempre é difícil nascer. A ave tem que sofrer para sair do ovo, isso você sabe. Mas volte o olhar para trás e pergunte a si mesmo se foi de fato tão penoso o caminho. Difícil apenas? Não terá sido belo também?" A partir da citação de Hermann Hesse, atenda às questões:

a) Faça uma reflexão sobre as dificuldades e as alegrias do trabalho do educador.

b) Em seguida analise a citação a partir do enfoque do educando, das dificuldades em "nascer" e dos conflitos entre educador e educando.

12. Em um livro intitulado *Educação e emancipação*, Theodor Adorno diz: "A exigência que Auschwitz* não se repita é a primeira de todas para a educação". Comente a citação, refletindo sobre o fato de que os alemães pertenciam a uma civilização bastante escolarizada. Qual seria o significado da advertência de Adorno?

—
*Auschwitz: nome alemão da cidade polonesa onde foram construídos campos de extermínio de judeus, no período da Alemanha nazista, durante a Segunda Guerra Mundial.

13. Elabore uma dissertação sobre o seguinte tema: "O poder do educador reside no desenvolvimento do poder do educando" (Lévêque e Best).

Questões sobre a leitura complementar

1. O que os autores quererem dizer com "concomitância entre o desenvolvimento profissional e o desenvolvimento organizacional"?

2. Discuta quais são as dificuldades de implantação desse projeto de gestão compartilhada em situações nas quais o "currículo oculto" é de forte hierarquia e não democrático.

3. Justifique a afirmação de que, "na maior parte das vezes, a realidade das escolas ainda é de isolamento do professor", a partir de constatações na sua experiência escolar como aluno, ou se já trabalha, como professor:

a) No período em que antecede o início das aulas os professores se reúnem para o planejamento conjunto?

b) Os professores realizam reuniões frequentes em horários fixos e remunerados?

c) O planejamento tem flexibilidade para mudança conforme a necessidade, durante o transcorrer do ano letivo?

d) Existem grupos de estudo sobre questões pedagógicas?

e) São abertos espaços para discussão entre alunos e destes com professores a respeito das questões de interesse geral?

4. Explique em que sentido se afirma no texto que esse tipo de gestão participativa não pode ser confundido com um falso igualitarismo.

UNIDADE II

Educação e Sociedade

4. Cultura e humanização

5. Alienação e ideologia

6. Educação informal e não formal

7. Educação formal:

a instituição escolar

8. Educação e inclusão

Parte I – Educação popular

Parte II – Educação da mulher

Capítulo 4

Cultura e humanização

Conceituar *cultura* é difícil e sempre polêmico, diante das inúmeras interpretações vigentes e das que foram dadas ao longo do tempo. Com essa advertência, faremos uma introdução didática a partir da qual o leitor poderá seguir por caminhos diversos.

Consideramos o conceito de *cultura* sob dois aspectos diferentes: o sentido amplo, antropológico, e o sentido restrito. No primeiro sentido, à diferença dos animais, somos todos seres culturais, produtores de obras materiais e de pensamento. No segundo sentido, referente à produção intelectual das artes, das letras e outras manifestações intelectuais, trata-se de expressões que podem atrair maior ou menor interesse das pessoas por um tipo específico de produção — ou de possibilidade de acesso a ela, uma vez que nas sociedades hierarquizadas os bens culturais nem sempre se encontram igualmente disponíveis para todos. Ainda quanto ao segundo sentido, não nos restringiremos ao conceito de cultura erudita, para analisar outros modos de produção cultural, bem como os atuais desafios diante da globalização.

‹ **"O sono da razão desperta monstros": a advertência de Goya, em pleno Iluminismo, exalta a razão. No mundo contemporâneo, porém, é preciso estarmos atentos aos fins a que se destinam os avanços da ciência e da tecnologia, porque, na sombra do progresso e da opulência, persiste ainda a exclusão social.**

1. Conceito antropológico de cultura

No sentido amplo, antropológico, cultura é tudo o que o ser humano produz para construir sua existência e atender a suas necessidades e desejos. A Conferência Mundial sobre Políticas Culturais, realizada pela Unesco no México em 1982, consagrou como conceito de cultura o conjunto das características distintivas, espirituais e materiais, intelectuais e afetivas que caracterizam uma sociedade ou um grupo social. Ela engloba, além das artes e das letras, os modos de vida, os direitos fundamentais do ser humano, os sistemas de valores, as tradições e as crenças.

A cultura exprime as variadas formas pelas quais se estabelecem as relações entre os indivíduos, entre os grupos e destes com a natureza: como constroem abrigos para se proteger das intempéries, inventam utensílios e instrumentos, criam uma língua, a moral, a política, a estética, organizam leis e instituições, como se alimentam, casam e têm filhos, como concebem o sagrado e se comportam diante da morte.

Isso significa que o existir humano não é natural, mas cultural. E é cultural por ser simbólico, já que todo contato é intermediado pelos símbolos, isto é, pelos signos — arbitrários e convencionais — capazes de representar o mundo. O signo *re-presenta* o que está ausente, sejam pessoas ou coisas distantes, sejam entes imaginários, seja o passado ou o futuro. A linguagem humana *substitui* as coisas por símbolos, tais como as palavras, os gestos, a escrita, a pintura etc. Por meio de representações mentais e de expressões da linguagem, é possível tornar presente, para si e para os outros, os acontecimentos passados, bem como antecipar pelo pensamento o que ainda não ocorreu. Portanto, ao criar um sistema de representações aceitas por todo o grupo social (ou seja, a linguagem simbólica), os indivíduos se comunicam de modo cada vez mais elaborado.

Pode-se então dizer que a cultura é o conjunto de símbolos elaborados por um povo em determinado tempo e lugar, capacidade que inclui todas as formas de agir, pensar, desejar, exprimir sentimentos. Dada a infinita possibilidade de simbolizar, as culturas são múltiplas e variadas. Ainda quando nos referimos às necessidades básicas como reprodução e alimentação, mesmo estas não se expressam de modo estritamente biológico, mas já se encontram carregadas do sentido cultural atribuído pela comunidade — ou reinventadas pela imaginação.

A atividade dos animais, à diferença do ser humano, é determinada por condições biológicas que lhes permitem adaptar-se ao meio em que vivem, sem liberdade para agir em discrepância com a sua própria natureza, razão pela qual o comportamento de cada espécie animal é sempre idêntico. Os animais que se situam nos níveis mais baixos de desenvolvimento dentro da escala zoológica agem por reflexos e instintos e, por isso, sua atividade é a mais rígida possível, ainda que deem a ilusão de perfeição quando os observamos executar determinados atos com extrema habilidade. Não há quem não veja com atenção e pasmo o "trabalho" paciente da aranha tecendo a teia, ou não admire a colmeia, produto da abelha operária. Por serem os mesmos em todos os tempos, os atos dos animais não têm história, não se renovam, salvo as modificações que resultam da evolução das espécies e as decorrentes de alterações genéticas. Mesmo assim permanecem restritas, não se comparando com as intervenções no ambiente de que o ser humano é capaz.

À medida que subimos na escala zoológica, identificamos ações animais que não dependem apenas de reflexos e instintos, por apresentarem maior flexibilidade, típica dos atos inteligentes, que exigem respostas criativas e improvisadas. Por exemplo, um macaco faminto busca o alimento por instinto, mas, se o cacho de bananas não está acessível, tenta "resolver o problema" de modo satisfatório, usando instrumentos que estejam nos arredores, como uma vara ou um caixote.

Por mais flexível que seja o comportamento desses animais, trata-se, no entanto, de uma inteligência *concreta*, distinguindo-se da inteligência humana, que é *abstrata*. Por ser concreta, a inteligência animal é imediata e prática, isto é, depende do momento vivido aqui e agora, tendo em vista a resolução imediata de uma situação problemática.

Portanto, repetimos, o animal não domina o tempo — não faz história —, porque seu ato se esgota no momento em que ele o executa. Mesmo quando repete com maior rapidez comportamentos aprendidos anteriormente, o uso do instrumento não remete para o passado nem para o futuro. No exemplo dado, a vara usada pelo macaco sempre volta a ser vara, o que significa que o animal não inventa o instrumento, não o aperfeiçoa nem o conserva para uso posterior. O gesto útil não tem sequência no tempo e, portanto, não adquire o significado de uma *experiência* propriamente dita.

Totalmente diversa do comportamento animal é a ação do ser humano exercida sobre a natureza e sobre si mesmo. Ao reproduzir técnicas já usadas e ao inventar outras, novas, a atividade humana torna-se fonte de ideias. A noção de *experiência* não se separa do caráter abstrato da inteligência humana, que permite superar a vivência do aqui e agora para existir no tempo, isto é, ser capaz de lembrar a ação feita no passado e projetar a ação futura, o que é possível pelo fato de representar o mundo por meio do pensamento, expressando-o pela linguagem simbólica.

Em uma situação de fome o procedimento humano distingue-se do animal porque faz uso do recurso da linguagem abstrata: a vara para alcançar a fruta não precisa estar presente, mas é *re-presentada*, isto é, torna-se presente pela palavra. Mais ainda: se o desafio da situação nova ultrapassa os recursos deixados pela tradição, o ser humano é capaz de, pelo pensamento, antecipar a ação futura, ou seja, inventar o instrumento.

Mais ainda: a ação humana transformadora não é solitária, mas social, já que os indivíduos, ao se relacionarem para produzir sua própria existência, desenvolvem condutas sociais, a fim de atender às necessidades do grupo.

2. Cultura e socialização

O processo de socialização tem início pela influência da comunidade sobre os indivíduos. É conhecida a história das meninas-lobo encontradas na Índia, em 1920, vivendo numa matilha. O comportamento delas em tudo se assemelhava ao dos lobos: andavam de quatro, comiam carne crua ou podre, uivavam à noite, não sabiam rir nem chorar. Só iniciaram o processo de humanização quando foram encontradas e passaram a conviver com pessoas.

O mundo cultural é, dessa forma, um sistema de significados já estabelecidos por outros, de modo que, ao nascer, a criança encontra um mundo de valores dados, onde ela se situa. A língua que aprende, a maneira de se alimentar, o jeito de sentar, andar, correr, brincar, o tom de voz nas conversas, as relações sociais, tudo, enfim, se acha estabelecido em convenções. Até a emoção, que é uma manifestação espontânea, sujeita-se a regras que dirigem de certa maneira a sua expressão.

A condição humana resulta, pois, da assimilação de modelos sociais: a humanização se realiza mediada pela cultura. Até o ermitão não consegue anular a presença do mundo cultural, porque, ao escolher se afastar da comunidade humana, mantém ainda o tempo todo, em cada ato seu, a negação e, portanto, a consciência e a lembrança da sociedade rejeitada. Seus valores, mesmo colocados contra os da sociedade, situam-se também a partir dela. A recusa de se comunicar é também um modo de comunicação.

Por isso, a condição humana não apresenta características universais e eternas, pois variam as respostas dadas socialmente aos desafios, a fim de realizar a existência, sempre historicamente situada.

A autoprodução humana por meio da cultura completa-se em dois movimentos contraditórios e inseparáveis: por um lado, a sociedade exerce sobre o indivíduo um efeito plasmador; por outro, porém, cada um elabora e interpreta a herança recebida na sua perspectiva pessoal. Mais que isso, as chances maiores de modificações significativas dependem de uma atuação coletiva, como veremos.

É bem verdade que o teor dessas mudanças varia conforme o tipo de sociedade: no mundo contemporâneo de intensa vida urbana e de acelerada globalização, as alterações são muito mais velozes do que nas tribos indígenas ou nas comunidades tradicionais. Mesmo assim, não há sociedade estática: em maior ou menor grau, todas mudam, em uma dinâmica que resulta do embate entre tradição e ruptura, herança e renovação. Essas transformações podem ser caracterizadas como atos de liberdade, entendendo-se liberdade não como algo que é dado, mas como a capacidade humana de compreender o mundo, projetar mudanças e realizar projetos.

Portanto, se por um lado sempre há necessidade de um ponto de partida para que cada um possa se compreender — e esse solo é a herança social —, por outro o ser humano exige a superação daquilo que ele herda, numa constante recriação da cultura.

3. Sentido restrito de cultura

Além do conceito antropológico de cultura, que abrange todas as manifestações culturais, podemos fazer um recorte para considerar um aspecto mais restrito, qual seja o da produção intelectual de um povo, expressa nas atividades filosóficas, científicas, artísticas, literárias, religiosas, em resumo, nas suas manifestações espirituais. Nesse sentido, pessoas ou grupos se ocupam com diferentes formas de expressão cultural (o filósofo, o cientista, o artista, o escritor e assim por diante).

É justo pensar que esses bens deveriam estar disponíveis para todos, tanto na fase de reprodução ou de invenção, quanto na de consumo e fruição. No entanto, tal não acontece nas sociedades em que é nítida a separação entre trabalhadores intelectuais e manuais. Nesse caso, em que predominam relações de dominação, as pessoas do povo são impedidas de elaborar criticamente a sua própria produção cultural e, consequentemente, são excluídas do acesso a esse tipo de bens culturais. E, quando deles se apropriam, tende a prevalecer o consumo da cultura dominante.

Essas distorções levam a uma outra, também muito comum: a ideia de se *ter cultura*, ou seja, o conhecimento como um benefício que pode ser dado. Assim a pessoa "culta" seria aquela que tem posse de conhecimentos, não se levando em conta o dinamismo da cultura e a sua dupla dimensão de construção e ruptura. Na verdade, a cultura tem duas perspectivas, a do *ter* e a do *ser*. Segundo o professor Luís Milanesi, "há um processo contínuo na esfera cultural, tornando o *ter* e o *ser* uma unidade com duas faces: a segunda é a que leva à invenção do discurso e a ser sujeito da própria vida, e a primeira permite a alimentação contínua desse processo através da posse possível de todos os registros do discurso dos homens de todos os tempos"[1].

---

[1] *A casa da invenção*. São Paulo, Siciliano, 1991, p. 139.

Vale lembrar que muitas vezes qualificamos de "cultos" indivíduos que apenas *têm* informações superficiais (por exemplo, na área artística), um "verniz" que aparenta erudição, quando, na verdade, "a pessoa culta é aquela que domina os vários códigos das manifestações artísticas e sabe atribuir valores e significados mais profundos às obras de arte. Lembramos aqui que, para dominar os códigos, não basta apenas saber o nome dos artistas, curiosidades sobre sua vida e os movimentos a que pertenceram ou pertencem. É necessário saber interpretar a importância da sua obra para a construção do mundo humano e analisar os significados dos valores propostos"[2].

4. Diversos tipos de cultura

É difícil estabelecer a classificação dos tipos de cultura, e com frequência se corre o risco de resvalar em distorções e mal-entendidos. Como não vivemos em uma sociedade homogênea, qualquer produção cultural está sujeita a avaliações que dependem da posição social do grupo no qual ela surge, o que nem sempre permite isenção, dando margens a concepções preconcebidas sobre as produções de outros grupos.

Assim, ao contrapormos, por exemplo, "cultura de elite" e "cultura popular", estaremos emitindo juízos de valor depreciativos se considerarmos a cultura de elite superior porque refinada, elaborada, ao passo que a cultura popular seria inferior por se tratar de expressão ingênua e não intelectualizada. Outra confusão ocorre ao se identificar cultura de elite (que na verdade é a cultura erudita) como produção da classe dominante. De maneira geral, isso se deve ao pressuposto — enganoso — de que a verdadeira cultura seria a produzida pela elite. Quando se fala de conhecimento,

despreza-se o saber popular para se valorizar apenas a ciência; ao se tratar da técnica, exalta-se a mais refinada tecnologia; ao se referir à arte contemporânea, pensa-se nas pinturas de Picasso; e, quando se volta a atenção para a arte popular, é para considerá-la como arte menor, produção exótica ou objeto de curiosidade.

Apesar das dificuldades, propomos didaticamente a seguinte divisão: cultura erudita, cultura popular, cultura de massa e cultura popular individualizada.

A cultura erudita

A cultura erudita é a produção elaborada, acadêmica, centrada no sistema educacional, sobretudo na universidade, também conhecida como cultura de elite ou alta cultura, por ser produzida por uma minoria de intelectuais das mais diversas especialidades (escritores, artistas em geral, cientistas, tecnólogos).

As produções da cultura erudita são as obras-primas que revolucionam os diversos campos do saber e da ação, como as descobertas científicas, os novos modos de pensar, as técnicas revolucionárias, as grandes obras literárias ou artísticas em geral, enfim, produtos humanos que provocam "cortes" na maneira de pensar e agir e que, por isso, se tornam clássicos.

Esse tipo de atividade cultural é erudita por exigir maior rigor na sua elaboração e, por isso mesmo, torna-se acessível a um público restrito (tanto na sua produção como na fruição). Supõe-se que a maioria não está apta (ou interessada) em física quântica, alta filosofia ou música clássica, até porque a intimidade com essa produção elitizada exige longo preparo para tal e a frequentação continuada dessas obras.

---

[2] M. Lúcia de Arruda Aranha e M. Helena Pires Martins, *Temas de Filosofia*. São Paulo, Moderna, 2005, p. 22.

O que se pode criticar nas sociedades divididas é que existe um tipo de exclusão externa, que seleciona de antemão os privilegiados que terão acesso a essa produção cultural, quando na verdade a possibilidade de escolha deveria estar garantida a qualquer um, independentemente de suas posses e *status* social.

A cultura popular

O conceito de cultura popular é complexo, devido a razões já expostas. De maneira geral, consiste na cultura anônima produzida pelos habitantes do campo, das cidades do interior ou pela população suburbana das grandes cidades.

No sentido mais comum, a cultura popular é identificada ao folclore, que constitui o conjunto de lendas, contos, provérbios, práticas e concepções transmitido oralmente pela tradição. O risco desse enfoque deriva da concepção de folclore como realidade pronta e acabada, quando na verdade toda cultura é dinâmica, em constante transformação. Aliás, a vitalidade da cultura popular absorve e reelabora as inúmeras influências de outros costumes, como, por exemplo, as que resultam do contato do mundo rural com o urbano, ou do impacto da tecnologia e da cultura de massa.

O modo estático de ver o folclore é também perigoso por gerar comportamentos inadequados à apreciação dessa cultura. Alguns a ignoram ou desprezam, achando-a vulgar, não original, monótona, repetitiva — inferior, em relação à cultura de elite —; e outros podem apreciá-la como manifestação do pitoresco e do exótico, o que resulta na sua apropriação para o "espetáculo": veja-se o folclore para turismo, em que as práticas são adaptadas, "maquiadas", estandardizadas e, portanto, ajustáveis ao consumo.

A tentativa de preservar e estimular a produção da cultura popular não é tarefa fácil. Até os bem-intencionados, que reconhecem os riscos da manipulação cultural em uma sociedade dividida e sujeita à ideologia, podem resvalar em um autoritarismo inconsciente. Recaem no populismo ao tentar tutelar a produção dita popular, desenvolvendo uma postura assistencialista e protetora, típica do intelectual "iluminado" que "sabe o que é melhor" para a população, o que de certa forma infantiliza o povo, ao qual ele atribui imaturidade e passividade, como se precisasse ser dirigido.

O filósofo italiano Antonio Gramsci (1891-1937) também reconhecia que a classe trabalhadora, da maneira como é obrigada a viver, nem sempre tem condições de elaborar sua própria visão de mundo, contraposta à ideologia dominante. Isso não significa que não tenha um sistema de opiniões, mas, ao contrário, essas pessoas ocupadas com as atividades do cotidiano possuem modos de pensar e agir que se manifestam de maneira fragmentada, confusa e, às vezes, até contraditória. A esse estádio do saber chamamos *senso comum*. A originalidade do pensamento de Gramsci está em reconhecer a necessidade que tem o povo de formar seus próprios intelectuais, a fim de elaborar a consciência de classe. Para o filósofo italiano, a classe trabalhadora necessita de intelectuais orgânicos, ou seja, aqueles que, oriundos do próprio povo, sejam capazes de elaborar de forma erudita o saber difuso do indivíduo comum.

Desse modo, seriam desenvolvidas práticas de resistência popular, que afastariam o povo do conformismo, resgatando sua cultura e proporcionando novas vias de expressão popular diferenciadas das elites dominantes. Hoje em dia, o que se busca é não só uma *cultura da resistência*, que denuncia e critica, como uma *cultura propositiva*, que engendre ações que "coloquem propostas, estabeleçam metas, objetivem um agir 'ativo'"[3].

---

[3] Maria da Glória Gohn, *Educação não formal e cultura política*: impactos sobre o associativismo do terceiro setor. São Paulo, Cortez, 2005, p. 45.

A cultura de massa

A cultura de massa resulta dos meios de comunicação de massa, ou mídia. São considerados meios de comunicação de massa o cinema, o rádio, a televisão, o vídeo, a imprensa, as revistas de grande circulação, que atingem rapidamente um número enorme de pessoas pertencentes a todas as classes sociais e de diferente formação cultural.

Essa cultura, distinta da erudita e da popular, começou a surgir após a Revolução Industrial, quando a ascensão da burguesia tornou mais complexa a vida urbana. Apareceu, então, uma produção cultural que não era propriamente folclórica, mas produzida por grupos profissionais (como empresários de circo e de teatro popular; editores de publicações periódicas etc.). A partir do século XIX o processo foi intensificado com o aparecimento do jornal, no qual o romance-folhetim, precursor das atuais telenovelas, era publicado em episódios fragmentados.

No século XX, com o desenvolvimento dos meios eletrônicos de comunicação, acentuou-se o ritmo das mudanças. A grande alteração do novo processo de difusão encontra-se no produtor cultural, que não é individual nem anônimo, mas constituído por verdadeiras equipes de especialistas. Ao contrário da cultura popular, a cultura de massa é produzida "de cima para baixo", impõe padrões e homogeneiza o gosto por meio do poder de difusão de seus produtos. Em linhas gerais, é também uma produção estandardizada que visa ao passatempo, ao divertimento e ao consumo.

Tais afirmações merecem alguns reparos, já que, se generalizadas, se tornam preconceituosas e discriminadoras. Acha-se acesa ainda a polêmica em torno da natureza e das consequências da cultura de massa. Em *Apocalípticos e integrados*, o italiano Umberto Eco discute as duas tendências dos intelectuais diante desse fenômeno: os apocalípticos denunciam a cultura de massa como instrumento de alienação e massificação, enquanto os integrados, ao contrário, a veem como um fenômeno contemporâneo, considerado a partir de sua novidade, não podendo ser avaliado pelos padrões próprios de outro tipo de produção intelectual.

Afinal, a cultura de massa é uma realidade que aí está e busca as mais diversas formas de expressão criativa. Inevitável, portanto, que até a nossa maneira de perceber o mundo e de pensar se altere em contato com esses novos meios (ver capítulo 6). Independentemente da questão da manipulação, muitas áreas culturais são influenciadas por eles. No campo da produção tecnológica, a cultura erudita desde há muito se acha fascinada pelos meios eletrônicos, e muitas pesquisas universitárias têm revertido no aperfeiçoamento desses equipamentos. Os artistas buscam nesses meios outras fontes de inspiração e novas formas de expressão (por exemplo, a videoarte e a música eletrônica). O imaginário popular é exacerbado por essas experiências, que enriquecem o seu repertório. E, mesmo que a difusão maciça de novos valores tenha provocado a desagregação de costumes arraigados, é marcante a assimilação criativa de novas imagens, sons e múltiplos acontecimentos.

Por outro lado, não há como negar o risco evidente da "pasteurização" da cultura quando a televisão, por exemplo, apresenta o espetáculo do carnaval ou da macumba como típico "folclore para turismo".

A cultura de massa também procura se apropriar da cultura erudita e, quando o faz, pode resultar no *kitsch*. Este é um fenô-

Cultura e humanização

meno típico da indústria cultural, quando se busca satisfazer determinado segmento social que possui aspirações "superiores" ao estágio cultural em que se encontra, seja econômico, seja intelectual. Como exemplos, temos a dona de casa de classe média que compra no grande magazine a imitação da louça chinesa inacessível às suas posses; o leitor médio que lê os grandes clássicos da literatura em versão condensada e adaptada; e o ouvinte de música popular que se delicia com a música clássica em ritmo de dança de salão.

Os filósofos frankfurtianos são críticos severos da cultura de massa, porque "os meios de comunicação de massa são o oposto da obra de pensamento, que é a obra cultural — ela leva a pensar, a ver, a refletir. As imagens publicitárias, televisivas e outras, em seu acúmulo acrítico, nos impedem de imaginar. Elas tudo convertem em entretenimento: guerras, genocídios, greves, cerimônias religiosas, catástrofes naturais e das cidades, obras de arte, obras de pensamento. (...) Cultura é pensamento e reflexão. Pensar é o contrário de obedecer. A indústria cultural cria um simulacro de participação na cultura quando, por exemplo, desfigura a Sinfonia nº 40 de Mozart em chorinho. Assim adulterada, não é Mozart, tampouco ritmo popular. Tanto a sinfonia quanto o samba veem-se privados de sua força própria de bens culturais considerados em sua autonomia"[4].

Controvérsias à parte, não há como negar que o grande perigo, no entanto, está no fato de que os meios de comunicação de massa pertencem a grupos muito fechados, que detêm o monopólio de sua exploração e, com isso, adquirem o poder de manipular a opinião pública nos assuntos de seu interesse, seja no campo do consumo, seja no da política, ou ainda tentam despolitizar, quando isso for conveniente a interesses particulares.

É justamente a possibilidade dessa manipulação que exige maior cuidado para garantir o objetivo maior da democratização, na medida em que os meios de comunicação, ao atingir um grande número de pessoas em pouco tempo, são potentes difusores da informação e da cultura.

A cultura popular individualizada

Feita a exposição dos três tipos de cultura, a erudita, a popular e a de massa, é provável que o leitor esteja se perguntando onde classificar algumas produções culturais como, por exemplo, a música de Caetano Veloso ou Zeca Baleiro, as peças de teatro de Guarnieri ou o teatro de revista.

Trata-se da cultura popular individualizada, que se caracteriza por ser produzida por escritores, compositores, artistas plásticos, dramaturgos, cineastas, enfim, intelectuais que não vivem dentro da universidade (e, portanto, não produzem cultura erudita) nem são típicos representantes da cultura popular (que se caracteriza pelo anonimato), tampouco da cultura de massa (que resulta do trabalho de equipe).

O criador individual sofre a influência de todas essas expressões culturais e, "nessa luta, a obra é tanto mais rica e densa e duradoura quanto mais intensamente o criador participar da dialética que está vivendo a sua própria cultura, também ela dilacerada entre instâncias 'altas', 'internacionalizantes' e instâncias populares"[5].

---

[4] Olgária Matos, *A Escola de Frankfurt*: luzes e sombras do Iluminismo. São Paulo, Moderna, 2006, p. 64.

[5] Alfredo Bosi, "Cultura brasileira", in Dermeval Saviani *et al.*, *Filosofia da educação brasileira*. Rio de Janeiro, Civilização Brasileira, 1983, p. 174.

Evidentemente, esses artistas não estão livres das influências ideológicas, podendo ser cooptados pelo sistema ou sucumbir ao apelo do consumo fácil. Daí as contrafações tais como a música dita "sertaneja", os livros "esotéricos", e assim por diante. Não se pretende com isso desmerecer a produção intermediária, assim chamada porque não chega a constituir a vanguarda da cultura. Ao contrário, ela tem sua importância, desde que esteja a serviço da expansão da sensibilidade subjetiva e não do seu embotamento e manipulação.

Diante das diversas manifestações culturais, convém lembrar que elas são expressões diferentes de uma sociedade pluralista, e não tem sentido tecer considerações a respeito da superioridade de uma sobre a outra, o que leva à depreciação das demais, quando a avaliação é feita segundo parâmetros válidos para determinado tipo de cultura. Portanto, cuidar da educação popular não é vulgarizar, "popularizar" a cultura erudita, tornando-a superficial e aguada, tampouco significa dirigir de forma paternalista a produção cultural popular. Com isso seria evitada a contrafação, isto é, o produto resultante de imitação, típico de uma cultura envergonhada de si mesma.

Ante a ação compacta dos meios de comunicação de massa, o educador deve estar apto a utilizar os benefícios deles decorrentes e cuidar da instrumentalização adequada para que sejam evitados os seus efeitos massificantes.

5. Pluralidade cultural

O que vimos até aqui nos leva à conclusão de que existem inúmeras expressões de cultura, não só ao longo do tempo, ou nas diferentes comunidades, como também na vida de cada indivíduo, de acordo com os costumes que determinam maneiras diferentes de agir conforme estejamos em família, no trabalho, em companhia de amigos, e assim por diante. E, como vimos, mesmo esses costumes tendem a mudar, sobretudo quando as pessoas encontram novas maneiras de agir e pensar.

Segundo uma tendência conservadora, no entanto, muitos definem sua própria cultura como a correta, estranhando os comportamentos de outros povos ou mesmo de segmentos diferentes em sua própria sociedade. Chegam a achar "naturais" certos atos e valores que se opõem a outros, considerados "exóticos".

O filósofo Montaigne, no século XVI, ao analisar a perplexidade dos europeus em relação aos costumes dos povos indígenas das terras americanas recém-descobertas, já percebia o teor tendencioso daquelas avaliações: "Não vejo nada de bárbaro ou selvagem no que dizem aqueles povos; e, na verdade, cada qual considera bárbaro o que não se pratica em sua terra". Mais adiante questiona o horror de muitos diante do relato de canibalismo dos selvagens, quando não causava igual espanto o costume dos religiosos de seu tempo de "esquartejar um homem entre suplícios e tormentos e o queimar aos poucos, ou entregá-lo a cães e porcos, a pretexto de devoção e fé".

Aceitar as diferenças entre as culturas é importante para evitar o *etnocentrismo*, isto é, o julgamento de outros padrões (morais, estéticos, políticos, religiosos etc.) a partir de valores do seu próprio grupo. Esse comportamento geralmente leva à *xenofobia* — horror ao estrangeiro, ao "estranho": um modo de preconceito e caminho certo para a violência —, baseada em critérios de superioridade e inferioridade que justificam indevidamente a dominação de um grupo sobre outro.

Não faltam exemplos na história da humanidade, que ainda hoje persistem. Basta ver o noticiário internacional sobre as ondas de migrantes de países periféricos que buscam emprego nas áreas mais desenvolvidas e aí sofrem toda forma de exclusão e de preconceito.

Outras vezes, a relação com o "estranho" busca a homogeneização das culturas, sem respeitar as diferenças. É o que ocorre nos processos que visam à *assimilação* do diferente, pela inculcação da cultura dominante, tal como ocorreu, por exemplo, na catequização dos indígenas, durante a colonização. Hoje em dia, a mentalidade que deve reger o processo de convivência entre os diferentes é a de respeitar a polifonia das tradições culturais, como veremos a seguir.

Cultura, direitos humanos e globalização

Já nos referimos aos casos de xenofobia, bem como à tentação constantemente verificada na história humana de rejeitar o diferente ou atuar no sentido de sua assimilação. Ou, ainda, constatamos a injusta distribuição dos bens culturais, ao privilegiar poucos e excluir grande parte da população da produção e fruição dos bens culturais. Desde 1948 a Declaração Universal dos Direitos Humanos explicita no artigo 27 que: "I) Todo homem tem o direito de participar livremente da vida cultural da comunidade, de fruir as artes e de participar do progresso científico e de fruir de seus benefícios. II) Todo homem tem direito à proteção dos interesses morais e materiais decorrentes de qualquer produção científica, literária ou artística da qual seja autor"[6].

Dessa época em diante, inúmeras foram as declarações e convenções, versando sobre os mais diversos detalhes, tais como a explicitação sobre os direitos das diversas etnias em preservar sua cultura; a proteção ao patrimônio cultural da humanidade (tangível ou imaterial); a ampla participação das pessoas na vida cultural da comunidade; o uso democrático do progresso científico e tecnológico; a garantia da diversidade e da identidade cultural; a condenação à discriminação na educação, entre outros.

Nessas convenções tem sido frequente o debate sobre o direito de acesso equitativo à educação — e, portanto, à cultura —, sobretudo de grupos em situação de desvantagem, buscando-se inclusive maneiras pelas quais a ampliação de instituições sociais venha facilitar a realização dos padrões fundamentais dos direitos humanos nesse setor. Voltaremos a esse assunto no capítulo 8.

As questões relativas à produção e ao consumo da cultura tornaram-se mais complexas com o processo acelerado da globalização, que permeia todos os setores da realidade contemporânea. Desde o final da década de 1960 e de modo acelerado na década seguinte, a revolução da tecnologia da informação, pela disseminação do uso de computadores e das facilidades de comunicação processadas pelas infovias, tais como a *World Wide Web* (literalmente, "teia do tamanho do mundo"), inaugurou um mundo novo da chamada *sociedade da informação*, caracterizada pela valorização dos produtos de informação.

A *sociedade em rede*, atingida pela "teia" de difusão mundial de informações, alterou os modos de relacionamento nos mais diversos campos: nos fluxos financeiros globais, na economia, na política, na mídia, em tantos outros setores, inclusive na rede internacional de tráfico de drogas... Era de esperar que também a difusão da cultura sofresse o impacto das novas tecnologias.

---

[6] Consultar os *sites* www.dhnet.org.br ou www.unesco.org.br.

Se a globalização procedesse a uma difusão simétrica das culturas dos povos, haveria predominância dos pontos positivos de divulgação da diversidade. No entanto, são muitos os aspectos negativos, justamente porque as relações entre os países não são simétricas, mas marcadas pela hegemonia de alguns poucos — principalmente da influência norte-americana —, o que provoca a predominância dos valores culturais das nações centrais sobre as periféricas e a homogeneização de costumes. Por outro lado, as expressões da cultura local que permanecem muitas vezes se desestruturam para uso turístico, tal como acontece, por exemplo, com o carnaval brasileiro.

6. Educação e cultura

Vimos, até aqui, que a cultura é uma criação humana: ao tentar resolver seus problemas, o ser humano produz os meios para a satisfação de suas necessidades e desejos, transformando o mundo natural e a si mesmo. Por meio do trabalho instaura relações sociais, cria modelos de comportamento, instituições e saberes.

O aperfeiçoamento dessas atividades, no entanto, só é possível pela transmissão dos conhecimentos adquiridos de uma geração para outra, o que permite a assimilação dos modelos de comportamento valorizados pelo grupo. É a educação que mantém viva a memória de um povo e dá condições para a sua sobrevivência material e espiritual. A educação é, portanto, fundamental para a socialização e a humanização, com vistas à autonomia e à emancipação. Trata-se de um processo que dura a vida toda e não se restringe à mera continuidade da tradição, pois supõe a possibilidade de rupturas, pelas quais a cultura se renova e o ser humano faz a história.

Para que essa transformação seja possível, porém, não é suficiente apenas adquirir informações, como se fazia na escola tradicional. O grande desafio da democratização da cultura está na abertura de oportunidades iguais, para que todos tenham acesso não só ao consumo (ativo, nunca passivo) da cultura, mas também à sua produção, o que depende não só da escola, mas do esforço conjunto da sociedade. Nesses espaços, as atividades culturais devem ser realizadas não *para* as pessoas, mas *com* elas.

Luís Milanesi[7] caracteriza um verdadeiro centro cultural como o resultado da conjugação de três verbos: *informar, discutir* e *criar.*

Pela tradição da cultura como doação, o que mais se procura oferecer é a *informação*; por isso, sempre se pensa primeiro na biblioteca tradicional, ou até numa discoteca ou videoteca. Alguns centros de informação possuem também uma hemeroteca (coleção de jornais e revistas) e até computadores para acessar a internet. Quando se trata propriamente da escola, pensa-se na tradicional aula de transmissão de conteúdo. Nada contra esse momento. Aliás, é relevante o processo da herança cultural, e a escola não pode se descuidar da informação sob pretexto algum. O que destacamos aqui é a necessidade de unir a informação a outros processos que evitem a erudição estéril.

O segundo passo é a *discussão*, como oportunidade de reflexão e crítica, por meio de seminários, ciclos de debates, a partir de temas indicados pelo momento, segundo Milanesi "unindo o cotidiano da cidade e de seus habitantes ao universo de informação, resultando daí os conflitos necessários e o salto qualitativo". A discussão dá a necessária dinâmica, que

---

[7] *A casa da invenção*, p. 141 e seguintes.

leva à dúvida e, consequentemente, remete a novas buscas de informação. Sem a discussão, "as pessoas estarão inexoravelmente submersas nas respostas prontas, previamente dadas pelo contexto social".

Os dois primeiros verbos (informar e discutir) só se completam com o terceiro: *criar*. Toda ação cultural que se preza tem de oferecer oficinas de criatividade, laboratórios de invenção, a fim de romper com a simples reprodução da cultura, apesar de todos os riscos ideológicos do processo.

A ação cultural, entendida como obra cultural, torna-se um trabalho pelo qual a situação vivida adquire novo sentido e, portanto, é transformada. Mudando o verbo frequentemente usado para identificar os "cultos", seria bom lembrar que o importante não é *ter* cultura, mas ser capaz de *fazer* cultura.

O que vale, afinal, é conceber a cultura como manifestação plural, um processo dinâmico, e a educação como o momento em que herança e renovação se completam, a fim de criar o espaço possível de exercício da liberdade.

Dropes

1 - A cultura — palavra e conceito — é de origem romana. A palavra "cultura" origina-se de *colere* — cultivar, habitar, tomar conta, criar e preservar — e relaciona-se essencialmente com o trato do homem com a natureza, no sentido do amanho[8] e da preservação da natureza até que ela se torne adequada à habitação humana. Como tal, a palavra indica uma atitude de carinhoso cuidado e se coloca em aguda oposição a todo esforço de sujeitar a natureza à dominação do homem. Em decorrência, não se aplica apenas ao amanho do solo, mas pode designar, outrossim, o "culto" aos deuses, o cuidado com aquilo que lhes pertence. Creio ter sido Cícero quem primeiro usou a palavra para questões do espírito e da alma. Ele fala de *excolere animum*, cultivar o espírito, e de *cultura animi* no mesmo sentido em que falamos ainda hoje de um espírito cultivado, só que não mais estamos cônscios do pleno conteúdo metafórico de tal emprego. (Hannah Arendt)

---
[8] Amanhar: cultivar, lavrar.

2 - Se o indivíduo não teve a oportunidade de desenvolver e enriquecer a linguagem, torna-se incapaz não só de compreender o mundo que o cerca, mas também de agir sobre ele. Na literatura, é belo (e triste) o exemplo que Graciliano Ramos nos dá com Fabiano, personagem principal de *Vidas secas*. A pobreza de vocabulário prejudica a tomada de consciência da exploração a que é submetido, e a intuição de sua situação não é suficiente para ajudá-lo a reagir.

Outro exemplo é apresentado pelo escritor inglês George Orwell no seu livro *1984*, em que, num mundo do futuro dominado pelo poder totalitário, uma das tentativas de esmagamento da oposição crítica consiste na simplificação do vocabulário levada a efeito pela "Novilíngua". Nesse processo, toda a gama de sinônimos é reduzida cada vez mais: pobreza no falar, pobreza no pensar, impotência no agir.

Se a palavra, que distingue o ser humano dos animais, se encontra enfraquecida na sua possibilidade de expressão, é a própria pessoa que se desumaniza.

3 - A atualização de um jogo cênico ou de um brinquedo de roda exige todo um suporte estrutural, fornecido pelas ações e atividades das crianças. Há tarefas prescritas a executar. Para realizá-las segundo os modelos consagrados, as crianças precisam organizar coletivamente o seu comportamento. Segundo, cada um dos *jogos* ou dos *brinquedos* envolve composições tradicionais e gestos convencionais. Essas composições ou esses gestos conservam algo mais do que "fórmulas mortas": mantêm representações da vida, do homem, dos sentimentos e dos valores, pondo a criança em contato com um mundo simbólico e um clima moral que existe e se perpetua através do folclore. (Florestan Fernandes)

● Leituras complementares

❶ [Os três verbos da ação cultural]

O terceiro verbo — criar — é o que dá sentido aos dois outros (informar e discutir). A criação permanente é o objetivo de um centro de cultura. Ele deve ser o gerador contínuo de novos discursos e propostas. Ao lado dos acervos e das salas de reuniões e auditórios deverão estar os laboratórios de invenção, as oficinas de criatividade, espaços essenciais. Disseminar e discutir o conhecimento em sequência permanente, que leva as pessoas a desvelar as aparências, desmontar os engodos, fazer a sua própria cabeça, para se chegar a outra etapa de um circuito perpétuo, não esgota a ação cultural.

Além da renovação constante dos discursos registrados (livros novos, jornais do dia, filmes…), é necessário que as pessoas, articulando o seu próprio discurso, possam expressá-lo através da escrita, da fala, do gesto, das formas, dos sons e, se possível, registrá-lo. Romper com a rotina, com a reprodução permanente, é essencial para as transformações necessárias ao meio onde se vive. Apesar das diferenças de paisagem, física e social, por todo o país, em essência, circulam as mesmas ideias, conversa-se sobre os mesmos assuntos superpostos à expressão local. A criatividade pode ocorrer de forma espontânea, rompendo a inércia de maneira irresistível. Mas isso não é, sistematicamente, o fato procurado como motor das mudanças necessárias; é uma casualidade. A invenção é consequência de paciente trabalho: da organização dos estímulos, da eliminação dos obstáculos à liberdade de expressão, do confronto que não inibe, mas anima.

Luís Milanesi, *A casa da invenção*. São Paulo, Siciliano, 1991, p. 149-150.

❷ A cidadania e suas mediações

Quando falamos de cidadania, estamos falando de uma qualificação da condição de existência dos homens, o problema se colocando, então, de saber até que ponto e como a educação escolar está apta a contribuir para essa qualidade existencial que designamos como a da cidadania. Pode a escola contribuir para a construção da cidadania? O que isso significa? De um lado, isso é um objetivo declarado das leis e dos discursos oficiais, enquanto, de outro, se tem uma denúncia constante, por parte da reflexão crítica, da instrumentalização da educação escolar enquanto processo de submissão dos indivíduos às forças opressivas do sistema social.

De fato, a cidadania é uma qualificação do exercício da própria condição humana. O gozo dos direitos civis, políticos e sociais é a expressão concreta desse exercício. O homem, afinal, só é plenamente homem se for cidadão. Não tem, pois, sentido falar de humanização, de humanismo, de democracia e de liberdade se a cidadania não estiver lastreando a vida desse homem. (...)

Desse modo, os sujeitos humanos envolvidos no processo educacional não podem ser reduzidos a modelos abstratamente concebidos de uma essência metafísica nem a uma máquina natural, prolongamento orgânico da natureza biológica.

Com efeito, a "essência" e a "existência" humanas só adquirem sentido se forem tecidas a partir das mediações histórico-sociais. Só se é homem nessas condições.

Assim, a cidadania exige o efetivo compartilhar das mediações existenciais; e essas mediações assumem três configurações dialeticamente articuladas e dependentes entre si, as três se imbricando entre si, se complementando como as três faces da pirâmide formada pelo tetraedro.

A primeira forma concreta de partilhar dessas mediações é *o compartilhar dos bens materiais*. Como a existência material do homem depende de modo radical da natureza, quando o indivíduo não usufrui dos elementos naturais que recompõem diuturnamente seu organismo biológico, ele não pode ser considerado um cidadão. Ou dizendo de forma mais clara, quando o seu contexto social não lhe garante o poder usufruir desses elementos, ele não estará igualmente usufruindo da condição de cidadania. É desta perspectiva que se entende o significado do *trabalho* enquanto atividade mediadora para o homem, da produção e conservação de sua própria existência material.

Mas *o compartilhar dos bens simbólicos* é outra mediação efetiva e concreta para o exercício da cidadania. Dada sua própria condição de ser subjetivo, o homem não pode realizar-se plenamente se não estabelecer também relações permanentes com a esfera dos valores culturais, âmbito de abrangência de sua subjetividade. Se a vida em sociedade não garante essa impregnação, se ela não lhe viabiliza esse intercâmbio, ela estará operando uma redução do homem a uma condição igualmente pré-humana, impedindo-o do exercício pleno de sua cidadania. A apropriação e o usufruto da vida cultural, das vivências subjetivas, não constituem apenas um complemento supérfluo e aleatório da vida humana. A dimensão da subjetividade é um elemento fundamental, imprescindível e insubstituível para a constituição da cidadania como qualidade de vida.

Num terceiro momento se encontra a exigência do *compartilhar dos bens sociais*, entendendo-se por eles os elementos próprios e específicos da esfera da existência política. Isto implica que não basta aos homens repartirem entre si os bens materiais e os bens simbólicos; esta participação se desumanizará se ela não se lastrear na *repartição do poder*. Aqui estamos na esfera da cidadania, no sentido estrito. O tecido social é atravessado pelas relações de poder, ou seja, os homens não se relacionam automaticamente entre si por relações de igualdade; ao contrário, perpassam entre eles relações de poder que se transmutam muito facilmente em relações de dominação, de opressão, de exploração. Assim, a pressuposta igualdade ontológica não tem nenhuma consistência se não for reconstruída reiteradamente no tempo histórico-social. Donde se pode concluir igualmente que a cidadania não é um dado pronto e acabado, mas uma condição a ser construída e instaurada.

Antonio Joaquim Severino, "A escola e a construção da cidadania", in Antonio Joaquim Severino et al. (orgs.), *Sociedade civil e educação*. Campinas, Papirus/Cedes; São Paulo, Ande/Anpede, 1992, p. 10-12.

Atividades

Questões gerais

1. Tendo em vista o tema inicial do capítulo, leia o dropes 1 e atenda às questões:

a) Quais são os dois sentidos dados pela autora ao conceito de cultura?

b) Considerando a etimologia da palavra *cultura* no sentido de "tomar conta", que, segundo a autora, significa uma "atitude de carinhoso cuidado", discuta qual é a importância, na educação, da conscientização sobre as questões ecológicas.

c) Em outro trecho, a autora completa: "Compreendemos por cultura a atitude *para com*, ou melhor, o modo de relacionamento prescrito pelas civilizações com respeito às menos úteis e mais mundanas das coisas, as obras de artistas, poetas, músicos, filósofos e daí por diante". A que tipo de cultura se refere a autora? Por que e em que sentido ela qualifica essas obras como as menos úteis e mais mundanas?

2. Explique por que *indivíduo* e *sociedade* são polos inseparáveis, mas ao mesmo tempo distintos. E em que sentido essa distinção é importante para definir a prática educativa.

3. Considerando o teor do dropes 2, atenda às questões:

a) Estabeleça uma relação entre linguagem e pensamento.

b) Discuta com seus colegas sobre o uso de gíria: embora ela faça sentido na comunicação cotidiana informal, é perigosa quando se torna a única fonte do repertório de linguagem dos jovens.

4. Após explicar sucintamente — e com suas palavras — as diferenças entre cultura erudita, popular, de massa e cultura popular individualizada, dê exemplos de obras de cada um dos quatro tipos, diferentes daqueles indicados no livro, considerando a sua vivência pessoal.

5. A partir do dropes 3, atenda às questões:

a) Quais são os dois aspectos destacados pelo autor para justificar a importância do folclore como valor educativo?

b) Faça em sua classe o levantamento das brincadeiras de infância típicas das representações folclóricas.

c) Analise o significado dos efeitos da globalização, quando são introduzidas brincadeiras típicas de outros países, tais como o *Halloween* (Dia das Bruxas) e outras.

6. Com relação à cultura de massa, atenda às questões:

a) Quais são as polêmicas em torno da cultura de massa? Como você se posiciona a respeito delas?

b) Assista a alguns programas de televisão e analise como a cultura de massa absorve extratos de outras culturas, como a erudita e a popular, por exemplo.

c) Assista a dois tipos de programa infantil de televisão e discuta os elementos de caráter educativo (do ponto de vista positivo e negativo).

7. Considerando a questão do pluralismo cultural, reúna-se em grupo para discutir sobre as diferentes formas de discriminação: religiosa (direito à crença e à descrença); étnica (judeus, ciganos, indígenas etc.); de gênero (homem e mulher); sexual (homossexualidade); ideológica (convicções filosóficas, morais e políticas); de classe social e de posses; de idade (discriminação de idosos).

8. "Todo homem tem direito à proteção dos interesses morais e materiais decorrentes de qualquer produção científica, literária ou artística da qual seja autor." A partir do inciso II do artigo 27 da Declaração Universal dos Direitos Humanos, discuta com seus colegas como o hábito de tirar cópias de livros coloca em questão o tema "reprografia *versus* direitos autorais".

9. A letra de uma música do grupo Titãs diz: "Você tem sede de quê? Você tem fome de quê? A gente não quer só comida, a gente quer comida, diversão e arte". Analise o amplo significado da estrofe, do ponto de vista dos direitos humanos.

10. Considerando que todos têm direito à igualdade de oportunidades, analise como esse direito não é garantido em sociedades marcadas pela desigual distribuição de bens. Debata com seus colegas a conveniência (ou não) das chamadas "ações propositivas", tais como as cotas para negros, pobres, portadores de deficiências etc., no ingresso à universidade.

11. Em termos de educação, o uso da internet representa uma possibilidade de democratização, ao permitir acesso rápido aos mais variados tipos de informação. Analise os prós e os contras dessa afirmação, diante da constatação

do *apartheid* digital e do risco de homogeneização cultural.

12. A globalização criou um "mundo do espetáculo" que facilita a padronização do sentir, levada a efeito pelos meios de comunicação de massa, que "harmonizam" as classes sociais e ocultam suas diferenças. Dê exemplos da aceitação dessa mensagem globalizada e explique de que forma ela implica colonialismo cultural e apatia política.

13. Pesquise em grupo sobre os efeitos da globalização em um dos seguintes campos de atuação humana: a) esportes; b) música ou outro tipo de expressão artística (cinema, artes plásticas etc.); c) ciências; d) tecnologia; e) economia; f) defesa do meio ambiente; g) crime organizado etc.

14. Considerando que em uma época de tão evidente globalização não é possível evitar as influências de outras culturas — o que, inclusive, até pode significar enriquecimento —, o que significa hoje preservar a nossa identidade cultural? Em outras palavras, como distinguir *invasão* de *intercâmbio cultural*? Dê exemplos e justifique.

15. Com frequência, alunos (e seus professores) confundem "trabalho de pesquisa" com cópia de verbetes de enciclopédia. Critique esse procedimento, fazendo referência aos três verbos citados por Luís Milanesi.

16. Analise as características da sociedade que você considera importante manter e outras que gostaria de mudar.

Questões sobre as leituras complementares

Com base no texto complementar 1, responda às questões a seguir.

1. Por que os três verbos — informar, discutir e criar — dependem uns dos outros para cumprir bem sua função e qual é a desvantagem de um deles predominar sobre os outros?

2. Por que a criatividade das pessoas é difícil de ser desenvolvida de maneira espontânea? Em outras palavras, em que medida é importante um processo educativo para promovê-la plenamente?

3. O fato de adultos e crianças gastarem um tempo enorme em frente da tevê poderia indicar que estão na contramão do que seria uma autêntica ação cultural? Discuta isso.

Considerando a leitura complementar 2 atenda às questões a seguir.

4. Identifique as três formas de mediações necessárias para a construção da cidadania. Em seguida, reúna-se com seus colegas para buscar na vida cotidiana exemplos para cada uma delas.

5. Considerando situações em que as referidas configurações não sejam atendidas, dê exemplos de consequentes prejuízos para a efetivação da plena cidadania.

6. No início do texto, o autor pergunta de que modo a escola poderia contribuir para a construção da cidadania. Responda a esta questão e explique também por que motivos essa atuação da escola pode estar muitas vezes sendo dificultada.

Capítulo 5

Alienação e ideologia

A cultura pode ser contaminada por modos perversos que a desviam do processo de humanização. Estes são a alienação e a ideologia, cujos riscos refletem nas definições dos objetivos de uma educação focada na emancipação humana. O trabalho — entendido no amplo sentido de atividade prática e teórica — é uma condição para a instauração do mundo da cultura, mas, se as relações de poder não forem democráticas, persiste a cultura da dominação, com nítidos prejuízos para a equitativa repartição dos bens sociais, sobretudo da educação.

1. O trabalho como práxis

Vimos no capítulo anterior que as diferenças entre o ser humano e o animal não são apenas de grau, porque o animal permanece inserido de modo harmônico na natureza, enquanto o ser humano é capaz de transformá-la, tornando possível a cultura. A essa transformação denominamos *trabalho*, entendido no sentido amplo de trabalho material e intelectual. O trabalho é a ação transformadora dirigida por finalidades conscientes. Nesse sentido, o castor, quando constrói um dique, ou o joão-de--barro, sua casinha, não estão de fato "tra-

‹ **Marilyn Monroe, atriz transformada em ícone, tem sua imagem reproduzida à exaustão, neste trabalho de Andy Warhol. Diante do paradoxo da massificação e da busca de afirmação da individualidade nos resta indagar: "Como educar para além da mistificação?".**

balhando", pois esses atos não são deliberados, intencionais, nem movidos por finalidades conscientes, mas sim determinados pelo instinto e idênticos na espécie. Para o humano, ao contrário, o contato com a natureza só é possível quando mediado pelo trabalho.

Para designar a atividade humana distinta da ação animal, costuma-se usar a palavra *práxis*, conceito que não se identifica com a noção de prática propriamente dita, mas significa a união indissolúvel da teoria e da prática, porque não existe anterioridade nem superioridade entre uma e outra, mas sim reciprocidade. Ou seja, como práxis, qualquer ação humana é sempre carregada de teoria (explicações, justificativas, intenções, previsões etc.). Também toda teoria, como expressão intelectual de ações humanas já realizadas ou por realizar, é fecundada pela prática. Convém ainda entender a práxis no seu contexto social, pois as ações se realizam entre pessoas e grupos.

Talvez o leitor se pergunte se é assim mesmo que funciona o trabalho na sociedade em que vivemos, pois percebe, ao contrário, que algumas profissões são predominantemente teóricas, enquanto outras se reduzem a formas rudimentares de trabalho manual. Mais ainda, a relação que estabelecemos entre cultura, trabalho e liberdade soa estranha, uma vez que, com certeza, não é essa a realidade que costumamos identificar na história da humanidade ou no dia a dia de cada um.

Aliás, a concepção de trabalho sempre esteve ligada a uma visão negativa, que implica obrigação e constrangimento. Na Bíblia, Adão e Eva vivem felizes até que são expulsos do Paraíso. Adão é, assim, "condenado" ao trabalho com o "suor do seu rosto", cabendo a Eva, por sua vez, o "trabalho" do parto.

Analisando a etimologia da palavra *trabalho*, descobrimos na origem o vocábulo latino *tripaliare*, do substantivo *tripalium*, que designava um aparelho de tortura formado por três paus ao qual eram atados os condenados e que também servia para manter presos os animais difíceis de ferrar. Assim, vemos na própria etimologia da palavra a associação do trabalho com tortura, sofrimento, pena, labuta.

É apenas aparente, no entanto, a contradição entre o que foi dito anteriormente e a realidade dos fatos. O trabalho é, sim, condição de liberdade, mas desde que o trabalhador não seja explorado, situação em que deixa de buscar a satisfação de suas necessidades para realizar aquelas que lhe foram impostas por outros. Quando isso ocorre, o trabalho torna-se inadequado — e até um empecilho — à humanização: trata-se do *trabalho alienado*.

2. A alienação na sociedade industrial

E o que é alienação? O verbo *alienar* vem do latim *alienare*, "afastar, distanciar, separar". *Alienus* significa "que pertence a outro, alheio, estranho". Alienar, portanto, é tornar alheio, é transferir para outrem o que é seu.

Quando em uma sociedade existem segmentos dominantes que exploram o trabalho humano — como nos regimes de escravidão, de servidão — ou ainda se, para sobreviver, o indivíduo precisa vender sua força de trabalho em troca de um salário aviltante, estamos diante de situações de perda da posse daquilo que ele produz. O produto do trabalho encontra-se separado, alienado de quem o produziu. Com a perda da posse do produto, o próprio indivíduo não mais se pertence: não escolhe o horário, o ritmo de trabalho, nem decide sobre o valor do salário; não projeta o que será feito, comandado de fora por forças estranhas a ele. Devido à alienação do produto, o próprio indivíduo também se torna alie nado, deixando de ser o centro ou a referência de si mesmo.

Veremos, a seguir, como a alienação se manifesta na sociedade industrializada e, mais recentemente, na chamada sociedade pós-moderna, e também como tudo isso repercute no projeto de uma educação preocupada com a formação para o trabalho e para a cidadania.

A alienação tornou-se mais crítica com o desenvolvimento do sistema capitalista, a partir do nascimento das fábricas, nos séculos XVII e XVIII. Os trabalhadores sofreram uma mudança radical em relação aos hábitos adquiridos nas manufaturas, nas quais a atividade era até então predominantemente doméstica. Com o surgimento das fábricas — em que os trabalhadores se agrupavam em grandes galpões e se submetiam a um ritmo de trabalho cada vez mais intenso —, acentuou-se a dicotomia concepção-execução do trabalho, ou seja, o processo de separação entre aqueles que concebem, criam, inventam o que vai ser produzido e aqueles que são obrigados à simples execução do trabalho.

Com o desenvolvimento do sistema fabril, o processo parcelado de produção foi intensificado no início do século XX, quando o norte-americano Henry Ford introduziu a novidade da linha de montagem na indústria automobilística. A expressão teórica do processo de trabalho parcelado foi levada a efeito por Frederick Taylor (1856-1915), que estabeleceu os parâmetros do método científico de racionalização da produção, conhecido, daí em diante, como *taylorismo*. Esse sistema, que visa a aumentar a produtividade e economizar tempo, suprimindo gestos desnecessários e comportamentos supérfluos no interior do processo produtivo, foi implantado com sucesso e logo extrapolou os domínios da fábrica, atingindo as demais empresas, os esportes, a medicina, a escola e até a atividade da dona de casa.

O taylorismo apresenta-se como um tipo de racionalização do trabalho, porque permite melhor previsão e controle de todas as fases de produção. Para tanto, o setor de planejamento se desenvolveu, tendo em vista os diversos passos da execução do trabalho. Da necessidade de planejamento resultou intensa burocratização: os burocratas são especialistas na administração de coisas e de pessoas, atividade que, supõe-se, é exercida com objetividade e racionalidade. No entanto, essa imagem de neutralidade e eficácia da organização, como se ela tivesse por base um saber desinteressado e simplesmente competente, é ilusória. Na verdade, a burocracia resulta numa técnica social de dominação.

Vejamos por quê. Não é fácil submeter o operário a um trabalho rotineiro, irreflexivo, repetitivo, reduzido a gestos estereotipados. É de esperar que, se o sentido de uma ação não é compreendido e se o produto de um trabalho não reverte para quem o executou, seja bem difícil conseguir o empenho de uma pessoa em qualquer tarefa. Para contornar a dificuldade, o taylorismo substituiu a coação visível, típica da violência direta de um feitor de escravos ou de um contramestre de fábrica, por exemplo, por técnicas mais sutis de dominação, que tornam o operário dócil e submisso: as ordens de serviço vindas do setor de planejamento são impessoalizadas, diluídas na organização burocrática, e não mais com a face de um chefe que oprime. Com isso, a relação entre dirigentes e dirigidos deixa de ser direta, e sim intermediada por ordens internas vindas de diversos setores.

A eficiência torna-se um dos principais critérios dos negócios, estimulando-se a competição por níveis cada vez maiores de produção por intermédio de prêmios, gratificações e promoções. Isso gera a "caça" aos postos mais elevados, o que, por um lado, dificulta a solidariedade entre os empregados e, por outro, os identifica com os interesses da empresa.

A ordem burocrática limita a espontaneidade, a iniciativa e, portanto, a liberdade dos indivíduos, submetendo-os a uma homogeneização em nome do controle e da eficiência. É como se as pessoas fossem destituídas de individualidade, imaginação, desejos e sentimentos. Como agravante, na sociedade totalmente administrada os critérios de produtividade e desempenho tornam-se predominantes e invadem territórios, tais como a vida familiar e afetiva, ao impregná-los pelos valores antes restritos ao mundo do trabalho.

Essas reflexões nos colocam diante dos efeitos perversos da técnica, que, de início apresentada como libertadora, gera uma ordem tecnocrática opressiva, na qual a pessoa não é um fim, mas sempre um meio para se atingir qualquer outra coisa que se ache fora dela.

Vale lembrar também que o taylorismo serviu de orientação para a tendência tecnicista que, na década de 1960, a ditadura militar tentou implantar na educação brasileira (ver capítulo 14).

3. Sociedade pós-moderna e alienação

Na era da cibernética, ou seja, a partir da revolução da informática e da generalização do uso de computadores pessoais, a sociedade contemporânea sofreu uma mudança significativa das relações de trabalho, com a predominância do *setor de serviços* (setor terciário), que envolve atividades tanto das áreas de comunicação e informação como de comércio, finanças, saúde, educação, lazer etc. Nessas circunstâncias, a tecnologia que conta é, em última análise, a da *informação*, o que não significa que o setor secundário (industrial) ou o primário (agricultura) tenham perdido a importância, mas sim que também eles vêm sofrendo

alterações decorrentes da informatização.

Poderíamos então perguntar se a flexibilização do trabalho, que substituiu a linha de montagem na sociedade pós-industrial, não teria alterado de modo positivo as relações entre o trabalhador e o dono do capital. Afinal, a exigência de melhor qualificação do empregado — e, portanto, a sua maior "intelectualização" — e a circulação de informação no setor de serviços poderiam ajudar a superar, ou pelo menos minimizar, a alienação.

Se, com a ampliação do setor de serviços, foi deslocada a tradicional oposição entre o proprietário da fábrica e o proletário, conforme a clássica representação marxista costumava enfatizar, cada vez mais as empresas são controladas por administradores, os tecnoburocratas. Tudo isso pode dar a ilusão de que se dissolveu o duro conflito patrão-empregado, além de que o trabalhador teria estendido seu tempo de lazer, liberado para outras atividades, mais prazerosas, e ainda com a expectativa da possibilidade de melhor distribuição das riquezas. O que ocorre, no entanto, são mecanismos de exploração menos evidentes, já que a autonomia dos executivos tem como pano de fundo controlador o grande capital das empresas globalizadas, que concentram renda e impedem a distribuição homogênea da riqueza. Há que acrescentar ainda a onda mundial de desemprego e o enfraquecimento dos órgãos representativos de classe, como os sindicatos, antes responsáveis por inúmeras conquistas trabalhistas, agora ameaçadas pela terceirização dos serviços.

Com o advento da sociedade pós-moderna, alterou-se também o modo pelo qual se estabelecem as relações pessoais e dos indivíduos com o mundo que os cerca. No campo das comunicações, a realidade transformou-se em simulacro, ou seja, cada vez mais os meios tecnológicos de comunicação simulam a realidade. O mundo tornado "espetáculo" manifesta-se na reconstituição de um rosto segundo as informações obtidas a partir de um crânio, na "construção" antecipada de um novo modelo de carro, ou ainda na onipresença da tevê nos lares, permitindo assistir à Guerra no Iraque sem sair da poltrona. O simulacro intensifica e embeleza o real, que se torna "hiper-real" e, portanto, mais atraente. Basta ver como nas propagandas o hambúrguer parece mais saboroso ainda ou a guerra distante nos faz lembrar um *trailer* de um filme qualquer. As consequências dessa superexposição de imagens é que tudo se transforma em *show*, em entretenimento, na sua apresentação sedutora.

Por outro lado, o resultado também é muitas vezes a ilusão de conhecimento, a atenção flutuante, o conhecer por fragmentos, sem um momento de parada para a integração das partes e a reflexão sobre as informações recebidas. Trata-se, enfim, de um desafio para o professor, cujo trabalho teórico contraria o fluxo frenético e feito em partículas do videoclipe ou do *zapping* na tevê.

A esse mundo da opulência, da tecnologia avançada, contrapõe-se a situação de grande parte do globo, relegada à miséria e ao analfabetismo. Mesmo nas camadas que conquistam privilégios, a nova organização acentua as características de individualismo, que levam à atomização e à dispersão das pessoas, desenvolvendo uma cultura hedonista (de busca do prazer imediato) e narcísica (egocêntrica, com perda do sentido coletivo da ação humana). Ao mesmo tempo (e contraditoriamente), o processo de massificação pelos meios de comunicação impede que seja feita uma abordagem menos superficial das questões humanas mais vitais, justamente aquelas que permitiriam a discussão das formas de alienação.

Como se vê, o avanço da tecnologia não exclui a possibilidade de modos de vida alienados. O que nos interessa, no entanto, é menos incutir uma visão pessimista da realidade do que reforçar o papel denunciador de toda educação, como primeiro momento para a mudança.

A sociedade do lazer

Com a sociedade industrial, o lazer surgiu como um fenômeno de massa com características específicas que nunca existiram antes do século XX, devido às reivindicações e conquistas dos trabalhadores relativas à diminuição da jornada de trabalho, ao descanso semanal e às férias. No entanto, nem sempre o "tempo liberado" significa "tempo livre", porque gastamos parte dele com transporte, obrigações familiares, sociais, políticas ou religiosas, afazeres domésticos, higiene, alimentação e sono. O que fazer no restante do tempo?

Podemos descansar, nos entregar ao ócio, mas também a modos de divertimento, recreação, entretenimento, a fim de restabelecer o equilíbrio psicológico para compensar o esforço do trabalho. Essas atividades não se separam da intenção de desenvolvimento pessoal, uma vez que podem proporcionar aprendizagem e estimular nossa sensibilidade e inteligência. Em outras palavras, o lazer não significa um "deixar passar o tempo", mas requer a escolha de uma atividade não obrigatória e prazerosa, em que nos sentimos ativos e participantes.

A ampliação do setor de serviços passou a oferecer inúmeras alternativas de lazer, gerando — concomitantemente ao consumo de produtos — o consumo do lazer. É de esperar, porém, que, em uma sociedade em que predomina o trabalho alienado, o lazer também seja contaminado pela manipulação e deixe de ser um momento de expressão de criatividade, para se tornar passivo e instrumento de veiculação ideológica. A bem montada indústria do lazer passa a orientar escolhas, estabelecer modismos, manipular o gosto, determinar programas.

Eis aí um desafio para os educadores: dar condições para que jovens ocupem o seu tempo livre de modo criativo.

4. Ideologia e trabalho

Nesse ponto da discussão, resta-nos perguntar o que permite que a alienação se infiltre na cultura. Para responder a essa questão, precisamos investigar o que é *ideologia*.

Há vários significados para a palavra *ideologia*. Veremos o sentido amplo e o restrito e, em seguida, examinaremos a função da ideologia.

Em *sentido amplo*, ideologia é o conjunto de ideias, concepções, opiniões, crenças sobre algum ponto sujeito a discussão, bem como normas estabelecidas a partir de valores. A ideologia é uma teoria, uma organização sistemática dos conhecimentos destinados a orientar a prática, a ação efetiva. Nesse sentido, cada um tem uma ideologia que o ajuda a decidir, por exemplo, onde estudar, que profissão escolher e a definir o que é certo ou errado.

A ideologia é uma espécie de "cimento" que une as pessoas de determinado grupo, fazendo-as defender interesses comuns e elaborar projetos de ação. E, se toda sociedade é plural, seria saudável que fosse permeada por concepções de mundo diferentes. Esse pluralismo tão enriquecedor não deveria ser cerceado em nome dos interesses de grupos divergentes, porque, se a sociedade democrática busca o consenso, nem por isso desqualifica o dissenso, ou seja, o direito de discordar. É bom lembrar que a essência da democracia está na tolerância, na coexistência de ideologias diferentes. Quando não se aceitam os conflitos de ideias, está-se a um passo dos governos autoritários e, portanto, da violência.

Foi assim no período da ditadura, quando órgãos como o Deops (Departamento Estadual de Ordem Política e Social) exigiam "atestados ideológicos", a fim de verificar se não se estava diante de adeptos da ideologia marxista, considerada na época "perigosa à segurança nacional". Conforme o resultado, as pessoas eram consideradas "subversivas", o que ocorreu com muita frequência nas escolas e universidades, com a perseguição a professores não alinhados com a ditadura.

Em *sentido restrito*, porém, há um outro significado de ideologia, justamente aquele que queremos privilegiar neste capítulo. Inicialmente elaborado pelo filósofo e cientista social Karl Marx, hoje em dia esse conceito incorporou-se ao pensamento político e econômico, e é utilizado até por teóricos não marxistas, tal a sua fecundidade na compreensão das relações de poder.

Segundo esse significado, a ideologia é uma representação ilusória da realidade porque o conjunto de ideias e normas de conduta veiculado leva os indivíduos a pensarem, sentirem e agirem de acordo com os interesses da classe que detém o poder. Desse modo, a ideologia camufla o conflito existente dentro da sociedade dividida, apresentando-a como una e harmônica, como se todos partilhassem dos mesmos interesses e ideais. Vejamos como Marx justifica esse ponto de vista.

Para Marx, as ideias e normas de ação que permeiam a sociedade decorrem da economia, isto é, resultam da maneira pela qual os indivíduos se relacionam para produzir sua existência. Ou seja, as ideias derivam das condições históricas reais ao serem estabelecidas as relações de produção, isto é, ao se organizarem por meio da divisão social do trabalho. Assim, toda atividade intelectual (mito, religião, moral, filosofia, literatura, ciência etc.) e todas as normas (morais, jurídicas etc.) passam a ser compreendidas como derivadas das condições materiais de produção da existência.

No entanto, quando essas condições materiais começam a mudar, por exemplo, na passagem do mundo feudal para o capitalista, os novos valores não são imediatamente aceitos por todos, porque a classe que detém o poder os rejeita, lutando durante muito tempo para manter seus velhos valores como se fossem eternos e imutáveis. Por exemplo, durante séculos, a burguesia lutou contra a nobreza feudal até conseguir alijá-la do poder pela revolução (a Revolução Gloriosa na Inglaterra, no século XVII, e a Revolução Francesa, no século XVIII). A partir de então, consolidada sua hegemonia, por sua vez, a própria burguesia universaliza seus valores, por considerar as ideias defendidas por sua classe válidas para todos os segmentos sociais.

Os ideais de "igualdade, liberdade e fraternidade" da Revolução Francesa, no entanto, foram estendidos a todos de modo ideológico, mas não de fato, já que os proletários enfrentavam situações cada vez mais difíceis de sobrevivência. No século XIX, a jornada de trabalho era de catorze a dezesseis horas, em locais muitas vezes insalubres.

A *função* da ideologia nos ajudará a compreender como, apesar das conquistas trabalhistas sindicais, persistem ainda a alienação e a ideologia. Porque nem sempre o trabalhador tem clareza da exploração de que é vítima e considera sua situação como "natural", um destino a se cumprir. Não percebe que as representações e normas vigentes convêm a poucos e camuflam a divisão existente na sociedade, apresentada, ao contrário, como una e harmônica, com todos partilhando dos mesmos objetivos e ideais.

É interessante observar que não se trata de uma mentira inventada por indivíduos que detêm o poder para subjugar a outra

classe. Também estes sofrem a influência da ideologia, o que lhes permite exercer como natural sua dominação e considerar universais os valores pertencentes à sua classe. Os missionários que acompanhavam os colonizadores às terras conquistadas, por exemplo, certamente não percebiam o caráter ideológico de sua ação ao implantar uma religião e uma moral estranhas às do povo dominado. Ao contrário, estavam convencidos do valor ético e religioso dessa tarefa.

A função da ideologia é, pois, ocultar as diferenças de classe, facilitar a continuidade da dominação de uma classe sobre outra, assegurar a coesão entre os indivíduos e a aceitação sem críticas das tarefas mais penosas e pouco recompensadoras, simplesmente como decorrentes da "ordem natural das coisas".

Características da ideologia

Quando ouvimos a frase "O trabalho dignifica o ser humano", sabemos que essa afirmação não é falsa, mas soa ideológica quando considerada fora do contexto histórico concreto em que os indivíduos trabalham, mascarando situações de exploração. O trabalho alienado não dignifica, mas degrada, porque reduz as possibilidades de crescimento e humanização. Quando essa característica pervertida do trabalho não é reconhecida, o prejuízo é do trabalhador.

Ao ocultar a situação concreta de exploração, a ideologia descreve uma realidade abstrata, universal, lacunar e invertida, características que passamos a explicar.

• A *abstração*: na medida em que não se refere ao concreto, mas ao *aparecer social*. A "ideia de trabalho" aparece desvirtuada da análise histórica concreta das condições nas quais certos tipos de trabalho brutalizam, em vez de enobrecer; por exemplo, o operário na linha de montagem.

Alienação e ideologia

• A *universalização*: as ideias e os valores do grupo dominante são estendidos a todos; por exemplo, apesar dos interesses divergentes, o empregado adota os valores do patrão como se fossem também os seus.

• A *lacuna*: há "vazios", "partes silenciadas" que não podem ser ditas, sob pena de desmascarar a ideologia; por exemplo, ao se afirmar que o salário paga o trabalho, oculta-se o fato de que o valor produzido pela força de trabalho é maior do que o recebido e que a diferença é apropriada pelo capitalista (é o que Marx denominava *mais-valia*).

• A *inversão*: ao explicar a realidade, o que é apresentado como causa é na verdade consequência; por exemplo, se o filho de um operário não consegue melhorar seu padrão de vida, o insucesso é atribuído à sua incompetência, quando na verdade esta é efeito de outras causas, tais como as condições precárias (de saúde, educação, oportunidades etc.) a que se acha submetido; ele participa de um "jogo de cartas marcadas", e as chances de melhora não dependem dele.

Desse modo, a ideologia "naturaliza" a realidade, ao esconder o fato de que a existência só é produzida pelo próprio ser humano e só pode ser alterada por ele: não é "natural" que haja o contraste entre opulência e miséria, que exista a separação entre trabalho intelectual e braçal, nem que alguns estejam destinados ao mando e outros, à obediência. Na sociedade dividida aceita-se que a classe "que sabe pensar" controla as decisões e manda, enquanto a outra que "não sabe pensar" — embora tenha sido *impedida* de aprender a pensar —, executa e obedece.

5. Alienação, ideologia e educação

É muito comum considerar a educação uma prática apolítica, a escola como um espaço neutro, uma ilha isolada das divergências da sociedade e um canal objetivo de transmissão da cultura universal. Sem dúvida, trata-se de uma imagem ilusória. Como vimos no capítulo 2, a escola é política e, como tal, reflete inevitavelmente os confrontos de força existentes na sociedade. Basta rever a história da educação para perceber como a escola sempre serviu ao poder, não oferecendo oportunidades iguais de estudo a todos, indistintamente (ver capítulo 8, sobre educação popular). Portanto, como a escola pode ser influenciada pelos conflitos de interesses, é preciso estar atento para que ela não represente apenas os valores do grupo dominante.

Considerando esse desafio, lembremos que no conceito de práxis qualquer teoria se acha indissoluvelmente ligada à prática e, nesse sentido, toda teoria da educação deveria partir do exame rigoroso e sistemático dos problemas existentes na realidade, a fim de definir os objetivos e meios que orientarão a atividade comum intencional. Tal procedimento torna-se ideológico quando despreza o fato de que a educação é um fenômeno social e que deve promover a construção da personalidade social do educando. Por isso mesmo, a educação não se desvincula da situação concreta em que se acha inserida.

Por exemplo, não convém considerar "natural" a crise da adolescência, como se derivasse do eterno conflito entre gerações, pois há sociedades — como as tribais — nas quais nem sequer existe esse fenômeno, e outras em que os conflitos são de teor muito diferente: basta comparar o adolescente do campo e o da cidade; o burguês e o proletário; ou ainda o jovem da década de 1940 e o dos explosivos anos mutantes de 1960. E hoje observa-se uma "adolescência" que parece nunca terminar.

Num rápido esboço do papel ideológico da educação vamos abordar a questão sob alguns aspectos — entre muitos outros — tais como a legislação e a prática educativa.

Legislação e ideologia

É impossível que uma legislação eficaz para a educação não tenha como suporte uma teoria pedagógica cujo rigor possa superar a compreensão meramente empírica do fenômeno educativo. Somente se apoiando na teoria é que a solução para os problemas surge de forma intencional, coerente e não fragmentada, ultrapassando o nível prático-utilitário do senso comum.

O professor e educador Dermeval Saviani analisou, em importante trabalho, o caráter precário da Lei de Diretrizes e Bases (LDB/61), decorrente da não utilização de uma teoria que possibilitasse a construção de um verdadeiro sistema educacional brasileiro[1].

Para Saviani, não podemos falar em *sistema* educacional brasileiro, mas sim em *estrutura*. A estrutura é caracterizada por ausência de planos, assistematicidade da ação, inexistência de projetos claramente expostos, ou seja, é algo que aí está, que o indivíduo deixou de fazer ou fez sem o saber. Se não existe uma teoria explícita subjacente, a ação perde a intencionalidade, a unidade e a coerência, mas não deixa de ser orientada pelos valores vigentes, expressos pelos interesses dos grupos dominantes. E eis aí de novo a ação silenciosa da ideologia. Pois o direito, como toda elaboração da consciência humana, reflete as condições estruturais da sociedade em determinado momento histórico, e as leis, como são feitas pela elite, vêm em defesa dos valores daqueles que já detêm privilégios.

Por isso, ao examinar o texto de uma lei, é preciso ler nas entrelinhas, analisar o contexto em que se insere, a fim de descobrir as relações de poder que se acham por trás, no processo da sua gestação.

Voltemos ao exemplo da Lei de Diretrizes e Bases. A partir do primeiro projeto de lei, datado de 1948, essa lei seguiu um longo caminho. Embora fosse inicialmente um texto progressista, foi sancionado apenas em 1961, tornando-se ultrapassado para a época em que entrou em vigor, já que era outra a sociedade brasileira de então. Além disso, a lei refletiu os conflitos entre tendências opostas, sobretudo entre liberais defensores da escola pública e a ala conservadora dos católicos, que reivindicava a subvenção do Estado para a rede particular do ensino. Esse mesmo conflito reapareceu na discussão da Constituição de 1988, que manteve a destinação dos recursos a certos tipos de instituição.

Se é preciso examinar os interesses subjacentes à elaboração e aprovação de uma lei, também é importante avaliar sua eficácia, porque vários fatores interferem na sua aplicação. Ao ampliar a obrigatoriedade do ensino fundamental de quatro para oito anos sem considerar as condições de infra-estrutura existentes, a reforma da LDB em 1971 não permitiu que este dispositivo da lei saísse do papel. O mesmo ocorre agora (2006), com a aprovação do projeto de lei que estende a duração de oito para nove anos, ao determinar a inclusão de crianças com seis anos de idade. Nesse caso, os legisladores dão um prazo de dez anos para que as escolas se adaptem às novas normas.

Prática educativa e ideologia

Neste item observaremos alguns pontos da prática educativa vulneráveis à ideologia, quais sejam a organização escolar, os textos didáticos, o enfoque das disciplinas, o trabalho do professor.

---

[1] *Educação brasileira*: estrutura e sistema. 8. ed. Campinas, Autores Associados, 1996.

A organização escolar pode exercer um papel ideológico na medida em que a rígida hierarquia exige o exercício do autoritarismo e da disciplina estéril, que educam para a passividade e a obediência. A excessiva burocratização desenvolve o "ritual de domesticação", que vai desde o controle da presença em sala de aula, as provas, até a obtenção do diploma. Se lembrarmos o que foi dito no item anterior sobre estrutura e sistema, é fácil compreender que qualquer organização só tem sentido enquanto mantiver viva a reflexão sobre os objetivos que orientam sua ação. Caso contrário, degenera em exigência puramente formal. E o formalismo da prática gera a burocracia estéril e autoritária.

Entre os recursos utilizados na prática educativa, o livro didático não pode ser considerado um veículo neutro, objetivo, mero transmissor de informações. O risco de sua utilização ideológica ocorre sobretudo quando os textos mostram à criança uma realidade estereotipada, idealizada e deformadora. Por exemplo, quando se transmite uma visão de trabalho que iguala todos os tipos de profissão, oculta-se o fato de que muitas pessoas são submetidas a atividades árduas, alienantes. O mesmo acontece na avaliação de muitos outros comportamentos sociais, como a vida em família, a concepção de pátria, as convicções religiosas, o camuflamento dos conflitos étnicos. Em todos esses casos, ao se desenhar o perfil de uma sociedade una e harmônica, em que cada um cumpre o seu papel como um destino a que não se pode fugir e ao qual se deve conformar, cria-se a impressão de que problemas como a pobreza, o desemprego, a exclusão fazem parte da natureza das coisas.

Também a abordagem das disciplinas do currículo adquire, muitas vezes, um caráter ideológico. O ensino de história, por exemplo, torna-se ideológico quando se restringe à sequência cronológica dos fatos, sem a análise da ação das forças contraditórias que agem na sociedade. A aparente neutralidade e a ausência de interpretação ocultam e impedem a expressão do discurso dos vencidos ou dos dominados. Além disso, é típico desse processo apresentar a história como resultado da ação dos "grandes personagens". Houve tempo em que se estudava a abolição da escravatura pela ótica dos brancos abolicionistas, esquecendo-se de registrar a importância dos quilombos; e os bandeirantes eram considerados "heróis" que expandiram as fronteiras brasileiras, depreciando-se a atuação de resistência das populações indígenas (aliás, nos filmes de "faroeste" americano o mocinho não vence sempre os "ferozes" índios?).

A ênfase dada à geografia física, em detrimento da geografia humana, reflete a preocupação positivista, que despreza o fato de que o hábitat é construído pelo ser humano. Com isso se oculta que a ação exercida sobre a natureza significa também uma ação sobre as pessoas, o que recoloca a questão do poder e do controle político do espaço geográfico. Tomamos apenas os exemplos da história e da geografia, mas uma análise desse tipo pode ser feita com relação a qualquer disciplina do currículo.

Os riscos de alienação que ameaçam os profissionais em geral no mundo contemporâneo atingem também os professores, profissionais que desenvolvem um tipo de trabalho intelectual, ou trabalho não material, muito peculiar. Enquanto, por exemplo, para os intelectuais que produzem obras de arte e livros, a obra de pensamento se encontra separada de quem a produziu, no caso do professor não existe essa separação, já que seu trabalho se desenvolve durante o ato mesmo de sua produção. A esse respeito, diz o professor Saviani: "A aula é alguma coisa que supõe, ao mesmo tempo, a presença do professor e a presença do aluno. Ou seja, o ato de dar aula é inseparável da produção desse ato e de seu consumo. A aula é, pois, produzida e consumida ao mesmo tempo"[2].

Justamente nesse contato com o aluno é que poderiam ser inculcadas a ideologia e a alienação, o que foi amplamente enfatizado por muitos autores que estudaram a escola como reprodutora do sistema vigente (ver capítulo 15). Nesse sentido, mesmo quando imbuídos de boas intenções, os professores estariam repassando a seus alunos valores que precisariam na verdade ser revistos e criticados. Assim, embora saibamos que a ação do professor pode gerar um espaço de renovação e crítica, é preciso reconhecer que esses teóricos alertaram para riscos com os quais devemos nos preocupar.

É bom lembrar que esses riscos persistem, sobretudo, quando a atuação do professor, desligada do contexto em que se vive, se caracteriza por práticas despolitizadas e esvaziadas de conteúdo ético. Também favorece a alienação a rotinização do trabalho, ao se mergulhar na repetição enfadonha de fórmulas, prevalecendo os registros e controles burocráticos, em detrimento das situações emergenciais do contexto social e cultural em que se atua.

Além disso, há o risco de se sucumbir à racionalidade tecnocrática — típica do taylorismo —, que minimiza a autonomia do professor: a legislação é aprovada sem a participação efetiva do profissional da educação, o mesmo ocorrendo com o planejamento dos cursos oferecidos como "pacotes" de materiais curriculares que transformam o professor em simples executor de um projeto.

6. Contraideologia: educar para a cidadania

Se considerássemos apenas o que foi dito até agora, restariam uma visão pessimista e uma nítida sensação de impotência. Para superar essa posição imobilista, vamos explicitar o que seria um discurso não ideológico, ou uma *contraideologia*.

Retomemos os conceitos já analisados: o discurso ideológico é abstrato e lacunar, faz uma análise invertida da realidade e separa o pensar e o agir, a fim de manter privilégios e a dominação de uma classe sobre outra. O discurso não ideológico deve contrapor, então, uma crítica que revele, denuncie a contradição interna, que se acha oculta. A ideologia não se confunde com o papel desempenhado pela teoria, porque esta se encarrega de desvendar os processos reais e históricos que dão origem à dominação, enquanto a ideologia visa justamente a ocultá-la. Isso é possível porque a teoria estabelece uma relação dialética com a prática, uma relação de reciprocidade e simultaneidade, não uma relação hierárquica, como no discurso ideológico, que considera a teoria superior e anterior à prática.

Aplicando o conceito de dialética à educação, podemos ver que uma teoria educacional não determina autoritariamente e *a priori* o que deve ser feito, mas parte da análise dos fatos e deve para eles retornar, a fim de agir sobre eles, mantendo viva a relação entre o pensar e o agir. Por isso, a teoria educacional deve vir sempre acompanhada de forma reflexiva e crítica pela filosofia, cuja função é "explicitar os seus fundamentos, esclarecer a função e a contribuição das diversas disciplinas pedagógicas e avaliar o significado das soluções escolhidas"[3]. O papel da filosofia como crítica da ideologia é importante, pois rompe as estruturas petrificadas que justificam as formas de dominação.

Nessa perspectiva, a escola não está isolada da realidade nem é a simples reprodu-

---

[2] *Pedagogia histórico-crítica*: primeiras aproximações. 4. ed. Campinas, Autores Associados, 1994, p. 23.

[3] Dermeval Saviani, *Educação*: do senso comum à consciência filosófica. São Paulo, Cortez, 1980, p. 30.

ção da realidade social. E, se a escola não é a alavanca transformadora da realidade, como pensavam os escolanovistas, tampouco se encontra totalmente manipulada pelo poder, como denunciaram os crítico-reprodutivistas. A partir de suas limitações, podemos descobrir as reais possibilidades de transformação qualitativa da escola, a fim de que ela possa desenvolver um discurso contraideológico.

Apesar de pertencer ao mundo do trabalho, a escola deve dar condições para que se discuta criticamente a realidade em que se acha mergulhada. Ou seja, para exercer sua função com dignidade, precisa manter a dialética herança-ruptura: ao transmitir o saber acumulado, deve ser capaz de romper com as formas alienantes, que não estão a favor do homem, mas contra ele.

Um desses desafios está na formação do jovem para o trabalho. Como enfrentá-lo em uma sociedade dividida? Nossa escola não é unitária. Ao contrário, é dualista, já que para a elite é oferecida uma escola de boa qualidade intelectual, enquanto para os trabalhadores resta a educação elementar, geralmente de má qualidade, com rudimentos de alguma técnica profissionalizante, descuidada da necessária teorização. O desafio está em criar uma escola em que o trabalho ocupe um lugar de importância: que não esteja ausente nos cursos de "formação" nem se reduza ao adestramento profissional nos chamados cursos "profissionalizantes". Nos primeiros falta a prática, e nestes últimos, a teoria.

É preciso que todos os alunos, sem distinção, sejam iniciados na compreensão dos fundamentos científicos das diferentes técnicas que caracterizam o processo de trabalho produtivo contemporâneo e que saibam avaliar criticamente os fins a que se destina o trabalho, bem como as consequências dele decorrentes.

Como proceder a essa mudança, tendo em vista as dificuldades e os entraves?

O desafio da tarefa é grande, mas não impossível. Sem dúvida exige tempo, paciência e um esforço contínuo levado a efeito em inúmeros setores diferentes: que se abram "ágoras" de discussão, espaços de expressão que atuem como microrrevoluções.

Uma das soluções possíveis para se oferecer uma escola de boa qualidade estaria na exigência da aplicação adequada dos recursos do governo e, além disso, no esforço conjunto de educadores e do próprio povo. Ou seja, cabe também à sociedade civil buscar meios e inventar caminhos para conseguir uma escolarização em que o conteúdo dos estudos seja, acima de tudo, a prática social vigente. Só assim as pessoas teriam uma compreensão teórica cada vez mais ampla dessa prática, o que as ajudaria a explicá-la melhor, a justificá-la ou não e a orientar suas ações no sentido de modificá-la segundo suas necessidades.

Na educação há muito que fazer. Temos de lutar por êxitos parciais que, no conjunto, se tornem significativos: adequada aplicação das verbas públicas, formação de professores competentes e politizados, remuneração condigna dos educadores, escolas bem equipadas, classes pouco numerosas, desmistificação na abordagem das disciplinas, estímulo à interdisciplinaridade, leitura crítica dos textos e do próprio mundo.

Dropes

1 - *Tecnocracia* — O poder da técnica, ou melhor, dos técnicos. É uma forma de barbárie, que gostaria de submeter a política e o direito à ordem tecnocientífica: tirania dos especialistas. É para onde caminhamos insensivelmente, a partir do momento em que queremos que os mais competentes governem ou decidam. Contra o que cumpre recordar que a democracia não apenas não precisa como exclui essa solução: não é por ser competente que o povo é soberano, é por ele ser soberano que nenhuma competência poderia, politicamente, valer sem ele ou contra ele. Os especialistas existem para esclarecê-lo, não para decidir por ele. (André Comte-Sponville)

2 - Ao fazer do texto um objeto de investigação intelectual, tal análise coloca o leitor não como um consumidor passivo, mas como um produtor ativo de significados. Em vista disto, o texto não é mais investido de uma essência de autoridade, esperando para ser traduzido ou descoberto. Ao contrário, sua essência não está mais provida de um *status* sacerdotal, como uma sabedoria doada. Ao invés disso, o texto torna-se um conjunto de discursos, constituído por um jogo de significados contraditórios. (Henry Giroux)

3 - Texto quer dizer tecido; mas, enquanto até aqui esse tecido foi sempre tomado por um produto, por um véu acabado, por detrás do qual se conserva, mais ou menos escondido, o sentido (a verdade), nós acentuamos agora, no tecido, a ideia generativa de que o texto se faz, se trabalha através de um entrelaçamento perpétuo. (Roland Barthes)

● Leitura complementar

O espaço de contradição da educação e sua força transformadora

A educação brasileira apareceu como instrumento, desejado consciente ou inconscientemente pelas classes dominantes, de reprodução das relações sociais através da reprodução ideológica de sua concepção do mundo e de defesa dos seus interesses. Sendo a formação capitalista predominante na história da sociedade brasileira, a educação se adequou às suas exigências, respondendo pela sua reprodução.

Mas de forma alguma esta predominância histórica do caráter reprodutor da educação brasileira elimina o seu potencial transformador. Isto porque a educação, enquanto processo social, é intrinsecamente trabalhada pela contradição. Assim sendo, o processo ideológico não pode ser visto linearmente fora do processo de contradição, que também o perpassa. Os processos sociais inserem-se em relações dialéticas por força das quais eles são levados a gerarem sua própria superação. Obviamente, isto não ocorre de modo mecânico, exigindo a intervenção da decisão dos homens.

No meu entender, se é verdade que a educação integra o processo de dominação, é verdade também que pode integrar o processo de resistência a essa dominação e de sua superação, contribuindo significativamente para uma prática social que seja transformadora.

Alienação e ideologia

A educação não é a alavanca da transformação social. Na nossa sociedade, sob formação econômica capitalista, o núcleo substantivo de todas as relações sociais é a relação capital/trabalho, no processo de produção. Ter explicitado isso, com minúcia e precisão, é, sem dúvida, a grande intuição e a grande contribuição da análise de Marx. Portanto, a educação está diretamente relacionada com as condições da economia, e é por isso que Gramsci insiste em que nenhuma reforma intelectual e moral pode estar desligada da reforma econômica. É por isso que a educação não faz a revolução social.

Mas exatamente porque o processo social em suas múltiplas manifestações traz no seu âmago contradições profundas, ele fica sujeito a mudanças. Assim, se de um lado a educação pode disfarçar — legitimando-as ideologicamente — e abrandar as contradições e os conflitos reais que acontecem no processo social, de outro ela pode também desmascarar e aguçar a consciência dessas contradições — denunciando-as criticamente, negando-lhes legitimidade.

(...) Percebe-se, assim, que a educação pode desenvolver também *um discurso contraideológico*, ou seja, desnudar, explicitando-o, o vínculo que relaciona as várias formas de discurso às condições sociais que o engendram e tornando manifestas as causações reais, denunciando as explicações que apelam para causações que o são apenas na aparência. Sem dúvida, o funcionamento ideológico, no sentido de mascaramento, é mais mecânico, mais automático, dotado de certa espontaneidade. Já o funcionamento contraideologizante pressupõe um esforço contra a inércia e o *élan* espontâneo de uma razão quase que instintiva. De um lado, a tendência dogmática a uma afirmação por uma consciência irreflexa, de outro a exigência de um esforço crítico de uma consciência reflexa.

(...) É o que quer explicitar quando se fala que cabe à educação a gestação de uma nova *consciência social*. Sem dúvida, a conscientização, entendida como passagem de uma consciência puramente natural para uma consciência reflexiva, de uma consciência em si para uma consciência para-si, de uma consciência dogmática para uma consciência crítica, é função intrínseca da educação e seu papel preponderante na contribuição que pode dar à transformação social. Na medida em que se mediatiza, através de um discurso crítico, a consciência se impõe como discurso contraideológico, pois é característico do discurso ideológico, enquanto mascarador da realidade, a sua dogmaticidade.

Assim, é possível dar um passo a mais na rearticulação dos três objetivos da educação: formação científica, formação política e formação filosófica.

Antonio Joaquim Severino, *Educação, ideologia e contraideologia*, São Paulo, EPU, 1986, p. 95-98.

Atividades

Questões gerais

1. Em que sentido dizemos que o trabalho é uma práxis? Reflita sobre a relação entre teoria e prática e de que maneira essa relação fica comprometida em inúmeras atividades de trabalho.

2. Contraponha as três ordens de convivência humana: do *trabalho*, da *intimidade pessoal* e da *vida pública*, considerando que na primeira prevalecem os valores econômicos, na segunda os valores pessoais e na terceira os valores da coletividade. Analise como ocorrem conflitos entre essas ordens, de modo que, em determinadas circunstâncias, alguns valores acabam prevalecendo indevidamente sobre outros.

3. Com a predominância do setor de serviços, quais são as alterações nas condições de trabalho, seja nas interações humanas, seja nos locais, na escolarização e nas relações pensar/fazer? Quais as vantagens e riscos dessa nova ordem?

4. No final de *Educação como prática da liberdade*, Paulo Freire relata o depoimento de uma mulher residente em um *conventillo* (cortiço) de Santiago do Chile, após uma discussão típica proposta pelo seu método de alfabetização de adultos: "Gosto de discutir sobre isto, porque vivo assim. Enquanto vivo, porém, não vejo. Agora, sim, observo como vivo". Com base no exposto, responda:

a) Como nesse caso pode ser discutida a relação pensar-fazer?

b) Por que é significativo o fato de se tratar de uma moradora de cortiço?

c) Paulo Freire implantava seu método de alfabetização no Nordeste brasileiro quando foi exilado para o Chile, após o golpe militar de 1964. Ainda com base no enunciado da questão, justifique o temor que tal método pode ter provocado nas elites conservadoras brasileiras.

5. Algumas pessoas (e também jornais) consideram a greve de trabalhadores como um modo desordeiro de exigir soluções para impasses, com prejuízo da economia nacional; outros admitem tratar-se de recurso legítimo, uma arma de pressão para conquistar e fazer valer os direitos do trabalhador. Posicione-se a respeito, fundamentando seu ponto de vista.

6. Se for diminuída a jornada de trabalho devido à pressão dos trabalhadores, ao desenvolvimento tecnológico, e também para contornar os problemas decorrentes do desemprego, haverá mais tempo disponível para o lazer e a vida pessoal. Discuta que medidas deveriam ser tomadas a fim de tornar o lazer criativo e enriquecedor, evitando o aumento da violência e da alienação.

7. O que é ideologia e qual a sua função?

8. Explique em que sentido a teoria se distingue da ideologia. Como cada uma delas se relaciona com a prática?

9. O que é necessário para que uma teoria pedagógica não seja ideológica?

10. Explique por que o conteúdo das frases a seguir é ideológico. Faça refe-

---

Alienação e ideologia

89

rência a características da ideologia, a fim de fundamentar sua resposta.

• A educação é um direito de todos.

• Isto é legal, portanto justo e legítimo.

11. Considerando o teor do dropes 1, atenda às questões:

a) Podemos dizer que vivemos uma época de predominância da *tecnocracia*? Justifique.

b) Por que o autor rejeita o governo dos "competentes especialistas"? Posicione-se pessoalmente a respeito.

c) Explique por que, na democracia, só o povo é soberano.

12. Relacione o conteúdo dos dropes 2 e 3, identificando suas similaridades. Discuta a função do educador diante do estudo de um texto, tendo em vista as advertências dos autores.

13. "A vida social é feita de conflitos tanto quanto de cooperação, e unicamente as sociedades mortas ou as sociedades que camuflam as divergências por trás de uma harmonia e uma unidade abstratas entre pessoas abandonam o conflituoso. Pedagogicamente, isso significa que a educação deve ser preparação, ao mesmo tempo, para a cooperação e para a luta, e que é preciso devolver seus direitos à agressividade. (...) Evidentemente, o conflito deve ser social e pedagogicamente codificado e não desembocar na violência e na lei da selva." Tendo em vista essa citação de Bernard Charlot, responda:

a) Em que sentido o conflito é uma das dimensões constitutivas das relações humanas?

b) Qual é a tarefa pedagógica diante da realidade do conflito?

c) Em que circunstâncias o conflito assume características negativas e perigosas?

14. "O milagre que esperaríamos no íntimo do nosso coração, a escola como universo preservado, ilhéu de pureza, à porta da qual se deteriam as disparidades e as lutas sociais, esse milagre não existe: a escola faz parte do mundo." Comente essa citação de Georges Snyders, explicando por que a escola não é um espaço neutro.

15. Afirmou o filósofo Aristóteles (IV a.C.), que, no dia em que as máquinas trabalhassem sozinhas, não precisaríamos mais de escravos. No entanto, o sonho de que a tecnologia libertaria o ser humano da exploração do trabalho não se realizou. Analise os prováveis motivos desse fracasso.

16. Pesquise e transcreva o poema de Carlos Drummond de Andrade "Eu, etiqueta" e atenda às questões:

a) Analise a crítica que o poeta faz ao consumismo exacerbado.

b) Identifique as frases que indicam alienação, por exemplo, "é duro andar na moda, ainda que a moda seja negar minha identidade".

c) Identifique as expressões que se referem à não alienação, por exemplo, "eu que antes era e me sabia".

17. Os provérbios podem ter um valor positivo quando expressam a sabedoria popular. Muitas vezes, porém, revelam a aceitação passiva de injustiças sociais.

Analise os exemplos a seguir a partir dessa segunda hipótese: "Feliz é quem só quer o que pode e só faz o que quer" / "A quem nada deseja nada falta" / "De grão em grão a galinha enche o papo" / "Cada um por si, Deus por todos" / "Cada macaco no seu galho".

18. "É politicamente pobre o cidadão que esqueceu sua história, que não compreende o que acontece, nem por que acontece, que só espera a solução da 'mão forte' ou do 'bom pai', que não se organiza para reagir, nem se associa para exigir, nem se congrega para influenciar." A partir da citação da professora argentina María Teresa Sirvent, justifique:

a) Ser apolítico é também uma forma de fazer política.

b) A politização é importante para o exercício da cidadania.

c) Os governos ditatoriais nos roubam a cidadania.

d) Não existe cidadania sem participação.

19. A propaganda não vende utilidades, mas conceitos de vida. A partir dessa afirmação, organize grupos de trabalho para pesquisar propagandas veiculadas em jornais, revistas, tevê a fim de detectar que "conceitos de vida" estão permeando a venda dos produtos. Em seguida, elabore um texto crítico a respeito.

20. "Quando as organizações respirarem, a ferida que separa o trabalho da vida cicatrizará e as nossas esquizofrenias serão aplacadas." A partir dessa frase de Domenico de Masi, use os conceitos aprendidos e explique:

a) Que ferida entre trabalho e vida ainda nos faz sofrer?

b) A que tipo de "esquizofrenia"[5] estamos sendo levados?

c) O que o autor quer dizer com "quando as organizações respirarem"?

___

[5] Na linguagem comum, o termo *esquizofrenia* (emprestado da psicologia) significa uma cisão, uma separação, que distancia o vivido do pensado.

21. "Não é do trabalho que nasce a civilização; ela nasce do tempo livre do jogo." Essa provocação do filósofo da ciência Alexandre Koyré pode ser relacionada à concepção de Domenico de Masi, para quem o tempo do ócio estimula a criatividade. Com base nessas reflexões, atenda às questões:

a) Essas duas afirmações supõem, de um lado, uma crítica ao trabalho alienado e, de outro, uma defesa do ócio criativo. Justifique.

b) Ainda hoje, porém, o uso do tempo livre, do "ócio", nem sempre é criativo, porque prolonga a contaminação pelo trabalho alienado. Comente essa afirmação.

c) O que seria necessário para tornar criativo o tempo de lazer? Discuta com seu grupo.

Questões sobre a leitura complementar

1. Quais são as exigências da sociedade capitalista no que se refere à educação como reprodutora do sistema?

2. Já houve teorias pedagógicas que estavam convencidas do potencial transformador social da educação. Em que argumentos o autor se baseia para justificar o contrário?

3. Explique em seguida por que essa posição crítica do autor não significa reduzir a escola a um instrumento de reprodução da ideologia.

Alienação e ideologia

Capítulo 6

Educação informal e não formal

Neste capítulo destacamos o espaço específico da *educação informal* e da *educação não formal* devido à importância delas na modelagem do comportamento e na inculcação de valores, antes da *educação formal* ou paralelamente a esta, que é típica da tradição escolar e desenvolvida nos aparelhos escolares institucionalizados e controlados pelo Estado, como veremos no próximo capítulo.

Após uma breve distinção entre educação informal e não formal, escolhemos dar destaque à educação informal da família e dos meios de comunicação de massa.

1. Distinções preliminares

Educação informal

A *educação informal*, realizada na família, como primeiro e privilegiado espaço de transmissão da cultura, também se estende no convívio com os amigos, nas atividades de trabalho e de lazer (clube, teatro, museu, locais de encontro), nos veículos de informação e entretenimento, como rádio, tevê, jornais, revistas, livros, internet (seja para acessar notícias e informações diversas, seja para conversar com amigos e desconhecidos no mundo inteiro). Como se vê, muitos

‹ **Na Idade Moderna, a ampla iconografia com cenas interiores do cotidiano familiar (como na tela de François Boucher) indica o nascimento de uma nova concepção de família, modelo que hoje em dia já se encontra em mutação.**

desses veículos constituem o que chamamos *meios de comunicação de massa*, ou simplesmente *mídia*[1].

Em boa parte desse processo informal de aprendizagem não se percebe claramente o que estamos "aprendendo". Por exemplo, para lembrar uma das formas mais primitivas de aprendizagem: antes de começar a falar, a criança é capaz de emitir toda a gama de sons existentes nas diferentes línguas humanas. Ao assimilar a língua materna, seleciona aqueles sons que serão mais usados e, posteriormente, terá dificuldade em emitir os que entraram em desuso. Para nós não é fácil a pronúncia do "th" inglês ou do "u" francês, do mesmo modo que muitos estrangeiros não conseguem pronunciar bem o "ão" anasalado da língua portuguesa.

Variam também os modos de transmissão dos comportamentos. Além da imitação, às vezes os modelos são impostos por meio de sanções familiares ou pela legislação; podem resultar de pressão psicológica, como a exercida pela religião, pela moral ou até pela moda; são ainda veiculados pelos meios de comunicação.

É bem verdade que essas influências podem ser eventualmente deliberadas, mas com frequência são acidentais. Deliberadas quando transparece a intenção de modelar determinado tipo de comportamento, por exemplo, quando o pai ensina o filho a respeitar as pessoas; acidentais quando a aprendizagem não resulta do intuito explícito do agente educador: não basta um pai teorizar sobre o valor da atenção e da amizade, do respeito ao próximo, se estaciona o carro em fila dupla, paga mal aos empregados ou não assume seus compromissos. Desse modo, ensina aos filhos valores negativos, como o individualismo, a exploração. Aliás, esse procedimento é comum na sociedade, onde são vivenciadas hipocritamente inúmeras contradições: prega-se a solidariedade, ao mesmo tempo que se ensina, pelo comportamento, que só sobrevive quem aceita a competição sem escrúpulos.

Por isso a *educação informal* caracteriza-se por não ser intencional ou organizada, mas casual e empírica, exercida a partir das vivências, de modo espontâneo. O comportamento da criança vai sendo modelado por meio da repetição; depois ela interioriza a expressão ou o gesto aprendido, que se tornam normas de comportamento: agradecer com um "obrigado" transforma-se em hábito de polidez. Ou o contrário, caso não tenha sido educada para tal.

Estamos, portanto, aprendendo a cada passo, em casa, na igreja, no trabalho, no esporte, com os amigos, com o rádio, com a tevê etc.

Educação não formal

Na *educação não formal* os modelos de aprendizagem não se confundem com a educação formal, que é oficial e deve cumprir exigências legais, mas dela se aproximam pela intenção explícita de educar, muitas vezes usando recursos metodológicos para sua realização. Resultam, por exemplo, da iniciativa de grupos que se empenham na alfabetização de adultos, de empresas que oferecem cursos de aperfeiçoamento de habilidades para seus empregados, de igrejas que reúnem fiéis para o ensino de religião, de comunidades que preparam jovens para o exercício da cidadania. Esse procedimento abrange também as iniciativas de sindicatos, partidos políticos, da mídia — quando,

---

[1] *Mídia*: este termo foi incorporado na língua portuguesa segundo a pronúncia americanizada do termo latino *media*, que significa "meios"; embora se trate de plural, o termo *mídia* foi incorporado como singular feminino; como expressão derivada, temos *mass media*, "meios de comunicação de massa".

ao lado da programação habitual de entretenimento, oferece cursos específicos — e até das escolas, quando abrem seu espaço em fins de semana para atividades com a comunidade.

Vale destacar o esforço de organizações não governamentais (ONGs — ver dropes 1) que se ocupam dos mais diversos objetivos (aprendizagem de música, dança, artesanato, teatro etc.). Elas atuam também no atendimento de crianças de rua, de jovens drogados, na divulgação dos programas de direitos humanos, de ecologia, de prevenção de doenças e em inúmeros outros campos.

Segundo a professora Maria da Glória Gohn, "um dos supostos básicos da educação não formal é o de que a aprendizagem se dá por meio da prática social. É a experiência das pessoas em trabalhos coletivos que gera um aprendizado. A produção de conhecimentos ocorre não pela absorção de conteúdos previamente sistematizados, objetivando ser apreendidos, mas o conhecimento é gerado por meio da vivência de certas situações-problema. As ações interativas entre os indivíduos são fundamentais para a aquisição de novos saberes, e essas ações ocorrem fundamentalmente no plano da comunicação verbal, oral, carregadas de todo o conjunto de representações e tradições culturais que as expressões orais contêm. (...) A maior importância da educação não formal está na possibilidade de criação de novos conhecimentos, ou seja, a criatividade humana passa pela educação não formal. O agir comunicativo dos indivíduos, voltado para o entendimento dos fatos e fenômenos sociais cotidianos, baseia-se em convicções práticas, muitas delas advindas da moral, elaboradas a partir das experiências anteriores, segundo as tradições culturais e as condições histórico-sociais de determinado tempo e lugar. O conjunto desses elementos fornece o amálgama para a geração de soluções novas, construídas em face dos problemas que o dia a dia coloca nas ações dos homens e das mulheres"[2].

2. Família e infância

Discutir a questão da infância e da família no campo da pedagogia constitui tarefa importante para evitar o recurso a padrões rígidos que pensam a educação a partir de um modelo universal e atemporal de infância e de família. Não existe a "criança em si", nem a "família em si", mas sim a infância e a família como fenômeno cultural — e, portanto, não estritamente biológico — que, por conseguinte, muda no tempo e depende das transformações econômicas, políticas, tecnológicas. Mas não só. Justamente devido a essa influência múltipla é que as teorias pedagógicas precisam examinar que tipo de educação queremos oferecer e se ela está a serviço da humanização ou do simples conformismo ao *status quo*.

O interesse pelo tema da família e da infância e suas transformações é relativamente recente. Os historiadores passaram a se ocupar com ele a partir do século XIX, mas as pesquisas se restringiam geralmente às famílias mais ricas, que, devido ao acesso à cultura escrita, deixaram muitos documentos, tais como arquivos notariais (de tabeliães), diários, cartas etc. No século XX foi importante o trabalho do historiador francês Philippe Ariès (1914-1984), ao reunir ampla iconografia que lhe deu suporte para levantar a hipótese sobre uma nova concepção de infância que teria surgido na Europa a partir do final do século XVII e começo do XVIII. Seu livro pioneiro *His-*

---

[2] *Educação não formal e cultura política*: impactos sobre o associativismo do terceiro setor. 3. ed. São Paulo, Cortez, 2005, p. 104-105.

Educação informal e não formal

tória social da criança e da família, publicado em 1960, acentuou o interesse de outros estudiosos sobre o tema, inclusive com teses discordantes da sua.

Mais recentemente, é abundante a bibliografia a respeito, sobretudo porque a chamada *família nuclear conjugal* se encontra em processo de mutação, como veremos mais adiante.

A família e a socialização das crianças

A família é uma instância importante no processo de socialização, bem como no desenvolvimento da subjetividade autônoma, ensinando informalmente o que as crianças devem fazer, dizer ou pensar. Isso não significa que não resta aos indivíduos liberdade alguma para reagir a essas influências. A educação dada pela família fornece o "solo" a partir do qual o indivíduo pode agir até para, em última instância, rebelar-se contra os valores recebidos: contra esses valores, mas sempre a partir deles.

Portanto, a família constitui local privilegiado para o desenvolvimento humano. Do ponto de vista biológico, o ser humano é o mais frágil dos animais e não sobrevive sozinho; psicologicamente, são importantes as relações afetivas para sua saúde mental; socialmente, a presença de adultos confiáveis e o exercício da autoridade asseguram a solidariedade necessária para o convívio democrático.

Antes de prosseguirmos, porém, vamos nos reportar aos mitos para melhor compreender esse "solo" em que os desejos humanos mais profundos permeiam o ambiente da família. O fenômeno do *totemismo* (ver dropes 2), comum entre os povos primitivos, representa o assassinato simbólico do pai. É também elucidativo o mito grego de Édipo, que matou o pai e casou com a

própria mãe. Na *Teogonia*, Hesíodo conta como foi a geração dos primeiros deuses, Urano (Céu), Cronos (Tempo) e Zeus, que se sucederam em meio a acirrada disputa do poder, na luta entre pai e filho.

Os exemplos indicam a ambiguidade amor — ódio que envolve as gerações. Freud analisou tais fenômenos, mostrando que eles simbolizam a luta empreendida no processo de humanização dos desejos: o totemismo representa a instauração da cultura; e Édipo, a formação da consciência moral. Se nenhuma civilização é possível enquanto o indivíduo permanece abandonado aos seus impulsos mais primários, a cultura e a família surgem, portanto, da aprendizagem do controle do desejo.

Não se pense, porém, que a humanidade, adentrando na cultura, e cada pessoa, assumindo a sua consciência moral, tenham, dessa forma, resolvido seus problemas. Aí surgem as dificuldades decorrentes da autêntica humanidade: o ser humano está sempre tensionado entre os limites da individualidade e da sociabilidade, dois polos contraditórios e, no entanto, indissoluvelmente ligados. É impossível pensá-lo como um ser solitário: ele é humano na medida em que "con-vive". Por outro lado, se estiver mergulhado na comunidade de forma indistinta, perde sua originalidade fundamental e se massifica.

Tais reflexões nos levam ao principal problema de toda educação dentro da família: esta existe como suporte, solo, horizonte da aprendizagem das relações afetivas (amorosas, hostis, quaisquer que sejam), que preparam o indivíduo para as relações da sua maturidade.

Segundo Freud, "é normal e inevitável que a criança faça dos pais o objeto da primeira escolha amorosa. Porém, a libido[3] não permanece fixa nesse primeiro objeto:

---

[3] *Libido* em latim significa "vontade", "desejo"; na psicanálise, é um conceito de difícil definição: pode significar toda energia de natureza sexual.

posteriormente o tomará apenas como modelo, passando dele para pessoas estranhas, na ocasião da escolha definitiva. Desprender dos pais a criança torna-se, portanto, uma obrigação inelutável, sob pena de graves ameaças para a função social do jovem"[4]. Isto significa que se tornar adulto, afastando-se da neurose, consiste em livrar-se dos "resíduos infantis".

Por isso um dos princípios do tratamento psicanalítico é "matar pai e mãe", evidentemente no sentido simbólico de matar "as figuras do pai e da mãe infantis" introjetadas na criança: o adulto não precisa, é bem verdade, abandonar ou deixar de amar aqueles que o criaram, mas a sua relação com eles deve tornar-se outra, não mais uma relação vertical, de autoridade e submissão, mando e obediência, mas sim de livre intersubjetividade.

Os próprios pais relutam, muitas vezes, em abandonar os papéis assumidos, persistindo nos cuidados com "seus meninos", já homens barbados e mulheres feitas. Ora, a atenção exigida por um bebê, ao nascer, vai diminuindo de intensidade à medida que ele adquire autonomia. Nesse sentido, os verdadeiros pais são aqueles que desde logo se permitem "começar a morrer", ou seja, "morrer" como pais.

Conceito histórico de família e de infância

As relações das crianças na sociedade, intermediadas pela família, são um fenômeno mutável no tempo, por ser a família uma instituição social historicamente situada, sujeita a mudanças de acordo com as diferentes relações estabelecidas entre os sujeitos. Hoje em dia, quando falamos de família, estamos nos referindo à *família nuclear conjugal*, composta de pai, mãe e filhos.

No entanto, nem sempre foi assim.

Nas comunidades tribais, por não existir propriedade privada e as atividades econômicas se desenvolverem em comum, compõe-se a *família extensa*, constituída pelo patriarca, sua esposa, seus filhos com suas mulheres e filhos. Nesse contexto, as crianças acompanham e imitam os adultos nas atividades diárias de manutenção da existência. Quer nas tribos nômades, quer nas que já se sedentarizaram, para se dedicarem à caça, à pesca, ao pastoreio ou à agricultura, as crianças aprendem "para a vida e por meio da vida". Não há, portanto, alguém especialmente convocado para desenvolver essa aprendizagem, que nem sequer é tarefa exclusiva dos pais. Na verdade, todos na tribo são agentes do processo.

Na Grécia e na Roma antigas, a família também se mantinha extensa, formada pelo chefe, que presidia o culto religioso doméstico, pela mulher, pelos filhos, suas esposas e filhos, além dos escravos e agregados. Ao casar, as filhas abandonavam a família de origem e, portanto, seus deuses, para adotar a família e os deuses do marido. O mesmo ocorria com os escravos, recebidos com cerimônias que os integravam à família, da qual não podiam se desligar. Formava-se, assim, uma grande família, pela junção de um certo número de grupos consanguíneos e agregados.

Nas sociedades em que a família é extensa e se fecha no culto a seus deuses e na produção autossuficiente para a sobrevivência, suas funções são inúmeras: não só a reprodução fisiológica, mas também a preservação dos costumes e valores, do patrimônio, da religião, o culto dos antepassados, o cuidado com os velhos e os deficientes, a produção artesanal de roupas e utensílios, o plantio, a colheita, bem como a profissionalização dos filhos homens.

---

[4] *Cinco lições de psicanálise*. São Paulo, Abril, 1974, p. 38.

Na Idade Média ainda prevalecia o conceito de família extensa: "É preciso imaginar o que era então a casa de um cavaleiro, reunindo num mesmo domínio, numa mesma 'corte', dez, vinte senhores, dois ou três casais com filhos, os irmãos e as irmãs solteiras e o tio cônego, que aparecia de tempos em tempos e preparava a carreira de um ou outro sobrinho"[5].

A esse respeito persiste atualmente um debate segundo o qual, na Idade Média, já coexistiriam o modelo da família extensa e vários outros modelos, o que variava de acordo com o tipo de atividade da família, posição social e até localização geográfica. Assim, não se trataria propriamente de uma "evolução" da família no tempo, mas da coexistência de diversos modelos, embora em doses variáveis. Ao lado de modelos de *tronco familiar* (com coabitação e herança de bens) e *comunitário* (que dependia das atividades agrícolas exercidas em conjunto pelos membros de uma mesma família em propriedade alheia), o modelo *nuclear* já começava a predominar no norte da Europa, onde a industrialização e o capitalismo surgiram mais cedo[6].

Em todo caso, ainda não havia lugar para o *sentimento da infância*, tal como se configuraria mais tarde. Isso não significa que as crianças não fossem amadas ou atendidas nas suas necessidades, mas que elas não viviam à parte do mundo adulto, por estarem integradas a ele desde cedo. Logo que se livravam da atenção constante da mãe ou da ama, as crianças misturavam-se com os demais: não havia traje especial para elas (vestiam-se como todos, geralmente com uma túnica larga que descia até os pés), participavam dos mesmos jogos, frequentavam as mesmas festas (quase sempre religiosas); não eram excluídas das conversas dos adultos. Por haver uma certa promiscuidade, costumavam dormir na mesma cama com os pais ou com criados que delas cuidavam. Além disso, por serem altas as taxas de mortalidade infantil e muito baixa a média de vida dos adultos, mesmo que fosse triste a perda precoce dos filhos, esse era um acontecimento frequente demais para abalar muito profundamente os pais.

A não diferenciação entre adultos e crianças existia também nas escolas. Dificilmente os documentos medievais faziam referência à idade dos alunos, por se tratar de dado sem importância na época. Embora os alunos mais novos tivessem por volta de 10 anos, estudavam lado a lado com jovens, adultos e velhos interessados em aprender.

A partir do Renascimento os costumes com relação à criança começaram a mudar. Enquanto os adultos adotaram o traje curto e colante, deixando a túnica para os mais velhos e para certos profissionais, como magistrados e eclesiásticos, seu uso foi mantido para os meninos, sobretudo na França e na Alemanha. Convém lembrar que essas alterações ocorreram nas famílias burguesas ou nobres, enquanto as crianças do povo continuaram vivendo misturadas aos adultos nos jogos e no trabalho e usando o mesmo traje deles. A propósito, consultar a leitura complementar 1.

Outra mudança refere-se à vigilância da criança. Timidamente, a partir do século XV, e com rigor no século XVII, acentuaram-se as preocupações com o pudor e o cuidado em "não corromper a inocência infantil". Recomendava-se vigiá-la constantemente, evitar a promiscuidade entre pequenos e grandes, controlar a linguagem e ocultar o próprio corpo. Naquela época, achava-se em curso

---

[5] G. Duby, apud P. Ariès, *História social da criança e da família*. 2. ed. Rio de Janeiro, Zahar, 1981, p. 212.

[6] Consultar André Burguière (org.), *Dicionário das ciências históricas*, Rio de Janeiro, Imago, 1993, verbete "Família".

a Contrarreforma, e os jesuítas foram mestres na transformação do tratamento dado à criança. A institucionalização do colégio, local de isolamento e "proteção" contra os riscos da "corrupção", colaborou para configurar o novo conceito de infância.

Essas alterações foram examinadas por Philippe Ariès, ao reunir em ampla iconografia a maneira pela qual a criança e a família aparecem nas pinturas. Verificou que até o século XII a arte medieval pouco representava a infância e, nas raras aparições, as crianças eram retratadas como adultos em miniatura. Constatou também a inexistência de representações de interiores e de grupos familiares nas pinturas medievais. Prevaleciam, ao contrário, as cenas de mercados, jogos, ofícios. A valorização dos temas de exterior mostra que as pessoas viviam misturadas umas com as outras, saindo à rua para as frequentes festas públicas. A partir do século XIV, desenvolveu-se o tema da infância sagrada e multiplicaram-se as representações do Jesus menino e da Virgem Maria. Somente por volta dos séculos XV e XVI, constata-se a laicização da iconografia, que, ao deixar de ser predominantemente religiosa, deu espaço para a representação da criança com sua família. Nos séculos seguintes as cenas de família se multiplicaram, com frequência ambientadas no interior das residências. A predominância de temas como o parto, a morte ou então um momento simples da vida cotidiana indica uma tendência nova do sentimento, mais voltada para a vida privada e a valorização da subjetividade.

Alterações foram verificadas também na arquitetura das casas, ao se buscar o isolamento dos cômodos de maior intimidade. A partir do século XVIII, os cuidados com o conforto, a higiene e o bem-estar completavam o quadro de fechamento do universo familiar. O movimento centralizador da família e o estreitamento dos laços afetivos deram destaque aos cuidados com a educação e a saúde dos filhos, não mais vistos apenas como herdeiros das propriedades paternas, mas indivíduos com carreira e futuro a zelar.

Ressalvando que já na Idade Média vinham ocorrendo transformações desse tipo nas regiões mais industrializadas, convém destacar que esse movimento se tornou mais extenso e explícito do século XV ao século XVIII, fazendo surgir, além de um novo *sentimento de infância*, um novo *sentimento de família*. As amplas relações da antiga sociabilidade foram se restringindo cada vez mais ao *núcleo da família conjugal*. Esse processo decorreu da ascensão da burguesia, cujos novos padrões econômicos e sociais se refletiram no comportamento dos indivíduos. A Revolução Industrial, a partir do século XVIII, trouxe mudanças mais radicais, que geraram nos meios abastados a família nuclear semelhante àquela que conhecemos hoje em dia. No final do século XIX e começo do XX, também as famílias das classes trabalhadoras aderiram ao novo modelo, na medida em que deixaram o campo em direção às fábricas da cidade.

Explicar por que ocorreram tais transformações na família burguesa é bem mais complicado, e existem muitas teorias a respeito. Nas relações pré-capitalistas predominavam as ligações tais como as de senhor e vassalo, senhor e servo, cujos vínculos se sustentavam pelos valores da fidelidade, típicos da cultura feudal. Toda estrutura social e econômica erguia-se a partir desses laços, em que se misturavam os espaços do público e do privado. Por exemplo, o poder exercido pelo barão era herdado pelo seu filho, porque, ao tomar posse das terras, recebia junto o domínio sobre os servos que nelas trabalhavam.

Com a lenta implantação do capitalismo, a separação entre o público e o privado tornou-se necessária, porque a nova economia precisava de trabalhadores livres (e não de servos) para se relacionarem segundo critérios racionais de contrato. Romperam-se desse modo os antigos vínculos, para que se estabelecessem relações de troca entre pessoas singulares. Nascia então o individualismo típico do capitalismo, que "atomiza" a sociedade, concebendo-a como um agregado de indivíduos. O espaço público separou-se do espaço privado no momento em que o operário trocou sua força de trabalho pelo salário, vínculo de natureza contratual. Aliás, a distinção entre as duas esferas ocorreu também na política liberal, que, em oposição ao poder feudal transmitido por herança, exige que o cidadão eleja seus representantes pelo voto.

Na intimidade, em contraposição ao mundo racional da rua e do trabalho, surgia a nova família nuclear conjugal, na qual ainda permaneciam os antigos vínculos de sangue, justamente aqueles que garantiam a autoridade do pai, que, por sua vez, adequaria os indivíduos às tarefas estabelecidas pelo sistema social.

Essas mudanças se expressam na reflexão filosófica e pedagógica, como veremos na unidade IV, sobre as concepções de educação. Ao lado de figuras como Kant e Pestalozzi, destacaremos o pensamento de Rousseau, que inaugurou o que se costuma chamar de *revolução copernicana* da pedagogia: assim como Copérnico inverteu o modelo astronômico, retirando a Terra do centro, Rousseau centralizou os interesses pedagógicos no aluno e não mais no professor. Mais que isso, ressaltou a especificidade da criança, que não devia ser encarada como um "adulto em miniatura".

A reinvenção da família

Com a redução da extensão da família, sobretudo a partir da industrialização, suas obrigações aos poucos se tornaram mais restritas, cabendo-lhe quase que exclusivamente a proteção da criança e alguns aspectos ainda importantes da educação. Várias funções foram assumidas pela escola, pelo grupo profissional e até, mais recentemente, pelos meios de comunicação de massa.

Há muito se fala do enfraquecimento da instituição familiar: a desagregação precoce de sua estrutura, a perda da autoridade paterna, a capacidade cada vez menor de instruir e educar, enfim, de transmitir os valores da sociedade. Segundo os frankfurtianos Horkheimer e Adorno, "a crise da família é de origem social e não é possível negá-la ou liquidá-la como simples sintoma de degeneração ou decadência". Pois, "enquanto a família assegurou proteção e conforto aos seus membros, a autoridade familiar encontrou uma justificação"[7]. Hoje a propriedade hereditária, que constituía motivo de obediência por parte dos herdeiros, perdeu sua força de convencimento em um número cada vez maior de famílias, nas quais o conceito de herança não tem o mesmo sentido. Os pais não mais conseguem prover a família de maneira satisfatória nem exercem sua autoridade sobre as filhas, que passam a ganhar seu sustento fora de casa.

Identificamos, no final do século XX, o limiar de uma nova realidade para a família. Trata-se de algo que está sendo reconstruído à revelia do que aí existe. Tarefa difícil, que exige cuidado e empenho, a fim de evitar o saudosismo da "antiga família", em que a autoridade paterna era indiscutível, e de não culpabilizar a mulher pela entrada no mercado de trabalho como fator de desagregação.

De fato, entre as inúmeras mudanças no relacionamento das pessoas, a grande virada nas *relações de gênero* — ou seja, entre homem e mulher — deve-se à revolução

---

[7] *Temas básicos de sociologia.* São Paulo, Cultrix/Edusp, 1973, p. 140.

feminina, movimento que alterou o significado do que é "ser mulher" e que, consequentemente, também modificou a maneira de ser do homem e afetou a constituição da família.

Com a sua profissionalização e entrada no mercado de trabalho, a mulher não só alcançou autonomia financeira como provocou a alteração dos papéis tradicionais do chefe de família provedor e da esposa mãe e dona de casa. Mais ainda, as relações entre os cônjuges deixaram de ser hierárquicas, para serem assumidas atividades compartilhadas.

Muitos ainda consideram que se trata de uma "desordem na família", ao verem com suspeita os divórcios e casamentos sucessivos, a constituição de famílias sem casamento oficial, a "produção independente" da opção monoparental, isto é, a criança vivendo só com o pai ou só com a mãe, os bebês de proveta, o casamento *gay*, inclusive com adoção de filhos, entre tantas outras formas de constituição familiar.

Daí a pergunta: O que está acontecendo com o modelo da família nuclear conjugal tradicional? Numa resposta otimista, o sociólogo espanhol Manuel Castells entrevê uma recomposição da família, na medida em que homens e mulheres encontram novas formas de amar, compartilhar e ter filhos: "Hoje em dia, as pessoas mais produzem formas de sociabilidade [do] que seguem modelos de comportamento"[8].

Seguindo por outros caminhos, a psicanalista francesa Elisabeth Roudinesco chega a conclusão semelhante. Para ela, as desordens na família não são novas, embora hoje em dia se manifestem de forma inédita, mas elas "não impedem que a família seja atualmente reivindicada como o único

valor seguro ao qual ninguém quer renunciar. Ela é amada, sonhada e desejada por homens, mulheres e crianças de todas as idades, de todas as orientações sexuais e de todas as condições". Reiterando que pesquisas sociológicas têm provado isso, completa: "A família do futuro deve ser mais uma vez reinventada"[9].

3. Os meios de comunicação de massa

Comunicar é "tornar comum", isto é, fazer saber a todos ou a muitos. A comunicação determina a passagem do individual ao coletivo, condição para instaurar a vida social. Além de promover a socialização, a comunicação concorre para formar a identidade do sujeito, ao fazê-lo adquirir a consciência de si e interiorizar comportamentos no intercâmbio de mensagens significativas: a troca de mulheres entre tribos primitivas, de palavras e de bens e serviços.

Nesse complexo fenômeno psicossociológico que é a comunicação, destacam-se os aspectos intelectuais resultantes de uma informação, mas também as significações emocionais que permeiam a mensagem; além disso, muitas informações ultrapassam as intenções explícitas daquele que as emitiu.

Com o desenvolvimento dos meios eletrônicos de comunicação, estudiosos têm-se ocupado com a análise teórica do fenômeno da comunicação, sua natureza e as consequências de seu impacto.

A evolução das técnicas de comunicação

O professor canadense de literatura McLuhan — embora suas ideias tenham sido bastante criticadas e algumas delas, até

---

[8] *A era da informação*: economia, sociedade e cultura, v. 3: *Fim de milênio*. 2. ed. Rio de Janeiro, Paz e Terra, 1999, p. 426.

[9] *A família em desordem*. Rio de Janeiro, Jorge Zahar, 2003, p. 198-199.

ultrapassadas — teve o mérito de suscitar, na década de 1960, inúmeros debates e discussões a esse respeito. Com a provocante afirmação "a mensagem é o meio", inverteu o núcleo de atenção dos estudiosos: para ele, mais importante que a análise do conteúdo de uma mensagem é a análise do seu veículo. Assim, um mesmo conteúdo, exposto em um livro ou transmitido pelo rádio, terá efeitos diferentes.

McLuhan achava importante analisar os canais de comunicação utilizados quando se estuda determinada cultura. Sob esse aspecto, distinguiu três etapas na evolução da humanidade:

• A primeira fase corresponde à civilização oral, dos povos anteriores ao uso da escrita, que se comunicavam pela palavra falada.

• A segunda fase surgiu com a escrita, de início timidamente, restrita a pequenos grupos. A grande explosão da escrita se deu, no entanto, a partir do século XVI, com a invenção da imprensa, que intensificou a sua difusão. Iniciou-se então a chamada "galáxia de Gutenberg"[10].

• A terceira fase, ou "galáxia de Marconi"[11], surgiu no século XX, com os meios de comunicação de massa como o rádio, o cinema, a tevê. Recentemente, a multimídia representada pelas infovias, do tipo da internet, atingiu um campo extenso, não imaginado por Marconi.

Segundo esse quadro, podemos perceber como as alterações dos modos de comunicação ajudam a compreender as mutações da consciência humana.

Entre os povos tribais, em que a comunicação se faz pela palavra oral, marcada pela presença e pelo vivido, predomina a consciência mítica. A novidade da escrita trouxe o distanciamento necessário para a reflexão e a consciência crítica. Aliás, o pensamento filosófico grego surgiu no século VI a.C., contrapondo-se aos relatos míticos das epopeias de Homero.

A impressão por tipos móveis ampliou a difusão do texto escrito, intensificando o processo de individualização, porque a leitura é, em um primeiro momento, um ato solitário, de volta para dentro de nós mesmos. Ao mesmo tempo, ela nos obriga a um desdobramento típico da reflexão, quando confrontamos (e às vezes opomos) nossas ideias às ideias alheias.

Com a indústria cultural, no século XX, o panorama das comunicações alterou-se profundamente. Os meios de comunicação de massa influenciaram de modo marcante o indivíduo contemporâneo, por anularem as distâncias e transformarem a Terra numa "aldeia global", difundindo as informações, a economia, o comércio, a arte e até o crime organizado. Outro aspecto a destacar é o prevalecimento do visual sobre a escrita, devido ao privilégio dado às imagens e aos estímulos sonoros, em detrimento da escrita.

No entanto, as críticas a McLuhan decorrem do fato de sua análise não levar em conta as forças políticas que atuam na sociedade. Assim pondera Henry Giroux: "Historicamente, o relacionamento entre as mudanças na sociedade e as mudanças na comunicação tem sido determinado menos pela natureza da tecnologia de comunicação em desenvolvimento do que pela ideologia dominante e formações sociais existentes em tal sociedade"[12] (ver leitura complementar 2, adiante).

---

[10] Johannes Gutenberg (*c.* 1397-1468), pioneiro alemão da impressão com tipos móveis.

[11] Guglielmo Marconi (1874-1937), físico italiano, pioneiro da radiocomunicação.

[12] *Os professores como intelectuais*: rumo a uma pedagogia crítica da aprendizagem. Porto Alegre, Artes Médicas, 1997, p. 112.

O volume de informações veiculado pelos meios de comunicação de massa, aliado ao impacto por ele produzido, influencia as pessoas ora positivamente, ao ampliar os horizontes e ajudar a superar os estereótipos, ora negativamente, quando homogeneiza e descaracteriza as culturas tradicionais, ou ainda quando a reflexão crítica não é estimulada diante do impacto visual e sonoro das multimídias.

Não só. A comunicação eletrônica veio subverter a própria maneira de trabalhar. Como vimos no capítulo 5, entramos na era pós-industrial, que se caracteriza pela predominância do setor de serviços e se baseia na troca de informações, cada vez mais difundidas e globalizadas. Com isso, fechamos o ciclo da industrialização, inaugurado pela criação das fábricas no século XVII, para entrar na era da sociedade de informação.

Os efeitos dos meios de comunicação de massa

É muito controvertida a discussão em torno dos efeitos dos meios de comunicação de massa na formação das novas gerações. Afinal, a mídia massifica? Aliena? Instiga a violência? Estimula artificialmente a sexualidade? Modela a opinião pública? Leva à passividade e ao conformismo? Impede as pessoas de tomarem gosto pela leitura?

Sociólogos, psicólogos, estudiosos das comunicações realizaram inúmeras pesquisas sobre o assunto, que mereceu também a atenção de filósofos. Os primeiros estudos efetuados tendiam a considerar perigosos os efeitos da mídia: ela manipularia a massa amorfa, ao legitimar a ordem estabelecida e levar ao conformismo. O magnetismo dos discursos radiofônicos de Hitler levava à convicção de que multidões seriam condicionadas mediante o poder de persuasão de um líder, ampliado pela difusão eletrônica, na época, o rádio.

Em fins da década de 1950, começaram a aparecer estudos que desfaziam o mito do poder de manipulação e da onipotência da mídia. Para alguns autores, os efeitos massificantes só teriam chance de ocorrer com maior impacto em sociedades altamente repressivas, como os Estados totalitários, em que a mídia é submetida a severo controle e direcionamento. Em um sistema de livre discussão, pluralista, essas chances seriam mais remotas.

O desenvolvimento da tecnologia trouxe a multiplicação das fontes de difusão e a concorrência entre os veículos da mídia, o que poderia significar uma saudável diversificação. Nessas circunstâncias, a opinião pública não seria propriamente dirigida, e a mídia tenderia a confirmar, consolidar ou ampliar as opiniões já existentes, das quais não seria causa direta.

Concluir que o receptor não é uma massa amorfa, mas capaz de percepção e atenção seletivas, não significa, por outro lado, negar a influência da mídia. Sobretudo em sociedades como a nossa, dependentes das oligarquias do poder, que detêm o monopólio no controle da mídia, com todos os riscos que advêm disso.

Quanto à introdução da tecnologia da informática na sala de aula, veremos no capítulo final.

Conclusão

Compreender os mecanismos pelos quais ocorrem mudanças nas relações humanas e nos modos de comunicação constitui fato importante para o trabalho pedagógico em sala de aula, a fim de não considerar a criança ou jovem como uma figura cuja identidade se define de uma vez por todas. Perceber como esses processos de relações e comunicação estão envolvidos com estruturas de poder torna-se condição para identificar os elementos ideológicos que podem perturbar a educação voltada para a emancipação humana.

É preciso, portanto, muito cuidado ao analisar o comportamento dos alunos em função das famílias de onde provêm, para não cair no risco de enquadrá-los em padrões rígidos de valores, crenças e estrutura típicos de modelos que na verdade são construções históricas e produtos culturais — e, no tempo em que vivemos, em franca mutação. Em outras palavras, advém daí o risco de avaliar problemas como resultantes da "criança inadaptada" ou saída de uma "família desestruturada" ou "incompleta", critérios baseados na ideia de "como deve ser uma criança ou uma família" e não de como realmente têm-se constituído as famílias hoje.

Assim diz Heloisa Szymanski: "O mundo familiar mostra-se numa vibrante variedade de formas de organização, com crenças, valores e práticas desenvolvidas na busca de soluções para as vicissitudes que a vida vai trazendo. Desconsiderar isso é ter a vã pretensão de colocar essa multiplicidade de manifestações sob a camisa de força de uma única forma de emocionar, interpretar, comunicar"[13].

Quanto aos meios eletrônicos de comunicação, que vêm exercendo uma subversão nos modos de sentir e pensar do indivíduo contemporâneo, lembramos que, enquanto não se define mais claramente este sujeito "pós-moderno", o ideal para a formação de crianças e jovens seria acompanhar a utilização dos meios de comunicação, quer dentro da escola, quer reportando-se à sua ação fora dela, a fim de completá-la com a função abstrata da linguagem e, portanto, do diálogo e da reflexão. É importante, pois, que crianças e jovens conheçam o modo de ação (e de persuasão) desses meios em seus aspectos positivos e negativos, bem como sejam capazes de analisar os valores por eles veiculados.

---

[13] "Teorias e 'teorias' de famílias", in Maria do Carmo Brant de Carvalho (org.), *A família contemporânea em debate*. São Paulo, Cortez/EDUC, 2003, p. 27.

Dropes

1 - *ONGs e terceiro setor* — No seio da sociedade civil organizada, fortaleceu-se nas décadas de 1980 e 1990 uma nova maneira de enfrentar os problemas coletivos pela qual, além de pressionar o Estado no cumprimento de suas obrigações, o cidadão se tornava capaz de encontrar soluções por meio da ação conjunta. Tratava-se da atuação do *terceiro setor*, assim chamado por não se tratar nem do setor governamental (o Estado) nem das empresas do mercado econô-mico, que visam ao lucro. Em outras palavras, as *organizações não governamentais* (ONGs) atuam de modo privado, mas têm funções públicas, já que visam a ocupar espaços no atendimento de causas coletivas que o Estado não tem condições de dar atenção, ou que foram por ele esquecidas ou menosprezadas.

2 - O *totemismo* é o fenômeno pelo qual determinado grupo de pessoas pertencentes a uma tribo considera um animal como ancestral ou protetor do grupo. O totem é, portanto, sagrado e considerado tabu, isto é, objeto de proibições; desse modo, é tabu matar ou comer o totem. Apesar disso, de tempos em tempos, realiza-se um ritual em que, mediante sacrifício solene, todos comem o animal sagrado. Choram e lamentam o animal morto, e, em seguida, a festa é de extrema alegria.

O animal totêmico, para Freud, é uma substituição do pai, diante do qual os filhos têm uma atitude afetiva ambivalente (hostilidade e amor). Ao devorar o pai, apropriam-se de sua força, mas também sofrem com o sentimento de culpa e o remorso, devido ao crime coletivo. Portanto, é a partir da culpa que se estabelecem as leis da solidariedade e a proibição do parricídio, indispensáveis para a existência das instituições sociais.

● Leituras complementares

❶ Os diferentes rostos da infância

Talvez não seja muito certo dizer que a infância é uma invenção moderna, mas o que sim parece certo é que na modernidade[14] construiu-se uma representação da infância que atendia à nova ordem social que estava em gestação e que, por vias diferentes, a tríplice revolução burguesa que ocorreria nos séculos XVII e XVIII, a inglesa, a americana e a francesa, deveria consolidar. Em outras palavras, o novo *status* da infância que surge nessa época não só atendia à redefinição das novas solidariedades, como atendia, sobretudo, à integração da infância na nova estrutura de relações sociais que essa ordem implicava. Uma ordem fundada num novo conceito de propriedade, como o mais importante definidor dos espaços privados, que se tornaria a alma do novo modo de produção que a Revolução Industrial tornava possível.

(...) A história fornece (...) elementos para pensar que a questão da infância na modernidade não só é muito mais complexa que em outras épocas porque as sociedades modernas tornaram-se muito complexas, mas também porque reflete mais claramente as grandes mudanças que ocorrem em áreas tão sensíveis como a política, o desenvolvimento industrial, a economia e as relações sociais. Mudanças ocorridas não como resultado da evolução natural dos costumes, mas como efeito de mudanças de interesses que afetam o centro do poder político e que se expandem como ondas pelo conjunto da sociedade.

Entretanto, a história também mostra como, na modernidade, tenta-se impor uma representação da infância de um rosto só, aquele que refletiria a criança burguesa, como aparece na iconografia da época: a criança no centro do grupo familiar, no interior dos confortos de um lar, rodeada de carinho e de bem-estar, assistida na sua educação por preceptores, contando com amigos para partilhar seus sentimentos e jogos, aprendendo as boas maneiras ditadas pela civilidade etc.

Ora, na medida em que se avança nos tempos modernos — com a expansão do processo de industrialização, segundo os princípios do novo modo de produção; com o estabelecimento definitivo da ordem burguesa e do novo Estado que a sustenta após a Revolução Francesa; com o aumen-

---

[14] Chama-se *modernidade* ou *Idade Moderna* o período histórico entre o Renascimento e o século XVIII.

Educação informal e não formal

to da classe operária urbana e o êxodo rural; com o crescimento das vilas operárias, que, na maioria das vezes, são verdadeiras "vilas-miséria"; com os inúmeros problemas sociais e econômicos que isso acarreta —, múltiplos rostos diferentes da infância vão-se configurando, rostos que destoam do rosto único que a nova sociedade parece querer impor.

Transferindo as experiências do presente para um passado que mal conhecemos a não ser por relatos mais ou menos incompletos e inexatos, mas que as condições gerais das sociedades daquelas épocas que a história nos descreve permitem recompor, ao menos parcialmente, podemos concluir que a infância moderna apresenta-se sob múltiplos e multiformes rostos, nos quais refletem-se os horrores das marcas deixadas neles pelo impacto da realidade social e econômica que constitui as condições de vida da maioria da população infantil desde o fim do século XVIII e, particularmente, durante o XIX, persistindo até os dias de hoje em países como o Brasil, tanto na América Latina quanto na África. O que não quer dizer que isso não ocorra também nos bolsões de pobreza de países avançados. Embora seja verdade que as condições sociais mudaram muito nas sociedades nesse longo período, os rostos da infância parecem apresentar as mesmas marcas (de sofrimento, infelicidade e, em muitos casos, horror) produzidas pela desnutrição e a fome, as doenças crônicas ligadas às condições de insalubridade do seu entorno familiar, o trabalho extenuante em idade precoce, as cenas de desespero dos pais pela incapacidade de atender a suas necessidades, o abandono por parte dos pais e a sociedade em geral, os maus-tratos de que são frequentemente vítimas fora e dentro da família, a falta de perspectivas na vida, o descrédito na própria capacidade de sucesso escolar ou profissional,

refletindo o descrito dos mestres, dos conhecidos e até dos próprios professores na escola, o constante perigo que representa, nos dias de hoje, viver em certos meios das periferias urbanas, onde montou seu quartel a violência comandada pelo narcotráfico etc.

Desse imenso quadro de rostos diferentes, reveladores da maneira como cada ser infantil vive o impacto dos horrores dessa realidade, parece destacar-se o perfil do que poderia ser o rosto comum a essa grande parte da população, variável em cada sociedade, feito das semelhanças de todos eles. Talvez poderia ser chamado rosto da infância excluída da experiência da infância tal como, segundo todas as aparências, teria sido imaginado pela sociedade moderna, pelo menos nos seus começos, antes que a nova ordem social chegasse a se implantar em toda parte, gerando a contrapartida da exclusão social generalizada.

Angel Pino, "Infâncias e cultura: semelhanças e diferenças", in Silvio Gallo e Regina Maria de Souza (orgs.), *Educação do preconceito*: ensaios sobre poder e resistência. Campinas, Alínea, 2004, p.160-163.

❷ Redefinição de alfabetismo

Quem controla os diferentes modos de comunicação e no interesse de quem eles atuam? Colocado de maneira mais sucinta, será que os modos de comunicação operam no interesse da opressão ou da libertação? Infelizmente, estas são questões que os principais teóricos sociais optaram por ignorar. Uma maneira de abordar estas questões é através do que chamei de dialética do uso e potencial da tecnologia.

Subjacente à dialética da opressão e libertação inerente a todas as formas de comunicação, encontra-se a distinção fundamental entre o uso que se faz de um modo particular de comunicação, como, por exemplo, a televisão, e o uso potencial que poderia ter em uma determinada sociedade. Concentrar-se na contradição entre o uso e o potencial representa uma maneira viável de analisar-se o relacionamento em transformação entre as culturas visual e escrita nesta sociedade. Não fazer isso significa ser vítima de uma espécie de fatalismo tecnológico ou então de uma utopia tecnológica[15]. Nos dois casos, a tecnologia é abstraída de suas raízes sócio-históricas, afastada dos imperativos de classe e poder, e definida dentro da camisa de força conceitual do determinismo tecnológico.

(...)

Se a cultura visual no contexto da sociedade de hoje ameaça a autorreflexão e o pensamento crítico, teremos que redefinir nossas noções de alfabetismo e confiar muito na cultura impressa para ensinar às pessoas os rudimentos do pensamento crítico e da ação social. O ponto aqui é que devemos ir além da noção positivista de alfabetismo que atualmente caracteriza as ciências sociais. Em vez de formular o alfabetismo em termos de domínio de técnicas, devemos ampliar seu significado para incluir a capacidade de ler criticamente, tanto dentro como fora de nossas experiências, e com força conceitual. Isto significa que a alfabetização permitiria que as pessoas decodificassem seus mundos pessoais e sociais e, assim, estimularia sua capacidade de questionar mitos e crenças que estruturam suas percepções e experiências. A alfabetização, como [Paulo] Freire nunca se cansa de nos dizer, deve estar ligada a uma teoria do conhecimento que esteja em consonância com uma perspectiva po-

lítica libertadora e que dê expressão máxima à elucidação do poder das relações sociais no ato de conhecer. Isto é crucial porque sugere não apenas que deveríamos aprender a ler as mensagens de maneira crítica, mas também que a análise crítica só pode ocorrer quando o conhecimento serve como objeto de investigação, como força mediadora entre as pessoas.

A verdadeira alfabetização envolve o diálogo e relacionamentos sociais livres de estruturas autoritárias hierárquicas. Na atual conjuntura histórica, a leitura oferece oportunidades para o desenvolvimento de abordagens progressistas da alfabetização, tanto como modo de consciência crítica quanto como trampolim fundamental para a ação social. A cultura impressa é acessível e barata, e seus materiais podem ser produzidos e fabricados pelo público. A leitura em grupo, bem como a leitura solitária, proporciona o espaço e distanciamento "privados" raramente oferecidos pelas culturas eletrônicas e visuais. A tecnologia dos materiais impressos contém a promessa imediata de transformar as pessoas em agentes sociais que possam manipular e usar o livro, o jornal e outras formas de comunicação impressa para seu próprio benefício. Ela contém a promessa de emancipação. Além disso, a cultura impressa permite o desenvolvimento de métodos de conceitualização e organização social que poderiam eliminar o papel atual dos meios visuais e eletrônicos como força opressiva.

Henry A. Giroux, *Os professores como intelectuais*: rumo a uma pedagogia crítica da aprendizagem. Porto Alegre, Artes Médicas, 1997, p. 112 e 120-121.

---

[15] Em nota, o autor diz que o fatalismo tecnológico é captado com perfeição em Jacques Ellul e a utopia tecnológica encontra sua expressão mais popular em Marshal McLuhan. Refere-se a si mesmo como um crítico dessas duas posições.

Atividades

Questões gerais

1. Explique com suas palavras qual é a diferença entre educação informal, não formal e formal.

2. Dê algum exemplo de educação acidental diferente daquele apresentado no texto.

3. Leia o dropes 1 e faça uma relação de organizações não governamentais voltadas para o ensino não formal. Escolha uma delas para investigar como consegue captar recursos para sua implementação e como são contratados os profissionais que atuam nela.

4. Por que na atividade escolar não podemos nos basear em convicções sobre o que é a "criança em si", a "família em si", a "mãe em si" e assim por diante?

5. Para Freud, o amadurecimento do adulto depende da "morte" dos "pais infantis". Explique qual é o significado dessa "morte". Estenda a discussão para a necessidade da "morte" do professor na relação de ensino-aprendizagem, analisando em que sentido essas "mortes" são condição para a emancipação do filho ou do aluno.

6. A partir das noções de "sentimento da infância" e de "sentimento de família", discuta por que é importante que o professor tenha uma visão histórica e política da criança e da família.

7. Que relação existe entre o conceito burguês de família e as alterações da arquitetura da casa? Como esse processo tem-se acentuado na construção das residências ainda hoje?

8. "As densas lembranças, e a doce sem-razão das crianças do campo, em vão procurá-las-ia, eu, em mim. Nunca esgaravatei a terra nem farejei ninhos (...) nem joguei pedras nos passarinhos. Mas os livros foram meus passarinhos e meus ninhos, meus animais domésticos, meu estábulo e meu campo; a biblioteca era o mundo colhido num espelho; tinha a sua espessura infinita, a sua variedade e a sua imprevisibilidade. (...) Foi nos livros que encontrei o universo: assimilado, classificado, rotulado, pensado e ainda temível; e confundi a desordem de minhas experiências livrescas com o curso aventuroso dos acontecimentos reais. Daí veio esse idealismo de que gastei trinta anos para me desfazer."
A partir dessa citação, retirada do livro *As palavras*, no qual o filósofo francês Jean-Paul Sartre relata sua infância, responda às questões:

a) Em que sentido a infância de Sartre foi diferente da infância das demais crianças?

b) O que o autor quer dizer com "esse idealismo de que gastei trinta anos para me desfazer"? Para ajudar na sua resposta, *idealismo*, na teoria do conhecimento, significa privilegiar o sujeito que conhece em detrimento do objeto conhecido, ou seja, valorizar a ideia mais que a coisa conhecida.

c) Qual é a crítica que podemos fazer à escola que persiste na ênfase em uma educação desligada do vivido?

9. Destaque o papel da família e da escola a partir da seguinte frase de Hannah Arendt: "A escola é (...) a instituição que interpomos entre o domínio privado do lar e o mundo com o fito de fazer com que seja possível a transição, de alguma forma, da família para o mundo".

10. Fala-se muito em "crise" da família. Posicione-se pessoalmente (pró ou contra) sobre o que muitos consideram, hoje em dia, uma "desordem" instaurada nessa instituição e justifique seu ponto de vista.

11. Como podemos contrapor as posições de McLuhan e de Giroux quanto ao efeito da tecnologia sobre o comportamento humano?

12. Destaque os aspectos positivos e negativos da mídia.

13. Durante uma greve de professores, as manchetes dos jornais eram as seguintes: "Milhares de crianças sem aula" e "Férias ameaçadas: supergreve nas escolas altera o calendário escolar". E a respeito de uma greve de operários: "Milhões de dólares de prejuízo". Analise as manchetes a partir do processo de seleção e "construção" de notícias — ou seja, não se trata de manchetes "neutras", mas que já defendem determinado ponto de vista.

14. Analise os aspectos positivos e negativos da conexão por meio das infovias, como a internet.

15. Discuta com seus colegas os recursos usados para induzir as pessoas a votarem em determinado candidato, como acontece nas campanhas eleitorais a cargo de publicitários famosos.

Questões sobre as leituras complementares

Considerando a leitura complementar 1, atenda às questões a seguir.

1. Explique o sentido do título "Os diferentes rostos da infância".

2. No quinto parágrafo, o autor faz uma descrição sombria do rosto da infância dos excluídos. Analise se ela se ajusta aos segmentos mais pobres do Brasil, justifique e dê exemplos concretos.

3. Relacione o estado de penúria da infância excluída à política, interpretando a frase dos frankfurtianos Horkheimer e Adorno, para os quais "não haverá emancipação da família se não houver a do todo".

A partir da leitura complementar 2, atenda às questões a seguir.

4. Qual é a distinção que o autor faz entre o uso e o uso potencial das formas de comunicação?

5. Embora o autor não despreze a tecnologia da informação, ele reforça a importância da escrita. Explique como o uso potencial da tecnologia da informação pode estimular um relacionamento positivo entre as culturas visual e escrita.

Capítulo 7

Educação formal: a instituição escolar

A escola não existiu desde sempre tal como nós a conhecemos hoje. Ela começou a se institucionalizar na Idade Moderna, pressionada pela passagem do modelo econômico e social do feudalismo para o capitalismo burguês e também devido à atuação das igrejas católica e protestante. Desde a sua implantação, com raras exceções, o que predominou foi o elitismo, a exclusão da maior parte da população, que, quando tem acesso à escola, não recebe o mesmo tipo de educação.

Veremos, neste capítulo, que embora no século XX a frequência na escola tenha se ampliado significativamente, em muitos países ainda não foi alcançada a sua universalização.

1. A escola antiga e a medieval

A instituição escolar não existiu sempre, e sua natureza e importância variaram no tempo, dependendo das necessidades socioeconômicas dos grupos em que esteve inserida.

Nas sociedades tribais não há escolas, e a educação é exercida pelo conjunto dos membros que as constituem. Quando a produção dos bens ultrapassa o necessário

‹ Uma jovem formanda, no começo do século XX, época em que as mulheres — ainda poucas — davam início ao lento processo para superar a exclusão feminina da educação formal.

para o consumo imediato, criando excedentes, a estrutura da sociedade sofre alterações, devido à divisão de tarefas, que tendem a acentuar as diferenças sociais. O saber, que na tribo era coletivo, torna-se privilégio do segmento mais rico, como forma de fortalecimento do poder. Surge então a necessidade da escola como instrumento de transmissão do saber acumulado, embora restrito a alguns.

Nos primeiros tempos da Antiguidade grega, quando ainda não existia a escrita, a educação era ministrada pela própria família, conforme a tradição religiosa. Quando se constituiu a aristocracia dos senhores de terras, de formação guerreira, os jovens da elite eram confiados a preceptores. Apenas com o surgimento das póleis apareceram as primeiras escolas, por volta do final do século VI a.C., visando a atender a demanda por educação. No período clássico (séculos V e IV), sobretudo em Atenas, a instituição escolar já se encontrava estabelecida.

Mesmo que essa ampliação da oferta escolar representasse uma "democratização" da cultura, a educação ainda permanecia elitizada, atendendo principalmente os jovens de famílias tradicionais da antiga nobreza ou pertencentes a famílias de comerciantes enriquecidos. Aliás, na sociedade escravagista grega, o chamado *ócio digno* significava a disponibilidade de gozar do tempo livre, privilégio daqueles que não precisavam cuidar da própria subsistência. Esse tipo de ócio, porém, não se confunde com o "fazer nada", mas significa o ocupar-se com as funções nobres de pensar, governar, guerrear. Não por acaso, a palavra grega para escola (*scholé*) significa inicialmente "o lugar do ócio".

Durante a Idade Média, após um período de obscuridade decorrente das invasões bárbaras, por volta do século VI, foram fundadas escolas nos mosteiros, com a finalidade de instruir os noviços. Nelas se aprendiam latim e humanidades, e os melhores alunos prosseguiam nos estudos de filosofia e teologia. Por ocasião do renascimento urbano, as escolas seculares fundadas no século XII prefiguraram uma revolução, no sentido de contestar o ensino religioso, muito formal, ao qual contrapunham uma proposta ativa, voltada para os interesses da classe burguesa em ascensão. Geralmente essas escolas não dispunham de acomodações adequadas, e o mestre recebia os alunos em diferentes locais: na própria casa, na igreja ou em sua porta, numa esquina de rua ou ainda alugava uma sala. Em termos de educação superior, vale lembrar o impacto das universidades que começaram a aparecer por volta dos séculos X e XI e que, até o final da Idade Média, contavam mais de oitenta.

Apesar das diferenças entre a escola da Antiguidade e a da Idade Média, elas tinham em comum a atuação de certa forma partilhada com a família, atribuindo-se à escola mais a instrução que a formação integral do aluno. Portanto, a escola não constituía um instrumento de ação educacional preponderante nem uma instituição tão rigorosa quanto se tornaria mais tarde.

2. Os colégios religiosos

A escola institucionalizou-se de maneira mais complexa a partir do Renascimento e da Idade Moderna, quando passou a exigir o confinamento dos alunos em internatos, a separação por idades, a graduação em séries, a organização de currículos e o recurso dos manuais didáticos. Essas mudanças levaram também a uma maior produção teórica de pedagogos, no sentido de orientar a nova prática. Tratava-se de algo absolutamente novo, que bem definia o nascimento da escola, como conheceríamos daí para a frente.

Qual o motivo dessa institucionalização? Em um primeiro momento, é preciso lembrar que, com a Idade Moderna, se inaugurou o chamado *paradigma da modernidade*, caracterizado por uma nova era social, política, econômica, cultural representada pelo fortalecimento do Estado e das monarquias nacionais, pela urbanização crescente, pela ascensão da burguesia, pela revolução científica e pelo racionalismo filosófico.

Nesse novo pano de fundo, a atenção dada à escola era fruto dos interesses da burguesia nascente, que começava a ver a família e a criança de maneira diferente (como vimos no capítulo anterior), buscando "proteger" seus filhos dos desvios do mundo e dar-lhes uma educação sólida. Além disso, configuravam-se a rejeição da escola medieval, de inspiração religiosa e excessivamente contemplativa, e a reivindicação de uma escola realista, adaptada ao mundo moderno, que se encontrava em transformação. As necessidades da burguesia em ascensão exigiam outro tipo de educação, mais voltada para a vida e com o olhar no futuro.

Mais um elemento merece destaque, qual seja a ruptura da hegemonia da Igreja católica devido à Reforma protestante, iniciada por Lutero e Calvino, no século XVI, a que os católicos reagiram com o movimento da Contrarreforma. Desse embate resultou que, durante os séculos XVI e XVII, os colégios foram organizados sobretudo pelas ordens religiosas, sejam as reformadas, sejam as católicas, interessadas na evangelização e na educação de crianças e jovens.

Lutero considerava importante que as pessoas aprendessem a ler, a fim de ter acesso à Bíblia (que ele cuidou de traduzir do latim para o alemão), estendendo esse benefício também às mulheres. Nesse sentido, defendia intensamente a implantação da escola primária para todos e, de acordo com o espírito do humanismo, repudiava os castigos físicos, o verbalismo oco da Escolástica decadente e a filosofia medieval.

Propunha jogos, exercícios físicos, música, valorizava os conteúdos literários e recomendava o estudo de história e de matemática.

A reação católica da Contrarreforma, na tentativa de deter a expansão do credo protestante, teve como expoente mais importante a ordem religiosa da Companhia de Jesus, cujos seguidores são conhecidos como *jesuítas*. A ordem estabelecia rígida disciplina militar e tinha como objetivo inicial a propagação missionária da fé, a luta contra os infiéis e os heréticos. Para tanto os jesuítas se espalharam pelo mundo, desde a Europa, assolada pelas heresias, até a Ásia, a África e a América. Fundaram inúmeros colégios e universidades.

Rigorosos na disciplina, os jesuítas desenvolveram cuidadosa prática pedagógica para orientar a atuação dos professores. Privilegiavam a tradição clássica, preferiam o ensino do latim às línguas vernáculas e, indiferentes às críticas feitas à filosofia medieval, permaneceram fiéis ao pensamento filosófico de Aristóteles e de Santo Tomás de Aquino. Alheios à disputa entre racionalistas e empiristas, recusavam-se a tratar das descobertas científicas de Galileu e Kepler. Ignoraram e condenaram Descartes, que aliás foi um de seus ilustres alunos. Deram pouca importância à história, à geografia e à matemática, enfatizando a retórica e os exercícios de erudição.

Configuram-se aí as linhas mais rígidas da chamada *escola tradicional*, que criou um universo exclusivamente pedagógico, separado da vida e preservado do mundo. Temperada pela clausura, pela renúncia e pelo sacrifício, impunha a disciplina por meio da vigilância total. O esforço individual era estimulado por atividades competitivas, como torneios intelectuais e emulações constantes, incentivadas por prêmios e punições.

Nos colégios fundados pelas ordens religiosas deu-se, pela primeira vez na história da humanidade, a formação de uma escola que absorvia a disponibilidade de tempo da criança, restringindo sua convivência aos colegas de mesma faixa etária e separando-a do mundo, para "não sucumbir aos vícios". Por se fundar na convicção de que a natureza humana é má e corruptível, a vigilância constante, mesmo dentro do colégio, tornou-se imprescindível. Desse modo, a educação se esforçava por disciplinar a criança e inculcar-lhe regras de conduta. Para melhor submetê-la aos rigores da hierarquia e da aprendizagem da obediência, intensificou-se o uso dos castigos corporais.

Essa escola que nascia visava a controlar os impulsos naturais da criança, para lhe ensinar virtudes morais consideradas adequadas aos novos tempos. Além da rígida formação moral, o regime de trabalho era rigoroso e extenso, baseado nos estudos humanísticos, com destaque para a cultura greco-latina e o ensino dessas duas línguas, que superava, inclusive, o ensino da língua vernácula. A ênfase na gramática e na retórica tinha por objetivo a formação do homem culto, capaz de brilhar nas cortes aristocráticas.

As escolas europeias destinavam-se à nobreza e à burguesia ascendente, esta última desejosa de alcançar postos na administração pública, já que aspirava tornar-se classe dirigente. Os burgueses esperavam que uma formação adequada permitiria a ascensão social e política de seus filhos. Nas colônias americanas, inclusive no Brasil, os jesuítas estiveram presentes desde o início da colonização, marcando indelevelmente nossa formação: por um lado, a educação dos colonos; por outro, a catequização dos indígenas.

3. A pedagogia realista

Embora a maior parte das escolas permanecesse efetivamente nas mãos dos jesuítas, uma tendência mais realista se delineava, tentando resgatar o contato com o vivido, em direção a um saber mais ativo. O realismo pedagógico, por considerar que a educação devia partir da compreensão das coisas e não das palavras, exigia uma nova didática. Nesse trabalho de instauração da nova escola se empenharam tanto educadores leigos como religiosos mais progressistas.

A estrutura da escola que então se configurava foi objeto de reação desses pedagogos, ansiosos por mudar os rumos do ensino não só quanto às obsoletas práticas didáticas, mas também quanto ao conteúdo transmitido: a vertente leiga defendia a secularização do pensamento, bem ao gosto do movimento humanista, voltado para a superação da visão religiosa do mundo. No Renascimento, destacam-se o pensamento de Erasmo, o de Rabelais e o de Montaigne.

No século XVII, vários teóricos se preocuparam com a questão metodológica, o que se reflete nas indagações a respeito da pedagogia: se há método para conhecer corretamente, existe método para ensinar de forma mais rápida e mais segura. É nesse sentido que se dirige o esforço de João Amós Comênio (1592-1670), autor da obra *Didática magna*, para quem o ponto de partida da aprendizagem deve ser sempre o conhecido. Partir das próprias coisas, valorizar a experiência, educar os sentidos são passos de uma educação que se faz pela ação e voltada para a ação: "Só fazendo aprendemos a fazer" é um dos lemas de Comênio.

Essa mudança de orientação enuncia de certa forma as preocupações da escola ativa, e Comênio inova quando defende a escola única, universal e a cargo do Estado. Porém, é um típico representante da escola tradicional na sua busca pela ordem, que se revela no cuidado com o método que estipula os passos da aprendizagem. Com isso, valoriza o papel do professor como controlador do processo. Segundo Georges

Snyders, "Comênio, ao mesmo tempo que institui a escola tradicional, a ultrapassa por certos aspectos de sua obra e de seu pensamento. E, nos livros escolares que escreveu, já podemos ver uma como síntese feliz entre dois aspectos da pedagogia"[1].

Ainda no século XVII, as escolas da ordem religiosa dos oratorianos opunham-se à linha dos jesuítas e, dentro do espírito moderno, voltavam-se para as novas ciências e para o pensamento cartesiano; ensinavam francês e outras línguas modernas, além do latim; preconizavam o estudo de história e de geografia com o uso de mapas; encorajavam a curiosidade científica, além de aplicar um sistema disciplinar brando.

O filósofo inglês John Locke (1632-1704) elaborou os princípios da política liberal, na teoria do conhecimento defendeu as teses empiristas, além de também ocupar-se com pedagogia. Ao criticar as ideias inatas de Descartes, desenvolveu uma nova concepção da mente infantil e, consequentemente, de educação, enfatizando o papel do mestre em proporcionar experiências fecundas que auxiliassem a criança a fazer uso correto da razão. Voltaremos a esta questão no capítulo 10.

Na linha dos principais críticos da velha tradição medieval, Locke lamentava a excessiva ênfase no ensino de latim e o descaso com a língua vernácula e o cálculo. Como representante dos interesses burgueses, considerava importante o estudo de contabilidade e de escrituração comercial, visando à preparação mais ampla para a vida prática. De acordo com sua pedagogia realista, recusava a retórica e os excessos da lógica, propondo o estudo de história, geografia, geometria e ciências naturais.

No entanto, ainda que as ideias realistas permeassem as teorias pedagógicas do século XVII, nem sempre resultaram em atitudes efetivamente práticas, predominando de fato o ensino acadêmico e intelectualista da escola tradicional.

4. O impacto da Revolução Industrial

A Revolução Industrial, iniciada no século XVIII, alterou em alguns aspectos as exigências da escola burguesa: à formação acadêmica predominantemente humanística contrapunha-se a necessidade de formação técnica especializada, além do estudo das ciências. Nos níveis superiores de escolarização, sentia-se a necessidade de transmissão dos conhecimentos das novas ciências, bem como o estímulo para novas descobertas, a fim de que a tecnologia se desenvolvesse ainda mais. Quanto ao ensino elementar, a exigência de ampliação da rede escolar tornou-se mais premente, uma vez que o operário das fábricas, mais do que o camponês, precisava pelo menos saber ler, escrever e contar.

Nesse período também ocorreram as chamadas revoluções burguesas: ainda em 1688 a Revolução Gloriosa na Inglaterra, em 1776 a Independência dos Estados Unidos, em 1789 a Revolução Francesa, orientadas no propósito de instauração do poder burguês, contra a aristocracia, e, no caso dos Estados Unidos, acrescenta-se a emancipação colonial. Ainda no século XVIII, também no Brasil ocorreram movimentos frustrados de independência.

O século XVIII, conhecido como Século das Luzes, devido ao movimento do Iluminismo ou Ilustração, estava impregnado pela crença na capacidade e autonomia da razão para compreender o mundo, o que acelerou o processo de secularização da consciência, onde antes predominava o espírito religioso. O maior expoente desse

---

[1] "A pedagogia em França nos séculos XVII e XVIII", in Debesse e Mialaret, *Tratado das ciências pedagógicas*, v. 2. São Paulo, Nacional, 1974-1977, p. 307.

movimento foi o filósofo Immanuel Kant, com repercussões em diversos países, fecundando a produção intelectual e influenciando as concepções a respeito da necessidade de ampliação da escola leiga, universal e gratuita, sob responsabilidade do Estado. O interesse pela educação pode ser identificado pela inserção no currículo da Universidade de Halle, na Alemanha, pela primeira vez, da disciplina de pedagogia.

Essa preocupação com a educação se devia também à grande massa de pessoas que deixava o campo, em direção à cidade, para trabalhar no sistema fabril nascente. A ênfase na educação elementar se devia, portanto, ao interesse não só de ensinar as primeiras letras, mas também de certo modo de organizar as massas, submetê-las à disciplina e à obediência.

O processo de controle acentuou-se no século XIX, com a instalação das escolas de ensino mútuo, ou monitorial, cujo método foi desenvolvido, separadamente, pelos ingleses Andrew Bell (1753-1832) e Joseph Lancaster (1778-1838), em suas respectivas escolas destinadas a crianças pobres. Segundo esse sistema, o professor não ensina todos os alunos, mas prepara os melhores, que serão os monitores encarregados de atender grupos de colegas. A divisa de Lancaster era: "Um só mestre para mil alunos".

Reunia-se um grande número de alunos em um galpão, agrupando-os de acordo com o seu adiantamento em leitura, ortografia e aritmética. Antes das aulas, o professor ensinava os mais adiantados, que seriam os monitores e deviam se incumbir dos diversos grupos de acordo com o seu nível de conhecimento. À medida que cumpriam uma etapa, eram transferidos para o grupo de grau mais elevado, e assim por diante. As "classes" não eram as mesmas para leitura e aritmética, porque um aluno podia estar mais adiantado em uma delas e não na outra.

Para que o sistema funcionasse, havia rígida disciplina. A entrada era em fila organizada, após o toque do sino, e um apito chamava a atenção dos indisciplinados. Falava-se baixo, havia cartazes e quadros, bem como cartões de sinalização, para indicar a sequência dos trabalhos, que todos da mesma "classe" deveriam cumprir ao mesmo tempo. O único professor, do alto de um estrado, supervisionava o andamento das aulas e interferia quando necessário.

Esse processo barateava os custos e conseguia impor rígida disciplina, mas os resultados não eram dos melhores, como se pode imaginar, já que os monitores eram escolhidos entre os alunos.

A ideia entusiasmou muita gente por algum tempo também fora da Inglaterra, como na França, nos Estados Unidos e inclusive no Brasil, onde várias leis de diversos estados estimularam a adoção do método, durante o período monárquico.

Ainda no século XIX, além de a legislação de diversos países revelar o interesse do Estado em assumir a educação, para torná-la leiga e gratuita, a escola tradicional passou a ser alvo de diversas críticas, muitas delas devidas às descobertas científicas, sobretudo nas áreas da biologia e das ciências humanas — como a psicologia e a sociologia —, que trouxeram subsídios para uma análise mais rigorosa da educação. A partir dessas descobertas, foi dada maior atenção às diferenças individuais, buscando-se também técnicas mais eficazes de aprendizagem. Nessa linha empenhou-se o pedagogo alemão Herbart, precursor de uma psicologia experimental aplicada à pedagogia, além de enfatizar a importância da instrução completa até como condição de formação moral. Voltaremos a examinar com mais detalhes o pensamento desse pedagogo no capítulo 13.

Apesar de alguns progressos na teoria e na prática, persistia o sistema de internatos com disciplina rigorosa e vigilância constante, marcando sobretudo a escola secundária elitista, que visava à formação humanista e propedêutica (isto é, voltada à preparação para o curso superior). Além disso, acelerou-se o processo de secularização e democratização do ensino, com as reivindicações de uma escola pública, leiga, gratuita e obrigatória a que pudessem ter acesso as camadas não privilegiadas da sociedade.

Enquanto nos países desenvolvidos a luta pela universalização do ensino básico já no século XIX atingia seus objetivos, no Brasil até hoje não conseguimos superar as dificuldades de acesso universal à escola, porque aqueles que tentam nela ingressar estão sujeitos à repetência e ao êxodo, sem falar na qualidade do ensino oferecido. Além disso, o dualismo decorrente das diferentes formas de ensino (acadêmica e profissionalizante) tem perpetuado a divisão social.

O desafio a ser enfrentado pelos governos e pela sociedade civil — abrangendo as forças organizadas dos excluídos do sistema — está na universalização de um ensino básico de qualidade, que prepare para o trabalho, para a cidadania, cuidando da formação da personalidade nos aspectos afetivos e éticos.

5. A escola em nossos dias

O século XX foi pródigo em teorias pedagógicas e projetos educacionais, na tentativa de superar a escola tradicional excessivamente rígida, magistrocêntrica e voltada para a memorização dos conteúdos. As críticas feitas à escola tradicional denunciam a sua incapacidade de atender às necessidades de um mundo em constante mutação, no qual a ciência e a tecnologia tornam cada vez mais complexa a função do educador. Como veremos com mais detalhes no capítulo 14, essa contribuição foi de diverso

teor e cada vez mais extensa, "roubando" funções antes assumidas pela família e exercendo considerável influência na formação das crianças e dos jovens.

Na primeira metade do século XX, intensificou-se a relação entre a pedagogia e as demais ciências, numa busca de métodos ativos e de educação integral, com especial atenção às necessidades do educando. Um exemplo foi a Escola Nova, que, na sua perspectiva de "escola redentora", esperava alcançar a equalização das oportunidades pela democratização da educação. Os teóricos da Escola Nova analisaram com otimismo a influência da escola, vendo-a como agente de transformação, um instrumento de mobilidade, que permitiria a ascensão social e a criação de uma sociedade mais humana e democrática.

Esse sonho não foi realizado, mas sim criticado pelas tendências socialistas e anarquistas e, por volta da década de 1970, pelos chamados crítico-reprodutivistas, que argumentaram sobre as dificuldades dessa mudança, por considerarem que a escola era apenas uma engrenagem dentro do sistema e tendia a reproduzir as diferenças sociais, mesmo quando dava a impressão de democratizar.

Chegou-se mesmo à sugestão radical de desescolarização, proposta de Ivan Illich, ou de modos mais amenos de exercer — ou negar? — a autoridade do professor, como no caso da escola inglesa de Summerhill, de Alexander Neill. Não faltaram também as orientações de inspiração positivista que reforçaram a burocracia escolar, mecanizando o processo educacional e minimizando o papel do professor, tal como ocorreu com as reformas de cunho tecnicista, cuja tendência ainda persiste na organização dos grandes conglomerados escolares que recorrem ao ensino apostilado em que cada aula está de antemão determinada na sua duração e no conteúdo a ser transmitido.

Educação formal: a instituição escolar

Surgiram propostas mais singelas de educação alternativa, como as escolas abertas, em que os professores trabalham com alguns adultos da comunidade e pais de alunos dispostos a participar da ação pedagógica. Há até casos de famílias que se organizam coletivamente para que possam, elas próprias, educar seus filhos, prescindindo da escola clássica.

Para outros, é importante que a escola incorpore os modernos meios de comunicação de massa, visando à exploração de alta tecnologia no ensino. Nesse caso, a esperança maior estaria na inserção da tecnologia da informação na sala de aula, com seus computadores e todo o equipamento de informática, que permitem o acesso às infovias, como a internet. Novidade que nos faz perguntar sobre o papel a ser exercido pelo professor de agora em diante (a propósito, consultar a leitura complementar adiante). Outra questão que se levanta a esse respeito é a do "analfabetismo digital", ou seja, a exclusão de grande parte da população do acesso a esses equipamentos em um mundo cada vez mais digitalizado.

Segundo a tendência progressista, a solução não se encontra em modismos e fórmulas mágicas, mas no esforço de levar a educação a todos, sobretudo à população marginalizada, dando condições para o domínio de conteúdos e conhecimentos valorizados pela sociedade, bem como disposição crítica para avaliar a herança recebida.

Ficam ainda em suspenso as perguntas: Como superar o fosso entre educação e vida? Como tornar a escola não mera reprodutora do sistema, mas um local de fermentação da mudança? Como viabilizar a socialização da educação, a fim de que ela deixe de ser privilégio de poucos?

O campo de reflexão que instiga o pedagogo contemporâneo é extenso e intrincado. Como superar essa crise permanece ainda um desafio, mas, se a escola não é uma ilha, ela reflete, neste momento, a crise mesma por que passa a nossa civilização. E, quando nos referimos a crise, queremos entendê-la no sentido de um momento de confusão e dificuldade que caracteriza os períodos de transição, nos quais o "velho" ainda não morreu e o "novo" não se apresenta com clareza. Mesmo porque o novo resultará do que os indivíduos poderão construir a partir dos desafios a serem enfrentados.

Conclusão

Por enquanto cabe observar que não se compreende a escola fora do contexto social e econômico em que está inserida. Sempre que se exige a mudança da escola, a própria sociedade está em transição, requerendo outro tipo de educação. Nesse sentido, nenhuma reforma educacional é apenas técnica e neutra: por trás das decisões existem posições políticas e interesses de grupos. Ao privilegiar determinado tipo de conteúdo a ser ensinado ou um método para facilitar esse processo, a escola não transmite apenas conhecimentos intelectuais por meio de uma prática neutra, mas repassa valores morais, normas de conduta, maneiras de pensar.

Vivemos no momento o centro desse debate multiforme. E nossa tarefa consiste em repensar os rumos da escola sem otimismo ingênuo, mas também sem pessimismo derrotista. O que, afinal, é possível fazer dentro dos limites da escola e a partir de suas reais possibilidades? Reforcemos, portanto, a importância da função da escola sobretudo como local privilegiado para a crítica do saber apropriado.

A escola adquire, cada vez mais, um papel insubstituível como instância mediadora, ao estabelecer o vínculo entre as novas gerações e a cultura acumulada, sobretudo à medida que a sociedade contemporânea tem-se tornado cada vez mais complexa.

Dropes

1 - *Sobre as "pequenas escolas" de Port-Royal* — Acreditando ser a natureza humana intrinsecamente má, acharam necessário construir um muro de isolamento ao redor de cada indivíduo, de modo que a natureza maligna interna não tivesse oportunidade de expressão e crescimento e para impedir os outros de o induzirem a males ainda piores. O número de alunos era mantido intencionalmente pequeno, de modo que os meninos nunca pudessem ficar, de dia ou de noite, sem a supervisão do tutor. (...) Não mais de seis meninos eram destinados a um mestre, e estes dormiam em seu quarto e jamais estavam fora de suas vistas durante o dia. (Frederick Eby)

2 - *A respeito do sistema mútuo lancasteriano* — O treinamento dos escolares deve ser feito da mesma maneira [da disciplina do soldado]; poucas palavras, nenhuma explicação, no máximo um silêncio total que só seria interrompido por sinais — sinos, palmas, gestos, simples olhar do mestre, ou ainda aquele pequeno aparelho de madeira que os Irmãos das Escolas Cristãs usavam; era chamado por excelência o "Sinal" e devia significar em sua brevidade maquinal ao mesmo tempo a técnica do comando e a moral da obediência. (Michel Foucault)

3 - O projeto pedagógico-curricular considera o já *instituído* (legislação, currículos, conteúdos, métodos, formas organizativas da escola e outros), mas tem também algo de *instituinte*. O grupo de profissionais da escola pode criar, reinventar a instituição, os objetivos e as metas mais compatíveis com os interesses dela e da comunidade.

A característica instituinte do projeto significa que ele institui, estabelece, cria objetivos, procedimentos, instrumentos, modos de agir, formas de ação, estruturas, hábitos, valores. Significa, também, que cada período do ano letivo é avaliado para que se tomem novas decisões, se retome o rumo, se corrijam desvios. Todo projeto é, portanto, inconcluso, porque as escolas são instituições marcadas pela interação entre pessoas, por sua intencionalidade, pela interligação com o que acontece em seu exterior (na comunidade, no país, no mundo), o que leva a concluir que elas não são iguais. As organizações são, pois, construídas e reconstruídas socialmente. (José Carlos Libâneo *et al.*)

● Leitura complementar

O futuro da sala de aula

Parece quase impossível pensar a sala de aula do futuro sem computadores, sem equipamentos de vídeo, sem muitas outras invenções das quais ainda não temos notícia, mas que já nos rondam como fantasmas antecipatórios. Para muitos professores, esta é uma das fantasias mais temidas: o dia em que o ensino puder ser realizado pela internet, de casa, apenas apertando teclas, e interagindo com programas que farão as vezes de professores.

(...) Não nos animaríamos dizer, em um afã tranquilizador diante desses temores, que o professor será sempre necessário, que é eterno, que não se pode dissociá-lo da própria vida humana. Como ficou claro, ao longo desses cinco séculos passados, sua função passou por mudanças e redefinições, e é difícil imaginar que, se um professor do século 15 ressuscitasse subitamente, pudesse sentir-se hoje parte da mesma associação ou categoria profissional de um professor de 1999. A figura docente como a concebia já não existe, e, embora seus legados ainda nos rondem, nós também não nos reconheceríamos nele. Do mesmo modo, é impossível prever o que acontecerá amanhã: se ainda haverá professores com 35 alunos, se haverá cenas pedagógicas totalmente diferentes das que conhecemos. Em todo caso, a função de transmitir a cultura provavelmente continuará existindo; e até o momento, por muitos motivos, e apesar de sua crise, a escola é a instituição mais eficaz e poderosa para produzir este efeito. Desejamos que o faça melhor, que o faça integrando os novos saberes e indivíduos que hoje pululam em nossos mundos, que o faça repensando suas próprias tradições, que muitas vezes postulam uma relação com o saber regulamentarista e burocrático, e se focalizam no controle das crianças e dos adolescentes. Neste sentido, desejamos que o "governo das crianças"[2] na escola seja um governo aberto à discussão, não um dogma ou uma verdade eterna. Ainda que a tecnologia invada o espaço da sala de aula, este tema estará presente. O fato de não haver uma pessoa que governe "diretamente" essa situação social que é a sala de aula não significa que o governo desapareça; essa é uma ideia importante daqueles que propunham a sala de aula como técnica pura: a possibilidade de que o ensino apareça completamente adaptado à criança, a seus ritmos e formas de acesso. No entanto, essa adaptação perfeita é outra forma de governo da sala de aula (virtual) e, por esse motivo, aberta à crítica e à reflexão.

Nesse sentido, parece-nos necessário incorporar estas dimensões ao repensarmos a sala de aula do futuro. Esse espaço não é definido magicamente pela tecnologia, mas depende em grande medida daquilo que homens e mulheres se disponham a fazer com essa tecnologia.

Uma última reflexão: para nós, a pedagogia não se reduz à capacidade de utilizar determinadas técnicas, testes, ou didáticas simples ou sofisticadas. A pedagogia é, antes de tudo, *uma prática que reflete sobre as formas de transmissão da cultura, e é a própria prática de transmiti-la.*

Inés Dussel e Marcelo Caruso, *A invenção da sala de aula*: uma genealogia das formas de ensinar. São Paulo, Moderna, 2003, p. 235-238.

---

[2] Nas páginas 40 a 46 da obra, os autores explicam o que entendem por "governo": após diversos sentidos expostos, destacam o de "condução de si próprio" com a articulação de muitas outras conduções (do pai, do professor etc.). E acrescentam: "governar-se é aprender a fazer uso da liberdade, de uma liberdade que nem é pura nem está livre de contaminação, mas que surge das aprendizagens sociais, das regulações e dos espaços intersticiais criados por elas".

Atividades

Questões gerais

1. Explique por que a escola, como instituição, é fruto do contexto histórico-social.

2. De que maneira, na Idade Moderna, as transformações na escola representaram os interesses da nobreza, da burguesia e dos religiosos?

3. Quais são os representantes da pedagogia realista e contra que tipo de ensino eles se insurgiram? Por que a industrialização e a urbanização exigiram uma mudança da escola?

4. Releia o comentário de Foucault (dropes 2) a respeito das escolas lancasterianas e identifique nele uma tônica da educação voltada para as massas.

5. "Se a escola produz, ao mesmo tempo, instruídos e excluídos, o peso dessa exclusão é provavelmente muito maior no contexto de uma sociedade que supõe, por parte dos indivíduos e dos grupos, o domínio de uma série de habilidades e conhecimentos, entre os quais se encontram a leitura, a escrita, a aritmética e um mínimo de conhecimentos gerais". Justifique com argumentos a afirmação de Maria Machado Malta Campos.

6. Faça uma pesquisa sobre os indicadores do analfabetismo de outros países, inclusive latino-americanos, e compare-os com o porcentual no Brasil (ver capítulo 8). Reúna-se com seu grupo para discutir sobre as causas e consequências dessa situação.

7. Diante da crise da instituição escolar, há quem pense ser melhor "desescolarizar" a sociedade, buscando outros meios para educar crianças e jovens. Dividida a classe em três grupos (contra a escola, a favor ou em termos), posicione-se e participe do debate.

Questões sobre a leitura complementar

1. Por que, para os autores, apesar do desenvolvimento das redes de comunicação via computador (as infovias), não se pode dizer que a escola e os professores se tornaram obsoletos? Posicione-se pessoalmente a respeito.

2. Reúna-se com seus colegas para identificar certos costumes inadequados pelos quais alunos "resolvem" suas tarefas escolares consultando *sites* e copiando seus conteúdos. Nesses casos, como deveria reagir o professor?

3. Analise em que medida o "governo de si", desejável para a atitude de educando, passa também pela interferência do professor.

Educação formal: a instituição escolar

Capítulo 8

Educação e inclusão

Desde a Antiguidade o acesso à escola se restringiu à criança do sexo masculino, sobretudo da elite, permanecendo precária a educação popular, que, quando implantada, nem sempre superou a escola dualista. Nas últimas décadas, porém, ampliou-se de forma significativa o leque dos sujeitos educativos, que passou a incluir a educação anterior às primeiras letras (o "jardim de infância"), a educação da mulher (emancipada de sua condição de subalterna), o deficiente (físico e mental), as etnias até então excluídas (pelo reconhecimento da importância do diálogo com o diferente).

Este capítulo está dividido em duas partes: na primeira examinamos a educação popular, incluindo não só os segmentos mais pobres, como também negros e indígenas; na segunda parte, examinamos a educação da mulher.

‹ **Quando as crianças são obrigadas a trabalhar, têm desde cedo confiscado o direito fundamental da educação.**

PARTE I

Educação popular

1. Dificuldades de conceituação

Inúmeras são as dificuldades quando se busca definir com clareza o que é *educação popular*. A palavra *povo* é bastante ambígua, imprecisa, relativa, e convém entendê-la no contexto em que se apresenta.

Os romanos usavam dois termos distintos: *populus* e *plebs*. O primeiro termo, *populus*, *populi*, significava, num sentido geral, o conjunto dos cidadãos e, num sentido particular, os membros de certas famílias ilustres do patriciado romano, detentoras de privilégios. O segundo termo, *plebs*, *plebis*, significava, em sentido próprio, o conjunto dos romanos que não eram nobres. Por consequência, o termo era associado a populacho, vulgo, classe inferior. Para os romanos, os patrícios eram originalmente os únicos considerados cidadãos e, como tal, se distinguiam dos plebeus.

Nós também estabelecemos algumas nuanças. De modo mais genérico possível, *povo* é o conjunto de cidadãos de uma sociedade, por exemplo, quando dizemos: "o povo brasileiro foi às urnas" ou "o povo precisa tomar conhecimento da destruição da Mata Atlântica".

Separamos *povo* e *elite* quando esta última indica o "não povo", isto é, empresários, profissionais liberais, intelectuais, enfim, todos os segmentos sociais que não se confundem com o proletariado. Ainda assim, nesse último sentido, podemos falar pejorativamente do "zé-povinho" ou, de forma mais carinhosa, do "povão".

A separação entre povo e elite decorre da divisão desigual dos bens culturais. Mesmo quando se propõe a universalização do ensino, o resultado é a escola dualista, que oferece uma educação mais refinada à elite, cabendo ao proletariado apenas a elementar e profissionalizante. Falar em *educação popular*, nesse caso, é se referir à educação dada ao povo, mas não escolhida por ele.

Às vezes as pessoas confundem *educação popular* com *educação pública*. Público significa do Estado e, nesse sentido, distingue-se de privado. Portanto, educação pública é aquela que o Estado oferece gratuitamente.

2. Histórico da educação popular

Em todo estudo de história é abundante a referência à elite, mas pouco se fala da grande maioria que a ela se submete. Por isso também na história da educação são poucas as pesquisas dessa história silenciada, além da dificuldade de recolha de documentos.

Convém lembrar que tanto a Grécia antiga como o Império Romano eram sociedades escravagistas que desprezavam o trabalho manual. Por isso, em ambas, a educação privilegiava a formação intelectual da elite dominante. Na Antiguidade romana, porém, destaca-se uma novidade: no século IV de nossa era, o imperador Juliano oficializou o ensino, inaugurando o primeiro momento na história da humanidade em que o Estado assumiu o encargo da educação, fato que se explica ante a necessidade de formação do quadro de funcionários exigido pela ampliação e burocratização do Estado.

Na Idade Média, apenas os monges se ocupavam com o saber, enquanto a nobreza guerreira permanecia analfabeta, mais interessada na formação dos cavaleiros.

124 — Filosofia da educação

Somente na Baixa Idade Média começaram a aparecer algumas escolas nos palácios. E o restante da população? Os aprendizes de qualquer ofício deviam seguir as regras das corporações e inicialmente viviam na casa do mestre sem pagamento, alimentados por ele até o momento de se submeterem a um exame para se tornar companheiros ou oficiais, o que, na verdade, não era garantia de muita mobilidade social.

No século XVII, o desenvolvimento da economia capitalista de produção passou a exigir mão de obra um pouco mais qualificada. Resultaram daí os esforços para a institucionalização da escola, além do aperfeiçoamento de uma legislação referente à obrigatoriedade, aos programas, níveis e métodos. Em Lyon, importante cidade fabril e mercantil da França, o abade Charles Démia defendia a educação popular e fundou diversas escolas gratuitas para crianças pobres. Segundo o historiador da educação Compayré, essas escolas visavam a dar instrução religiosa, ensinar disciplina e iniciar as crianças nos trabalhos manuais, a fim de fornecer mão de obra para o comércio e indústria e para o emprego doméstico.

No Século das Luzes (século XVIII), tornou-se premente alterar o sistema de ensino. Não fazia mais sentido atrelar a educação à religião, como acontecia nas escolas confessionais, nem aos interesses de uma classe, como queria a aristocracia. Aliás, o Iluminismo exaltava justamente o poder da razão humana de traçar seus próprios caminhos, longe da tirania dos reis e das superstições religiosas. Nesse sentido, a escola deveria ser leiga (não religiosa), livre (independente de privilégios de classe) e universal (acessível a todos).

Após a Revolução Francesa, Diderot, um dos filósofos iluministas, defendia a democratização do ensino. O marquês de Condorcet e, posteriormente, Le Peletier apresentaram ao governo revolucionário planos de instrução pública, que, contudo, não foram levados a efeito (apenas no século seguinte a França passaria a oferecer educação gratuita). No entanto, muito mais intensas eram as vozes que ora simplesmente excluíam as massas do direito à educação, ora defendiam o dualismo da escola. De resto, convém lembrar as referências desairosas do filósofo francês Voltaire à "canalha indigna de ser esclarecida" e do jurisconsulto italiano Filangieri, que preconizava uma educação pública para todas as classes, "mas não uma educação em que todas as classes tenham a mesma parte".

No século XIX, em vários países o Estado passou a assumir o encargo da educação, após intenso debate em torno da escola pública. A burguesia encontrava-se, no entanto, numa encruzilhada. A industrialização exigia cada vez melhor qualificação de mão de obra, mas instruir o povo para elevar o nível das técnicas poderia significar o risco da subversão da ordem, decorrente da educação das massas antes ignorantes. Como já dissemos, a solução do impasse já vinha sendo implantada, ao se reservar para os filhos da elite a educação humanística de tipo "clássico", desinteressada, aparatosa e brilhante, ou seja, a educação para aqueles que desfrutam do "ócio digno", enquanto para as massas cabia a educação elementar, restrita à instrução, com os rudimentos do ler, escrever e contar, indispensáveis para o manejo das máquinas.

A Alemanha fundou escolas profissionais elementares, médias e superiores, pioneirismo seguido mais tarde pela França e pela Inglaterra. A nação americana conseguira, antes de todos os países citados, tornar o ensino leigo e gratuito (o elementar por volta de 1830 e o secundário em torno de 1850). Em 1820 se iniciara o ensino profissional para a indústria, a agricultura e o comércio. Outra novidade foi a criação de universidades estatais.

Na primeira metade do século XX, a ideia liberal da educação como instrumento de democratização, tal como apareceu no ideário da Escola Nova, teve suas esperanças desmentidas: as complexas práticas de atendimento individualizado, bem como a ênfase na qualidade do ensino, defendidas pelos escolanovistas, terminaram por favorecer as escolas da elite, que tinham condições de montá-las e de preparar adequadamente seus professores.

Veremos na unidade IV como os pedagogos socialistas e anarquistas propuseram alternativas de educação visando à inclusão dos mais pobres, mas as poucas experiências concretas não tiveram chances de prosseguimento. Ao contrário, nos países em que foi instalado o socialismo real, por exemplo, na União Soviética e nos países do Leste Europeu, o analfabetismo foi reduzido a índices insignificantes. Em Cuba, conseguiu-se reverter uma situação em que metade das crianças em idade escolar se encontrava fora da escola para um índice de 1,9% no início da década de 1980.

Com esse comentário não estamos querendo defender o regime político instaurado naqueles países, mas questionar por que nas sociedades capitalistas, tão ricas e cheias de recursos, não existe vontade política para estender a educação a todos.

3. A educação popular no Brasil

No Brasil colônia prevaleceu a educação humanista e elitista dos padres da Companhia de Jesus. Os jesuítas se empenharam no trabalho de catequese dos índios e fundaram inúmeras "escolas de ler e escrever", mas deram maior ênfase à escola secundária, destinada aos filhos dos colonos e ao encaminhamento dos futuros padres. O descaso pela educação popular se explica pela vigência de uma economia dependen-

te e exclusivamente agrária, que não exigia mão de obra qualificada.

Além disso, a mentalidade escravocrata depreciava a atividade manual, considerada "trabalho desqualificado", e os artesãos não eram preparados em escolas, mas sim pela educação informal. Na primeira metade do século XVIII, porém, a Companhia de Jesus dispunha de oficinas em que mestres jesuítas ensinavam os ofícios mais necessários. Essa atividade também foi intensa nas missões, que se tornaram autossuficientes, porque os indígenas não aprendiam apenas os rudimentos de ler e escrever, mas diversas artes e ofícios mecânicos.

Com a vinda da família real para o Brasil, a ênfase recaiu na criação de escolas de nível superior, descuidando-se dos demais níveis. Permanecia a visão aristocrática do ensino, com alguma diversificação quanto à pequena burguesia, que então se ocupava nas cidades com o comércio e a burocracia. Esse novo segmento aspirava *status* por meio do acesso à educação da elite, desprezando qualquer formação que lembrasse a classe menos favorecida.

Após a Proclamação da Independência, como persistisse o regime de escravidão e continuasse o modelo econômico agrário-exportador dependente, o quadro educacional permanecia inalterado. Apenas um incipiente ensino profissional era ministrado nas escolas agrícolas e nas escolas de artífices, nas quais se despejavam crianças órfãs ou abandonadas.

No Brasil do início do século XX, diferentemente de outras nações, continuava altíssimo o índice de analfabetismo em uma população predominantemente rural, o que mostra o descaso pela educação elementar (ver dropes 1). A situação só começou a se alterar quando, após a Primeira Guerra Mundial, acelerou-se o processo de industrialização e urbanização do país, acentuado ainda mais depois de 1930, o que aumentaria a demanda de escolarização.

Na década de 1950, os educadores progressistas da Escola Nova reforçavam a oposição aos católicos conservadores, que defendiam a escola particular de orientação religiosa como a única capaz de educar integralmente. Por trás desse debate, porém, havia o interesse pela destinação das verbas públicas também para as escolas particulares.

No início da década de 1960, surgiram, na sociedade civil, movimentos de educação popular de ampla repercussão. Interessados na conscientização política dos segmentos desfavorecidos, alguns grupos enfatizaram a alfabetização, enquanto outros se ocuparam com a educação de base, tendo sempre em vista a difusão e a preservação da cultura popular. Dentre os grupos espalhados pelo Brasil, destacou-se o Movimento de Cultura Popular (MCP) do Recife, liderado pelo educador Paulo Freire, cujo inovador método de alfabetização teve, posteriormente, repercussão mundial. O governo brasileiro pretendia aplicar o método, que "alfabetiza em 40 horas", no Plano Nacional de Alfabetização (PNA). O golpe militar de 1964 não só extinguiu o PNA como paralisou as demais atividades, acusando-as de subverter a ordem. No período seguinte, com a destruição sistemática das organizações, abortaram-se as tentativas de expansão da educação popular.

Após o golpe, durante a ditadura militar, a educação seguiu a linha tecnicista de influência norte-americana, que resultara dos acordos MEC-Usaid[1] realizados entre técnicos brasileiros e norte-americanos. As reformas educacionais de 1968 (para a universidade) e de 1971 (para o ensino médio) foram desastrosas para a educação popular. A Lei nº 5.692/71 acenava para a profissionalização universal e compulsória do 2º grau, mas não foi seguida à risca pelas escolas de elite, capazes de boicotar a implantação da lei. O mesmo não aconteceu com a escola pública, abandonada à mercê de uma política que interessava à ditadura militar por estar voltada, sobretudo, para a despolitização das massas.

O ensino elementar oficial recebeu na época a menor atenção possível, abandonado sob a responsabilidade dos municípios, que nem sempre tinham condições de arcar com as despesas. A fim de suprir essas deficiências, o governo criou organismos de educação paralela, como o Movimento Brasileiro de Alfabetização (Mobral) e o Projeto Minerva, que, por meio do rádio e da televisão, com a ajuda de monitores, se propunha a oferecer o curso supletivo do 1º grau.

Nos anos de 1980 a luta dos brasileiros se voltou para o retorno "lento e gradual" à democracia, a anistia dos presos políticos, o movimento das "diretas-já" e, finalmente, os debates da Constituinte. A aprovação da Constituição Federal de 1988 trouxe algumas novidades, mas foram ainda mantidas regalias para o ensino privado que os grupos progressistas haviam tentado expurgar. Além disso, algumas sutilezas do texto atenuam o papel educador do Estado, destacando ao seu lado a ação da família e da sociedade. No entanto, houve um significativo avanço na garantia de que "o acesso ao ensino obrigatório e gratuito é direito público subjetivo". Isso significa que prefeitos e governadores têm obrigação constitucional de oferecer esse tipo de ensino, devendo sofrer sanções jurídicas em caso de omissão.

No entanto, a situação mudou muito pouco. Se compararmos o desempenho do Brasil com o de países avançados ou mesmo em desenvolvimento, nossos índices a partir da década de 1990 são sofríveis, tanto no

---

[1] MEC (Ministério da Educação e Cultura) e Usaid (United States Agency for International Development).

que diz respeito à alfabetização e à alfabetização funcional, quanto ao acesso à informática e à compreensão de outros idiomas. Mesmo onde houve a ampliação do acesso de uma parcela maior da população ao ensino fundamental e médio, nem sempre o benefício vem acompanhado de qualidade. Quanto ao ensino superior, a frequência é de apenas 7,4% da população na faixa etária de 18 a 24 anos[2].

4. Uma tradição de exclusão

O que vimos até agora é que vivemos uma história da educação marcada pela exclusão. Temos nos referido a "povo" de modo genérico, sobretudo considerando o segmento de baixa renda, mas a exclusão é muito mais extensa: na parte II deste capítulo veremos como as mulheres, independentemente de serem ricas ou pobres, sempre estiveram excluídas da educação formal, tendo sido encaminhadas para as atividades condizentes com sua "natureza feminina" de esposas e mães.

Não só: além dos pobres e das mulheres, as sociedades excluem aqueles considerados "inferiores", ou seja, deficientes (físicos e mentais) e imigrantes, sobretudo os segmentos compostos de indivíduos de outras etnias, tais como os negros e, na Europa de hoje, os árabes. São excluídos também os povos indígenas, bem como aqueles que abandonam cedo a escola, por apresentarem dificuldades em acompanhar o modelo de escola implantado, por serem indisciplinados ou por necessidade de trabalhar para ajudar o sustento da família. O que se verifica afinal é uma escola excludente e, portanto, não democrática.

Esses grupos, cuja história tem sido com frequência silenciada, constituem o que chamamos de *minorias*, não no sentido quantitativo, pois muitos deles, como os pobres ou mesmo as mulheres, são segmentos numericamente grandes, mas por estarem *destituídos de poder*, sem voz ativa, diminuídos em sua cidadania.

A partir da década de 1960, tornou-se marcante a mobilização dessas minorias: o movimento negro; o estudantil (seu momento crucial ocorreu em maio de 1968, em Paris, com irradiação mundial); o feminista (ou de gênero, que se desenvolvia desde o começo do século e se intensificou naquela década); a revolução sexual; os movimentos contra a discriminação do homoerotismo (população *gay*); os movimentos pela preservação das populações indígenas, enfim, a mobilização em defesa dos direitos humanos. Destacam-se também os grupos pacifistas, que, embora atuantes havia tempo, recrudesceram suas atividades por ocasião da Guerra do Vietnã (1963-1973).

Só muito recentemente tem havido maior empenho em estender a educação para essas minorias, inicialmente pela defesa da *integração* dos diferentes e mais recentemente pela sua *inclusão*. Embora esses dois conceitos eventualmente possam ser aceitos como sinônimos, a professora Maria Teresa Eglér Mantoan os distingue, atribuindo ao primeiro um tipo de inserção que mantém o diferente segregado, ou seja, criam-se salas especiais, separadas das aulas regulares destinadas aos "normais". Já "o radicalismo da inclusão vem do fato de exigir uma mudança de paradigma educacional (...). Na perspectiva inclusiva, suprime-se a subdivisão dos sistemas escolares em modalidades de ensino especial e de ensino regular. As escolas atendem às diferenças sem discriminar, sem trabalhar à parte com alguns alunos, sem estabelecer regras específicas para se planejar, para aprender, para avaliar"[3].

---

[2] Marcio Pochmann et al. (orgs.), *Atlas da exclusão social*, v. 5: *Agenda não liberal da inclusão social no Brasil*. São Paulo, Cortez, 2005, p. 68-70.

[3] *Inclusão escolar: O que é? Por quê? Como fazer?* São Paulo, Moderna, 2003, p. 25.

Entre todos os possíveis segmentos que são objeto de inclusão, veremos na parte II a inclusão feminina e, aqui, optamos por analisar, ainda que brevemente, apenas a inserção de indígenas e negros. Antes, porém, lembramos que o debate contemporâneo a respeito de etnia nos leva à rejeição da clássica divisão das raças em branca (ariana), negra (africana), amarela/indígena (asiática). Baseados nos avanços da genética, os estudos atuais indicam que o genoma humano — o conjunto de genes que caracterizam a espécie humana — é constituído por cerca de 30 mil a 50 mil genes diferentes, muitos deles comuns a todos os seres humanos. Durante milênios, ocorreram lentas modificações genéticas que determinaram diferenças morfológicas entre as "raças" (cor da pele, tipo de cabelo, configuração de crânio, lábios, nariz etc.), em decorrência da adaptação das populações a fatores geográficos como radiação solar, temperatura e outros.

Segundo o pesquisador em genética humana, Sérgio Danilo Pena, "hoje existe consenso, entre antropólogos e geneticistas, de que, sob este prisma biológico, raças humanas não existem. (...) Por outro lado, certamente raças existem como *construções sociais e culturais* [grifo nosso], e o racismo é uma realidade, por mais perverso e detestável que seja". Em estudo realizado no laboratório de genética médica de Minas Gerais, o professor Pena concluiu que "a interpretação genética dos achados de nossa pesquisa é que a população brasileira atingiu um nível muito elevado de mistura gênica. A esmagadora maioria dos brasileiros tem algum grau de ancestralidade genômica africana"[4].

Por isso muitas vezes escrevemos "raça" entre aspas, devido à imprecisão do conceito, porque "raça" não significa mais um dado biológico, mas sim uma construção discursiva e cultural. Nesse sentido, podemos continuar discutindo o *racismo* como um preconceito enraizado nos povos que se consideram "superiores" a outros, como justificativa para submetê-los ou para excluí-los do seu convívio.

Se retomarmos agora a história da colonização no Brasil, poderemos constatar como as etnias indígena e negra foram subordinadas aos interesses e valores dos europeus. Segundo a mentalidade quinhentista, os indígenas eram considerados povos selvagens, em comparação com o modelo da cultura cristã europeia. Daí o esforço dos colonizadores, sobretudo por meio da ação dos jesuítas, de *homogeneizar as diferenças* daquele povo, silenciando sua cultura, incluindo aí a religião, a língua, os costumes.

Hoje em dia, a partir dos recentes estudos de etnologia e de antropologia, a orientação é bem outra, no sentido de respeitar as diferenças, não mais considerando a pluralidade cultural como deficiência, mas como riqueza a ser preservada. Não que toda cultura deva permanecer "intocada", mas que, no encontro com outras, haja a discussão intercultural que permita a defesa das identidades linguísticas e étnicas.

Por isso desde 1953 a Unesco sugere que, em vez de incorporar o diferente ou excluí-lo, seja estimulada a interlocução que preserve sua cultura. Em termos de educação, foi preconizada a alfabetização bilíngue desses povos. No Brasil, a Constituição de 1988 prevê esse reconhecimento no artigo 231. Igualmente, a LDB de 1996, nos artigos 78 e 79, dispõe sobre a recuperação da memória histórica desses povos e o apoio da União aos programas de ensino que, além da tradição indígena, devem ofe-

---

[4] "Há uma base objetiva para definir o conceito de raça?", in *Folha de S.Paulo*, 21-12-2002, seção "Tendência e debates", p. 3.

recer conhecimentos técnicos e científicos da sociedade nacional. Também prevê a manutenção de programas de formação de pessoal especializado destinado à educação escolar nas comunidades indígenas.

A proposta teórica desse empenho já é algo bastante alentador, mas a aplicação prática tem sido bastante difícil; por um lado, porque o Estado não tem conseguido colocar em funcionamento o que foi estabelecido por lei, por outro, pelo entrave que representam o preconceito e a discriminação, os quais persistem no seio de nossa sociedade.

Quanto aos negros, apesar de terem mantido ao longo dos séculos uma relação mais próxima, permanecem excluídos do usufruto dos bens materiais, simbólicos e sociais. Essa situação vem de longa data, desde o início do processo de escravização, quando, ainda prisioneiros na África, eram mantidos temporariamente em outras tribos cuja língua desconheciam. Uma vez no Brasil, enfrentavam outra cultura estranha, muitas vezes apartados de seus iguais, sem ter quem lhes ensinasse a nova língua e os costumes.

A inserção nas atividades agrícolas não merecia treinamento específico, devido à simplicidade delas, que podiam ser realizadas por imitação, evidentemente sob a ameaça frequente de castigo físico. Assim comenta o professor Mário Maestri: "Em todos os momentos da escravidão imperou inconteste a visão do castigo físico como recurso pedagógico imprescindível ao aprendizado e à manutenção da qualidade do ato produtivo. Pilar das visões de mundo das classes escravizadoras, a ideia do *castigo físico justo*, como recurso pedagógico excelente, penetrou as classes subalternizadas da época, tornando-se, a seguir, uma das mais arraigadas visões pedagógicas *informais* da civilização brasileira"[5].

A questão da necessidade de inclusão nos remete para a análise do tema do preconceito: uma educação não preconceituosa há que reconhecer as pessoas na sua diversidade, não separar tarefas e funções e cuidar da formação plena e integral do ser humano. Não se trata de algo que devemos esperar acontecer, pois exige não só a tomada de consciência das formas de discriminação, como também a mobilização, a ação transformadora das situações de discriminação.

Sabemos dos limites da escola como agente de mudança dos comportamentos sociais, mas isso não significa negar a ela um espaço no qual se exerça uma ação significativa. Se educar é, entre outras coisas, criar condições para transmitir às novas gerações as expectativas de comportamentos adequados à continuidade da cultura de um povo, os modelos sociais são relevantes. No entanto, enfatizamos novamente que esses modelos precisam ser compreendidos a partir de sua significação social, sempre flexível e aberta para o diálogo e a cooperação. Caso contrário, a educação estará a serviço da dominação.

Cabe ao professor evitar os estereótipos, as afirmações de que "sempre foi assim", "é natural que seja assim", para não "congelar" os comportamentos em padrões fixados de uma vez por todas.

5. Desafios

Sabemos que o Estado não é neutro e, portanto, a educação não se distribui de forma tão democrática quanto deveria.

---

[5] "A pedagogia do medo: disciplina, aprendizado e trabalho na escravidão brasileira", in Maria Stephanou e Maria Helena Camara Bastos (orgs.), *Histórias e memórias da educação no Brasil*, v. I: *Séculos XVI-XVIII*. Petrópolis, Vozes, 2004, p. 207.

O quadro se agrava em função dos altos índices de êxodo e repetência entre aqueles que aprenderam a ler, mas abandonam cedo a escola, sem completar o ciclo básico, geralmente para entrar no mercado de trabalho. É importante lembrar que, entre os alfabetizados, muitos são "analfabetos funcionais", porque mal sabem assinar o próprio nome e não têm autonomia de leitura e escrita.

Reavaliando os esforços empreendidos e as ilusões vividas pelos educadores, já podemos delimitar alguns campos de teoria e ação que resultaram do enfrentamento do desafio que é a educação no Brasil.

Comecemos pelo que *não é* educação popular.

Sabemos que a escola liberal conseguiu educar grandes segmentos da população nos países desenvolvidos, mas não resolveu a dicotomia típica da escola dualista, que separa a educação da elite daquela profissionalizante oferecida ao trabalhador. Nesse sentido, os educadores escolanovistas, que viam na educação a promessa de redenção e igualdade, não tiveram os esforços e as esperanças recompensados.

Por isso a Escola Nova foi duramente criticada na década de 1970 pelos crítico-reprodutivistas. Segundo eles, em vez de democratizar, a escola reproduz as diferenças sociais, perpetua o *status quo*, constituindo-se, portanto, uma instituição altamente discriminadora e repressiva. Ao denunciar o caráter ideológico da escola e dos textos didáticos, as teorias crítico-reprodutivistas desvendaram a violência simbólica da instituição e mostraram como a escola permanece dualista e discriminadora. O posicionamento desses teóricos provocou, inevitavelmente, uma sensação de mal-estar e impotência, uma espécie de "beco sem saída".

Não se mostraram adequadas, também, as tentativas baseadas nas práticas paternalistas, que de certa forma infantilizam e inferiorizam o educando. Nessa linha assistencialista estão as propostas de educação compensatória. Muitas vezes bem-intencionadas, elas acabam privilegiando, por exemplo, os programas de saúde e alimentação instalados nas escolas, com a finalidade de "compensar" as deficiências da população pobre, na verdade obrigação de outros setores do Estado. O equívoco da educação compensatória não está propriamente na assistência, que afinal tem beneficiado as crianças, mas sim na situação perversa em que se encontra a família, vivendo de salários aviltados e cada vez mais incapacitada de prover, ela mesma, as necessidades de sua prole com um mínimo de dignidade.

Em termos da ação dos governos, vale pensar na ilusão criada pelas construções monumentais, obras de impacto que exigem vultosos gastos, mas que não vêm acompanhadas por qualidade de ensino e remuneração justa dos professores.

Outro problema está naquilo que Luiz Antônio Cunha chama de *administração zigue-zague*: "As mais diferentes razões fazem com que cada secretário de educação tenha o *seu* plano de carreira, a *sua* proposta curricular, o *seu* tipo de arquitetura escolar, as *suas* prioridades". Não é difícil imaginar quais as consequências desse processo.

Conclusão

Diante de tantos fracassos e mal-entendidos, o que deve ser a educação popular?

Antes de tudo, deveria ser uma educação universal, leiga, gratuita e, portanto, de competência do Estado. A educação popular seria oferecida de maneira não elitista, e nela o próprio povo se tornaria o sujeito do processo. Superada a escola dualista, de caráter ideológico, caberia à educação a socialização do saber, a popularização da cultura simbólica.

O professor Dermeval Saviani estabelece algumas nuanças, ponderando que, em

Educação e inclusão

vez de centrar a defesa da escola pública na oposição entre o ensino *público* e o *privado*, cabe centrá-la na oposição entre *ensino de elite* e *educação popular*. Destaca que a educação burguesa é quantitativamente elitista, por ser restrita a poucos, e qualitativamente elitista, por ser marcada por conteúdos desvinculados dos interesses populares.

A fim de superar o elitismo, a escola precisa ser de boa qualidade, preocupada com a transmissão de conteúdos. Nenhuma consciência crítica será possível se todos os alunos não tiverem acesso à herança cultural. Daí a ênfase às disciplinas de língua portuguesa, matemática, ciências, história e geografia, conforme a aquisição de um saber inserido na realidade vivida, o que supõe a recuperação da memória coletiva, incluindo aí a história dos vencidos, dos humilhados e excluídos, cujo percurso geralmente é ocultado na sociedade marcada pela ideologia. Instalada a escola fundamental realmente acessível a todos, o ensino superior estará aberto àqueles que realmente desejam estender sua formação, não mais constituindo privilégio de alguns.

Como proceder à mudança diante do aviltamento do salário do professor, da inexistência de um plano de carreira e de investimentos na atualização continuada do profissional? Um professor competente, politizado e entusiasmado com seu trabalho não se faz apenas com "vocação" e "sacerdócio", justificativas ideológicas que servem para manter o *status quo*.

É importante, nesse sentido, que os recursos públicos sejam destinados exclusivamente ao ensino público, a fim de atender com eficiência a estrutura escolar, não se desviando para o ensino particular que deve ser autônomo.

Decorre daí a ação atenta da sociedade civil no controle da educação: vigiar o ensino que é ministrado e a aplicação das verbas públicas, exigir boa formação e educação continuada dos professores. Estar atento aos aspectos relativos ao bom funcionamento da escola é tarefa que supõe a mobilização dos sindicatos, das associações de bairro, dos partidos políticos, enfim, das organizações capazes de pressionar e exercer o poder que todo cidadão deveria assumir. E que só terá na medida em que o exercitar.

Anos de estudo das pessoas de 10 anos ou mais (%) — 2003	Homens	Mulheres
Sem instrução e menos de 1 ano	11,4	11,5
1 a 3 anos	15,7	14,0
4 a 7 anos	32,9	31,4
8 a 10 anos	16,4	16,3
11 anos e mais	23,1	26,5

Fonte: IBGE, Pesquisa Nacional por Amostra de Domicílios 1998/2003.

3 - É politicamente pobre o cidadão que esqueceu sua história, que não compreende o que acontece, nem por que acontece, que só espera a solução da "mão forte" ou do "bom pai", que não se organiza para reagir, nem se associa para exigir, nem se congrega para influenciar... (María Teresa Sirvent)

4 - Um *direito de propriedade* investe nos indivíduos o poder para participar nas relações sociais com base em sua propriedade e na extensão da mesma. Isso pode incluir direitos econômicos de uso irrestrito, liberdade de contrato e troca voluntária; direitos políticos de participação e influência; direitos culturais de acesso aos meios sociais de transmissão do conhecimento e a reprodução e transformação da consciência. Um *direito da pessoa* investe nos indivíduos o poder de participar destas relações sociais com base na simples condição de membro da coletividade social. Portanto, os direitos da pessoa envolvem igual tratamento aos cidadãos, liberdade de expressão e movimento, igual acesso à participação na tomada de decisões nas instituições sociais e reciprocidade nas relações de poder e autoridade. (Herbert Gintis)

● Leitura complementar

Capital humano e capacidade humana

Também devo discutir brevemente outra relação que merece comentário: a relação entre a literatura sobre "capital humano" e o enfoque deste livro sobre a "capacidade humana" como uma expressão da liberdade. Na análise econômica contemporânea, a ênfase passou, em grande medida, de ver a acumulação de capital primordialmente em termos físicos a vê-la como um processo no qual a qualidade produtiva dos seres humanos tem uma participação integral. Por exemplo, por meio de educação, aprendizado e especialização, as pessoas podem tornar-se muito mais produtivas ao longo do tempo, e isso contribui enormemente para o processo de expansão econômica. Em estudos recentes sobre crescimento econômico (com frequência influenciados por leituras empíricas das experiências do Japão e do restante da Ásia, bem como da Europa e da América do Norte), a ênfase dada ao "capital humano" é bem maior do que a de estudos semelhantes realizados não muito tempo atrás.

Como essa mudança se relaciona à visão do desenvolvimento — desenvolvimento como liberdade — apresentada neste livro? Mais particularmente, podemos indagar qual é a relação entre a orientação para o "capital humano" e a ênfase sobre a "capacidade humana" de que tanto se ocupa este estudo? Ambas as abordagens parecem situar o ser humano no centro das atenções, mas elas teriam diferenças além de alguma congruência? Correndo o risco de simplificação excessiva, pode-se dizer que a literatura sobre capital humano tende a concentrar-se na atuação dos seres humanos para aumentar as possibilidades de produção. A perspectiva da capacidade humana, por sua vez, concentra-se no potencial — a liberdade substantiva — das pessoas para levar a vida que elas têm razão para valorizar e para melhorar as escolhas reais que elas possuem. Essas duas perspectivas não podem deixar de estar relacionadas, uma vez que ambas se ocupam do papel dos seres humanos e, em particular, dos potenciais efetivos que eles realizam e adquirem. Mas o aferidor usado na avaliação concentra-se em realizações diferentes.

(...) Vejamos um exemplo. Se a educação torna uma pessoa mais eficiente na produção de mercadorias, temos então claramente um aumento do capital humano. Isso pode acrescer o valor da produção na economia e também a renda da pessoa que recebeu a educação. Mas até com o mesmo nível de renda uma pessoa pode beneficiar-se com a educação — ao ler, comunicar-se, argumentar, ter condições de escolher estando mais bem informada, ser tratada com mais consideração pelos outros etc. Os benefícios da educação, portanto, excedem seu papel como capital humano na produção de mercadorias. A perspectiva mais ampla da ca-

pacidade humana levaria em consideração — e valorizaria — esses papéis adicionais também. Assim, as duas perspectivas são estreitamente relacionadas, porém distintas.

(...) Existe, na verdade, uma diferença valorativa crucial entre o enfoque do capital humano e a concentração nas capacidades humanas — uma diferença relacionada, em certa medida, à distinção entre meios e fins. O reconhecimento do papel das qualidades humanas na promoção e sustentação do crescimento econômico — ainda que importantíssimo — nada nos diz sobre a *razão* de se buscar o crescimento econômico antes de tudo. Se, em vez disso, o enfoque for, em última análise, sobre a expansão da liberdade humana para levar o tipo de vida que as pessoas com razão valorizam, então o papel do crescimento econômico na expansão dessas oportunidades tem de ser integrado à concepção mais fundamental do processo de desenvolvimento como a expansão da capacidade humana para levar uma vida mais livre e mais digna de ser vivida.

(...) O uso do conceito de "capital humano" — que se concentra apenas em uma parte do quadro (...) — é com certeza uma iniciativa enriquecedora. Mas necessita realmente de suplementação. Pois os seres humanos não são meramente meios de produção, mas também a finalidade de todo o processo.

(...) Importa ressaltar também o papel instrumental da expansão de capacidades na geração da mudança *social* (indo muito além da mudança *econômica*). De fato, o papel dos seres humanos, mesmo como instrumentos de mudança, pode ir muito além da produção econômica (para a qual comumente aponta a perspectiva do "capital humano") e incluir o desenvolvimento social e político. Por exemplo, (...) a expansão da educação para as mulheres pode reduzir a desigualdade entre os sexos na distribuição intrafamiliar e também contribuir para a redução das taxas de fecundidade e de mortalidade infantil. A expansão da educação básica pode ainda melhorar a qualidade dos debates públicos. Essas realizações instrumentais podem ser, em última análise, importantíssimas — levando-nos muito além da produção de mercadorias convencionalmente definidas.

Ao buscar uma compreensão mais integral do papel das capacidades humanas, precisamos levar em consideração: 1) sua relevância *direta* para o bem-estar e a liberdade das pessoas; 2) seu papel *indireto*, influenciando a mudança *social* e, 3) seu papel *indireto*, influenciando a produção *econômica*.

A relevância da perspectiva das capacidades incorpora cada uma dessas contribuições. Em contraste, o capital humano da literatura dominante é visto primordialmente em relação ao terceiro desses três papéis. Existe uma clara sobreposição de abrangências — e essa sobreposição é importantíssima. Mas também existe uma forte necessidade de ir muito além desse papel acentuadamente limitado e circunscrito do capital humano ao concebermos o desenvolvimento como liberdade.

Amartya Sen[6], *Desenvolvimento como liberdade*. São Paulo, Companhia das Letras, 2000, p. 331-336.

――――――
[6] Amartya Sen, economista indiano e ganhador do Prêmio Nobel de Economia de 1998, ao refletir sobre a pobreza e a desigualdade no mundo, enfatiza a relação entre economia e ética.

Atividades

Questões gerais

1. Explique que tipo de oposição existe em cada um dos seguintes pares de conceitos: povo e elite; público e privado; público e popular.

2. Partindo do relato histórico da educação universal, o que é comum à maioria das formas de educação popular? Dê alguns exemplos.

3. Por que a escola dualista se contrapõe à autêntica educação popular?

4. Qual é o impasse vivido pelo capitalismo industrial diante da necessidade de escolarização das massas?

5. Quando começa efetivamente a preocupação com a escolarização no Brasil e por quê?

6. Qual era o tema do debate entre os educadores da Escola Nova e os católicos conservadores? Por que ele é ainda hoje atual?

7. Por que a educação popular foi prejudicada pela reforma educacional de tendência tecnicista, ocorrida durante a ditadura?

8. Qual é a diferença entre *integração* e *inclusão* dos diferentes? Posicione-se pessoalmente a respeito.

9. O que mudou nas concepções científicas, a respeito do conceito de *raça*?

10. A partir da moderna etnologia, o que mudou no comportamento dos "brancos", missionários ou não, na aproximação das tribos indígenas?

11. Analise o seguinte fato: no ano de 1988, durante as festividades do centenário da Abolição, perguntava-se por que comemorar o 13 de maio, dia em que a princesa Isabel outorgou a liberdade aos escravos, e não o 20 de novembro, data da morte de Zumbi, que representa a luta pela liberdade levada a efeito pelos negros do quilombo dos Palmares.

12. Explique o significado da afirmação de Boaventura Souza Santos: "As pessoas e os grupos sociais têm o direito a ser iguais quando a diferença os inferioriza. E o direito a ser diferentes quando a igualdade os descaracteriza".

13. Dividida a classe em dois grupos, posicione-se para defender ou acusar as medidas pelas quais são oferecidas *cotas* para pobres, negros e indígenas nas universidades.

14. Qual é a importância do Estado na instalação da educação popular? Quais são os riscos?

15. Leia os dropes 1 e 2 e faça uma análise crítica dos dados fornecidos.

16. Baseando-se no dropes 3, atenda às questões:
a) Que características descritas no texto impedem a vivência da verdadeira cidadania?
b) A autora sugere que as massas despolitizadas anseiam por governos autocráticos. Justifique isso.

17. A partir dos conceitos de *direito de propriedade* e *direito da pessoa*, explicitados no dropes 4, atenda às questões:

a) O autor enumera diversos direitos que podem ser exercidos por quem tem propriedades. Exemplifique cada um deles.

b) Os *direitos da pessoa* igualariam os cidadãos em uma sociedade que fosse realmente democrática. A partir da enumeração desses direitos, exemplifique como as massas populares não têm acesso a eles.

18. "A Terra é um só país, e os seres humanos, seus cidadãos." A partir dessa frase, escreva um texto centrado na temática da educação.

Questões sobre a leitura complementar

1. Caracterize os conceitos de "capital humano" e "capacidade humana como expressão da liberdade".

2. Hoje em dia, fala-se muito em capital humano e na função da educação para seu desenvolvimento. Exponha a posição do autor a esse respeito.

3. Além das mudanças econômicas, a expansão das capacidades humanas inclui o desenvolvimento social e político. Justifique argumentativamente e dê exemplos.

4. Explique o que o autor argumenta a respeito de meios e fins, a partir da citação: "Os benefícios da educação, portanto, excedem seu papel como capital humano na produção de mercadorias".

PARTE II

Educação da mulher

1. O mito da feminilidade

Nesta segunda parte, vamos analisar a situação da mulher na sociedade, a partir de uma longa história de opressão e subalternidade. Ou seja, ao lado de outras minorias a que já nos referimos, veremos como se expressa e se dissimula o *preconceito de gênero*. Este termo — *gênero* — designa o masculino e o feminino entendidos do ponto de vista das diferenças culturais e tem sido usado preferencialmente a *diferenças de sexos*, por ser esta expressão de natureza mais biológica.

Se na primeira parte deste capítulo vimos que a história da educação é narrada pela ótica das classes dominantes, vamos destacar agora que ela é também *androcêntrica*, isto é, centrada na figura masculina. Não basta referir-se, a cada momento e em cada lugar, às modalidades da educação da mulher, que, por sinal, testemunham a pobreza de horizontes em que ela sempre se achou aprisionada. Essa história é contada por homens e conforme a visão masculina, porque os direitos, os deveres, as aspirações e os sentimentos das mulheres se acham, há milênios, subordinados aos interesses do patriarcado.

Apenas na comunidade primitiva, a mulher desempenhava um papel social relevante, participando das atividades coletivas da tribo. Mesmo que já houvesse divisão sexual de tarefas, essas eram complementares, não de subordinação. Quando surgiu a propriedade privada, a mulher foi confinada ao mundo doméstico e subordinada ao chefe da família. Um rígido controle da sexualidade feminina indica que a monogamia se relaciona diretamente com a questão da herança das propriedades da família, restrita aos filhos legítimos.

De participante da produção social, a mulher viu-se reduzida à função de reprodutora e encarregada da educação dos meninos até os sete anos de idade, enquanto as meninas permaneciam confinadas ao lar até o casamento.

Dessa maneira, cada sociedade tem fixado seus modelos de "ser mulher", definindo o que entende por *feminilidade*. Ora, já nos referimos ao caráter ideológico de certos conceitos, diante dos quais não convém tratar abstratamente de *natureza humana, família em si, criança em si* sem levar em conta o tempo, o lugar, a estrutura social e econômica em que estão inseridos esses seres humanos, essas famílias, essas crianças. O mesmo vale para o conceito de mulher e de feminilidade. Não há a *mulher em si*, com características universais que permitam definir o que é "natural" ou "normal" no comportamento feminino.

A antropologia nos ensina a respeito de uma "construção" social da mulher, que varia de acordo com a expectativa de cada sociedade a respeito dos papéis que a mulher deve desempenhar. Nada contra esses modelos, por serem importantes para o funcionamento da sociedade, para a educação das crianças a partir da imitação e que definem o comportamento desejável de seus membros em cada comunidade. Esses modelos, no entanto, têm uma dinâmica que orienta a adaptação a novas exigências, o que nem sempre acontece na história, como temos visto. Com relação às mulheres, durante milênios impôs-se um modelo que, embora comportando algumas variações, conservava intacta a subordinação ao homem, mantendo assimétrica sua relação com ele.

A mais comum das distorções é representada pelos estereótipos, que fixam a mulher em padrões considerados "naturais". Segundo essa tendência, ela teria características como a intuição, a delicadeza, a sensibilidade, o altruísmo, o amor incondicional, que culminariam no "instinto materno".

A valorização da intuição feminina, na verdade, significa diminuí-la em relação ao homem, como sujeito mais racional, capaz de elaborações intelectuais mais refinadas. Ao defini-la como sensível e amorosa, a consideramos passiva e presa fácil das emoções, enquanto o homem é agressivo e empreendedor. Ao atribuir a ela altruísmo, exigimos o abandono de si; mas, ao torná-la um "ser-para-outro", temos facilitada a sua submissão. Ao exaltar o instinto materno, aproximamos a mulher da natureza e a confinamos ao mundo doméstico, à esfera privada. Já o homem se volta para a rua, para o público, como artífice da civilização.

Dessa forma se delineiam as características de inferiorização da mulher que justificam sua dependência e passividade. Embora esse esboço pareça simplista demais, e apesar das mudanças de comportamento alcançadas nas últimas décadas, graças aos movimentos de contestação, persistem ainda profundas diferenças com relação às expectativas dos papéis atribuídos ao homem e à mulher.

A filósofa francesa Simone de Beauvoir, que nos anos de 1940 se destacou como pioneira na desmistificação da feminilidade, sobretudo ao publicar a obra clássica *O segundo sexo*, disse que "ninguém nasce mulher: torna-se mulher".

De fato, a psicologia constata que, aos 3 ou 4 anos de idade, a criança já introjetou os modelos sociais de comportamento adequados ao seu sexo, aprendendo, por meio de gratificações e sanções, quais são as exigências e expectativas dos papéis a serem desempenhados na cultura a que pertence. Se os filhos não corresponderem a esses modelos, pais e professores procu-

ram os meios para adequá-los aos padrões vigentes.

É interessante observar que, ainda muito pequena, a criança se ocupa indiferentemente com diversos tipos de brinquedo, guiando-se apenas pelo gosto pessoal. Com o tempo, e conforme o que sugerem os adultos, ela passa a escolher brinquedos e jogos "próprios" para o seu sexo, o que revela a força da padronização. Muitos dos desajustes das crianças (choro excessivo, caprichos, rebeldia) talvez pudessem ser evitados se compreendêssemos as dificuldades que algumas delas têm para se adequar aos moldes prefixados.

Tudo o que é levado a efeito na educação familiar encontra reforço em inúmeros outros campos da vida de cada um. A reprodução dos estereótipos se dá nos meios de comunicação de massa (telenovelas, propaganda, filmes, revistas de grande circulação, quadrinhos, internet etc.), o mesmo acontecendo com relação à religião, à escola, à profissão, às leis, à literatura, quando difundem velhas fórmulas preconceituosas.

A crítica ao mito da feminilidade não tem por objetivo a anulação das diferenças que certamente existem entre homem e mulher. Como já dissemos, os modelos existem, mas devem ser flexíveis, ou seja, enquanto *construções sociais*, visam ao funcionamento dinâmico da sociedade. Em contraposição, todo estereótipo é rígido, preconceituoso e geralmente se encontra a serviço da dominação.

Daí que toda educação precisa estar voltada para garantir a diversidade pessoal, o que independe de tratar-se de homem ou mulher. Por exemplo, não faz sentido reduzir a atividade de uma menina considerada "moleca" demais, tampouco exigir de um menino tímido e afetuoso um comportamento mais agressivo e atirado.

Falar sobre todos esses aspectos da subordinação e da emancipação feminina muito se deve aos movimentos feministas que, anunciados desde o século XIX, adquiriram força na primeira metade do século XX, para eclodir em todo o mundo, ao lado do que se chamou a *revolução sexual* da década de 1960. O filósofo e jurista italiano Norberto Bobbio disse que esse movimento transformador das relações de gênero "talvez seja a maior revolução dos nossos tempos", na medida em que apenas a democracia permite a formação e a expansão das revoluções silenciosas pelas quais se dá "a renovação gradual da sociedade pelo livre debate das ideias e da mudança das mentalidades e do modo de viver"[7].

2. Histórico da educação da mulher

Ao fazermos um rápido retrospecto histórico, podemos constatar que a educação formal da mulher sempre foi preterida. Com pequenas variações, todos os povos confinaram as mulheres a certos espaços da casa. Enquanto os meninos saíam bem cedo da tutela da mãe, as meninas continuavam dependendo dela para a aprendizagem das atividades ditas femininas.

As mulheres, de modo geral, não tratavam dos negócios nem da política. Contudo, a pretensa falta de vocação para esses assuntos tem sido muitas vezes desmentida em momentos em que se exige delas participação mais efetiva. Assim foi na Idade Média, por ocasião das Cruzadas, quando, em decorrência da prolongada ausência dos homens, elas assumiram e desempenharam bem funções de mando que antes lhes tinham sido negadas. O mesmo ocorreu recentemente, por ocasião das grandes guerras do século XX.

Mesmo filósofos e pedagogos depreciaram a educação feminina. É o caso de Rousseau,

tão avançado nos ideais de uma educação renovada mas, à semelhança dos homens de seu tempo, restringia a mulher ao universo doméstico. Outros, mais condescendentes, como Vives, Comênio, Madame de Maintenon e Fénelon, preocuparam-se com a educação feminina de maneira especial. Fénelon, por exemplo, atribuía a frivolidade e a ignorância das mulheres da corte francesa à ausência de uma educação mais cuidada. Em última análise, porém, esses autores estavam convencidos de que era para o lar que adviriam as vantagens de tal educação.

Constitui uma exceção o pensamento de Condorcet, que valorizava a mulher como pessoa, o que denota uma rara antecipação dos ideais feministas. Além disso, ele foi, entre os filósofos iluministas, um dos mais preocupados com as questões populares, não se limitando à defesa dos interesses da burguesia com relação ao acesso à educação.

Apesar das duras restrições feitas à expressão das mulheres, elas procuraram um espaço para se fazer ouvir. Em plena euforia dos ideais liberais da Revolução Francesa, a escritora Olympe de Gouges parafraseava o discurso revolucionário: "A mulher nasce livre e permanece igual ao homem em direitos. (...) Esses direitos inalienáveis e naturais são a liberdade, a propriedade, a segurança e sobretudo a resistência à opressão. (...) O exercício dos direitos naturais da mulher só encontra seus limites na tirania que o homem exerce sobre ela; essas limitações devem ser reformadas pelas leis da natureza e da razão". Essa mulher corajosa foi guilhotinada em 1793 por "ter querido ser um homem de Estado e ter esquecido as virtudes próprias a seu sexo"[8].

No século XIX, outras importantes opiniões favoráveis à mulher foram emitidas por Marx e Engels. No liberalismo de aspi-

---

[7] Norberto Bobbio, *O futuro da democracia, uma defesa das regras do jogo*. Rio de Janeiro, Paz e Terra, 1986, p. 39.

[8] Branca Moreira Alves e Jacqueline Pitanguy, *O que é feminismo*. São Paulo, Brasiliense, 1981, p. 34.

ração democrática, Stuart Mill foi uma voz clara e forte ao contestar pela primeira vez o conceito de natureza feminina. Influenciado por sua mulher, Harriet Taylor, feminista e socialista, participou da fundação da primeira sociedade defensora do direito de voto para as mulheres.

Naquele mesmo século, paralelamente aos projetos de universalização da escola pública, intensificaram-se os movimentos feministas, que lutavam pela autonomia da mulher e pelo direito a iguais oportunidades de estudo, profissionalização e participação política. De fato, as mulheres não eram cidadãs plenas, estando excluídas do direito de votar. Tal conquista, porém, só foi conseguida no século XX (uma exceção foi a Nova Zelândia, em 1883): em 1906 na Finlândia, em 1913 na Noruega, em 1917 na então União Soviética, em 1918 no Canadá (na cidade de Québec apenas em 1940), em 1920 nos Estados Unidos, em 1928 no Reino Unido e na Alemanha, em 1932 no Brasil, em 1971 na Suíça, em 1976 em Portugal.

Após as grandes guerras, com o desenvolvimento da industrialização, houve significativa ampliação da rede escolar e maior participação das mulheres. O movimento da Escola Nova muito contribuiu para integrar a mulher na escola, estimulando inclusive a coeducação. Contudo, essas mudanças aconteceram de maneira irregular, conforme o lugar e a classe a que pertenciam essas mulheres. No meio rural, por exemplo, a taxa de analfabetismo entre elas sempre foi maior, pois estavam destinadas desde cedo aos afazeres domésticos. Já nos meios urbanos, sobretudo nas últimas décadas, esses índices têm sido revertidos.

Estamos apenas no início de um longo trajeto em busca da emancipação. Nele, as lutas femininas se entremeiam com os esforços para a profissionalização, em um mundo capitalista no qual as dificuldades passam a ser de outra natureza.

A educação da mulher no Brasil

No Brasil colonial, os jesuítas se ocupavam, de um lado, com a catequização dos índios e, de outro, com a formação dos filhos dos colonos. Nenhuma educação formal era reservada às mulheres. Geralmente analfabetas, nos primeiros tempos da colonização muitas delas nem sabiam falar o português — usavam a língua dos índios, conhecida como "língua geral". Reclusas em casa, eram muito envergonhadas e raramente apareciam diante de estranhos, segundo os relatos de viajantes estrangeiros.

Algumas mulheres se educavam nos conventos fundados entre 1678 e 1685, mas eram casos raros. Houve época em que muitas delas eram enviadas aos conventos em Portugal. Para se ter uma ideia, em 1728 apenas doze meninas estudavam no Recolhimento de Santa Teresa (São Paulo), e, mesmo para elas, a ênfase era dada ao ensino de prendas domésticas e rudimentos de ler e escrever. Já no final do século XVIII, foi inovadora a atuação do bispo Azeredo Coutinho, que fundou em Pernambuco o primeiro colégio para as meninas de casa-grande e de sobrado, isto é, para as filhas de senhores de engenho e para as da elite urbana.

Com a vinda da família real (1808), apareceram algumas escolas leigas para as meninas da elite, ao mesmo tempo que eram contratadas preceptoras de Portugal, da França e posteriormente da Alemanha, para educá-las em casa. No século seguinte, o Brasil já sofria a influência de ideias pedagógicas renovadoras que circulavam pela Europa, de modo que houve um certo incremento na fundação de escolas voltadas para o público feminino. Se em 1832 havia vinte escolas para mulheres em todo o Império, em 1873 contavam-se 174 unidades apenas na província de São Paulo.

Em 1881 foi aceita a primeira mulher na Faculdade de Medicina do Rio de Janeiro.

Logo a seguir, mais três se matriculam, e não deixa de ser expressivo o fato de que uma delas se fazia acompanhar em classe pelo pai e a outra, por uma senhora idosa.

A primeira escola normal paulista foi fundada em 1846, mas, curiosamente, as mulheres não tiveram acesso a esse curso na sua primeira fase. Depois de fechada e reestruturada, reabriu em 1875, quando então oferecia duas seções, uma para cada sexo. As mulheres frequentavam a escola normal com interesses diferentes: algumas, em busca de profissionalização e a maioria, geralmente de famílias ricas, para melhorar sua formação enquanto aguardava o casamento.

Até 1930, pouquíssimas mulheres chegavam aos cursos superiores, e um número muito menor conseguia concluí-los. Geralmente escolhiam as áreas de educação e humanidades. A única exceção foi o aumento na procura do curso de farmácia, o que se deve ao desinteresse masculino pelo fato de ter essa profissão sofrido um certo desprestígio.

Evidentemente, a pouca procura de cursos superiores é explicada por serem profissionalizantes, além de exigirem maior tempo disponível, o que entrava em choque com a antiga e arraigada concepção de se preparar a mulher para o casamento.

Depois desse período, sobretudo na década de 1950, com o desenvolvimento industrial do Brasil houve um sensível aumento na procura dos cursos de ensino médio, que encaminhavam as mulheres para as ocupações do setor terciário (de serviços).

As mulheres têm buscado cada vez mais a educação formal, dividindo com os homens os bancos escolares. A partir das décadas de 1950 e 1960 e de modo marcante até o final do século XX, ampliou-se o acesso à universidade e, consequentemente, a diversificação dos campos de trabalho. As mulheres já constituem maioria nas universidades, e alcançam postos-chave nas empresas e na política. Mas ainda sofrem, salvo exceções, a discriminação de salários menores para funções idênticas às desempenhadas pelos homens.

3. A profissionalização da mulher

Revendo a história, podemos observar que a mulher sempre se dedicou a outras tarefas além da educação dos filhos pequenos. Entre os camponeses de todos os tempos, ela ajudava a arar o campo, cuidava da conservação dos alimentos em casa, tecia o fio e costurava roupas. Até as mulheres nobres ocupavam seus dias com trabalhos manuais.

A partir do capitalismo, a instalação das fábricas separou o local de trabalho do local de moradia, obrigando a mulher, que precisava complementar o orçamento doméstico, a se ausentar de casa. E, se sempre foi aceito que os homens dessem prioridade às obrigações profissionais, a mulher passou a viver o conflito que até hoje a persegue: Como conciliar vida privada e vida pública? A consequência tem sido a dolorosa dicotomia de uma vida dilacerada pela dupla jornada de trabalho.

A situação foi especialmente dolorosa no século XIX, quando mulheres e crianças eram empregadas para trabalhar de catorze a dezesseis horas diárias, com salários aviltados. Em 8 de março de 1857[9], operárias da indústria têxtil de Nova York foram duramente reprimidas pela polícia durante uma passeata em que reivindicavam a redução da jornada de trabalho para doze horas.

No Brasil, no começo do século XX, em geral as tecelãs ou costureiras tiveram significativa participação nos movimentos grevistas. Muitas vezes as conquistas alcança-

---

[9] O dia 8 de março tornou-se, então, o Dia Internacional da Mulher.

das beneficiavam diferentemente mulheres e homens, com prejuízo das primeiras.

O movimento feminista no Brasil tomou impulso com a participação de Bertha Lutz, que, logo depois de retornar da Europa em 1918, fundou uma federação voltada para a promoção da mulher, conseguindo algumas vitórias com relação à instrução e ao trabalho. Outras vozes, porém, já tinham lutado pela igualdade, como Nísia Floresta, que, ainda na primeira metade do século XIX, escrevera o ensaio *Direitos das mulheres e injustiça dos homens*.

Após os movimentos feministas mundiais desencadeados a partir do final da década de 1960, também entre nós se intensificou a luta das mulheres contra a discriminação e a segregação sexual, bem como os esforços para conquistar igualdade de oportunidades e de remuneração, divisão do trabalho no lar, denunciando toda forma de machismo, ainda quando se apresentava de modo velado. Dessa maneira, aos poucos essa nova onda veio desconstruindo os milenares modelos de feminino e de masculino que sempre mantiveram a subordinação da mulher.

Podemos destacar a atuação delas na década de 1970, em plena ditadura militar, quando organizaram greves de professores para reivindicar melhores salários e condições de trabalho. Foram atuantes também na luta política pela democratização, entre 1979 e 1985, participando de movimentos sindicais. Mas não só. Organizaram-se em grupos voltados para a defesa dos mais diversos aspectos da vida feminina, relativos ao aborto, à violência doméstica, à divisão do trabalho doméstico, à construção de creches e escolas. Desse modo foram conseguindo espaços e fazendo ouvir sua voz nos espaços antes reservados aos homens, tais como diretorias das organizações sindicais, partidos políticos, associações, comitês. Nas empresas, alcançam posições elevadas de direção. Na macropolítica também têm assumido cargos no Legislativo e no Executivo.

Ainda assim, atualmente são muitos os problemas que as mulheres trabalhadoras têm de enfrentar, sobretudo as de baixa renda, inclusive para educar seus filhos, em virtude da ausência de infraestrutura para o atendimento social, como creches e escolas. Portanto, as dificuldades ainda existentes de emancipação decorrem da disponibilidade de recursos econômicos e culturais, que cria oportunidades díspares na sociedade desigual.

4. A quem interessa a emancipação feminina?

O processo de inferiorização da mulher é antigo e adquiriu novas faces a partir das mudanças históricas que vivenciamos. Não convém dissociar esse processo de outras formas de discriminação, tais como as que existem na sociedade capitalista e as decorrentes do racismo. Afinal, vivemos em uma sociedade dividida, assimétrica, hierarquizada, que separa "superiores" e "inferiores" segundo critérios que precisam ser discutidos e desmistificados.

Essa discussão não é isolada para cada tipo de discriminação, mas faz parte de uma totalidade econômica, política e social que precisa ser revista. Não se pode, portanto, restringir o feminismo ao interesse exclusivo de gênero, porque a questão é muito mais ampla e exige também uma análise política, já que a luta pela igualdade de oportunidades não se separa da busca de viabilização de uma sociedade democrática.

Os três sistemas de dominação — racismo, patriarcado[10] e capitalismo — fundem-se,

---

[10] Patriarcado: regime social em que o pai exerce autoridade preponderante; em decorrência, nesse contexto, o poder do homem sobre a mulher.

de modo que se torna praticamente impossível afirmar quando a discriminação provém do patriarcado, quando se vincula ao sistema de classes ou, ainda, quando é decorrente do racismo[11]. Assim a mulher é discriminada pelo homem, mesmo quando ele próprio se acha inferiorizado na sociedade de classes. Poderíamos acrescentar também que as próprias mulheres, por sua vez, tendem a discriminar as que são mais pobres ou de outra raça.

Muita coisa, porém, foi alterada com os movimentos feministas.

É importante deixar claro que a luta das mulheres não se efetiva contra os homens nem contra a obrigação de educar os filhos, mas que a busca de identidade e autonomia empreendida por elas supõe que os próprios homens reconsiderem a anacrônica separação de papéis. Ao afastar as mulheres do mundo considerado masculino, os homens excluíram a si próprios de atividades de enorme significação humana, como, por exemplo, a participação na educação e o convívio com os próprios filhos. Essa divisão na verdade rouba dos homens muito mais do que eles próprios imaginam.

Além disso, as relações entre iguais são mais criativas, generosas, plenas e transparentes. Ao contrário, toda relação que se mantém assimétrica, quando há condições para a igualdade, gera ressentimento, rancor, hipocrisia e subserviência.

Os conflitos entre sujeitos livres e autônomos não merecem ser temidos, como julgam aqueles para quem a sociedade conjugal deve manter o "cabeça-de-casal". Ao contrário, o verdadeiro encontro entre as pessoas só é possível quando é garantida a troca real de experiências e ideias. Lembremos La Boétie, filósofo do século XVI, que definia a amizade como "a recusa do servir".

Conclusão

Para concluir este capítulo, que trata da discriminação e do esforço de inclusão de diversos segmentos sociais, lembremos a recomendação de Paulo Freire: "Não basta querer para mudar o mundo. Querer é fundamental mas não é suficiente. É preciso também saber querer, aprender a saber querer, o que implica aprender a saber lutar politicamente com táticas adequadas e coerentes com os nossos sonhos estratégicos".

Pena que esse educador tenha iniciado seu trabalho de qualidade em um momento adverso da história brasileira: com a ditadura militar teve suas atividades abruptamente interrompidas e, fora do país, no Chile, na Guiné-Bissau, pôs em prática o que sonhara para nosso povo.

Prossigamos, no entanto, nessa luta que, conforme a advertência de Freire, deve passar pela política.

---

[11] Heleieth Saffioti, *O poder do macho*. São Paulo, Moderna, 1987.

Dropes

1 - Pelo Código Civil brasileiro de 1916, a mulher casada era considerada relativamente incapaz, junto com os pródigos, os silvícolas e os menores de 21 anos (artigo 6º); ela não podia, sem autorização do marido, aceitar ou repudiar herança ou legado; aceitar tutela, curatela ou outro múnus público; aceitar mandato, litigar em juízo, salvo algumas exceções, e exercer profissão. A chefia da família era exclusiva do marido. A mãe viúva que contraía novas núpcias perdia, quanto aos filhos do leito anterior, os direitos do pátrio poder. O Estatuto da Mulher Casada (Lei nº 4.121, de 1962) corrigiu várias dessas aberrações, mas manteve, no artigo 233, que "o marido é o chefe da sociedade conjugal, função que exerce com a colaboração da mulher, no interesse comum do casal e dos filhos". (Texto baseado em Florisa Verucci.)

2 - [O Código Civil de 2002] inova na medida em que elimina normas discriminatórias de gênero, como, por exemplo, as referentes à chefia masculina da sociedade conjugal, à preponderância paterna no pátrio poder e à do marido na administração dos bens do casal, inclusive dos particulares da mulher, à anulação do casamento pelo homem, caso ele desconheça o fato de já ter sido a mulher deflorada.

E introduz expressamente conceitos como o de direção compartilhada, em vez de chefia masculina na sociedade conjugal, como o de poder familiar compartilhado, no lugar da prevalência paterna no pátrio poder, substitui o termo "homem", quando usado genericamente para se referir ao ser humano, pela palavra "pessoa", permite ao marido adotar o nome da mulher, e estabelece que a guarda dos filhos passa a ser do cônjuge com melhores condições de exercê-la, e outros aspectos. (Sílvia Pimentel, Valéria Pandjarjian e Letícia Massula)

● Leitura complementar

Participação das mulheres na educação

A Comissão[12] não pode passar em silêncio, neste esboço das principais disparidades do acesso ao conhecimento e ao saber, um fato preocupante que se observa em todo o mundo mas sobretudo nos países em desenvolvimento: a desigualdade de homens e mulheres perante a educação. É certo que houve progressos no decurso dos últimos anos: os dados estatísticos da Unesco indicam, por exemplo, que a taxa de alfabetização das mulheres aumentou em quase todos os países de que se possuem informações. Mas as disparidades continuam enormes: dois terços dos adultos analfabetos do mundo, ou seja, 565 milhões de pessoas, são mulheres, a maior parte das quais vive em regiões em desenvolvimento da África, da Ásia e da América Latina. Em escala mundial, a escolarização das jovens é mais

---

[12] O autor se refere à Comissão Internacional sobre Educação para o século XXI, que redigiu um relatório para a Unesco, conhecido como Relatório Jacques Delors.

baixa do que a dos rapazes: uma jovem em quatro não frequenta a escola, enquanto para os rapazes esse valor é apenas de um em seis (…). Estas disparidades explicam-se, essencialmente, pelas diferenças observadas nas regiões menos desenvolvidas. Na África subsaariana, por exemplo, menos de metade das jovens com idades compreendidas entre os seis e os onze anos frequentam a escola e os índices diminuem muito rapidamente, se se tiverem em conta grupos etários mais avançados.

(…)

O princípio da equidade obriga a um esforço particular para suprimir todas as desigualdades entre sexos em matéria de educação. Elas estão, de fato, na origem de inferioridades permanentes que pesam sobre as mulheres ao longo de toda a sua vida. Por outro lado, hoje em dia, todos os peritos são unânimes em reconhecer o papel estratégico da educação das mulheres no desenvolvimento. Concretamente, estabeleceu-se uma correlação muito clara entre o nível de educação das mulheres, por um lado, e, por outro, a melhoria geral da saúde e da nutrição da população, bem como a redução da taxa de fecundidade. O Relatório Mundial sobre Educação da Unesco para o ano de 1995 analisa os diferentes aspectos desta questão e observa que, nas regiões mais pobres do mundo, "as mulheres e as jovens são prisioneiras de um ciclo que faz com que as mães analfabetas tenham filhas que, permanecendo também analfabetas, se casam muito jovens e ficam condenadas, por sua vez, à pobreza, ao analfabetismo, a uma elevada taxa de fecundidade e a uma mortalidade precoce". Trata-se, pois, de quebrar este círculo vicioso que liga a pobreza à desigualdade entre homens e mulheres. A educação das jovens e das mulheres surge, então, tendo em vista o que uma minoria delas já conseguiu, como condição de uma participação ativa da população nas iniciativas em matéria de desenvolvimento.

Jacques Delors *et al. Educação: um tesouro a descobrir* (Relatório para a Unesco da Comissão Internacional sobre Educação para o século XXI). 9. ed. São Paulo, Cortez; Brasília, MEC/Unesco, 2004, p. 76-78.

Atividades

Questões gerais

1. Em que sentido a situação feminina pode ser comparada à dos negros e à dos proletários?

2. Por que é ideológico fazer qualquer análise a partir do conceito de "mulher em si"?

3. Dê exemplos de educação informal como transmissora de estereótipos da feminilidade.

4. Analise o fato de existir durante muito tempo (e ainda hoje) nos jornais de grande circulação um "suplemento feminino" com dicas de culinária, moda, etiqueta etc.

5. A partir de sua experiência pessoal, ainda podemos dizer que existe discriminação de gênero?

6. Por que a emancipação da mulher pode promover a maior humanização masculina?

7. Como as dificuldades de profissionalização da mulher se entrelaçam às forças do patriarcado e do capitalismo?

Educação e inclusão

8. Analise a frase de Sartre a respeito das mulheres: "Metade vítimas, metade cúmplices, como todo mundo".

9. Recorte uma propaganda (em revista ou jornal) e analise nela os componentes que reforçam os estereótipos da feminilidade.

10. Faça um levantamento bibliográfico a respeito da história do movimento feminista no Brasil e elabore um texto a respeito.

11. Faça um trabalho em grupo sobre o tema: "Professores (homens) na educação infantil e primeiro ciclo do ensino fundamental". Sugerimos que sejam feitas entrevistas com professores que dão (ou já deram) aulas nesses níveis. Seria bom, também, pedir a opinião das professoras e de pais de alunos. Faça um levantamento dos argumentos usados e conclua com uma posição crítica a respeito dos resultados obtidos.

12. Comente o hábito de crianças da educação infantil chamarem a professora de "tia". Em que medida esse hábito — felizmente em fase de extinção — representa a desvalorização dessa profissão?

Questões sobre a leitura complementar

1. Quando falamos em feminismo e nos progressos no sentido da emancipação da mulher, às vezes nos esquecemos de que falamos apenas de uma parcela da população mundial. Justifique, a partir da leitura complementar.

2. "Se alguém vier me dizer: Aonde iremos parar se as próprias mulheres se derem aos estudos?, responderei: Acontecerá isto: essa instrução e essa educação gerais, quando feitas segundo bom método, fornecerão, a cada um, o que é necessário para bem pensar e bem agir." Relacione essa citação de Comênio (século XVII) com a constatação do Relatório para a Unesco.

UNIDADE III

Pressupostos filosóficos da educação

9. Antropologia filosófica

10. Epistemologia

11. Axiologia

12. Política e educação

Capítulo 9

Antropologia filosófica

Desde as mais antigas civilizações, uma "imagem de ser humano" orienta pais e mestres, na tarefa de educar as novas gerações. Conforme a época e o lugar, esse conceito de humanidade é imposto de maneira mais rígida ou então, como vem ocorrendo no mundo contemporâneo, com maior ênfase na relação dinâmica entre pessoas que constroem em conjunto uma realidade em constante mutação.

É importante saber como, ao longo do tempo, essas concepções antropológicas foram gestadas e impregnaram as teorias pedagógicas, a fim de nos posicionarmos a respeito de que tipo de ser humano desejamos educar. Ter claramente tematizada a questão antropológica na práxis educativa dará condições para que a atuação do mestre seja intencional e não apenas empírica.

Embora existam várias teorias antropológicas, vamos destacar neste capítulo três enfoques: a concepção essencialista (ou metafísica), a naturalista (ou científica), a histórico-social (nas vertentes existencialista e dialética).

Para nos situarmos logo de início, lembremos a oposição que o pedagogo polonês Suchodolski fez entre a concep-

‹ **Nesta obra, que causou estranheza em 1912, Duchamp representa as sucessivas fases de um movimento, expressando o "dinamismo da vida": também o educador percebia que não mais se encontrava diante de um modelo estático de ser humano.**

ção essencialista e a existencialista. Na primeira, o educador define de antemão o que constitui a essência humana, para saber que tipo de adulto se quer formar: todo o resto dependerá dos meios para se alcançar a realização das potencialidades humanas, aquilo que pode vir-a-ser. Já a concepção existencialista parte da existência vivida na relação entre educando e educador, sem considerar um modelo *a priori* a dirigir o processo educativo.

1. A questão antropológica

A questão antropológica é a primeira que se coloca em qualquer situação vivida, mesmo que não tenhamos clara consciência disso, porque todas as nossas concepções de mundo e todas as nossas formas de agir partem de uma ideia de humanidade que a elas se encontra subjacente.

E o que é antropologia? O termo origina-se do grego *anthropos* (homem) e *logos* (teoria, ciência), portanto significa todas as teorias a respeito do ser humano. Dentre elas, destacam-se a antropologia científica e a filosófica. A *antropologia científica* pode ser física ou cultural. A primeira estuda a evolução humana como corpo físico e animal, ao longo do tempo, desde os primatas, e a cultural trata das diferentes culturas sob os mais diversos aspectos, como relações familiares, estruturas de poder, costumes, tradições, linguagem etc. Já a *antropologia filosófica* é a investigação sobre o conceito que o ser humano faz de si próprio, de suas faculdades, habilidades e ações que orientam sua vida, ao responder à questão: "O que é o ser humano?"

2. Concepção essencialista

Na tradição filosófica em que predomina a concepção essencialista ou metafísica,

herdada dos gregos — e que ainda hoje persiste em algumas teorias pedagógicas —, busca-se a unidade na multiplicidade dos seres, ou seja, a *essência* que caracteriza cada coisa. Também o conceito de humanidade é compreendido a partir de uma natureza imutável: apesar de constatadas diferenças entre os seres humanos, existiria uma essência humana, um modelo a ser atingido por meio da educação.

Na Grécia antiga, os filósofos teorizavam sobre a educação como um tema decorrente do próprio filosofar e não como um projeto teórico específico. Os filósofos sofistas (século V a.C.) eram educadores, mas, quando ensinavam retórica, a arte de bem falar, na verdade estavam voltados para a formação do homem público, capaz de defender com argumentos suas ideias — e convencer os demais — na assembleia democrática.

Na mesma época, Sócrates desenvolveu um método pelo qual instigava os jovens e os transeuntes da cidade a pensar melhor. No primeiro momento esse método — a *ironia*, que em grego significa "perguntar" —, o filósofo desmonta as certezas solidificadas e abre caminho para o segundo passo, a *maiêutica* (em grego, "parto"), pela qual, na continuidade do questionamento, o sujeito "dará à luz" novas ideias que já se encontram no íntimo do indivíduo: cabe ao professor a função de auxiliar o reconhecimento do que já existe em cada um de nós.

Para Platão, a verdadeira educação ajuda o ser humano a superar a sua existência empírica, dimensão em que se encontra de certa forma asfixiado pelos sentidos e pelas paixões, e a atingir a essência verdadeira, no mundo das ideias. Na clássica descrição da alegoria da caverna, Platão representa o filósofo como aquele que se solta das amarras que o obrigavam a apenas ver sombras, como se fossem realidade. Fora da caverna, contempla as coisas como elas são, não mais como simples ilusão dos sentidos. O filósofo deve então voltar e ajudar os demais a descobrirem o que existe além das sombras, que é a essência mesma das coisas: eis aí a dimensão pedagógica da filosofia.

Ainda segundo Platão, como os seres humanos já teriam contemplado as essências do Mundo das Ideias, a educação consiste em um processo de *reminiscência*, pelo qual o mestre ajuda o indivíduo a se lembrar do que sua alma já conhecera antes de ser "aprisionada" pelos sentidos corporais, que sempre dificultam alcançar a verdade.

Aristóteles, em sua obra *Política*, discute sobre a importância da educação, ao se perguntar "quais são as pessoas que devem compor a cidade, e quais as qualidades que tais pessoas devem ter para que ela seja feliz e bem administrada". Em seguida, encontra três coisas que podem fazer os homens bons e dotados de qualidades morais, quais sejam a natureza, o hábito e a razão, aspectos que devem se harmonizar entre si. Após afirmar que a educação poderá "levar os homens ao mais alto ideal de vida", identifica na razão e na inteligência o fim do nosso desenvolvimento natural. Portanto, os nossos hábitos devem ser regulados tendo em vista este fim último.

Na Idade Média, Tomás de Aquino adaptou a filosofia aristotélica à visão cristã medieval e caracterizou a educação como instrumento para a realização das potencialidades humanas, evidentemente, como seres voltados para a crença na vida eterna após a morte. Segundo essa concepção, a educação visa a formar o indivíduo para a fé e para a vida depois da morte.

Essas pedagogias tinham como característica o enfoque metafísico próprio da filosofia antiga, que acentuava a atitude teórica de análise dos conceitos universais. Segundo essa perspectiva, educar seria desenvolver as potencialidades da natureza humana, fazendo cada um tender para a perfeição, para aquilo que pode vir a ser.

Os limites da concepção essencialista encontram-se na visão parcial dos procedimentos educacionais excessivamente centrados no indivíduo e nos modelos ideais que determinam, *a priori*, o que é o ser humano "universal" e como deve ser a educação. Trata-se, portanto, de uma visão intelectualista da pedagogia.

Como veremos adiante, as teorias essencialistas aos poucos foram substituídas por outras a partir de Rousseau (século XVIII), embora ainda no Iluminismo a ênfase da pedagogia recaísse sobre o ideal do sujeito racional. Immanuel Kant, o principal filósofo do período, define a educação como o processo pelo qual o ser humano realiza sua humanidade, ou seja: "o fim da educação é desenvolver, em cada indivíduo, toda a perfeição de que ele é capaz". Mas, atenção, há uma nítida diferença com relação ao essencialismo: se Kant valorizava o aprimoramento da razão, o fazia como instrumento que permite ao ser humano sair da sua menoridade, ou seja, libertar-se do jugo da tradição e da autoridade. Assim dizia: "*O homem é o próprio culpado* dessa menoridade quando sua causa reside não na falta de entendimento, mas na falta de resolução e coragem para usá-lo sem a condução de um outro. *Sapere aude!* 'Tenha coragem de usar seu *próprio* entendimento!' — esse é o lema da Ilustração".

3. Concepção naturalista

A concepção antropológica que começou a surgir com a revolução científica do século XVII caracteriza-se pelo enfoque naturalista imposto ao conceito de humanidade, projeto que atingiu seu ápice com o cientificismo positivista, no século XIX, e que até hoje tem seus seguidores.

No século XVII, também conhecido como o *século do método*, inaugurou-se uma nova maneira de pensar, seja na filosofia, com Descartes e Locke, seja na ciência, com Galileu e Newton, principais responsáveis pela chamada revolução científica. O enfoque rigoroso do método influenciou de modo marcante a compreensão sobre o que é o ser humano, ao se buscar encontrar, também nele, as regularidades que marcariam seu comportamento.

Apesar do racionalismo de Descartes, sua concepção sobre a relação entre corpo e espírito propiciou essa interpretação naturalista. Para ele, o ser humano é constituído por duas substâncias distintas: a substância pensante, de natureza espiritual — o pensamento; e a substância extensa, de natureza material — o corpo. Chama-se *dualismo psicofísico* essa teoria que delineou uma nova visão do corpo, que, embora lembre o dualismo platônico, consiste em algo novo, porque esse corpo-objeto está associado à ideia mecanicista do ser humano-máquina. Assim afirma: "Deus fabricou nosso corpo como máquina e quis que ele funcionasse como instrumento universal, operando sempre da mesma maneira, segundo suas próprias leis".

A ciência moderna surgiu como um método rigoroso de conhecer, pelo qual são percebidas regularidades na natureza que levam à formulação de leis e, portanto, à previsibilidade dos fenômenos. Segundo a frase profética de Francis Bacon "saber é poder", o conhecimento científico permitiu o desenvolvimento da tecnologia e o controle sobre a natureza. Com a evolução das ciências, o modelo mecânico foi substituído por outros, mais elaborados, mas persistia a ideia do corpo como *coisa*, submetido às leis da natureza, o que abria um campo fértil para a concepção determinista: o ser humano, reduzido à dimensão corpórea, estaria sujeito às forças da natureza, tornando-se incapaz de gerir seu próprio destino.

Essa foi a perspectiva assumida pela corrente positivista, iniciada por Augusto Comte, no século XIX, e que se caracterizou pela exaltação da ciência diante dos seus poderes, reforçando desse modo a tendência naturalista. Ao se considerar a ciência como o único conhecimento possível, concluiu-se pela necessidade de estender a todos os campos da indagação e atividade humana o método das ciências da natureza, o único válido.

No final do século XIX e no decorrer do século XX, quando as ciências humanas começaram a se constituir como ciências, a influência naturalista foi bastante forte. A psicologia experimental, por exemplo, privilegiava apenas a exterioridade do comportamento humano, deixando a consciência "entre parênteses", como se ela fosse inacessível aos procedimentos considerados científicos. Foi assim que Wundt, ao fundar o primeiro laboratório de psicologia, estudou a percepção sensorial, estabelecendo relações entre os fenômenos psíquicos da visão e o seu substrato orgânico, sobretudo cerebral, sujeito ao controle experimental.

Qual a relevância dessa visão naturalista nas teorias pedagógicas?

O behaviorismo, ou psicologia comportamentalista, influencia até hoje diversas tendências na educação, inspirando técnicas e procedimentos pedagógicos, bem como uma metodologia que enfatiza a rigorosa programação dos passos para adquirir conhecimentos. Skinner, o principal representante dessa tendência, criou a *instrução programada*, em que o aluno recebe um texto com uma série de espaços em branco para serem preenchidos, de acordo com dificuldade crescente, podendo conferir passo a passo o acerto e o erro das respostas. Ficou famosa sua invenção da "máquina de ensinar", que pretendia substituir o professor em várias etapas da aprendizagem.

Na década de 1970, a tendência tecnicista (ver unidade IV) foi fortemente influenciada pelo behaviorismo. No Brasil, durante a ditadura militar, as reformas universitária e do ensino fundamental e médio basearam-se em fundamentos tecnicistas, segundo orientação de organismos norte-americanos que propuseram um modelo tecnocrático, imbuído dos ideais de racionalidade, organização, objetividade, eficiência e produtividade, típicos, portanto, da tendência naturalista e cientificista.

O que caracteriza a tendência naturalista é a tentativa de adequar as ciências humanas ao método das ciências da natureza, que se baseia na experimentação, no controle e na generalização, com vistas à eficácia e ao aprimoramento tecnológico. Contrapõem-se a essa tendência as teorias humanistas, que buscam a especificidade do humano, com suas dimensões irredutíveis ao estatuto das coisas.

Conforme vimos no capítulo 3, lembramos aqui as advertências da professora Maria Amélia Santoro Franco sobre o risco de transformar a práxis educativa em meras *estratégias* do "modo correto de fazer as coisas", indicativas dessa cientificidade moderna que retira da pedagogia o seu caráter essencial de ciência crítico-reflexiva e transforma o professor transformador em um instrutor.

4. Concepção histórico-social

A concepção histórico-social é nossa contemporânea e seguiu por diversas vertentes, desde Rousseau, seu precursor, passando pela dialética idealista de Hegel, pelo materialismo dialético de Marx, pela intencionalidade da fenomenologia, pela existência concreta do existencialismo, até as atuais teorias progressistas e as construtivistas.

O início dessa mudança desenrolou-se no período do Romantismo alemão, caracterizada pela crítica ao mecanicismo newtoniano e ao empirismo de Locke e pela primazia do sentimento sobre a razão. Os traços fundamentais da antropo-

logia romântica já se encontravam em um significativo representante da Ilustração, Jean-Jacques Rousseau, que exerceu grande influência ao revolucionar, desde então, as teorias pedagógicas. Podemos dizer que Rousseau procedeu a uma "revolução copernicana" na educação, ao deslocar o centro tradicional do processo, fixado no mestre, para o discípulo. Mais ainda, ao colocar o sentimento, cuja sede é o coração ou a consciência moral, no centro de sua visão de humanidade.

Hegel destacou-se dentre os filósofos do Idealismo alemão que elaboraram teoricamente a antropologia subjacente à visão romântica. Ao desenvolver a *filosofia do devir*, concebeu o ser como processo, como movimento, como vir-a-ser. Com isso privilegia a história, mudando a direção da antropologia: o ser humano passa a ser pensado como *ser-no-tempo*. A concepção de Hegel também é conhecida por ser *dialética*, isto é, a história não resulta de uma simples justaposição de acontecimentos, mas o presente advém de um longo e dramático processo, um verdadeiro engendramento cujo motor interno é a contradição. Desse modo, não se pensa mais na verdade como se fosse um fato, uma essência, uma realidade dada, mas como resultado de um desenvolvimento do Espírito, da Razão.

A concepção idealista de Hegel foi confrontada por Marx. Aproveitando de Hegel a concepção dialética da história, transformou o idealismo hegeliano em materialismo. Para Marx, o mundo material é anterior ao espírito, e este deriva daquele. Portanto, para estudar o ser humano e a sociedade é preciso partir da análise do que os indivíduos fazem, do *modo pelo qual produzem os bens materiais* necessários à vida. Só então será possível compreender como eles pensam e como são.

Segundo essa concepção, não há natureza humana universal (como queriam as filo-

Antropologia filosófica

153

sofias essencialistas). Seres práticos que são, as pessoas se definem pela produção e pelo trabalho coletivo. Assim, as condições econômicas estabelecem os modelos sociais em determinadas circunstâncias. Por isso Marx se recusa a definir o ser humano de modo abstrato, buscando, ao contrário, compreendê-lo como um ser real (concreto), sempre situado em um contexto histórico-social.

No decorrer do século XIX, outros filósofos se posicionam contra a concepção essencialista tradicional. Kierkegaard, Stirner e Nietzsche também se voltaram para a concretude da vida humana, inserida na realidade cotidiana.

No século XX, a fenomenologia, corrente fundada por Husserl, teve como principais seguidores Max Scheler, Heidegger, Sartre e Merleau-Ponty. Veremos, no próximo capítulo, como a fenomenologia modificou a noção clássica de conhecimento, baseada na separação entre sujeito e objeto, ser humano e mundo, e que desconsiderava o projeto existencial de cada um, ao buscar o conceito universal, válido para todos os sujeitos cognitivos. Segundo Merleau-Ponty, todo indivíduo é um sujeito encarnado, situado e se constrói ao longo de sua história como um ser de relação: ele se faz na intersubjetividade.

Para Sartre, um dos mais populares filósofos representantes do existencialismo francês, só o ser humano é um "ser-para--si", aberto à possibilidade de construir ele próprio sua existência, enquanto os animais são "em-si", por não serem capazes de se colocar "do lado de fora" para se autoexaminarem. Os animais são o que são, têm uma essência, enquanto no ser humano "a existência precede a essência", ou seja, não temos uma essência universal, porque "o homem não é mais que o que ele faz", não é mais do que seu *projeto*: se atentarmos para este termo, veremos que ele significa, etimologicamente, "ser lançado adiante".

Na pedagogia, especificamente, as teorias construtivistas seguem a orientação antropológica histórico-social. Recusam a metafísica, com sua concepção essencialista, e analisam o desenvolvimento da criança pela interação social, pelas relações com os outros e pela sua ação no mundo. Fazem parte dessa tendência Piaget, Emilia Ferreiro e, mais recentemente, Lawrence Kohlberg, Edgar Morin, Phillippe Perrenoud, Josep Puig e inúmeros outros (ver capítulo 16).

A concepção histórico-social expressa-se, portanto, em inúmeras tendências. O que importa destacar, apesar das diferenças entre elas, é a ênfase no *processo* (nada é estático), na *contradição* (não há linearidade no desenvolvimento, que resulta do embate e do conflito) e no *caráter social* do engendramento humano (permeado pelas relações humanas e que por isso se expressa de modos diferentes ao longo da história).

No final do capítulo 16 veremos como os pensadores pós-modernos elaboram o que se chama a *desconstrução do sujeito*, diante da incapacidade humana de ser totalmente transparente a si mesmo.

É inevitável que tais concepções tenham marcado de modo indelével o ideário pedagógico contemporâneo. Abandonam-se as explicações essencialistas e estáticas, não mais se reduz o ser humano à dimensão de indivíduo solitário, que passa a ser compreendido como pessoa ou ser social que se faz pela interação entre sujeito e sociedade, inclusive ante as forças do poder.

Conclusão

A partir desse esboço, talvez seja possível reconhecer a importância da antropologia como orientadora do trabalho pedagógico. Se consideramos que a história continua seu curso por meio das contradições a ela inerentes, precisamos estar prontos para rever nossas próprias concepções antropológicas.

Dropes

1 - Do ponto de vista da educação o que significa, então, promover o homem? Significa tornar o homem cada vez mais capaz de conhecer os elementos de sua situação para intervir nela transformando-a no sentido de uma ampliação da liberdade, da comunicação e colaboração entre os homens. (Dermeval Saviani)

2 - O que é o homem? É esta a primeira e principal pergunta da filosofia. (...) Se pensamos nisto, a própria pergunta não é uma pergunta abstrata ou "objetiva". Nasceu daquilo que refletimos sobre nós mesmos e sobre os outros e queremos saber, em relação ao que refletimos e vimos, o que somos e em que coisa nos podemos tornar, se realmente e dentro de que limites somos "artífices de nós próprios", da nossa vida, do nosso desti-no. E isto queremos sabê-lo "hoje", nas condições dadas hoje, pela vida "hodierna" e não por uma vida qualquer e de qualquer homem. (Antonio Gramsci)

3 - A humanidade é um fato antes de ser um valor, uma espécie antes de ser uma virtude. E, se pode vir a ser valor ou virtude (no sentido em que a humanidade é o contrário da desumanidade), é antes de tudo por fidelidade a esse fato e a essa espécie. (...) Há homens desumanos à força de crueldade, de selvageria, de barbárie. Mas seria ser tão desumano quanto eles contestar sua pertinência à humanidade. Nascemos homens; tornamo-nos humanos. Mas quem não consegue se tornar, nem por isso deixa de ser homem. A humanidade é recebida, antes de ser criada ou criadora. Natural, antes de ser cultural. Não é uma essência é uma filiação: homem, porque filho de homem. (André Comte-Sponville)

● Leitura complementar

O próprio do homem e a natureza humana*

A investigação a respeito do que é próprio do homem testemunha o fato de que os indivíduos humanos se apreendem antes de tudo como diferença com relação aos demais seres. Mas é difícil passar da constatação dessa diferença à determinação precisa de suas razões. Assim, a definição caricatural do homem que Diógenes, o Cínico, censurava em Platão ("bípede sem penas") constitui, na realidade, na *Política*, de onde ela foi tirada, o resultado de um longo processo dialético visando a compreender a diferença específica do homem sobre o fundo da animalidade tomada como seu gênero próximo. É então na definição dessa diferença específica que se baseia o "próprio" do homem como "animal político", ou como "animal dotado de razão", ou ainda como "animal capaz de rir" (Aristóteles).

Entre essas diferentes definições, a mais constante é a do pensamento como próprio do homem. Ora, definir o homem como capaz de pensar é compreendê-lo a partir da distinção entre sujeito e objeto: é situar a humanidade na subjetividade pensante tanto quanto à sua capacidade de estabelecer entre si mesma e as coisas uma certa

---

* Texto traduzido pela autora.

Antropologia filosófica

relação, que é o lugar próprio da verdade, como à sua capacidade de compreender reflexivamente para "examinar aquilo que ela é" (Descartes). O próprio do homem cumpre então sua dupla capacidade de se afastar de si mesmo e de usar esse afastamento para se compreender como um de seus objetos.

No entanto, nesse afastamento o homem se pensa a si mesmo como uma coisa que existe, e essa consciência da existência abre uma pista de reflexão que ultrapassa o problema do próprio do homem: tomado como quem existe sob o modo da não-coincidência consigo mesmo, o homem não é mais o ser ao qual uma natureza determinada pode marcar, mas, ao contrário, o ser que excede os limites de toda natureza porque dispõe do poder de todas as naturezas que quiser nele atualizar. Essa abordagem, que nos faz "nascidos capazes de nos tornarmos tudo o que queremos ser" (Pico della Mirandola), define precisamente nossa dignidade de homens, compreendida como a tarefa de nós mesmos determinarmos nossa própria natureza.

(...) Cada indivíduo possui então essa variedade virtualmente infinita por sua própria natureza — e cada um traz à sua maneira nele mesmo "a forma inteira da humana condição" (Montaigne). Ora, essa passagem da natureza à condição produz dois efeitos concomitantes: de uma parte, nossa condição nos aparenta imediatamente aos nossos semelhantes, cada homem constituindo assim para todos os outros um paradigma, e essa comunidade profunda é o fundamento de uma apreensão ética do gênero humano como horizonte de nossa liberdade. Mas, de outra parte, essa condição nos leva a nos pensar no sentido literal como condicionados, isto é, lançados numa existência da qual não somos nós mesmos o princípio. A apreensão da condição humana é então a descoberta pelo homem de sua finitude, que marca a impossibilidade de residir daí em diante em uma natureza segura ("condição do homem: inconstância, tédio, inquietação", diagnostica laconicamente Pascal).

No movimento dessa intranquilidade constante, o homem é o resultado sempre mutante da realização contínua dos homens, o produto de seu ato livre. Essa liberdade é o complemento ético da não coincidência consigo mesmo que caracteriza o homem: como existência sem cessar projetada no mundo, de modo que ela precede sempre sua essência, o homem se compreende como o projeto e o produto de um "agir". Nessa perspectiva os dois componentes da condição humana voltam a se juntar: de fato a finitude inquieta que faz do homem uma existência que perpetuamente tende para a morte lhe confere igualmente o poder de definir a humanidade inteira em cada um de seus atos (Sartre). O outro homem constituiu então, como eu mesmo para ele, um vínculo irreparável na trama da realidade, que revela como uma ética funda o ser no mundo do homem aquém de toda ontologia (Lévinas).

Laurent Gerbier, verbete "Homme" in Michel Blay (dir.), *Grand dictionnaire de la philosophie*. Paris, Larousse, 2003, p. 485.

Analise as repercussões dessa tendência na pedagogia.

3. "Não é a consciência dos homens que determina o seu ser: é o seu ser social que, inversamente, determina a sua consciência." Comente essa frase de Marx, identificando a concepção antropológica que ele critica e a que defende.

4. Explique por que a citação do dropes 1 não se encaixa nem na concepção essencialista nem na concepção naturalista de ser humano.

5. Identifique a concepção antropológica de Gramsci no dropes 2.

6. "Um grande pintor, tendo feito em algumas sessões o retrato de um cliente, teve que ouvir deste a objeção de que o preço exigido era muito alto por algumas horas de trabalho. 'Algumas horas', respondeu o artista, 'mas toda a minha vida'." Baseado nessa citação de Georges Gusdorf, atenda às questões:

a) Explique o significado da resposta do pintor.

b) Transponha o exemplo do trabalho do pintor para a profissão de professor, refletindo sobre o que significa "tornar-se professor".

7. "Nascemos homem ou mulher; tornamo-nos humanos. Esse processo, que vale tanto para a espécie como para o indivíduo, é o que podemos chamar de humanização: é o devir humano do homem — o prolongamento cultural da hominização." A partir dessa citação

de André Comte-Sponville, atenda às questões:

a) Considerando *hominização* como o longo processo pelo qual nossos ancestrais primatas evoluíram até chegar ao *homo sapiens*, o conceito de *humanização* dele se distingue por outras características. Cite algumas delas.

b) Explique qual é a importância da educação no processo de humanização.

8. Releia o dropes 3 e atenda às questões:

a) Explique o que o autor quis dizer com "nascemos homens; tornamo-nos humanos".

b) Ao aceitar a pertinência à humanidade de indivíduos cruéis, Comte-Sponville se aproxima dos defensores dos direitos humanos. Explique em que medida essa aceitação não significa deixá-los impunes nas suas ações, mas vê-los como seres humanos.

c) Analise a importância de educar os jovens a respeito dos direitos humanos (ver capítulo 4).

Questões sobre a leitura complementar

1. No início do texto, o autor se refere ao "próprio do homem" e depois à "condição humana". Explique qual é a diferença entre essas duas posições.

2. Podemos então classificar essas duas posições: enquanto a primeira é *essencialista*, a segunda é *não metafísica*. Justifique.

3. Como a diferença entre as duas posições pode orientar projetos de educação também diferentes?

Antropologia filosófica

Capítulo 10

Epistemologia

Ninguém pode negar que a escola é por excelência um local em que — bem ou mal — circula o conhecimento. No entanto, deixaríamos mais de um professor em dificuldades se lhe perguntássemos: O que é conhecimento? Como conhecemos? Qual é a origem do conhecimento?

Alguém poderia dizer que tais questões são irrelevantes por não dizerem respeito à atividade efetiva do professor em sala de aula. Problemas para filósofos, elas em nada interferem nas soluções práticas do dia a dia nem dizem respeito ao planejamento escolar.

No entanto, se a escola é a mediadora entre o conhecimento acumulado e o aluno, se o professor seleciona o conteúdo da disciplina que vai ensinar durante o ano letivo, se decide por determinados métodos e pelos procedimentos de ensino, se enfrenta as dificuldades de aprendizagem dos seus alunos, na verdade está pressupondo aquelas questões epistemológicas. Mesmo que conscientemente não consiga responder às "perguntas filosóficas", ele age a partir de um certo saber não tematizado, apenas baseado no senso comum.

Neste capítulo vamos justamente discutir sobre a necessidade de se superar

‹ Nesta instigante tela, o que é a representação do mar e o que é o mar verdadeiro? Magritte nos faz pensar: O que é conhecer? Como apreendemos o real? O que podemos de fato conhecer?

a posição do senso comum, buscando a consciência crítica do fazer pedagógico, sem a qual é impossível realizar uma verdadeira práxis, isto é, uma ação intencional, fundada na relação dialética entre teoria e prática.

É esta, portanto, uma das finalidades da filosofia da educação: tornar explícita as teorias do conhecimento que estão subentendidas nas teorias pedagógicas.

1. A teoria do conhecimento

Quando falamos em conhecimento, podemos designar não só o *ato de conhecer* como uma relação que se estabelece entre a consciência que conhece e o objeto conhecido, mas também o *produto do conhecimento*, o resultado desse ato, ou seja, o saber adquirido e acumulado. Embora os dois aspectos sejam importantes, enfatizamos o segundo quando atribuímos à escola a tarefa de transmissão do conhecimento — como saber acabado —, descuidando muitas vezes das questões relativas a como se constrói o conhecimento.

Aqui examinaremos a *teoria do conhecimento*, parte da filosofia que investiga as relações entre o sujeito cognoscente (o sujeito que conhece) e o objeto conhecido no ato de conhecer. Por exemplo, como apreendemos o real, se essa apreensão deriva principalmente de nossas sensações, ou se existem ideias anteriores a qualquer experiência, se é possível ou não conhecer a realidade, o que é verdade e falsidade etc. A teoria do conhecimento é também chamada *gnosiologia* (do grego *gnose*, "conhecimento") e *epistemologia* (do grego *episteme*, "ciência"). No entanto, o termo *epistemologia* adquiriu um sentido mais específico, de estudo do conhecimento científico do ponto de vista crítico, isto é, do valor de suas hipóteses, do seu método, das conclusões alcançadas, da natureza do conhecimento científico, por

isso a epistemologia é também chamada *filosofia das ciências* ou *teoria do conhecimento científico*.

Mesmo que os filósofos da Antiguidade e da Idade Média tenham-se ocupado com o problema do conhecimento, só na Idade Moderna (século XVII) a teoria do conhecimento constituiu uma disciplina independente. Isso porque os antigos, embora reconhecessem que podemos nos enganar, em nenhum momento colocaram em questão a realidade do mundo nem a capacidade em conhecê-la. Foram os modernos, a começar por Descartes, que passaram a ver a realidade do mundo como um problema, na medida em que, antes de tudo, investigaram a respeito da origem do conhecimento (qual é a fonte do conhecimento?) bem como sobre o critério de verdade (o que permite reconhecer o verdadeiro?).

Dessas indagações derivaram duas tendências — o *racionalismo* e o *empirismo* —, que marcaram, daí em diante, a reflexão filosófica. O racionalismo teve seu maior expoente em Descartes, defensor das ideias inatas, e o empirismo, em Locke e Hume, que valorizavam a experiência no processo do conhecimento.

2. Inatismo e empirismo

A questão que se coloca na teoria do conhecimento é, em um primeiro momento, a seguinte: De onde vêm nossas ideias?

A grande novidade introduzida por Descartes foi iniciar sua filosofia pela teoria do conhecimento, na busca de uma verdade primeira que não pudesse ser posta em dúvida. Converte então a dúvida em método e começa duvidando de tudo, das afirmações do senso comum, dos argumentos de autoridade, do testemunho dos sentidos, das verdades deduzidas pelo raciocínio, da realidade do mundo exterior e até de seu próprio corpo. Chega então a uma verdade indubitável, uma intuição primeira, qual seja a existência de um ser que duvida e que, se duvida, pensa: "penso, logo existo" (*cogito, ergo sum*).

Daí em diante, numa série de intuições, o filósofo descobre ideias claras e distintas, ideias gerais que não derivam da experiência, mas já se encontram no espírito humano, como *ideias inatas*, isto é, que já nascem com o sujeito. São ideias verdadeiras, não sujeitas a erro, pois vêm da razão, a partir das quais podemos conhecer todo o resto: por isso sua filosofia é dita *racionalista*. Também podemos dizer que se trata de um *idealismo* e um *subjetivismo*, porque para ele a realidade se encontra em primeiro lugar no espírito, na razão, no sujeito e se apresenta na forma de ideias. Subjetivismo, idealismo, racionalismo, inatismo, apriorismo são conceitos que designam a teoria do conhecimento cartesiana, que, diante dos polos sujeito—objeto, privilegia o primeiro.

Em resumo, para os aprioristas, se o conhecimento é uma maneira de entrarmos em contato com a realidade, não poderemos saber se o que conhecemos é verdadeiro ou falso se não tivermos um critério seguro. E esse critério está em nosso espírito.

A corrente empirista, porém, segue outro caminho. Locke foi influenciado pelo pensamento cartesiano, mas criticou as ideias inatas de Descartes ao afirmar que a alma é como uma *tábula rasa*, uma tábua sem inscrições, uma cera na qual não há nenhuma impressão, porque o conhecimento só começa após a experiência sensível. Por isso sua teoria ficou conhecida como *empirismo*, termo cuja origem é a palavra grega *empeiría*, que significa "experiência".

Segundo Locke, há duas fontes possíveis para nossas ideias: a sensação e a reflexão. A sensação é o resultado da modificação feita na mente por meio dos sentidos, enquanto a reflexão é a percepção que a alma tem daquilo que nela ocorre. Portanto, a reflexão se reduz apenas à *experiência interna* e resulta da *experiência externa* produzida pela sensação.

Ao compararmos essa concepção empirista com o racionalismo, constatamos que, enquanto Locke destaca o papel do objeto, Descartes enfatiza o papel do sujeito. Isso não significa que o empirismo despreze a razão, mas sim que a subordina ao trabalho anterior da experiência. Tampouco significa que o racionalismo exclua a experiência sensível, mas apenas a considera *ocasião* do conhecimento, sempre sujeita a enganos.

No século XIX, o positivismo de Augusto Comte (1798-1857) segue e amplia a tendência empirista. Comte recusa as explicações teológicas e metafísicas, tidas por ele como modos inferiores de compreensão do mundo. O *estado positivo* é o ponto mais alto da maturidade do espírito humano, oposto a tudo o que é quimérico, incerto, vago. Nesse estágio, a explicação dos fatos se reduz aos seus termos reais, acessíveis por meio da observação e da experimentação, que permitem a descoberta das relações entre os fenômenos, ou seja, das leis invariáveis da natureza. Em última análise, segundo a concepção positivista, o conhecimento científico se sobrepõe a outras formas de conhecimento, tais como a religião e a filosofia.

Ciências humanas e positivismo

O empirismo e o positivismo fundamentaram a tendência naturalista que marcou fortemente o início da constituição das ciências humanas, no final do século XIX e no começo do século XX. O naturalismo representa a tentativa de emprestar o rigor do método experimental e da matematização, típicos das ciências da natureza, à análise dos fenômenos humanos em ciências como a sociologia, a psicologia e a economia.

O sociólogo Durkheim, por exemplo, partiu do pressuposto metodológico de que os fatos sociais devem ser observados como se fossem coisas. Também a psicologia nascente se voltou para o exame dos aspectos comportamentais que podem ser verificados experimentalmente. O alemão Wundt, por exemplo, dedicou-se ao estudo da percepção sensorial, principalmente a visão, estabelecendo relações entre os fenômenos psíquicos e seu substrato orgânico, sobretudo cerebral.

Outra corrente de psicologia que exerceu marcante influência na pedagogia contemporânea é o behaviorismo (de *behaviour* ou *behavior*, "conduta") ou psicologia comportamentalista. Oriunda da mais autêntica tendência naturalista e inspirando-se inicialmente nas experiências com reflexo condicionado levadas a efeito pelo russo Pavlov, teve seu primeiro representante americano em Watson (1878-1958) e desenvolveu-se com a contribuição de Skinner (1904-1990). O princípio do condicionamento baseia-se no *associacionismo*. Segundo essa teoria, a aprendizagem se faz quando associamos dois estímulos, em que um deles funciona como reforçador (positivo ou aversivo) de determinada resposta.

Skinner aperfeiçoou os estudos do condicionamento clássico ou pavloviano e, a partir de experiências com pombos e ratos, estabeleceu as leis do condicionamento instrumental (ou operante, também chamado *skinneriano*). Esse condicionamento ocorre na "caixa de Skinner", na qual é colocado um animal faminto. Depois de esbarrar casualmente em uma alavanca diversas vezes, o animal associa o esbarrão na alavanca com o alimento que cai dentro da caixa. Passa então a pressionar a alavanca sempre que deseja o alimento.

Ao aplicar esse princípio à aprendizagem humana, Skinner inventou a *instrução programada*, na qual o texto é composto de níveis crescentes de dificuldade, com uma série de espaços em branco, que devem ser preenchidos pelo aluno. Se um reforço for dado a cada passo do processo e imediatamente após o ato, o aluno poderá ir conferindo o acerto ou o erro de sua resposta. Esse processo, desenvolvido com o intuito de criar a "máquina de ensinar", propunha-se a substituir o professor em várias etapas da aprendizagem.

Estamos nos alongando na exposição do empirismo e do positivismo por terem exercido forte influência na pedagogia contemporânea, de modo explícito em tendências como a tecnicista, mas de maneira não tematizada na atividade de muitos professores que nem sequer suspeitam estar agindo segundo tais pressupostos, como veremos adiante.

3. Proposta de superação

Segundo as tendências contemporâneas, tanto o apriorismo quanto o empirismo são insuficientes para explicar a complexidade do ato cognitivo, esbarrando várias vezes em problemas insolúveis. Vejamos um exemplo: se as ideias são inatas, devem ser atemporais e, portanto, permanentes. Como explicar a sua mudança no tempo e no espaço? O próprio Locke já criticava a ideia inata de Deus, ponderando que alguns povos nem sequer têm representação de Deus ou, pelo menos, não como um ser perfeito, conforme a intuição de Descartes.

Por outro lado, se os empiristas partem da experiência, como considerar que as sensações individuais, portanto particulares e subjetivas, podem nos levar a um conhecimento geral? Nesse caso, seria preciso concluir que tudo é relativo ou que a razão humana é incapaz de conhecer a realidade, ou seja, seria preciso admitir o ceticismo.

Outros teóricos, porém, buscaram uma compreensão mais elaborada, a fim de superar as duas posições antagônicas. Entre eles, Leibniz e Kant, ainda no século XVIII, e Hegel e Marx, no século XIX, levaram a efeito estudos nesse sentido. No século XX, a questão mereceu a atenção de Husserl, representante da fenomenologia, corrente filosófica que, por sua vez, influenciou a psicologia da forma (ou Gestalt) e a filosofia de Merleau-Ponty.

Essas concepções são bastante diferentes, mas têm em comum o fato de considerar insuficientes as posições unilaterais do empirismo e do inatismo. Para superá-las, lançam mão de uma concepção mais dinâmica de verdade, bem como estabelecem uma relação intrínseca entre sujeito e objeto.

A título de exemplo, vejamos alguns aspectos da fenomenologia, cujo postulado básico é a noção de *intencionalidade*. Dizer que a consciência é intencional significa que, ao contrário do que afirmam os inatistas, não há pura consciência, separada do mundo, mas toda consciência *tende* para o mundo, no sentido de que toda consciência é *consciência de alguma coisa*. Ao contrário dos empiristas, os fenomenólogos afirmam que não há objeto em si, já que o objeto só existe *para um sujeito* que lhe dá significado.

Com isso, a relação entre sujeito e objeto deixa de ser dicotômica: ao analisarmos o conceito de *fenômeno* — que em grego significa "o que aparece" —, descobrimos que não há ser em si, um ser escondido atrás das aparências, mas o objeto do conhecimento é aquilo que se apresenta, *que aparece para uma consciência*. Esta, por sua vez, desvela o objeto progressivamente, em seguidos perfis e perspectivas as mais variadas, em um processo de conhecer que nunca acaba.

Como se vê, a fenomenologia contrapõe-se ao positivismo, por reconhecer que não nos encontramos diante de *fatos*, de *coisas*, nem percebemos o mundo como um dado bruto, desprovido de significados. O mundo é sempre um mundo *para* uma consciência,

daí a importância do sentido, da rede de significações que envolve os objetos percebidos. Por exemplo, enquanto a psicologia behaviorista se baseia em *sinais* (típicos do mundo animal), a fenomenologia realça o *símbolo*, que faz parte do mundo do sentido (tipicamente humano).

A Gestalt, ou psicologia da forma, como herdeira dos pressupostos da fenomenologia, critica as psicologias associacionistas. Para os gestaltistas, como Köhler e Koffka, por exemplo, não há excitação sensorial isolada. Por isso o objeto não é percebido em suas partes para, depois, ser organizado mentalmente por meio de percepções e ideias, como frequentemente se pensa. Ao contrário, inicialmente percebemos totalidades (a configuração, a forma, *gestalt*, em alemão) e só nos ocupamos com os detalhes posteriormente. Por exemplo, ao observarmos nuvens no céu, sempre damos formas a elas: parecem um rosto, um gato, e assim por diante.

A tendência do sujeito para organizar campos de percepção explica também o comportamento inteligente. Quando Köhler fez experiências com chimpanzés, para observar como esses animais resolviam o problema de pegar uma fruta colocada fora de seu alcance, não usou a hipótese do ensaio e do erro, típica das psicologias comportamentalistas, mas sim a do *insight* (ou iluminação súbita), pela qual o animal não percebe os elementos separados (no caso, a fruta e o bambu para alcançá-la), mas tem uma percepção instantânea de um campo único, de uma totalidade.

Também a psicologia genética, cujo principal representante foi Jean Piaget, investiga o desenvolvimento cognitivo da criança recusando as teorias associacionistas. As questões epistemológicas o levaram a concluir que o desenvolvimento da inteligência ocorre por estágios sucessivos caracterizados por um processo evolutivo e cons-

Epistemologia

163

trutivista. Por meio de assimilação e acomodação, a realidade externa é interpretada por algum tipo de significado já existente na organização cognitiva do indivíduo, ao mesmo tempo que a acomodação realiza a alteração desses significados. Trata-se, portanto, de uma concepção de conhecimento baseada em estruturas dinâmicas. Voltaremos a Piaget na unidade IV.

As teorias pedagógicas cujos pressupostos epistemológicos pretendem superar as tendências aprioristas e empiristas são conhecidas como *interacionistas* e *construtivistas*. Entre elas podemos citar as inspiradas em Piaget, Paulo Freire, Vygotsky, Gramsci, Wallon e outros, e que se fundamentam ora na fenomenologia, ora no marxismo. Essa abordagem também se diz *interacionista* porque o conhecimento é concebido como resultado da ação entre o sujeito e o objeto. O conhecimento não está, então, no sujeito, como queriam os aprioristas, nem no objeto, como diziam os empiristas, mas resulta da interação entre ambos. Portanto, o ato de conhecer é dinâmico, já que o ser humano passa por estágios progressivos de auto-organização nos quais as estruturas se sucedem, alternando mobilidade e estabilidade. Os polos sujeito—objeto, pessoa—mundo, professor—aluno, dicotomizados nas perspectivas anteriores, encontram-se aqui integrados, inter-relacionados, sem que se enfatize um dos lados, já que ambos têm importância no processo. Assim, os dois polos não são negados pura e simplesmente, porque em toda superação se conservam as qualidades de um e de outro.

Valorizar o sujeito, o aluno, com sua experiência de vida e sua capacidade de construção do conhecimento, não significa, porém, que o interacionismo despreze o objeto, o mundo, o professor e, portanto, o conhecimento como produto acumulado pela humanidade e a autoridade do saber do mestre. Ao mesmo tempo, o interacionismo nega que o saber do mestre possa se exercer por si só, pela mera transmissão, sem o contraponto do saber que o aluno já traz, já que ele não é uma *tábula rasa*. Portanto, para o interacionismo não existem, de um lado, um sujeito constituído e, de outro, um objeto dado que se põem a interagir, mas é pela própria interação que se constituem o sujeito e o objeto (ver dropes 3).

Ainda entre as teorias que destacam a dinâmica do conhecimento, lembramos as teorias progressistas de influência marxista e o construtivismo soviético (ver unidade IV) que utilizam a dialética, entendida como a lógica da contradição. Assim, para a concepção essencialista do mundo basta a lógica formal tradicional, que parte do pressuposto do princípio de identidade, enquanto, segundo a concepção dinâmica, na qual tudo está em constante processo, a dialética permite compreender o real na sua *contraditoriedade*, na oposição entre *tese* e *antítese*. Dessa contradição deverá surgir no terceiro momento a *síntese*, que é uma forma de superação da contradição.

Além da contraditoriedade, outra característica importante da dialética é a categoria de *totalidade*, pela qual o todo predomina sobre as partes que o constituem. Isso significa que as coisas estão em constante relação recíproca e que nenhum fenômeno da natureza ou do pensamento pode ser compreendido isoladamente, separado dos fenômenos que o rodeiam. Os fatos não são átomos, mas pertencem a um todo dialético e, como tal, fazem parte de uma estrutura.

São essas categorias que permitem compreender o ser humano como ser histórico-social, mobilizado pela dialética entre o social e o pessoal, a teoria e a prática, o sujeito e o objeto, o determinismo e a liberdade.

4. A epistemologia e a práxis pedagógica

Talvez o leitor ainda não esteja muito convencido da ligação intrínseca entre as questões epistemológicas e a práxis educativa em sala de aula. Por isso vamos dar alguns exemplos. Se perguntarmos a um professor o que ele considera importante fazer para que seu aluno aprenda de fato, ele poderá dar as seguintes respostas:

1. É importante que o professor saiba transmitir bem o conhecimento acumulado na cultura a que pertence.

2. O aluno precisa estudar bastante, treinando o suficiente para fixar o que aprendeu.

3. O esforço do professor é irrelevante diante de alunos carentes, mal alimentados, vindos de famílias sem tradição cultural.

4. O professor deve premiar quem trabalha bem e punir com nota baixa quem não se esforça.

5. O bom professor é capaz de despertar no aluno o gosto pelo estudo.

6. O professor precisa saber qual é o estágio de desenvolvimento intelectual do aluno com o qual vai trabalhar, a fim de criar situações para que ele aprenda por si próprio.

7. O professor deve desenvolver as potencialidades que todo aluno tem.

Os exemplos 1, 2, 3 e 4 fundamentam-se na tendência empirista, porque partem do pressuposto de que o conhecimento é algo que vem de fora e o sujeito o recebe de maneira mais ou menos passiva, conforme o caso.

Expressões como *transmitir* e *treinar*, nos dois primeiros exemplos, são bastante reveladoras do caráter externo do processo. O terceiro exemplo é empirista também porque reforça a passividade do sujeito, determinado pelo meio em que se insere, fruto de um mundo externo hostil no qual ele está mal alimentado e mal informado. O empirismo do quarto exemplo apresenta ainda características típicas do behaviorismo, em que o ensino se baseia em reforços positivos e negativos que modelam os reflexos condicionados. Já o quinto e o sétimo exemplos se caracterizam pelo apriorismo, ao considerar o gosto de conhecer um elemento inato, que precisaria ser revelado, assim como ao se referir a algo em potência que pode vir à tona. O sexto exemplo revela uma tentativa de superação das duas posições, na medida em que parte do pressuposto de que o conhecimento do aluno não é o mesmo para todos nem é estático, mas se faz por estágios; além disso, ele enfatiza o aspecto pessoal e dinâmico do processo de conhecer.

Conclusão

Retomemos agora as teorias do conhecimento aplicadas às tendências pedagógicas. Vimos que as teorias aprioristas dão ênfase ao sujeito, que teria de antemão "formas", ideias inatas que funcionariam como condição de qualquer conhecimento. A partir dessa perspectiva, a educação surge como um processo de *atualização*, no sentido de tornar presente, atual, o que cada um tem em potência. Caberia ao professor dar condições para que essas potencialidades venham à tona, para que sejam desenvolvidos os dons inatos. Nesse caso, explica-se o fracasso de um aluno "por não ter inteligência privilegiada" ou por "não ser bom para o estudo da matemática". Ao contrário, seria boa a expectativa de aprendizagem no caso de uma criança "inteligente", entendida a inteligência como algo que é dado *a priori* e que precisaria ser desenvolvido.

Nas teorias pedagógicas fundamentadas no empirismo, o objeto tem a primazia. Daí a importância do meio, da transmissão dos conhecimentos acumulados e, portanto, do conhecimento como "descoberta" de algo que já existe e não como resultado de uma construção. Segundo essa perspectiva o sujeito seria de certa forma passivo, receptivo ao conhecimento, que viria de fora e só em um segundo momento incorporado pelo sujeito e transformado em conteúdo mental.

Para o professor Fernando Becker, que pesquisou sobre o assunto, a tendência empirista é a que mais tem caracterizado a epistemologia do professor imbuído da pedagogia tradicional. Becker constatou que muitas vezes o professor desconhece esses pressupostos e, mesmo quando pensa estar partindo de fundamentos diferentes, destacam-se características empiristas na sua verbalização. Talvez porque a tendência empirista seja uma das características do ensino tradicional, além de se aproximar do senso comum. Sob esse aspecto, confira: a valorização da aula expositiva enfatiza o ensino como transmissão de conhecimento, o conhecimento como produto acabado, a memória como arquivo, a aprendizagem como soma, acumulação quantitativa.

Do mesmo modo, as tendências comportamentalistas são empiristas por valorizarem o ensino individual, bem como o processo de associação para a formulação do conhecimento, com destaque ao treinamento como instrumento de mudança de comportamento, por meio de programas que obedecem a etapas rigorosamente estabelecidas de antemão.

Dropes

1 - Considero haver em nós certas noções primitivas, as quais são como originais, sob cujo padrão formamos todos os nossos outros conhecimentos. E não há senão muito poucas dessas noções; pois, após as mais gerais, do ser, do número, da duração etc., que convêm a tudo quanto possamos conceber, possuímos, em relação ao corpo em particular, apenas a noção da extensão, da qual decorrem as da figura e do movimento; e quanto à alma somente, temos apenas a do pensamento, em que se acham compreendidas as percepções do entendimento e as inclinações da vontade. (René Descartes)

2 - Suponhamos que a mente é, como dissemos, um papel branco, desprovida de todos os caracteres, sem quaisquer ideias; como ela será suprida? De onde lhe provém este vasto estoque, que a ativa e que a ilimitada fantasia do homem pintou nela com uma variedade infinita? A isso respondo, numa palavra, da experiência. Todo o nosso conhecimento está nela fundado, e dela deriva fundamentalmente o próprio conhecimento. Empregada tanto nos objetos sensíveis externos como nas operações internas de nossas mentes, que são por nós mesmos percebidas e refletidas, nossa observação supre nossos entendimentos com todos os materiais do pensamento. Dessas duas fontes de conhecimento jorram todas as nossas ideias, ou as que possivelmente teremos. (John Locke)

3 - De uma parte, o conhecimento não procede, em suas origens, nem de um sujeito consciente de si mesmo nem de objetos já constituídos (do ponto de vista do sujeito) que a ele se imporiam. O conhecimento resultaria de interações que se produzem a meio caminho entre os dois, dependendo, portanto, dos dois ao mesmo tempo, mas em decorrência de uma indiferenciação completa e não de intercâmbio entre formas distintas. De outro lado, e, por conseguinte, se não há, no início, nem sujeito, no sentido epistemológico do termo, nem objetos concebidos como tais, nem, sobretudo, instrumentos invariantes de troca, o problema inicial do conhecimento será pois o de elaborar tais mediadores. (Piaget)

4 - *Piaget define sua epistemologia*: (…) que é naturalista sem ser positivista, que põe em evidência a atividade do sujeito sem ser idealista, que se apoia também no objeto sem deixar de considerá-lo como um limite (existente, portanto, independentemente de nós, mas jamais completamente atingido) e que, sobretudo, vê no conhecimento uma elaboração contínua.

5 - O professor trabalha com o conhecimento e não fundamenta criticamente a "matéria-prima" do seu trabalho. É "sujeito" de uma epistemologia inconsciente e, com alta probabilidade, de uma epistemologia que não gostaria e não admitiria ser a sua. (Fernando Becker)

● Leitura complementar

[A epistemologia do professor]*

A primeira grande constatação que se delineou, desde as primeiras análises (…), foi a de que *a epistemologia subjacente ao trabalho docente é a empirista* e a de que só em condições especiais o docente afasta-se dela, voltando a ela assim que a condição especial tiver sido superada. (…)

(…) Ouvimos e observamos docentes convictos de que procedem didaticamente segundo um modelo pedagógico construtivista. Organizam ações e fazem seus alunos realizarem tais ações. Mas, como sua concepção epistemológica não mudou, cobram ações de seus alunos com a finalidade única da *reprodução*: o aluno deve executar tais ações a fim de conseguir o objetivo já delineado pelo professor, e nada mais. Nem pensar num objetivo trazido pelo aluno. Não pode haver surpresas. (…)

A epistemologia empirista constitui, em larga escala, e de forma quase totalmente inconsciente, o fundamento "teórico-filosófico" da pedagogia de repetição ou da reprodução. Esta pedagogia — e a didática pela qual ela se manifesta — identifica-se com tudo aquilo que atribuímos ao conceito de treinamento. Dentre todas as qualidades antipedagógicas que o conceito — e a prática — de treinamento condensa, a mais nefasta é, sem sombra de dúvida, a do autoritarismo. O autoritarismo não encontra apenas campo propício na epistemologia empirista; muito mais do que isso, o autoritarismo encontra no empirismo a sua fundamentação e a sua legitimação teórica e prática.

---

*Este texto foi extraído da "Conclusão" do livro *A epistemologia do professor*, em que o professor Becker relata o resultado de diversas pesquisas, realizadas na Universidade Federal do Rio Grande do Sul, com o objetivo de investigar a epistemologia subjacente ao trabalho docente de professores de todos os níveis de ensino.

O docente que professa esta epistemologia manifesta, via de regra, uma arrogância didática. Ele acredita que seu ensino tem poder ilimitado para produzir aprendizagem; se esta não ocorre, a culpa é inequivocamente do aluno. Toda a avaliação escolar passa a ser processada à base desta fundamentação. O subproduto inevitável de tal relação didático-pedagógica é a morte da criatividade. Não há lugar para a novidade em tal relação. (...)

Penso, por isso, que a simples mudança de paradigma epistemológico não garante, necessariamente, uma mudança de concepção pedagógica ou de prática escolar, mas sem esta mudança de paradigma — superando o empirismo e o apriorismo — certamente não haverá mudança profunda na teoria e na prática docentes. A superação do apriorismo e, sobretudo, do empirismo é condição necessária, embora não suficiente, de avanços apreciáveis e duradouros na prática docente.

Fernando Becker, *A epistemologia do professor*: o cotidiano da escola. Petrópolis, Vozes, 1993, p. 331, 333-335.

Atividades

Questões gerais

1. Leia os dropes 1 e 2 e, em seguida, identifique o que corresponde ao apriorismo ou ao empirismo. Justifique sua resposta, exemplificando com elementos dos próprios textos.

2. Leia atentamente a citação do psicólogo behaviorista John Watson e identifique os seus pressupostos epistemológicos: "Deem-me doze crianças sadias, de boa constituição, e a liberdade de poder criá-las à minha maneira. Tenho certeza de que, se escolher uma delas ao acaso, e puder educá-la, convenientemente, poderei transformá-la em qualquer tipo de especialista que eu queira — médico, advogado, artista, grande comerciante, e até mesmo um mendigo e ladrão —, independentemente de seus talentos, propensões, tendências, aptidões, vocações e da raça de seus ascendentes".

3. De que maneira a fenomenologia tenta superar a alternativa inatismo/empirismo a partir da noção de *intencionalidade*?

4. Explique por que o construtivismo, como teoria pedagógica, considera pressupostos diferentes daqueles do inatismo e do empirismo?

5. Identifique a tendência (inatista, apriorista ou construtivista) que predomina nos exemplos a seguir:

a) O aluno tem mais sucesso na escola quando já tem facilidade para o trabalho intelectual. Da mesma forma, outros têm dom para os trabalhos manuais e técnicos.

b) Dê muitos trabalhos para seus alunos. As notas estimulam e aceleram a aprendizagem.

c) A escola é o local onde se plasmam a mente e a alma do educando, ensinando-lhe o saber acumulado e os costumes da cultura a que pertence.

d) Não é possível ensinar álgebra para a criança de 8 anos porque ela ainda não entrou no estágio que permite compreender esse nível de abstração.

e) Sou uma pessoa metódica e, no começo das atividades, faço um planejamento rigoroso, que sigo passo a passo no decorrer do ano.

f) É importante permitir a atividade espontânea da criança, a vida em grupo, a manipulação e a experimentação com materiais.

6. Relacione os dropes 3 e 4 e explique em que sentido eles dizem a mesma coisa.

7. Explique, usando os conceitos aprendidos no capítulo, qual é a advertência feita por Becker aos professores, no dropes 5.

Questões sobre a leitura complementar

1. Qual é, segundo Fernando Becker, a epistemologia que está subjacente com mais frequência na prática dos professores que foram objeto de sua pesquisa?

2. Quais são as justificativas do autor ao considerar autoritária a epistemologia empirista?

3. Por que tem sido tão difícil para os professores aplicar as teorias construtivistas em sala de aula?

POVO NEGRO NA
COTAS J
NÚCLEO SÃO
EDUCAFRO
USP: 70 AN
ÃO SOMOS
OS MAIS
AMINHO?
USP
70 AN
DE EXCLUSÃO
DO POVO
NEGRO
EDUCAFRO-J
QUEREMOS
PARA NEG
FACULDADES
ESTÁ NA H
COTAS JÁ
Educa
DICIÁRIO BRASILEIRO
ÇÃO DA IGUALDADE RACI
OVAÇÃO JÁ
MÁRTIR DO
POLICI

Capítulo 11

Axiologia

O que é *axiologia*? Em grego, o substantivo *axía* significa "preço", "valor de alguma coisa", e o adjetivo *axios* é "o que vale", "que tem valor de", "digno de", "justo". Na Antiguidade grega, além da referência ao preço, o termo dizia respeito, por exemplo, a "um homem de valor", no sentido de ter coragem ou de ser digno de estima.

A partir do século XIX, quando surgiu a *teoria dos valores* ou *axiologia* como disciplina filosófica, o conceito *valor* adquiriu um sentido específico na discussão sobre o que é bom, o que é estimado e também aquilo que deve ser realizado ou que serve para orientar a ação. Ainda que, com maior frequência, a axiologia seja relacionada aos valores éticos, seu campo se estende também aos valores estéticos e políticos, além de outros, tais como os valores econômicos, vitais, lógicos, religiosos, de utilidade e assim por diante.

Se os valores estão na base de todas as nossas ações, é inevitável reconhecer sua importância na práxis educativa. No entanto, os valores transmitidos pela sociedade nem sempre são claramente tematizados, e até mesmo muitos educadores não baseiam sua prática em uma

‹ **A luta das minorias pela inclusão social visa ao resgate da cidadania a que todo ser humano tem direito.**

reflexão mais atenta a respeito. A educação se tornará mais coerente e eficaz se formos capazes de explicitar esses valores, ou seja, se desenvolvermos um trabalho reflexivo que esclareça as bases axiológicas da educação.

Neste capítulo, vamos dar destaque especial aos valores morais, políticos e estéticos. Evidentemente, essas questões estão permeando o tempo todo os demais capítulos, já que não se pode falar em teorias da educação sem se referir a valores.

1. A teoria dos valores

O ser humano é capaz de transformar a natureza conforme suas necessidades existenciais, por meio de uma ação intencional e planificada. Ao estabelecer as suas prioridades, escolhe os meios e os fins da ação a partir de valores. Desde o nascimento nos encontramos envoltos por valores herdados, porque o mundo cultural é um sistema de significados estabelecidos por outros. Em outras palavras, estamos sempre fazendo *juízos de valor*, quando as pessoas e as coisas provocam em nós atração ou repulsa, quando julgamos que algo é bom ou mau, belo ou feio, se é útil, e assim por diante. Do mesmo modo, ao afirmarmos que "o calor dilata os corpos", nos perguntamos se isso tem um valor de verdade ou não.

As questões colocadas pela axiologia versam sobre os vários tipos de valor, a sua natureza, se são subjetivos ou universais, relativos ou absolutos. Daí as diversas concepções axiológicas, muitas vezes conflitantes entre si. Os principais filósofos que no século XIX começaram a desenvolver essa temática foram, entre outros, Rudolf Lotze, Franz Brentano, Max Scheler. Mais radical, Friederich

Nietzsche propôs a "transvaloração dos valores", pela qual indaga sobre o "valor dos valores", concluindo que os valores, tais como são conhecidos, não existiram desde sempre, mas foram criados ao longo do tempo e incorporados pelo hábito e, na nossa civilização ocidental, impostos pela tradição cristã, que ele critica acerbamente.

Mas o que são os valores? Segundo o filósofo García Morente, os valores *não são*, no sentido em que dizemos que as coisas *são*: "Os valores não são, mas *valem*. Uma coisa é valor e outra coisa é ser. Quando dizemos de algo que vale, não dizemos nada do seu ser, mas dizemos que não é indiferente. A não indiferença constitui esta variedade ontológica que contrapõe o valor ao ser. A não indiferença é a essência do valer"[1].

Portanto, não permanecemos indiferentes diante dos seres que constituem o nosso mundo familiar ou aquele que nos é estranho, aos quais atribuímos valores bipolarizados: bom e mau, verdadeiro e falso, belo e feio, generoso e mesquinho, sublime e ridículo, entre outros. Ainda mais, os valores não "impregnam" as coisas, mas dependem do esforço humano de valoração. A valoração é, pois, a experiência axiológica de um sujeito dentro de uma situação concreta.

Afirmar que a valoração depende da situação vivida não significa dizer que os valores são subjetivos, no sentido de variarem de indivíduo para indivíduo, caso em que teríamos de admitir o relativismo dos valores. Ao contrário, a valoração supõe a intersubjetividade, comunicação que se estabelece não só com nossos contemporâneos, mas também com os antepassados, de quem herdamos valores. O ato de valorar é uma tarefa humana e coletiva que nunca termina.

---

[1] *Fundamentos de filosofia*: lições preliminares. 2. ed. São Paulo, Mestre Jou, 1996. p. 296.

2. Educação moral: o sujeito autônomo

O que é moral

Considerando uma definição bem ampla, a moral é o conjunto de regras de conduta adotado pelos indivíduos de um grupo social com a finalidade de organizar as relações interpessoais segundo *os valores do bem e do mal*. Desse modo, cada sociedade estimula alguns comportamentos, por considerá-los adequados, e sujeita outros a sanções de diversos tipos, desde um olhar de reprovação até o desprezo ou a indignação.

No entanto, essa definição está incompleta, porque ser moral não significa receber passivamente as regras do grupo, mas aceitá-las ou recusá-las *livre* e *conscientemente*. Sob esse aspecto, já se destaca a importância da educação, porque o ser humano não nasce moral, *torna-se moral*, precisa aprender a ser moral, procedimento que não depende de "aulas de moral", mas sim da interação entre seres sociais, ou seja, pelo convívio humano. Mais que isso, não basta a introjeção dessas regras, mas sim que o indivíduo tenha a condição de examiná-las criticamente à medida do seu desenvolvimento moral. Esse processo de conscientização de valores fará a ligação entre a escola e a vida: educamos para que se formem pessoas capazes do "bem viver". A partir de critérios morais, "bem viver" significa agir segundo princípios.

O educador Reboul diz que "todo professor é professor de moral, ainda que o ignore". Por isso é bom que se reconheça o importante papel desempenhado por ele na formação dos jovens. Certamente, quanto mais intencional for sua atuação, melhores poderão ser os resultados.

A dificuldade da educação ética encontra-se na dupla face da moral, constituída pelos aspectos *social* e *pessoal*, polos contraditórios, mas inseparáveis. Porque tornar-se moral é assumir livremente regras que possibilitem o amadurecimento pessoal, entendendo-se *pessoa* como alguém que se integra em um grupo. Isso não é fácil, se pensarmos que a sociedade é plural e se constitui de valores conflitantes, diante dos quais nos posicionamos e escolhemos, ao mesmo tempo que devemos aceitar a divergência e o confronto de ideias.

Bem sabemos que a educação para a liberdade começa cedo e cada etapa do crescimento tem características próprias. Chegando à idade adulta, estaríamos prontos para nos tornarmos seres morais, o que não significa que isso aconteça de fato, pois, como diz Reboul, "toda educação comporta um risco de malogro".

Segundo os teóricos da pedagogia construtivista, a construção da vida moral acontece à medida que a criança desenvolve a inteligência e a afetividade, tornando-se capaz de perceber racionalmente o mundo por meio da abstração e da crítica, ao mesmo tempo que, pela solidariedade e pela reciprocidade, ultrapassa o egocentrismo infantil. Só então poderá rever maduramente os valores herdados e estabelecer propostas de mudança.

Por isso mesmo a adolescência — período de tantas crises — configura-se como o momento por excelência da elaboração da vida moral. Nesse estágio do desenvolvimento o jovem pode passar da *heteronomia* para a *autonomia*. A *heteronomia* (*hetero* = outro, diferente) é típica do comportamento infantil, quando a criança obedece às normas impostas do exterior, garantidas pela autoridade dos pais e de professores. A *autonomia* (*auto* = próprio) é uma conquista humana, pela qual a lei não vem de fora, mas é ditada pelo próprio sujeito moral. Nesse sentido, somos livres quando capazes de autodeterminação. É bom lembrar que autonomia não se confunde com individualismo, porque ser moral significa ser responsável (responder por seus atos) e capaz de reciprocidade (toda ação é intersubjetiva).

A aprendizagem da vida moral não é espontânea nem resulta de um automatismo. Daí as dificuldades que impedem muitos de alcançarem níveis morais mais altos, o que não nos surpreende, em face das características individualistas e altamente competitivas da sociedade em que vivemos. Como aprender a solidariedade no ambiente do "salve-se-quem-puder"?

Aprender a ser livre

A discussão sobre a liberdade humana é fundamental para compreender a vida moral. Mas não só. Também o artista e o político se posicionam a respeito, já que suas atuações serão originais e efetivas na medida em que resultarem de atos intencionais e, portanto, livres.

Considerando os três aspectos que abordaremos neste capítulo — o moral, o político e o estético —, deve ficar claro que existe um longo caminho a ser percorrido na construção da autonomia, seja na moral pessoal, seja no fortalecimento da cidadania, seja na expressão da sensibilidade, como manifestações plenas da liberdade humana.

Quando estabelecemos a priorização dos valores, a liberdade surge como critério orientador da validade de toda ação. Por isso educação e liberdade são inseparáveis, já que a liberdade não é algo que nos é dado, mas uma conquista humana. Além disso, só existe a educação para a liberdade — e por meio dela —, para que não se torne adestramento ou doutrinação.

E o que entendemos por liberdade?

Há quem parta do princípio de que o ser humano não é de fato livre, tantos são os constrangimentos a que se acha submetido desde o nascimento, o que tornaria a liberdade uma ilusão. Existem mesmo teorias que têm por pressuposto básico a negação da liberdade humana. Outros não questionam conceito tão complexo, mas reduzem a liberdade ao simples "fazer o que se deseja". Se assim fosse, não teria sentido tudo o que sabemos a respeito da construção da vontade da criança, resultado de um esforço ante os desejos humanos, muitas vezes antagônicos. Além disso, jamais sairíamos do estágio egocêntrico que define o mais extremo individualismo.

Para outros, "a liberdade de cada um é limitada pela liberdade dos demais", fórmula mais do que conhecida nas sociedades muito competitivas, como as de economia capitalista, já que no mundo do "salve-se--quem-puder" a cooperação não costuma ser a tônica das relações entre pessoas e grupos. Nesse caso, trata-se ainda de um nível muito baixo das relações humanas, por considerar as pessoas separadas umas das outras, como se fossem ilhas de um arquipélago.

Diante dessas controvérsias, destacaremos duas posições contraditórias: a *liberdade incondicional* (ou *livre-arbítrio*) e o *determinismo absoluto*.

Para os adeptos da concepção de liberdade incondicional (ou livre-arbítrio), o ser humano teria uma liberdade absoluta, podendo agir de uma forma ou de outra, independentemente das forças que o constrangem e movido apenas por seus motivos e intenções. Nesse caso, ser livre é ser incausado, isto é, o ato humano não se encontra determinado por causa alguma exterior à sua vontade. Trata-se de uma concepção aceita pela tradição cristã, que passou por Santo Agostinho, Santo Tomás de Aquino e estendeu-se para outros filósofos que, embora de maneiras diferentes, reafirmaram a faculdade do indivíduo de se autodeterminar apenas pela sua consciência.

Em oposição, ser determinista é admitir que todo ato é causado. Segundo as teorias

174   Filosofia da educação

deterministas, à semelhança das coisas e dos animais, o indivíduo sofre constrangimentos externos e internos, o que confere a seus atos apenas a ilusão de livre escolha. Por ser um corpo físico e biológico, por estar sujeito às leis de seu psiquismo, por viver em determinada cultura, não poderia ser senão como de fato é. Já nos referimos às teorias behavioristas como representantes desse ponto de vista.

A essas duas posições antagônicas, que pecam por sua rigidez, podemos contrapor a teoria da *liberdade situada*, a partir de uma visão dialética da liberdade. Assim, admitimos inicialmente que o ser humano, por viver em certo contexto, sofre múltiplas determinações, mas, como é também um ser consciente, ao tomar conhecimento desses determinismos e dos obstáculos a ele antepostos, é capaz de agir sobre a realidade, transformando-a. Ou seja, sua *atuação* torna-se criadora e, portanto, livre.

Além disso, é melhor deslocar a questão da liberdade para o campo prático da ação, para considerarmos o indivíduo como um *sujeito social*. Nessa expressão reencontramos os dois polos que caracterizam o indivíduo, o pessoal e o social. Analisemos então os dois vocábulos: por ser *sujeito*, o indivíduo age de maneira pessoal e autônoma; por ser *social*, pertence de forma inextricável ao grupo no qual se insere, porque o tecido social não é feito de "justaposições" de indivíduos, mas resulta de um engendramento. Nossa individualidade é construída no e pelo grupo social a que pertence, de modo que não somos livres *apesar* dos outros, mas *por causa* deles. Daí a importância da educação que se baseia na intersubjetividade e que deve atuar não só no âmbito pessoal, mas também no campo da ação social, no qual o indivíduo transforma as condições de sua existência coletiva.

A liberdade não é, pois, uma dádiva, mas uma tarefa de construção a partir da situação dada e de condições históricas concretas. Essa concepção é defendida pelos filósofos da corrente da fenomenologia, dentre os quais se destaca o francês Maurice Merleau-Ponty.

Enfim, não é tarefa fácil conquistar a autonomia. Aprendemos a ser livres lentamente, superando nosso egoísmo e comodismo, enfrentando os conflitos de valores sempre inevitáveis, até que, na adolescência, estejamos mais próximos do exercício da liberdade. No entanto, o filósofo francês Georges Gusdorf nos adverte que "a liberdade adolescente é uma adolescência da liberdade, uma liberdade de aspiração (…) A juventude é o tempo da aprendizagem da liberdade".

Programas de educação moral

Resta-nos perguntar que tipo de programa poderia ser privilegiado na escola, tendo em vista a educação explícita, intencional, dos valores morais. Antes, porém, examinemos algumas teorias que ao longo do tempo serviram de suporte para essa ação educativa.

Talvez a orientação mais antiga seja aquela influenciada pela religião que, na crença de verdades e valores absolutos, atribui ao educador a tarefa de transmitir as normas de conduta de uma geração a outra. Nessa perspectiva, não se levam em conta os conflitos internos, mas a boa adequação do indivíduo às normas estabelecidas desde sempre e, portanto, não questionáveis. Se considerarmos o que já discutimos sobre a ação moral, será preciso reconhecer que essa orientação é de certo modo heteronômica, por desconsiderar a possibilidade de o indivíduo criticar ou mudar valores, já que eles são postos como eternos e imutáveis. Além disso, apresenta dificuldades diante da sociedade plural em que convivem pessoas de vários credos e até mesmo ateias.

Outra proposta, que remonta ao filósofo Aristóteles e até hoje tem muitos adeptos, é a de educação moral como formação de hábitos virtuosos. Etimologicamente, *virtude* vem do latim *vir*, que designa o "homem", e de *virtus*, que significa "poder", "potência", "capacidade". Em moral, a virtude é a força com que o indivíduo se aplica ao dever e o realiza. É a permanente disposição para querer o bem, o que supõe a coragem de assumir os valores escolhidos e enfrentar os obstáculos que dificultam a ação.

Para Aristóteles, a vida moral não se resume a um ato moral, mas é a repetição e a continuidade do agir moral. Ao afirmar que "uma andorinha só não faz verão", quer dizer que o agir virtuoso não é ocasional e fortuito, mas deve se tornar um hábito, fundado no desejo de continuidade e na capacidade de perseverar no bem. Enfim, para o aristotelismo a vida moral se condensa na vida virtuosa.

Embora haja aspectos importantes nessa reflexão, é preciso reconhecer que nela prevalece a ideia de uma educação mais diretiva, cabendo ao educador expor os modelos a serem imitados e persuadir os jovens na reiteração dos comportamentos considerados bons, para a formação do hábito e para forjar o caráter. Portanto, também aqui persiste a ideia da assimilação de valores culturais e cuja aceitação não se encontra focada na autonomia moral propriamente dita, o que é compreensível, tendo em vista a época em que essas ideias foram desenvolvidas: na cidade antiga grega não estava ainda desenvolvida a ideia de individualidade, tal como a conhecemos hoje, mas valorizava-se a formação ética para preparar o cidadão para a vida em comunidade.

No final do século XIX, o sociólogo Émile Durkheim, influenciado pela filosofia positivista, buscou critérios distanciados da visão religiosa, porque baseados na concepção de que os fatos morais são fenômenos determinados exclusivamente por fatores sociais. Na obra *A educação moral* propôs uma moral leiga em que a disciplina moral fosse instrumento para aprender a agir de acordo com as normas estabelecidas na sociedade. Disciplina e adesão ao grupo são elementos indicadores da superioridade que Durkheim atribui ao coletivo, em detrimento do indivíduo, já que para ele a autonomia moral consiste no reconhecimento pessoal da necessidade de cumprir as normas morais da sociedade. Trata-se de uma visão que reduz a educação moral a um *processo de socialização* e, portanto, de adaptação, que não deixa de priorizar o comportamento heteronômico.

Assim o psicólogo e educador catalão Josep Maria Puig comenta a posição de Durhkeim: "A educação moral como socialização reconhece, também de modo correto, a vinculação à coletividade que as práticas morais supõem. Porém, concebe tal vinculação como adesão incondicional a uma realidade superior que nos é imposta unilateralmente. Em contrapartida, torna-se difícil perceber os processos de participação e de cooperação, que são os que constroem e reconstroem a coletividade e permitem a formação de um sentimento ativo e crítico de pertencer a um grupo social. Finalmente, a moral requer autonomia da personalidade, mas não só como descoberta e acatamento das regularidades sociais. A autonomia supõe consciência pessoal e criatividade moral. A educação moral como construção reconhece o momento ou o conteúdo socializador inerente à educação moral, mas considera imprescindível apontar a vertente crítica, criativa e autônoma da moralidade"[2].

Com essa observação crítica de Puig nos encaminhamos para examinar as teorias

---

[2] *A construção da personalidade moral.* São Paulo, Ática, 1998, p. 71.

construtivistas, que apresentam a proposta de educação moral cognitiva e evolutiva, baseada no desenvolvimento do juízo moral, sob o enfoque da *construção de personalidades autônomas*. Jean Piaget e Lawrence Kohlberg, os principais representantes dessa tendência, enfocaram o desenvolvimento mental da criança de modo dinâmico, segundo estágios sucessivos em que se organizam o pensamento e o julgamento.

Piaget, um dos integrantes e pioneiros do construtivismo, identificou quatro estágios — sensório-motor, intuitivo, das operações concretas e das operações abstratas — que representam o desenvolvimento da inteligência (da lógica), da afetividade e da consciência moral. Segundo ele, as mudanças mais significativas ocorrem na passagem de um estágio para outro, quando se desfaz o equilíbrio instável e busca-se nova equilibração. Assim, no desenrolar dos quatro estágios, a inteligência evolui da simples motricidade do bebê até o pensamento abstrato do adolescente; a afetividade parte do egocentrismo infantil até atingir a reciprocidade e a cooperação, típicas da vida adulta; a consciência moral resulta de uma evolução que se inicia pela anomia (ausência de leis), passa pela heteronomia (aceitação da norma externa) até atingir a autonomia ou capacidade de autodeterminação, que indica a superação da moral infantil.

A contribuição de Piaget para a pedagogia tem sido, até hoje, inestimável, sobretudo devido às indicações sobre o estágio adequado para serem ensinados determinados conteúdos às crianças, sem desrespeitar suas reais possibilidades mentais, ou seja, de acordo com seu desenvolvimento intelectual, afetivo e moral.

O psicólogo norte-americano Lawrence Kohlberg[3] dedicou-se à questão específica do desenvolvimento moral. Para ele, ensinar moral não deve ser entendido segundo a maneira tradicional e conservadora de "dar lições" sobre o que é justiça, temperança, piedade, responsabilidade, coragem etc. Mais do que ensinar conteúdos de moral, a preocupação de Kohlberg é enfatizar a dimensão formal e processual da constituição da consciência moral. Herdeiro da epistemologia de Piaget, ele preferia criar condições para que as pessoas alcançassem por si próprias os estágios mais altos da moralidade. Ou seja, a ética não é descoberta, mas construída.

Para tanto, implantou diversos programas voltados para a educação moral, a partir dos quais elaborou uma teoria sobre os estágios da construção da moralidade. Sua experiência lhe mostrou que, embora agindo de maneira idêntica, as pessoas podem estar movidas por critérios diferentes caso visem a escapar de uma punição, atender a um interesse particular, garantir a ordem social, ou, ainda, simplesmente para serem justas. Esclarecer esses pressupostos é importante na identificação do nível de consciência moral, por serem indicativos de diferentes estágios evolutivos de moralidade. Exemplificando: no caso de dois indivíduos que agem da mesma maneira, aquele cuja ação resulta do temor à punição ou do desejo de elogio estaria ainda no nível infantil da heteronomia, enquanto o outro, que se guia pelo critério da justiça, já admite um princípio ético superior na escala do aprimoramento moral.

Kohlberg trabalhou um tempo com a proposta de *dilemas morais*, justamente para avaliar o estágio predominante de julgamento moral, a partir da análise das respostas dadas. Isso porque o comportamento identificado como bom ou mau nem

---

[3] Consultar Angela Maria Brasil Biaggio, *Lawrence Kohlberg*: ética e educação moral. 2. ed. São Paulo, Moderna, 2006.

sempre indicava que as pessoas estavam no mesmo nível de moralidade. Foram estabelecidos três níveis de moralidade: o *pré-convencional*, o *convencional* e o *pós-convencional*, cada um deles com dois estágios (portanto, seis ao todo), por meio dos quais era avaliado o amadurecimento moral desde a infância até a idade adulta.

O nível *pré-convencional* caracteriza-se pela moral heterônoma: as regras morais derivam da autoridade, e a ação tem em vista evitar punição e merecer recompensa. Da perspectiva sociomoral prevalece o ponto de vista egocêntrico (o indivíduo está centrado em si mesmo). À medida que se socializa, a pessoa passa a reconhecer os interesses dos outros, mas ainda prevalece o individualismo.

No nível *convencional* é superada a fase anterior, ao ser valorizado o reconhecimento do outro em campos cada vez mais ampliados (grupo, família, nação). Portanto, predominam expectativas interpessoais, e, em um estágio mais avançado, as relações individuais são consideradas do ponto de vista do sistema, das instituições, das leis que garantem a manutenção da ordem na sociedade.

O *pós-convencional* é o nível mais alto, por isso mesmo pouquíssimas pessoas são capazes de atingi-lo. Nessa fase percebem-se os conflitos entre as regras e os sistemas, entre o direito e os princípios morais. Por exemplo, como conciliar as leis do *apartheid* com o princípio moral da dignidade humana? Como aceitar leis injustas como a escravidão, diante do princípio moral da liberdade? Nesse nível prevalece o princípio de que as pessoas não podem ser meios, mas apenas fins e que, portanto, leis injustas precisam ser mudadas.

Como a passagem de um estágio a outro não é automática, há necessidade da intervenção educativa. A partir de experimentos aplicados, Kohlberg verificou, por exemplo,

que nas prisões muitos agem sem considerar as normas do sistema, o que significa um comportamento do nível pré-convencional. Mas também podemos identificar ações típicas desse nível infantil em pessoas que defendem a lei de talião ("olho por olho, dente por dente"; "bateu, levou"; "toma lá, dá cá"), que param o carro em fila dupla ou agem sempre de maneira egocêntrica.

Os programas de educação moral devem, portanto, oferecer oportunidades para estimular o indivíduo a passar de um estágio a outro. É importante superar o comportamento infantil, egoísta, interesseiro, individualista (pré-convencional), para em seguida ser capaz de valorizar as relações interpessoais, agindo com os outros do modo que gostaríamos que eles agissem conosco (convencional), e por fim perceber, no nível pós-convencional, que pode existir conflito entre as leis e os princípios: se por um lado devemos obedecer (de modo autônomo, evidentemente) às leis e nos adequar às instituições, às vezes reconhecemos que os princípios valem mais quando visam a garantir a justiça, a vida, a dignidade e não podem estar subordinados a valores menores como propriedade, sucesso, desejo de poder etc.

A avaliação realizada por meio de dilemas morais sofreu críticas por depender do fator verbal e da cognição, além de ser polêmica a coerência entre julgamento moral e ação efetiva. Daí Kohlberg e seus colaboradores terem expandido a proposta de dilemas morais para discussão em grupo. Posteriormente, avançou mais ainda ao atuar nas chamadas *comunidades justas*, com dilemas morais reais, tirados do cotidiano escolar. De fato, se a moralidade é por natureza social, não basta o trabalho isolado com o indivíduo, mas sim na sua inserção no grupo.

A efetivação desse projeto contou com a participação de escolas que se dispuseram a realizar reuniões semanais de que participavam professores e alunos, em que os problemas eram discutidos em conjunto, a fim de se *construir* uma comunidade democrática.

As ideias de Kohlberg ainda exercem grande influência naqueles que buscam programas alternativos de educação moral, diferentes da antiga inculcação de valores. Vários filósofos, inclusive Jurgen Habermas, ocuparam-se com as teses de Kohlberg. Também diversos pedagogos catalães — como Josep Maria Puig, Maria Dolors Busquets, Montserrat Moreno, Genoveva Sastre e outros — começaram por ele, para em seguida alargarem essa discussão (ver Orientação bibliográfica).

Puig propôs uma abordagem sociocultural da educação moral que o levou a uma nova concepção de *prática moral* para ajudar a "superar o isolamento do agente e que consiga estabelecer com a máxima clareza possível alguns de seus vínculos com o meio sociocultural". Ao contrário dos dilemas morais expostos oralmente e nem sempre relacionados imediatamente com a vida do educando, a prática moral torna visível, desde o início, aquilo que se quer observar, avaliar e intervir.

Para ele, não tem sentido empreender um processo de educação moral se o próprio ambiente em que se vive — no caso a escola — não atende aos requisitos de um ambiente democrático, condição para a atividade moral autônoma. Em seus livros propõe a busca de espaços de diálogos, de ação cooperativa que levem à tomada de consciência no trabalho escolar e em atividades de interação. Descreve com minúcias os diversos tipos e os procedimentos de assembleias, local por excelência em que se pode avaliar o que passou e elaborar projetos de trabalho e normas de convivência.

3. Educação política: a cidadania

A política democrática

Quando se fala em *política*, é comum pessoas imaginarem um espaço externo à sua vida cotidiana e que diz respeito ao Estado e aos políticos profissionais encarregados da administração da cidade, do estado, do país. Essa imagem da política é, no entanto, típica das sociedades autoritárias, em que os indivíduos são tutelados e impedidos de interferir nos rumos da coletividade. Desse modo apenas alguns estariam investidos de poder (com capacidade de agir, de produzir efeitos) e, por isso, decidem, mandam, restando à maioria apenas a obediência.

Ora, o poder não é uma coisa que se tem, mas uma *relação* ou um conjunto de relações por meio das quais indivíduos ou grupos interferem na atividade de outros indivíduos ou grupos. É uma *relação* porque ninguém *tem* poder, mas é dele *investido por outro*: trata-se de uma ação bilateral. Todos nós, como cidadãos, deveríamos ter o direito e o dever de participar do jogo político, tomando conhecimento dele, sem permanecermos alienados, estando vigilantes contra o abuso do poder e buscando maneiras de interferir nas decisões. Em outras palavras, os *cidadãos* também têm poder e devem aprender a exercê-lo.

Portanto, a verdadeira democracia é de fato uma *policracia* (do grego *polus*, "muito", "numeroso" e *kratia*, "governo", "mando"), porque nela o poder não está centrado em um indivíduo nem em uma classe dirigente, mas distribuído em inúmeros focos de poder. Só assim é possível gerar uma sociedade pluralista, participativa e transparente, aberta às discussões, ao conflito de opiniões, e em que são acatados os pensamentos divergentes.

Talvez você acredite que isso possa gerar uma confusão total, em que ninguém se entenderia. Ao contrário, é preciso admitir a ideia de que, se as pessoas forem educadas para a cidadania, há de prevalecer a boa convivência em grupo e o respeito ao interesse público. Nesse caso, o principal instrumento de disputa do cidadão não é a violência, mas as palavras, o discurso fundado na arte da persuasão e que busca o consenso. Não só. As sociedades democráticas devem respeitar o dissenso, que consiste na divergência de opiniões ou de interesses.

Histórico da cidadania

Hoje em dia, usa-se com muita frequência os termos *cidadão* e *cidadania*, embora nem sempre sejam compreendidos em sua mais ampla acepção. Mais ainda, sem saber que a cidadania é conquista recente, fundada nos ideais de liberdade e de democracia. É bem verdade que a primeira experiência modelar foi vivida na Antiguidade, pela democracia grega (século V a.C.), embora restrita aos nativos da cidade — incluindo, sim, pobres e ricos, mas deixando de fora mulheres, escravos e estrangeiros. Depois disso, predominou uma sequência de governos autocráticos ou pelo menos aristocráticos, separando os que tinham direito e acesso ao poder daqueles a quem cabia apenas obedecer. Aliás, a palavra *aristocracia* (do grego *aristos*, "o melhor", e *kratia* "governo") já indica um tipo de classificação que inferioriza os demais.

A palavra *cidade* (do latim *civitas, civitatis*) deu origem, por volta do século XIII, ao termo *cidadão* — o habitante da cidade — para designar os indivíduos que abandonavam as atividades agrícolas do campo e se dirigiam às cidades. Como sabemos pela história, no fim do período medieval estava em germe a nova classe dos burgueses, que se empenharia na luta contra os direitos feudais e pela extensão do poder àqueles que aos poucos introduziam a economia capitalista e novas formas de sociabilidade. Data do século XVIII a explosão das ideias liberais, que, de modo violento, se expressaram na Revolução Gloriosa da Inglaterra (1688), na Independência dos Estados Unidos (1776) e na Revolução Francesa (1789). Em oposição à antiga ordem aristocrática de soberanos e súditos, opuseram o conceito de *cidadania*, atribuindo ao cidadão direitos e deveres de que antes eram desprovidos.

No entanto, os ideais democráticos, que para o próprio liberalismo estavam na base de seus valores, nem sempre se expressaram de maneira extensiva, por se restringirem aos indivíduos de posse, com exclusão do restante. Por exemplo, durante muito tempo o voto foi censitário, ou seja, direito exclusivo dos proprietários. Foi preciso esperar o século XX para a concretização do *voto universal*, acessível aos pobres, às mulheres e aos analfabetos, embora essas conquistas não tenham ocorrido de modo homogêneo, dependendo do grau de abertura tolerado pelas nações que se dizem democráticas.

Além do voto, a lenta conquista dos direitos humanos deveu-se ao esforço organizado da sociedade civil, por exemplo, os movimentos de trabalhadores, de minorias étnicas, das mulheres, de todos que sofriam — e ainda sofrem — discriminações. Dentre os documentos que cristalizaram algumas dessas reivindicações, destaca-se a *Declaração Universal dos Direitos Humanos* (1948), elaborada pela Organização das Nações Unidas (ONU) e que em seus trinta artigos estabelece parâmetros a respeito da defesa dos direitos do cidadão.

Citemos resumidamente esses direitos: *direitos fundamentais* (liberdade, igualdade, não discriminação, vida); *direitos civis e políticos* (não escravidão, não violência, cidadania, proteção legal, reparação legal, não ser preso arbitrariamente, defesa, presunção de inocência, privacidade, locomoção e residência, asilo, nacionalidade); *direitos econômicos, sociais e culturais* (livre união, propriedade, liberdade de pensamento e crença, de opinião e de expressão, de reunião e de associação, participação no governo, segurança social, trabalho, lazer, saúde, educação, participação cultural); no final, o documento apresenta *mecanismos de proteção e promoção* dos direitos enunciados[4].

Porém, o cidadão não é apenas um sujeito de direitos, mas também de *obrigações*. A cada direito opõe-se uma obrigação, por exemplo; o direito à liberdade cria a obrigação de não escravizar, o direito à vida supõe o não matar, e assim por diante. Além disso, o cidadão deve pagar impostos (não sonegar), ter responsabilidade coletiva, solidariedade e participação efetiva na comunidade. Ou seja, deve ser um cidadão ativo. Mesmo porque a passividade e a apatia políticas só beneficiam os governos autocráticos ou aqueles que costumam confundir o público com o privado.

O que foi dito até aqui se refere, evidentemente, aos países democráticos, que assumiram os valores gestados no Iluminismo do século XVIII e se empenharam na implantação deles. Talvez alguém pergunte: Será que se empenharam mesmo? O que observamos de fato é a pobreza e a miséria nos países periféricos, mas nem as nações hegemônicas deixam de apresentar bolsões de pobreza, atualmente sempre crescentes.

Desse modo, é preciso reconhecer que nem toda população dos países ditos democráticos é constituída por cidadãos plenos, uma vez que muitos não usufruem daqueles direitos já referidos. Para entender melhor o que se passa, vamos considerar a democracia sob dois aspectos, o formal e o substancial.

A *democracia formal* instaura-se pelo conjunto das instituições que caracterizam esse regime, ou seja, voto secreto e universal, autonomia dos poderes (Executivo, Legislativo e Judiciário), pluripartidarismo, representatividade, ordem jurídica constituída, liberdade de pensamento e de expressão, pluralismo etc. A *democracia substancial* diz respeito aos fins que são alcançados. Ou seja, se *de fato* existe igualdade jurídica, social e econômica. Isto é, se todos têm acesso a moradia, educação, emprego, cultura etc.

Ora, se observarmos os índices brasileiros, descobriremos que "uma ínfima parcela mais rica da população, não superior a 10%, apropria-se de mais de 2/3 da riqueza nacional desde o século XVIII, quando os primeiros registros oficiais de renda e riqueza começaram a ser realizados no país. E isso não foi alterado significativamente até os dias de hoje. / Durante toda a segunda metade do século XX no Brasil, observa-se como os indicadores oficiais que tratam da redistribuição de renda apontaram uma piora considerável"[5].

A conclusão é que, se após o longo período de vinte anos da ditadura militar o Brasil recuperou as instituições necessárias para o funcionamento da democracia formal, até hoje ainda não soube repartir os bens materiais e simbólicos de maneira equitativa, de modo que desconstruísse a tradição de exclusão. No entanto, esse não é um problema exclusivo do Brasil, mas dos países periféricos, cujas deficiências não foram sanadas. Só para dar um exemplo, a cada 5 segundos morre uma criança com menos de 5 anos por doença relacionada à falta de alimento. Nesse caso, pode-se falar em democracia substancial?

---

[4] Consultar Ulisses F. Araújo e Júlio Groppa Aquino, *Os Direitos Humanos na sala de aula*: a ética como tema transversal. São Paulo, Moderna, 2001.

[5] Marcio Pochmann *et al.* (orgs.), *Atlas da exclusão social*, v. 5: *Agenda não liberal da inclusão social no Brasil*. São Paulo, Cortez, 2000, p. 53.

Educação e cidadania

Assim como as pessoas não nascem morais, mas se tornam morais pela educação, a cidadania é objeto de aprendizagem. A importância dessa aprendizagem decorre do fato de que ninguém pode permanecer apolítico, indiferente à política, porque manter-se neutro nesse campo significa reforçar e justificar a política vigente e estar sujeito a todo tipo de manipulação.

No entanto, como fazê-lo se os índices de exclusão educacional são desalentadores? Mais ainda: sabemos que persiste o dualismo escolar pelo qual a educação destinada às classes subalternas não é integral, como a oferecida à elite, além de que inúmeras crianças e jovens abandonam a escola muito cedo para trabalhar. Além disso, os inúmeros entraves para a formação da cidadania encontram-se em pessoas que estão acostumadas a obedecer, devido ao autoritarismo das relações sociais fortemente hierárquicas e que também estimulam a segregação, o preconceito, a discriminação das minorias.

O que constatamos, portanto, é que a conquista da cidadania depende do direito à apropriação do conhecimento, por meio de uma escola que ofereça o mesmo para todos. Só assim podemos sanar a contradição que existe entre a Declaração dos Direitos e a prática social efetiva. Esses obstáculos não significam, porém, que a tarefa seja impossível. É um desafio que não passa apenas pelos bancos escolares, devendo mobilizar o esforço comum e constante do governo, dos pais, dos centros culturais, enfim, de toda a sociedade civil.

Para não desanimarmos com relação ao projeto de educar para a cidadania, vamos refazer o percurso das conquistas realizadas. A primeira delas foi a *constitucionalização* por meio das Declarações dos Direitos que resultaram dos primeiros movimentos liberais (como a Independência dos Estados Unidos e a Revolução Francesa) e das outras que se seguiram. Depois, deu-se a extensão dos direitos, que inicialmente eram apenas civis, para a conquista dos direitos políticos (até o sufrágio universal) e dos direitos sociais. Numa terceira etapa, a proposta dos direitos tornou-se extensiva em termos mundiais, com a Declaração Universal dos Direitos do Homem, em 1948.

Por já ter decorrido mais de meio século dessa última declaração, é possível dizer que muitas outras reivindicações poderiam ser acrescentadas, se lembrarmos as que, desde a década de 1960, vêm forçando uma mudança de mentalidade a respeito da diferença; por exemplo, as relativas aos direitos da mulher, da criança e do idoso, das etnias discriminadas, dos *gays*, dos deficientes, dos doentes mentais, além do cuidado pelo destino do planeta, representado pelos movimentos ecológicos. Inúmeras comissões internacionais têm-se ocupado com essas questões, e, se ainda há muito por fazer, não resta dúvida de que já temos um bom caminho andado, como podemos conferir no dropes 2.

4. Educação estética: a sensibilidade

O que é estética

O ser humano não é apenas razão, é também afetividade. Nenhuma formação puramente intelectual dará conta da totalidade do humano; daí a importância da arte como instrumento não só de produção e fruição estética — o que se destaca ao se pensar nos dois polos de formação do artista e do apreciador de arte —, mas de humanização propriamente dita, ou seja, a educação estética é instrumento da valorização humana integral.

A palavra *estética*, na sua origem etimológica (do grego *aisthesis*), nos remete aos significados "faculdade de sentir", "compreensão pelos sentidos", "percepção totalizante". Assim, diferente da ciência e do senso comum, que apreendem o objeto pela razão, *a arte é uma forma de conhecimento que organiza o mundo por meio do sentimento, da intuição e da imaginação.*

Vejamos um pouco mais o que significa esse tipo de conhecimento. Estamos acostumados a pensar que são as palavras que descrevem, explicam, montam argumentos, enfim, é o pensamento discursivo que nos ajuda a compreender a realidade. Mas é a arte que, ao conhecer pelo sentimento, expressa nossas experiências vividas que escapam à linearidade da linguagem, abrangendo tudo que não conseguimos dizer em palavras. Como dizer à pessoa amada o tamanho do meu amor? Como reduzir a palavras o horror que sinto diante da violência? Como dimensionar o medo, o ciúme, a angústia? Está certo que há ensaios sobre esses temas, mas, se o artista os toma como objeto de sua expressão em uma obra concreta, podemos senti-los pela experiência estética, que é sempre pessoal e única.

Convém não confundir *sentimento* e *emoção*. A arte provoca emoção, mas não aquela que resulta de uma agitação afetiva, como a que nos faz efetivamente chorar ou ter medo. Ou seja, se ao assistirmos a um "filme comovente" nos pomos a chorar, não é isto que faz dele uma obra de arte, mas sim a capacidade de nos fazer compreender, pelo sentimento, determinada emoção. "Assim, *emoção* designa um estado psicológico que envolve profunda agitação afetiva. O sentimento, por outro lado, é uma reação cognitiva, de reconhecimento de certas estruturas do mundo." Desse modo, "a emoção é uma resposta, é uma maneira de lidarmos com o sentimento. A alegria expressa pelo riso, por exemplo, é o modo pelo qual lidamos com o sentimento do cômico; o medo é uma resposta ao sentimento de ameaça. O *sentimento*, portanto, é conhecimento porque esclarece o que motiva a emoção; esse conhecimento é sentimento porque é irrefletido e supõe uma certa disponibilidade para acolher o afetivo, disponibilidade para a *empatia*, ou seja, sentir como se estivéssemos no lugar do outro"[6]. Assim, a arte nos faz conhecer a realidade, o outro e a nós mesmos, porque ela sempre desencadeia uma reflexão, por analogia com a experiência estética.

Em resumo, segundo o professor João--Francisco Duarte Jr., "a multiplicidade de sentidos que a obra de arte descortina faz--nos continuamente um convite: para que nos deixemos conduzir pelos intrincados caminhos dos sentimentos, onde habitam novas e vibrantes possibilidades de nos sentirmos e de nos conhecermos como humanos"[7].

Além da função cognitiva ou pedagógica, a experiência estética equilibra nossas faculdades intelectivas e emocionais, excessivamente orientadas para o pensamento lógico e utilitário, inventando caminhos antes insuspeitados. Mas não só. Ao reforçar que a experiência estética está aberta à educação, pela qual "os sentimentos se *refinam* pela convivência com os símbolos da arte", o professor Duarte cita Susanne K. Langer: "O treinamento artístico é, portanto, a educação do sentimento, da mesma maneira como nossa educação escolar normal em matérias fatuais e habilidades lógicas, tais como o 'cálculo' matemático ou a simples argumentação (...) é a educação do pensamento. Poucas pessoas

---

[6] M. Lúcia de Arruda Aranha e M. Helena Pires Martins, *Filosofando*: introdução à filosofia. São Paulo, Moderna, 2003, p. 374.

[7] *Fundamentos estéticos da educação*. São Paulo, Cortez/Autores Associados; Uberlândia, Universidade de Uberlândia, 1981, p. 86. (Obs.: existe edição mais recente pela Papirus).

percebem que a verdadeira educação da emoção não é o 'condicionamento' efetuado pela aprovação e desaprovação sociais, mas o contato tácito, pessoal, iluminador, com símbolos de sentimento"[8].

A ampliação de horizontes proporcionada pela frequentação das obras de artes é estimulada também pela possibilidade de contato com obras de outras culturas, contemporâneas ou de tempos passados. Ou seja, por meio delas temos um contato com o diferente e desenvolvemos a disponibilidade para o "sentir-com" o outro, bem como percebemos as transformações nas maneiras de expressar o sentimento ao longo da história.

Mais ainda: a arte tem um forte poder de transformação, por ser subversiva, no sentido de colocar em xeque a visão de mundo cotidiana e esclerosada pelo hábito, pelo comodismo ou pela alienação e ideologia. Esse é o caráter utópico da arte, capaz de vislumbrar as fissuras das relações humanas e projetar o que "ainda não é". Por exemplo, para o professor Antonio Candido de Mello e Souza, a literatura, como instrumento de instrução e educação, "confirma e nega, propõe e denuncia, apoia e combate, fornecendo a possibilidade de vivermos dialeticamente os problemas".

Como se vê, a arte é importante para que se possa, pela imaginação, explorar os sentidos, cultivar os sentimentos, abrir-se para a imaginação, aceitar o desafio da intuição e educar-se para a criatividade, para a invenção, para o novo. Tudo isso é o contrário do convencional, do definitivo, das formas impostas pela comodidade de toda rotina. Do mesmo modo, ao se contrapor a uma civilização excessivamente tecnológica, burocratizada e voltada para a eficácia do útil, a arte recupera o prazer e a fruição.

A educação como atividade estética

Com o que dissemos até aqui, parece clara a necessidade do ensino de artes na escola, o que aliás já é um consenso antigo. Aqui, porém, queremos ir mais além, tentanto recuperar *a atividade estética* na educação, não restrita às aulas de artes, e sim impregnando o projeto educacional como um todo.

Se pensarmos nos ranços que ainda persistem da escola tradicional, encontraremos excessiva seriedade, prevalecimento da atividade intelectual, busca de certezas, repetição, padronização e previsibilidade de comportamentos e, portanto, homogeneização do diferente.

A atividade estética na educação significa buscar na arte o seu elemento educativo da sensibilidade como modo de conhecimento que acata o imprevisível, a alegria, o humor, a invenção, contrapondo o prazer à rigidez do útil e equilibrando inteligência e sentimento. A arte tem, por conseguinte, um papel formador da personalidade integral, porque enriquecida pelas dimensões estéticas que o pensamento discursivo não é capaz de alcançar.

Ao nos referirmos à atividade estética da educação, não nos restringimos ao educando, mas lembramos a necessidade de uma mudança de mentalidade do professor, na busca de outros caminhos, como sugere a professora Sandra Mara Corazza com o neologismo "artistar", certamente indicando que a capacidade de invenção e de respeito à sensibilidade é requisito importante para o mestre (ver leitura complementar 2).

A investigação a respeito dos valores estéticos e a preocupação em desenvolver no educando a percepção e a imaginação são

---

[8] Susanne K. Langer, *Ensaios filosóficos*, p. 90, in João-Francisco Duarte Jr., *Fundamentos estéticos da educação*, São Paulo, Cortez/Autores Associados; Uberlândia, Universidade de Uberlândia, 1981, p. 97.

importantes até para servir de contraponto à maneira pela qual a moral e a política lidam com as ações e paixões humanas. Não é exagero dizer que a postura estética ajuda a evitar as formas petrificadas, rígidas e intransigentes do moralismo ou do fanatismo político. Talvez porque a arte esteja na dimensão do "sonho acordado", da utopia, que nada mais é do que a expressão da esperança.

De novo nos encontramos diante dos problemas criados pela sociedade injusta que não reparte seus bens materiais e simbólicos e que, portanto, exclui tantos da fruição da arte em geral, seja a literatura, seja a pintura, seja a música etc. E, diante do caráter subversivo da arte, entendemos — embora não aceitemos — por que ela está sujeita à censura e à perseguição nos governos autocráticos.

Conclusão

Explicitar a questão axiológica é fundamental em qualquer atividade educativa, porque a formação integral da pessoa supõe o cuidado com a educação ética, política e estética. E, para que não se trate de um tipo de doutrinação, deve-se estar atento para que se trate de uma educação para a emancipação, ou seja, que forme o sujeito ético autônomo, o cidadão ativo e a pessoa sensível e criativa.

Para tanto, bem vimos, não bastam lições e programas puramente escolares, mas um empenho em tornar a própria instituição escolar verdadeiramente democrática e também conscientizar os educandos sobre a sociedade injusta que tem impedido a repartição equitativa dos bens adquiridos e acumulados pelas gerações.

Dropes

1 - O que é, pois, a liberdade? Nascer é ao mesmo tempo nascer do mundo e nascer no mundo. O mundo já está constituído, mas também nunca completamente constituído. Sob a primeira relação somos solicitados, sob a segunda somos abertos a uma infinidade de possíveis. Mas esta análise é ainda abstrata, porque existimos sob as duas relações ao mesmo tempo. Não há nunca, pois, determinismo e nunca escolha absoluta, nunca sou coisa e nunca consciência nua. (Merleau-Ponty)

2 - Com relação às grandes aspirações do homem, estamos já muito atrasados. Tentemos não aumentar esse atraso com a nossa desconfiança, com a nossa indolência, com o nosso cepticismo. Não temos tempo a perder. A história, como sempre, mantém sua ambiguidade avançando em duas direções opostas: em direção à paz ou em direção à guerra, em direção à liberdade ou em direção à opressão. O caminho da paz e da liberdade certamente passa pelo reconhecimento e pela proteção dos direitos do homem, a começar pelo direito à liberdade de culto e de consciência, que foi o primeiro a ser proclamado durante as guerras religiosas que ensanguentaram a Europa durante um século, até os novos direitos (como o direito à privacidade e à tutela da própria imagem) que vão surgindo contra novas formas de opressão e desumanização tornadas possíveis pelo vertiginoso crescimento do poder manipulador do homem so-

---

Axiologia

bre si mesmo e sobre a natureza. Reconheço que o caminho é difícil. Mas não há alternativas. (Norberto Bobbio)

3 - Entendo por humanização o processo que confirma no homem aqueles traços que reputamos essenciais, como o exercício da reflexão, a aquisição do saber, a boa disposição para com o próximo, o afinamento das emoções, a capacidade de penetrar nos problemas da vida, o senso da beleza, a percepção da complexidade do mundo e dos seres, o cultivo do humor. A literatura desenvolve em nós a quota de humanidade na medida em que nos torna mais compreensivos e abertos para a natureza, a sociedade, o semelhante. (Antonio Candido de Mello e Souza)

● Leituras complementares

❶ [Os programas de educação moral]

Kohlberg procurou discutir com os colegas os problemas emergidos no contexto da educação moral. Para explicar as resistências desse contexto com relação à educação moral, pôs em debate o que chamou de *hidden curriculum* [*currículo oculto*] e *moral atmosphere* [*atmosfera moral*] (...).

O conceito do currículo oculto alude ao fato de que não existe um currículo específico para a educação moral, mas, consciente ou inconscientemente, o professor educa segundo princípios morais nem sempre explicitados. Esses princípios implícitos no sistema escolar e transmitidos pelo contexto social mais amplo muitas vezes não são conscientizados pelo professor e traduzem-se em suas práticas educativas. Por trás do currículo oficial, regular, esconde-se, pois, um outro currículo ou programa social: o *hidden curriculum*.

Kohlberg não acreditava na possibilidade de desenvolver um currículo específico para a educação moral. Todas as formas de conduta, todos os temas, todos os relacionamentos dentro e fora da escola forneciam material para a reflexão e o julgamento moral. A educação moral não poderia, pois, ser realizada de forma direta, sem mediações. Mas isso não significava que ela não pudesse ser realizada de forma consciente, em pleno conhecimento de causa dos mecanismos psíquicos da construção da moralidade e das regras e práticas sociais e pedagógicas em uso no contexto escolar. Por isso, insistia na necessidade de treinar os professores e torná-los conscientes de sua influência sobre a formação geral dos seus alunos e sobre seu desenvolvimento moral. Em lugar de um currículo oculto não conscientizado, colocava sua teoria da moralidade como matriz de orientação do professor em sala de aula. Conhecendo a psicogênese da moral, suas etapas e seus mecanismos, os professores estariam em condições de usar qualquer aula (inclusive de matemática ou física) para ajudar a promover a passagem da consciência moral de um estágio inferior para um estágio mais elevado. A teoria psicológica da moral tomaria, pois, o lugar do currículo oculto. Como neste, a teoria não poderia ser mencionada em sala de aula, mas poderia servir como fio condutor para a prática de ensino do professor. (...)

Com o termo atmosfera moral Kohlberg fazia referência ao clima social mais ou menos favorável para a realização com êxito de programas de educação moral. Assim, a atmosfera moral do kibutz em Israel era

186   Filosofia da educação

mais propícia à educação moral, segundo os preceitos da teoria de Kohlberg (incluindo os valores de liberdade, justiça e democracia) do que a atmosfera moral em um povoado tradicional na Turquia ou uma prisão nos Estados Unidos.

Barbara Freitag, *Itinerários de Antígona*: a questão da moralidade, Campinas, Papirus, 1992, p. 219-220.

❷ Artistar

Para artistar a infância e sua educação, é necessário fazer uma docência à altura, isto é, uma docência artística. Modificar a formação do intelectual da Educação, constituindo-o menos como pedagogo, e mais como analista da cultura, como um artista cultural, que já tem condições de pensar, dizer e fazer algo diferente (…).

Docência que, ao exercer-se, inventa. Reescreve os roteiros rotineiros de outras épocas. Desenvolve a artistagem de práticas, que desfazem a compreensão, a fala, a visão e a escuta dos mesmos sujeitos e saberes, dos antigos problemas e das velhas soluções. Dispersa a mesmice e faz diferença ao educar as diferenças infantis.

Uma artistagem de ordem poética, estética e política, derivada dos sobressaltos e das alegrias de trabalhar nas fronteiras entre as disciplinas, os sujeitos e os não sujeitos, os sentidos e os sem sentidos. Docência de um artista, que promove o autodesprendimento, implicado no questionamento dos próprios limites, que renova e singulariza o seu educar.

Docência artística, portanto, que nos convoca a trabalhar na materialidade da cultura. Educar, artistando. Diferenciar, arriscando-se. Usufruir do prazer de criar, sem nos considerar nunca uma obra de arte acabada. Assumir o risco de educar, sem deixar que as ilusões fechem os horizontes sociais, nos empurrem para o conservadorismo, ou violentem a heterogeneidade da infância.

Sandra Mara Corazza, "Pistas em repentes: pela reinvenção artística da educação, da infância e da docência", in Silvio Gallo e Regina Maria de Souza (orgs.), *Educação do preconceito*: ensaios sobre poder e resistência. Campinas, Alínea, 2004, p.184.

Atividades

Questões gerais

1. Observando o mundo em que você vive, analise alguns valores que são desprezados e que, segundo seu ponto de vista, não deveriam sê-lo. Justifique seu posicionamento.

2. Explique o significado da frase de Reboul: "Todo professor é professor de moral, ainda que o ignore".

3. Explique o significado de heteronomia e de autonomia como indicativos do desenvolvimento moral.

4. O pessoal e o social constituem dois polos inseparáveis para se compreender a conduta ética. Explique por que o prevalecimento de apenas um deles pode ser prejudicial ao desenvolvimento moral.

5. Por que no mundo de hoje é tão difícil alcançar a autonomia moral?

Axiologia

6. Baseando-se no dropes 1, atenda às questões:

a) Releia o que discutimos sobre o sujeito social, a propósito da liberdade, e explique o que Merleau-Ponty quer dizer com "nascer é ao mesmo tempo nascer *do* mundo e nascer *no* mundo" (grifo nosso).

b) A partir do que foi explicado a respeito da controvérsia entre os partidários do determinismo e os da liberdade absoluta, explique o significado da frase: "Nunca sou coisa e nunca consciência nua".

7. Analise a frase de Georges Gusdorf: "A liberdade adolescente é uma adolescência da liberdade".

8. Leia as frases a seguir (sugeridas pelo professor Saviani), identifique a que é reveladora de uma postura autoritária e justifique sua resposta:

a) "Se meu filho não quer aprender, o professor tem de fazer com que ele queira".

b) "Se meu filho não quer aprender, o professor tem de fazer com que ele aprenda mesmo que não queira".

9. Releia o item "Programas de educação moral" (na página 175) e faça um fichamento sobre os principais tipos de ensino de moral. Em seguida, comente sobre os modelos cuja aplicação tem predominado, segundo sua experiência pessoal, e faça uma análise crítica.

10. Que diferença fundamental apresenta o programa proposto por Kohlberg em relação à concepção tradicional de educação moral?

11. Segundo Puig, "a democracia é um conceito útil para definir a organização política da sociedade, no entanto, é inadequado para caracterizar as instituições sociais como: família, escola e hospitais"; mais adiante, acrescenta: "pensamos que é possível continuar qualificando as escolas como democráticas, bem como as outras instituições que acabamos de mencionar". Essas duas afirmações pinçadas fora do contexto podem parecer incoerentes, mas o autor explica em que medida também podemos falar em democracia na escola. De acordo com o que foi visto no capítulo, aponte, então, a diferença existente entre o regime político da democracia e a democracia que pode ser instaurada na escola (ou na família).

12. Os alunos devem trazer para a aula a Declaração Universal dos Direitos Humanos e reunir-se em grupos. Depois de cada grupo recolher um artigo e analisá-lo, deverá discutir sobre o cumprimento de seus objetivos diante da atual situação do Brasil.

13. A partir das noções de democracia formal e de democracia substancial, por que não podemos dizer que a maioria da população brasileira é constituída por cidadãos de fato?

14. Leia o dropes 2 e atenda às questões:

a) Bobbio se refere às guerras religiosas e à liberdade de culto; no entanto, revivemos a intolerância na expressão dos muitos fundamentalismos atuais (não só o islâmico, mas também o cristão). Faça uma pesquisa a respeito disso.

b) Posicione-se pessoalmente a respeito das lutas na defesa dos direitos humanos. Podemos dizer que seu saldo é positivo ou negativo?

15. Distinga sentimento e emoção.

16. Considerando que não conhecemos apenas pela razão, mas também pelo sentimento, justifique a importância do ensino de arte na escola.

17. Considerando que a arte pode ter um caráter subversivo, reúna-se em grupo para identificar exemplos do tempo da ditadura em que expressões artísticas foram objeto de censura.

18. "É preciso compreender que a evolução estética não se refere apenas e necessariamente à arte; refere-se também à integração mais intensa e profunda do pensamento, do sentimento e da percepção. Pode, assim, suscitar maior sensibilidade em face da existência e, portanto, converter-se no objetivo principal da educação." A partir dessa citação de Lowenfeld e Brittain, explique qual é a importância de se entender a educação como atividade estética.

19. "Uma parte de mim / é só vertigem; / outra parte, / linguagem." Pesquise e transcreva o poema integral *Traduzir-se* de Ferreira Gullar, do qual extraímos esses versos, e relacione o que o poeta diz sobre a arte com as discussões sobre a educação como atividade estética.

Questões sobre as leituras complementares

Com base no texto complementar 1, atenda às questões a seguir.

1. O que significa currículo oculto? E atmosfera moral?

2. Observe a sua escola e identifique comportamentos típicos do currículo oculto; depois cite características predominantes da atmosfera moral.

3. A autora se refere a ambientes com diferente atmosfera moral. Explique em que medida as relações democráticas podem constituir um elemento decisivo para a educação moral.

Tendo em vista a leitura complementar 2, responda às questões a seguir.

4. O foco da análise da autora é o fazer do professor. Identifique o avesso desse texto, isto é, que tipo de atuação do professor está sendo criticado?

5. O que significa dizer que não devemos nunca nos considerarmos "uma obra de arte acabada"?

6. Quais as dificuldades que professores criativos teriam de enfrentar na atual estrutura escolar que estamos vivendo?

Capítulo 12

Política e educação

O caminho percorrido até aqui foi suficiente para concluirmos que a escola não é uma ilha separada do contexto histórico em que se insere. Ao contrário, ela está comprometida de forma irreversível com o ambiente social, econômico e político.

Para encerrar esta unidade, que trata das relações entre educação e filosofia, depois de ter analisado os pressupostos antropológicos (capítulo 9), epistemológicos (capítulo 10) e axiológicos (capítulo 11), veremos agora os pressupostos políticos da práxis educativa.

Como vivemos em uma sociedade capitalista, abordaremos a tendência liberal e, em seguida, a crítica que o socialismo faz à estrutura burguesa. Em seguida, veremos a situação atual, que predomina na maior parte do mundo: a globalização neoliberal.

‹ **O Fórum Social Mundial se contrapõe ao modelo de globalização vigente. Diante das divergências políticas e econômicas, cabe à escola tornar-se o lugar do diálogo que permita compreendê-las a partir dos princípios que as fundamentam.**

1. O que é liberalismo

O liberalismo é a teoria política e econômica do capitalismo burguês. Na verdade, deveríamos falar em *liberalismos*, tantas foram as modificações que se fizeram necessárias ao longo dos séculos, para adaptar esse modelo às transformações sociais e tecnológicas, bem como às oposições que a ele foram feitas pela classe trabalhadora.

A burguesia começou a surgir ainda durante a Idade Média, com os segmentos de comerciantes e artesãos, que lentamente desestruturaram a antiga ordem feudal, ao desenvolver o modo de produção capitalista. A economia burguesa caracteriza-se pela abolição da servidão, substituindo-a pelo trabalhador assalariado — o proletariado, mão de obra destituída de capital —, que, a partir do século XVII, se aglomerava nas fábricas das cidades, deslocando o eixo da economia do campo para a cidade.

O capitalismo defende a *economia de mercado*, segundo a qual existe um equilíbrio natural decorrente da lei da oferta e da procura, o que, segundo seus ideólogos, reduziria a necessidade de intervenção do Estado. Essa teoria do *Estado mínimo* resultou do esforço empreendido pela burguesia para se livrar do controle dos reis absolutistas na gestão dos seus negócios. Outras características da economia de mercado são a defesa da *propriedade privada dos meios de produção* e a garantia de funcionamento da economia segundo o princípio do lucro e da livre iniciativa. A estimulação do comércio e da indústria justificou o interesse pelo desenvolvimento científico e tecnológico, tão bem representado pela Revolução Industrial do século XVIII.

A exigência de não intervenção do Estado estendeu-se também ao poder da Igreja, muito forte durante a Idade Média, daí a defesa do Estado laico, não identificado com religião alguma, e a valorização do ideal de tolerância, pelo qual devem ser respeitadas as crenças pessoais.

As mudanças econômicas prepararam o caminho para que a burguesia se tornasse classe hegemônica, em oposição à antiga ordem aristocrática. Isso ocorreu com as chamadas revoluções burguesas — a

Revolução Gloriosa (Inglaterra, 1688) e a Revolução Francesa (1789) —, ocasião em que a burguesia assume o poder político.

Os principais teóricos do liberalismo econômico foram Adam Smith e David Ricardo, no século XVII. No período que vai do século XVII ao XIX, o liberalismo político teve como representantes Locke, Montesquieu, Kant, Humboldt, Stuart Mill e Tocqueville. No século XX, destacam-se Keynes e Hayek.

Um novo modo de pensar e agir

O liberalismo desencadeou um novo modo de pensar e agir nos campos econômico, político, social e cultural. Os novos princípios ficaram claros na filosofia do inglês John Locke (1632-1704), que, à semelhança de outros filósofos de seu tempo, desenvolveu a *teoria contratualista* para explicar a origem do poder de maneira racional e laica (não religiosa). Para ele, o Estado tem origem no *contrato social*, um pacto entre os indivíduos, pelo qual o poder é legitimado. Do ponto de vista filosófico, o termo *origem* deve ser entendido no sentido lógico, e não cronológico: não se trata de um "começo", mas de um princípio, ou seja, a razão de ser do Estado, aquilo que lhe dá a legitimidade da ordem social e política. Essa ideia é importante porque se contrapõe ao direito divino dos reis e à tradição absolutista, em que o poder absoluto não podia ser contestado. Portanto, a mudança é fundamental, já que nela a ideia de súdito é substituída pela de cidadão.

Para garantir o pacto que dá origem ao Estado, Locke partiu da análise dos "direitos naturais do indivíduo" (a vida, a liberdade e a propriedade), concluindo que o governo existe para garantir a defesa dos direitos individuais naturais e dar segurança para cada um desenvolver seus talentos e gerenciar seus negócios.

A concepção de mundo subjacente à teoria liberal valoriza[1]:

• o *individualismo*: a sociedade civil resulta da aglutinação de indivíduos — em tese — separados no "estado de natureza" (antes do pacto) e que se reúnem para garantir a consecução de seus interesses individuais. O sucesso ou não de cada um depende de seu talento e resulta da competição entre os membros da sociedade;

• a *liberdade* vista como liberdade individual: espera-se que o sucesso de cada indivíduo garanta o crescimento da sociedade como um todo;

• a *propriedade*: este conceito é compreendido no sentido amplo de cada um ser proprietário de sua vida, de seu corpo, de seu trabalho e, no sentido estrito, de seus bens e patrimônio;

• a *igualdade*, entendida como *igualdade civil*: não se admite a servidão, como na Idade Média, nem se suportam os privilégios da nobreza, que tanto irritavam os burgueses; todos seriam iguais perante a lei e a todos seria oferecida igualdade de oportunidades;

• a *segurança*: baseada em uma nova concepção de justiça, centrada na valorização da lei, em detrimento do arbítrio. Essa segurança era fundamental para a garantia da proteção e da conservação da pessoa, dos direitos e das propriedades.

Essas novidades são importantes para avaliar as conquistas significativas do Estado moderno, que se configuraram nas declarações de direitos humanos ainda no século XVIII, além da conquista de institutos como o *habeas corpus* e a condenação da tortura e das penas cruéis.

No entanto, à medida que a ideologia burguesa se fortalecia, esses princípios não se estenderam à sociedade como um todo,

privilegiando os cidadãos que possuíam os meios de produção (os capitalistas), excluindo os que só possuíam a força de trabalho (os proletários). Embora aspirasse à democracia, o liberalismo desde cedo acentuou o seu caráter elitista, porque a igualdade defendida era de natureza abstrata e puramente formal, justificando a desigualdade entre os membros da sociedade pela diferença de talentos.

Sob o capitalismo todos são "livres e proprietários", mas os trabalhadores só possuem seu corpo e seus filhos — aliás, etimologicamente, a palavra *proletário* deriva de *prole*, "filhos". Porém, se todos pertencem igualmente à sociedade civil, apenas os proprietários de fortuna teriam capacidade (conhecimento e racionalidade) para decidir os destinos da comunidade, por isso o liberalismo político, no seu início, defendia o voto censitário, o que demonstra que só os ricos eram considerados plenamente cidadãos.

A importância dada à propriedade gerou um eixo determinante pelo qual a política se tornou condicionada pela economia, e, consequentemente, o Estado se colocou a serviço da classe hegemônica, protegendo-a por meio de uma legislação específica, que salvaguardava os interesses dos proprietários na nascente sociedade mercantil.

O liberalismo não permaneceu o mesmo desde sua implantação. Sofreu mudanças significativas, devidas a novas acomodações, sem que, na verdade, se perdessem de vista seus princípios fundamentais, ou seja, sempre mudava para permanecer o mesmo. Assim, a expansão do capitalismo se fez pela criação de laços de dependência: a colonização da América do século XVI ao XVIII; o imperialismo na África e na Ásia no século XIX; a implantação das multina-

---

[1] Consultar Luiz Antônio Cunha, *Educação e desenvolvimento social no Brasil*. 8. ed. Rio de Janeiro, Francisco Alves, 1980, p. 28 e seguintes.

cionais nos países não desenvolvidos no século XX; e, mais recentemente, pelas redes globalizadas das empresas transnacionais.

Outro tipo de acomodação aparece na oscilação ora focada na defesa do Estado mínimo, ora do Estado intervencionista. Como dissemos, o liberalismo nasceu opondo-se ao absolutismo real, ao defender um Estado que não interferisse nos negócios, já que, segundo Adam Smith, a esfera do mercado se regula a partir de uma "mão invisível". No século XX, porém, predominou a teoria de John Maynard Keynes, que visava à justiça social, além da eficiência econômica e da liberdade individual. De fato, na Inglaterra, desde o começo do século, já vinham sendo implantadas medidas assistenciais de proteção ao trabalhador, configurando o que se chamou de *Welfare State* (Estado de bem-estar social). Essa orientação vigorou também nos Estados Unidos, sobretudo a partir da quebra da Bolsa de Nova York em 1929.

As teorias keynesianas influenciaram a orientação liberal desde a década de 1930 até a de 1970, quando o neoliberalismo voltou a enfatizar o Estado não intervencionista, com corte, inclusive, de benefícios conquistados pelos trabalhadores. A justificativa da mudança eram as dificuldes dos Estados em arcar com as responsabilidades sociais assumidas. Um dos principais teóricos da nova orientação foi o economista austríaco Friedrich von Hayek.

No final do capítulo, retomaremos a questão do neoliberalismo e da globalização.

A educação liberal

A expressão "educação liberal" não significa, como geralmente se costuma dizer, uma educação avançada, aberta, não repressora: o conceito usado neste capítulo está estritamente ligado ao tipo de escola que interessa à teoria política do liberalismo. Neste capítulo veremos as características gerais dessa educação, e a ela voltaremos nos capítulos 13 e 14 nos quais serão analisados com mais detalhes os principais expoentes da escola tradicional, da Escola Nova, das teorias antiautoritárias liberais e da tendência tecnicista.

De maneira geral podemos dizer que a educação liberal reflete os ideais da burguesia e enfatiza o individualismo e o espírito de liberdade. A valorização da capacidade de autonomia e de conhecimento racional, expressos nos ideais iluministas, revela um otimismo em relação à possibilidade de a razão humana transformar o mundo.

Contudo, em face do antagonismo de interesses entre capitalistas e proletários, a educação sempre foi um bem reservado à elite. Mesmo no final do século XIX, quando os trabalhadores, estimulados pelos movimentos socialistas, começaram a exercer maior pressão política e conquistaram benefícios, tais como o sufrágio universal e a expansão da rede escolar, a escolarização se manteve como privilégio de classe, porque a ampliação da rede escolar não significou a equalização de oportunidades. À medida que o desenvolvimento do comércio e da indústria exigia maior escolarização, as crianças proletárias frequentavam escolas que em tudo diferiam daquelas reservadas às classes dominantes. No modelo da *escola dualista*, de acordo com a sua origem social os jovens são encaminhados para a formação global, para a estrita profissionalização técnica ou, ainda, para a simples iniciação no ler, escrever e contar.

É bem verdade que uma vertente do pensamento liberal — representada desde o século XVII por Comênio, passando por Diderot e Condorcet, no século XVIII, e culminando, no século XX, com Dewey — se preocupou com a questão da reconstrução social, com os fins sociais da educação, na tentativa de superar a tendência individualista da educação burguesa e orientar-se numa linha de maior democratização.

Esses objetivos darão corpo aos ideais da Escola Nova (que surgiu no final do século XIX e vigorou durante a primeira metade do século XX), uma tendência modernizadora da educação liberal que se colocou em oposição aos vícios da escola tradicional.

2. As ideias socialistas

No século XIX, o proletariado encontrava-se relegado a uma situação de penúria e de exploração. São conhecidas as condições de homens, mulheres e crianças trabalhando em galpões insalubres, em uma jornada de catorze a dezesseis horas e com ínfima remuneração. Para fazer frente ao poder da burguesia, o proletariado precisaria tomar consciência da exploração, por meio de sua própria ideologia. Nesse sentido, foi importante a produção teórica dos *socialistas utópicos* Proudhon, Fourier, Saint-Simon e Owen e do *socialismo científico* de Marx e Engels, ao darem elementos para a conscientização do proletariado, a fim de que promovesse por conta própria sua aglutinação em movimentos efetivos de contestação.

Karl Marx (1818-1883) e Friedrich Engels (1820-1895) aspiravam a uma classe operária revolucionária capaz de destruir o Estado burguês e de criar uma sociedade pós-mercantil (que rejeitasse o capital e o mercado) a partir da supressão da propriedade privada dos meios de produção.

Em oposição às teses liberais do contrato social, criticam a teoria do indivíduo "em estado de natureza", por ser individualista e idealista, opondo-lhe a noção de que o ser humano é, antes de tudo, um *ser social* que se constrói nas relações de trabalho. Para eles, portanto, a subjetividade resulta, em um primeiro momento, das forças sociais que agem sobre o indivíduo, de modo que

seus desejos, aspirações, valores e ideias são determinados por aquelas forças. Segundo o marxismo, não é possível existir um Robinson Crusoé solitário, à margem da sociedade. Compreende-se assim a crítica feita por Marx ao idealismo burguês: não são as ideias que movem o mundo, mas são as condições materiais da existência humana que determinam as ideias (formas de pensar, valores).

Segundo o *materialismo marxista*, as relações humanas com a natureza no esforço de produzir a existência e as relações entre proprietários e não proprietários é que configuram as formas de pensar, como a moral, o direito, a filosofia, a ciência, a educação, e assim por diante.

Para Marx, esses dois níveis de realidade — a produção material e a produção simbólica — são explicados pelos conceitos de infraestrutura e superestrutura:

• a *infraestrutura* ou estrutura material da sociedade é a base econômica, isto é, as formas pelas quais são produzidos materialmente os bens necessários à vida; por exemplo, na Antiguidade a infraestrutura é constituída pela mão de obra escrava e na Idade Média pela servidão;

• a *superestrutura* corresponde à estrutura jurídico-política (Estado, direito etc.) e à estrutura ideológica (formas de consciência social). A superestrutura compreende as instituições criadas para organizar as relações humanas, bem como se revela no modo de conceber o mundo, expresso nas obras da literatura, da filosofia, dos códigos, dos costumes, das concepções políticas etc.

Segundo Marx, a infraestrutura determina a superestrutura, ou seja, a base material e econômica influencia a maneira de pensar e querer dos indivíduos. Mas, como se trata de uma sociedade dividida, predominam as ideias da classe dominante.

No entanto, nunca foi tranquila a relação entre senhores e escravos (na Antiguidade) e entre senhores e servos (na Idade Média), já que os interesses que permeiam tais relações são antagônicos, gerando conflitos inevitáveis. O mesmo ocorreu na Idade Moderna, com o modo de produção capitalista, no qual se revelaram duas forças opostas representadas pelas classes sociais: a burguesia, detentora do capital e proprietária dos meios de produção (fábricas, máquinas), e o proletariado produtor (que só possuía a força de trabalho). Os interesses dessas classes, por serem divergentes, só se sustentavam mediante a dominação de uma classe sobre outra.

Como é possível então que a classe dominada não se rebele — ou demore para se rebelar — permanecendo fiel aos interesses da classe dominante? Se admitirmos que a superestrutura reflete a infraestrutura, temos de concluir que as formas de pensar e as instituições criadas a partir do modo de produção capitalista serão burguesas (e não proletárias). Ainda mais: a dominação de uma classe sobre outra se deve à *ideologia* (ver capítulo 5), por meio da qual a exploração é mascarada e os valores da burguesia passam a ser considerados "universais" — não mais valores de determinada classe —, podendo ser assimilados pelo proletário, o que dificulta o desenvolvimento do pensar próprio e autônomo do trabalhador.

Esse processo e as consequências dele são analisados por Marx na filosofia do *materialismo dialético* e por uma teoria científica, o *materialismo histórico*. Já vimos no capítulo 9 como a dialética foi desenvolvida por Hegel, que, na sua versão idealista, explicou a realidade pelo movimento entre tese e antítese, contradição que exige sua superação em uma síntese. Marx retoma a dialética hegeliana, mas inverte o processo: não analisa a transformação das ideias, mas a produção humana material. Como vimos, é esta infraestrutura que determina a superestrutura.

Retomando os exemplos dados anteriormente, na oposição entre senhores e escravos, senhores e servos e capitalistas e proletários reconhecemos a contradição entre tese e antítese, cuja síntese é o modo de produção que supera o anterior, movimento este que determina as mudanças históricas, como a passagem do feudalismo para o capitalismo, por meio da atuação da burguesia nascente, oriunda dos artesãos medievais.

Desse modo, percebe-se que o espírito, com suas ideias, não é consequência passiva da ação da matéria, como seria de supor, mas reage sobre aquilo que o determina: conhecer esses determinismos possibilita a ação livre do ser humano, por orientar sua ação sobre o mundo, modificando as estruturas, inclusive pela revolução — como ocorreu com as revoluções burguesas no século XVIII. A mudança é o objetivo da *luta de classes*, conceito fundamental no marxismo, pelo qual explica a contradição de interesses e o movimento para sua superação.

Marx chama de *práxis* a essa ação transformadora da realidade. *Práxis* vem do grego *prattein*, "agir", e do latim *praxis*, "maneira de proceder", "prática", mas na teoria marxista adquire um sentido mais amplo, por significar a união dialética da teoria e da prática. Ou seja, ao mesmo tempo que a teoria é determinada pela prática, esta resulta de uma teoria, de um projeto que antecede a ação. Por isso o marxismo é também conhecido como *filosofia da práxis*.

Por consequência, a superação da luta entre capitalista e proletário depende da práxis revolucionária. Assim, Marx antevê a utopia comunista que em um primeiro momento corresponderia ao *socialismo*, no qual a classe operária, organizada em um partido revolucionário, destruiria o Estado burguês, para instalar um Estado provisório — a *ditadura do proletariado*. Quando houvesse condições para atingir a etapa final do *comunismo*, seria então possível o desaparecimento das classes.

Deixaremos para analisar o anarquismo, outra vertente do socialismo, no capítulo 15.

Socialismo e educação

Sob o ponto de vista do materialismo dialético marxista, a educação (como as demais expressões da superestrutura) encontra-se na dependência das forças econômicas vigentes na sociedade. Por isso seria ilusório pensar que podemos mudar as estruturas sociais por meio da educação. Para Marx, o cidadão novo só nasceria após a revolução social e política, ou seja, com a implantação de uma sociedade na qual não houvesse divisão de classes.

Ao mesmo tempo, Marx diz que, se por um lado é preciso mudar as condições sociais para se criar um novo sistema de ensino, por outro falta uma educação nova, que proporcione mudanças nas condições sociais vigentes. A educação deve, então, *acompanhar* o processo revolucionário, preparando, por meio da conscientização, aqueles que querem destruir a velha sociedade e instaurar a nova. Com isso, o marxismo confere às discussões sobre a educação um caráter político e social até então inexistente.

Na busca de uma igualdade efetiva, o socialismo critica a sociedade dividida em classes e contrapõe à *escola dualista* a *escola unitária*, que oferece o mesmo tipo de escolarização a todos e que não separa trabalho intelectual e trabalho manual.

Logo após a Revolução Russa de 1917, o ministro da Educação Lunatcharski, juntamente com Krupskaia (companheira de Lênin) e, mais tarde, Makarenko e Pistrak, projetou a universalização da escola elementar, gratuita e obrigatória, ao mesmo tempo que introduziu profundas alterações nas concepções pedagógicas ao aplicar os princípios da escola do trabalho. Segundo essa orientação, o trabalho é importante como expressão de um valor moral fundamental, uma vez que o ser humano se faz pelo trabalho. Daí a necessidade de superação da dicotomia entre trabalho intelectual e trabalho manual, típica da escola tradicional burguesa, a fim de assegurar a todos a compreensão integral do processo produtivo.

A nova pedagogia valorizava também a ligação entre escola e vida, necessária para se formar o novo cidadão que a sociedade revolucionária precisava. Por isso destacava o trabalho coletivo, descartando as atividades individualistas e competitivas para estimular a cooperação, o apoio mútuo e a auto-organização dos estudantes.

Entre os teóricos que se sucederam, foi importante a contribuição do italiano Antonio Gramsci. Durante o governo fascista de Mussolini, Gramsci escreveu na prisão uma ampla obra privilegiando os temas de cultura e educação, que serão detalhados no capítulo 16. Do mesmo modo, destacaremos, na unidade IV, outros representantes da orientação socialista propriamente dita, dos anarquistas, dos teóricos crítico-reprodutivistas e dos progressistas de influência socialista.

A educação, como prioridade máxima dos governos revolucionários e implantada com rigor, logo frutificou nos países socialistas (na União Soviética, em Cuba, na China e na África). Os níveis de analfabetismo baixaram drasticamente, atingindo índices próximos do zero.

Algumas metas apresentaram dificuldades, como, por exemplo, a implantação da *politecnia*: em um mundo no qual ocorrem rápidas transformações científicas e tecnológicas, é sempre problemático atrelar a escola ao funcionamento das atividades no campo, na fábrica e nos serviços. Porém, o professor Dermeval Saviani, ao comentar o conceito de politecnia, para propô-la ainda hoje como recurso importante na educação, diz que o objetivo da politecnia não é reproduzir na escola a especialização que ocorre no mundo da produção, mas "propiciar aos alunos o domínio dos fundamentos das técnicas diversificadas, utilizadas na produção, e não o mero adestramento em determinada técnica produtiva. Não a formação de técnicos especializados, mas de politécnicos. Politecnia significa, aqui, especialização como domínio dos fundamentos das diferentes técnicas constitutivas do trabalho nas condições atuais. Nessa perspectiva, a educação escolar de 2º grau tratará de se concentrar nas modalidades fundamentais que dão base à multiplicidade de processos e técnicas de produção existentes"[2].

Porém, a ênfase dada ao coletivo, no afã de superar o individualismo burguês, muitas vezes resultou na repressão do pensamento divergente, na penalização da dissidência, o que provocou formas de intolerância e doutrinação nos países que implantaram o chamado *socialismo real*.

Em 1985, o presidente soviético Gorbatchev acelerou a implosão do mundo socialista ao proceder à abertura política, visando à renovação dos quadros formados pela velha e autoritária elite burocrática dirigente, e ao propor a reestruturação da economia, buscando quebrar a rigidez do planejamento estatal por meio da introdução de elementos de regulação de mercado.

Se, por um lado, as pessoas estavam asfixiadas pelo poder e muitos críticos denunciavam os excessos e exigiam a liberdade de pensamento, por outro lado, a rápida deterioração e o esfacelamento das repúblicas socialistas culminaram com o retorno à economia de mercado, com a perda dos benefícios sociais que desfrutavam, incluindo aí a educação.

3. Neoliberalismo e globalização

Os acontecimentos que se sucederam após a derrocada do socialismo real não nos devem enganar, no sentido de que os seus desacertos não avalizam o capitalismo como defensor da democracia e da liberdade. O pensador italiano Norberto Bobbio ponderava, bem antes da queda do Muro de Berlim, que, se o socialismo criou o Estado de não liberdade, em contrapartida, o capitalismo permanece como o Estado da não justiça. Em outras palavras, o malogro do socialismo real não garante o sucesso do liberalismo, que continua gerando os excluídos da riqueza: os países subdesenvolvidos e a grande massa de pobres e miseráveis analfabetos e de imigrantes de países periféricos que forçam as fronteiras das nações opulentas.

O modelo da escola não democrática, ou simplesmente a exclusão dela, persiste na sociedade neoliberal devido a inúmeros fatores, sem dúvida acelerados pela globalização, fenômeno que, se em outras épocas se assemelhou a movimentos como a colonização, hoje é algo novo do ponto de vista da qualidade, da intensidade e das múltiplas formas que adquiriu. Para Boaventura de Sousa Santos, "nas três últimas décadas [de 1970 a 2000], as interações transnacionais conheceram uma intensificação dramática, desde a globalização dos sistemas de produção e das transferências financeiras, à disseminação, a uma escala mundial, de informação e imagens através dos meios de comunicação social ou às deslocações em massa de pessoas, quer como turistas, quer como trabalhadores migrantes ou re-

---

[2] "Perspectivas de expansão e qualidade para o ensino de 2º grau: repensando a relação trabalho-escola", in *Seminário de Ensino de 2º grau — perspectivas*. Anais. São Paulo, Faculdade de Educação/USP, 1998, p. 87.

fugiados". E adiante, continua: "A globalização é um processo multifacetado com dimensões econômicas, sociais, políticas, culturais, religiosas e jurídicas interligadas de modo complexo"[3].

Se considerarmos o poder político e econômico das nações hegemônicas (que não chegam a uma dezena), é fácil concluir que a pressão exercida sobre os países periféricos muitas vezes oculta os conflitos de interesses que permeiam essas relações. Foi em função desses desacertos que ocorreu no México um movimento antiglobalização no Primeiro Encontro Internacional pela Humanidade e contra o Neoliberalismo, em 1996. Outras reações se seguiram, ora contra a globalização, ora em defesa de uma globalização alternativa e democrática, que levasse em conta as reivindicações dos segmentos sociais prejudicados. São exemplos os encontros oficiais como os de Seattle (EUA), Davos (Suíça), Gênova (Itália), locais que se transformaram em palco de protestos de representantes dos mais diversos segmentos sociais. De forma mais organizada, desde 2000, ao ideário neoliberal contrapõe-se o Fórum Social Mundial, que teve seu primeiro evento em Porto Alegre, no Brasil, com o objetivo de priorizar o social e não o econômico, dando voz às minorias.

O grande motivo do descontentamento decorre das desigualdades, em um momento de pleno desenvolvimento da "sociedade de informação", como nunca houve igual na história da humanidade. Devido às modernas tecnologias de comunicação, sobretudo à informática, as distâncias foram abolidas e estabeleceu-se uma interatividade planetária que aumentou significativamente a circulação de imagens e palavras. Esses recursos já têm sido usados largamente pelas empresas, mas de modo muito tímido pela escola, além de ter criado um outro tipo de exclusão, o do analfabeto digital.

Outros riscos decorrem dessa revolução tecnológica, tais como o desequilíbrio entre as nações desenvolvidas que já utilizam amplamente esses recursos e os países periféricos que não têm condições de implantá-los, permanecendo na dependência dos mais ricos para apenas receber informações, sem capacidade para produzir os conteúdos. Lemos no Relatório Jacques Delors que "os países em desenvolvimento não dispõem, em geral, dos fundos necessários para investir de maneira eficaz na pesquisa, e a ausência de uma comunidade científica própria, suficientemente vasta, constitui uma pesada limitação. (…) Uma primeira conclusão parece se impor: os países em desenvolvimento não devem negligenciar nada que possa facilitar-lhes a indispensável entrada no universo da ciência e da tecnologia (…). Considerados nesta perspectiva, os investimentos em matéria de educação e de pesquisa constituem uma necessidade, e uma das preocupações prioritárias da comunidade internacional deve ser o risco de marginalização total dos excluídos do progresso, numa economia mundial em rápida transformação"[4].

No entanto, essa integração no mundo da ciência e da tecnologia não é fácil, até porque não depende apenas da "vontade" dos países periféricos, nos quais os problemas que assolam os grandes centros urbanos, tais como o desemprego, reforçam ainda mais o quadro de exclusão social. O acesso à educação não se restringe, po-

---

[3] "Os processos da globalização", in Boaventura de Sousa Santos (org.), *A globalização e as ciências sociais*, 2. ed. São Paulo, Cortez, 2002, p. 25-26.

[4] Jacques Delors *et al. Educação, um tesouro a descobrir* (Relatório para a Unesco da Comissão Internacional sobre educação para o século XXI). São Paulo, Cortez; Brasília, MEC/Unesco, 2004, p. 74.

rém, a oferecer os instrumentos para a inserção no mercado de trabalho, mas também abrange o bem-estar humano, a formação integral da pessoa (a esse propósito, ver dropes 4).

Mais uma questão, não menos importante: as grandes transformações ocorridas nas últimas décadas do século XX têm colocado a instituição escolar em um impasse, que exige a alteração de procedimentos para distanciá-la definitivamente da velha educação reduzida à simples transmissão de informação. Com as modernas tecnologias, caberá à escola o trabalho de auxiliar o aluno na captação e crítica desse conteúdo. Assim diz o professor Ladislau Dowbor: "As estruturas de ensino poderiam evoluir, por exemplo, para um papel muito mais organizador de espaços culturais e científicos do que propriamente 'lecionador' no sentido tradicional. De toda forma o espaço urbano abre possibilidades para a organização de redes culturais interativas que colocam novos desafios ao próprio conceito de educação".

O desafio da construção da nova educação contemporânea tem merecido a atenção de organismos internacionais, como a Unesco, o Banco Mundial e a Organização para a Cooperação e o Desenvolvimento Econômico (OCDE), e é alvo de encontros mundiais para a discussão dos novos rumos, de que resultaram, por exemplo, o importante documento final da Conferência Mundial de Educação para Todos, realizada em Jomtien, na Tailândia, em 1990, e o Relatório para a Unesco, conhecido como Relatório Jacques Delors, finalizado em 1996, entre inúmeros outros.

No entanto, nem sempre é tranquila a avaliação dessa ajuda, o que tem provocado diversas críticas, algumas positivas, outras nem tanto. Alguns desses documentos são criticados pelo viés economicista, outros pela excessiva ênfase na educação voltada para o mercado de trabalho, ou, ainda, após a crítica feita à escola atual, pela ausência de uma efetiva discussão sobre projetos pedagógicos inovadores.

Além de orientações, esses organismos oferecem recursos financeiros para novos investimentos no setor educacional, o que também é passível de críticas, porque nem sempre entre as prioridades se encontra, por exemplo, a melhor remuneração dos professores ou o cuidado com a formação continuada.

Conclusão

Vimos, no capítulo 5, que não existe educação neutra, porque a instituição escolar está comprometida com o jogo de forças do poder político e econômico que caracteriza cada época. Como ninguém se mantém apolítico, já que essa postura significa, em última análise, aceitar os valores vigentes e assumir a posição política conservadora, concluímos pela necessidade de se ter clareza a respeito das tendências políticas de toda prática, inclusive a educativa.

Ao analisar os pressupostos políticos da educação, descobrimos as dificuldades dos governos liberais em oferecer a equalização de oportunidades no acesso à educação, única condição para uma efetiva democratização. Ao contrário, essa situação exacerbou-se com as práticas neoliberais, que, aliadas aos recursos tecnológicos que aceleraram o fenômeno da globalização, têm tornado o mundo cada vez mais dividido, como constatamos na crítica de Slavoj Zizek, a respeito da circulação de mercadorias e pessoas (ver leitura complementar).

A exposição das dificuldades não deve sugerir desânimo e paralisia, mas a compreensão nítida de que a revolução das práticas educativas no sentido de sua universalização depende da efetiva e concomitante atuação política.

Dropes

1 - Uma olhadinha na atualidade nos traz a imagem seguinte, apresentada por um relatório das Nações Unidas de 1998: Não se conseguem os 6 bilhões de dólares que seriam necessários para colocar nas escolas quem está fora delas, no planeta; tampouco se conseguem os 9 bilhões para assegurar água e saneamento para todos, ou os 13 bilhões necessários para assegurar saúde básica e nutrição para todos. Mas se conseguem 8 bilhões para cosméticos nos Estados Unidos, 11 bilhões para sorvete na Europa, 17 bilhões de ração para animais de estimação, 50 bilhões para cigarros na Europa, 400 bilhões para narcóticos e 780 bilhões para gastos militares no mundo. O relatório das Nações Unidas apresenta estas cifras com um título irônico: "Prioridades do Mundo?" (Ladislau Dowbor)

2 - O advento da escola unitária significa o início de novas relações entre trabalho intelectual e trabalho industrial não apenas na escola, mas em toda a vida social. O princípio unitário, por isso, refletir-se-á em todos os organismos de cultura, transformando-os e emprestando-lhes um novo conteúdo. (Gramsci)

3 - A educação não serve, apenas, para fornecer pessoas qualificadas ao mundo da economia: não se destina ao ser humano enquanto agente econômico, mas enquanto fim último do desenvolvimento. Desenvolver os talentos e as aptidões de cada um corresponde, ao mesmo tempo, à missão fundamental-

mente humanista da educação, à exigência de equidade que deve orientar qualquer política educativa e às verdadeiras necessidades de um desenvolvimento endógeno, respeitador do meio ambiente humano e natural, e da diversidade de tradições e de culturas. E mais especialmente, se é verdade que a formação permanente é uma ideia essencial dos nossos dias, é preciso inscrevê-la, para além de uma simples adaptação ao emprego, na concepção mais ampla de uma educação ao longo de toda a vida, concebida como condição de desenvolvimento harmonioso e contínuo da pessoa. (Relatório Jacques Delors)

4 - Com apoio neste texto [de Eric Weil, *A virtude do diálogo*], podemos concluir a rápida análise da instituição escolar e de seu lugar no Estado. É claro que essa instituição não é o lugar onde as crianças se iniciam na política, nos conflitos de interesses e nas relações de poder que ela implica. Mas é, afastada a política, o lugar da cultura, o lugar onde são feitas as perguntas sobre os princípios: O que é uma constituição? O que é o direito? O que é o Estado? O que é a informação, a comunicação? O que é a justiça? Por isso, é um lugar eminentemente político. Tem o papel de formar a opinião pública, para permitir que ela imponha, no centro das querelas e das rivalidades de pessoas, a consideração dos princípios. (...) Em termos weilianos, é ela o lugar, não da discussão mas do diálogo, desse diálogo sem o qual a política é apenas a continuação, por outros meios, da guerra. (Patrice Canivez)

Política e educação

● Leitura complementar

[Estado e globalização]

(...) o Estado hoje está realmente definhando (com o advento da tão falada "desregulamentação" liberal)? Ou, pelo contrário, a "guerra ao terrorismo" não seria a afirmação mais forte ainda da autoridade do Estado? (...)

Esses aparelhos de Estado têm um papel crucial no obverso[5] da globalização. Recentemente, uma decisão abominável da União Europeia passou quase sem ser notada: o plano de estabelecer uma força policial de fronteira para toda a Europa a fim de assegurar o isolamento do território da União e assim evitar a entrada de imigrantes. *Esta* é a verdade da globalização: a construção de *novos* muros isolando os europeus prósperos do fluxo de imigrantes. Tem-se a tentação de ressuscitar aqui a velha oposição "humanista" marxista entre "relações de coisas" e "relações entre pessoas": na celebrada livre circulação aberta pelo capitalismo global, são as "coisas" (mercadorias) que circulam livremente, ao passo que a circulação das "pessoas" é cada vez mais "controlada". O novo racismo do mundo desenvolvido é, de certa forma, mais brutal que os anteriores: sua legitimação implícita não é naturalista (a superioridade natural do Ocidente desenvolvido) nem culturalista (nós, ocidentais, também queremos preservar nossa identidade cultural), mas um desavergonhado egoísmo econômico — o divisor fundamental é o que existe entre os que estão incluídos na esfera de (relativa) prosperidade econômica e os que dela estão excluídos. O que se esconde atrás dessas medidas de proteção é a mera consciência de que o modelo atual de prosperidade capitalista recente *não pode ser universalizado* — consciência formulada com brutal franqueza há mais de meio século por George Kennan: "Nós [os EUA] temos 50% da riqueza do mundo, mas apenas 6,3% da população. Nessa situação, nossa principal tarefa no futuro (...) é manter essa posição de disparidade. Para fazê-lo, temos de esquecer todo sentimentalismo (...) devemos deixar de pensar nos direitos humanos, na elevação dos padrões de vida e da democratização".

E o mais triste é que, com relação a essa consciência fundamental, há um pacto de silêncio entre o Capital e as classes trabalhadoras (o que restou delas) — as classes trabalhadoras são hoje *mais* sensíveis à proteção de seus privilégios relativos do que as grandes empresas. Essa, então, é a *verdade* do discurso dos direitos universais do homem: *o Muro que separa os que estão protegidos pelo guarda-chuva dos direitos humanos e os que estão excluídos dessa cobertura protetora*. Toda referência aos direitos universais do homem como "projeto inacabado" a ser gradualmente estendido a todos os povos é uma quimera ideológica vã (...).

Slavoj Zizek, *Bem-vindo ao deserto do Real!*: cinco ensaios sobre o 11 de Setembro e datas relacionadas. São Paulo, Boitempo, 2003, p. 171-172.

---

[5] Obverso: segundo o *Dicionário Michaellis*, "anverso, parte anterior de qualquer objeto que tenha dois lados opostos". No contexto, a oposição entre Estado e globalização, já que esta tende a diminuir o poder do Estado-nação.

Atividades

Questões gerais

1. Quais são as principais características do liberalismo econômico? E do liberalismo político?

2. Sob que aspectos o individualismo representa uma característica da pedagogia liberal?

3. Quais são as conquistas democráticas introduzidas pelo liberalismo, em contraposição à ordem aristocrática?

4. Por que, embora apresente aspectos democráticos, o liberalismo é de fato elitista?

5. O Estado liberal deveria ser por princípio não intervencionista, mas houve momentos na história em que os governos optaram por outro caminho. Explique quais são estas duas tendências.

6. Analise por que a educação popular sempre foi um desafio da escola liberal. Explique quais são os motivos da manutenção da escola dualista ou da exclusão.

7. Leia o dropes 1 e comente a questão das prioridades do mundo liberal.

8. Quais as críticas que os socialistas fazem ao individualismo burguês?

9. A partir dos conceitos de infraestrutura e de superestrutura, explique por que a teoria marxista é um materialismo dialético.

10. Por que para o socialismo marxista a educação por si só não tem um caráter revolucionário? No entanto, qual seria a importância da educação no processo da revolução?

11. Explique o que significa a escola unitária preconizada pelos socialistas.

12. Reescreva com suas palavras o enunciado de Marx utilizando os conceitos de infraestrutura e superestrutura, capitalista e proletário; identifique a educação como uma das formas de produção espiritual.

"As ideias da classe dominante são, em cada época, as ideias dominantes; isto é, a classe que é a força material dominante da sociedade é, ao mesmo tempo, sua força espiritual dominante. A classe que tem à sua disposição os meios de produção material dispõe, ao mesmo tempo, dos meios de produção espiritual, o que faz com que a ela sejam submetidas, ao mesmo tempo e em média, as ideias daqueles aos quais faltam os meios de produção espiritual." (Karl Marx)

13. Baseando-se no dropes 2, explique por que, para Gramsci, a relação entre trabalho manual e trabalho intelectual permeia ao mesmo tempo a questão escolar e a social. Associe o tema ao conceito de *politecnia*.

14. Leia o dropes 3 e faça uma crítica ao projeto neoliberal de educação.

15. Faça uma pesquisa sobre os diversos encontros do Fórum Social Mundial. Procure saber em que lugares do mundo os eventos têm-se realizado e quais os principais temas debatidos.

16. Comente a citação de John Stuart Mill aplicando-a na questão da responsabilidade da escola em politizar e formar cidadãos: "Há dois tipos de cidadãos: os ativos e os passivos. Governantes preferem os últimos, a democracia necessita dos primeiros".

17. Considerando o dropes 4, comente:
   a) A instituição escolar é "um lugar eminentemente político", mas não é o lugar da política.
   b) Mesmo que o professor tenha posições políticas — e deve tê-las e sem temor de que seus alunos as conheçam —, ele não deve fazer proselitismo político em classe.

Questões sobre a leitura complementar

1. Faça uma pesquisa sobre os conflitos ocorridos na Europa com relação aos imigrantes (por exemplo, turcos na Alemanha, árabes na França, africanos na Espanha etc.).

2. Qual é a distinção feita pelo autor a respeito desse novo tipo de racismo, em relação a outras expressões anteriores?

3. Analise o teor econômico e político da citação de George Kennan e as consequências para a educação popular, sobretudo nos países em desenvolvimento.

4. Fala-se em globalização neoliberal, mas o autor indica que, em vez de um Estado mínimo, o que se percebe é o fortalecimento do Estado. Justifique.

5. O texto de Zizek termina de um modo pessimista: justifique se você compartilha ou não da mesma opinião.

UNIDADE IV

Concepções contemporâneas de educação

13. A pedagogia nos séculos XVIII e XIX

14. Concepções liberais do século XX

15. Críticas à escola

16. Pedagogias histórico-sociais e outras tendências

17. Desafios para o século XXI

Capítulo 13

A pedagogia nos séculos XVIII e XIX

Já examinamos, no capítulo 7, os primórdios do que se pode considerar a escola tradicional, nos séculos XVI e XVII, desde o empenho de religiosos das várias ordens católicas e dos protestantes, passando pela pedagogia realista de Comênio e Locke. Vejamos agora os principais representantes dos séculos seguintes: as contribuições predominantemente teóricas da pedagogia da Ilustração, sobretudo a de Kant, bem como o naturalismo de Rousseau e as experiências pedagógicas de Pestalozzi.

No século XIX, veremos o idealismo hegeliano, o positivismo e, em destaque, a pedagogia de Herbart, finalizando com a crítica nietzschiana à escola tradicional.

1. O ideal iluminista de educação

‹ **Ilustração para o *Émile* de Rousseau. Ao rejeitar o intelectualismo livresco da escola tradicional, Rousseau revolucionou o conceito de educação ao valorizar a atividade da criança, tornando-a o centro do processo educativo.**

O século XVIII é conhecido como Século das Luzes, Iluminismo, Ilustração ou *Aufklärung*. *Luzes* significa, nesse contexto, o poder da razão humana para interpretar e reorganizar o mundo. Esse otimismo com respeito à razão já se revelava, desde o Renascimento, no processo de secularização da consciência, antes impregnada pela religiosidade medieval.

O Iluminismo, período muito rico em reflexões pedagógicas, teve um de seus aspectos marcantes na política educacional focada no esforço para tornar a escola leiga e função do Estado. Mais ainda, acentuava-se a recomendação do uso das línguas vernáculas, em detrimento do latim, bem como uma orientação pedagógica mais prática, voltada para as ciências, técnicas e ofícios, com o objetivo de mudar o rumo do estudo exclusivamente humanístico. É bem verdade que se tratava de propostas nem sempre levadas a efeito, tal como aconteceu com os franceses marquês de Condorcet e depois Le Peletier, que apresentaram projetos de educação universal e leiga à Assembleia Legislativa, mas sem sucesso. Essas ideias reapareceram com mais força no século XIX.

No espírito do Iluminismo, os filósofos franceses Diderot, D'Alembert, Voltaire, Rousseau e Helvetius não eram propriamente educadores, mas encaravam o ensino como veículo importante das luzes da razão e no combate às superstições e ao obscurantismo religioso, ainda que alguns mantivessem um viés aristocrático, isto é, acreditavam na capacidade de bem usar a razão como atributo de uma elite intelectual, como era o caso de Voltaire. Talvez tais posições possam ser compreendidas como expressão do ideal liberal, mas voltado para os interesses da alta burguesia, temerosa de que a educação das massas desequilibrasse a ordem que então se estabelecia.

2. A pedagogia de Rousseau

O filósofo Jean-Jacques Rousseau (1712-1778), natural de Genebra, na Suíça, viveu em Paris, onde conviveu com os enciclopedistas, embora divergisse de muitos deles devido a uma visão menos racionalista e, antecipando o romantismo, por estar mais voltado para a natureza e os sentimentos. Dentre suas obras destacam-se: *Discurso sobre a origem da desigualdade entre os homens*, *Do contrato social*, ambas sobre política, e *Emílio ou da educação* (1762).

Rousseau ocupa lugar de destaque na filosofia política — suas obras antecipam o ideário da Revolução Francesa —, além de ter produzido uma teoria da educação que não ficou restrita apenas ao século XVIII: seu pensamento constitui um marco na pedagogia contemporânea.

Do ponto de vista da política, tal como Locke, Rousseau criticou o absolutismo e elaborou os fundamentos da doutrina liberal. Para Rousseau, o indivíduo em estado de natureza é bom e se corrompe na sociedade, que destrói sua liberdade: "O homem nasce livre e por toda parte encontra-se a ferros". Considera então a possibilidade de um contrato social verdadeiro e legítimo, que reúna o povo numa só vontade, resultante do consentimento de todas as pessoas. Desse pacto primitivo, que institui o governo, não deve resultar a submissão do povo a ele, porque os depositários do poder apenas executam as leis que emanam do povo, ou seja, Rousseau critica o regime representativo e defende a *democracia direta*.

O cidadão é ativo e soberano, capaz de autonomia, na qual a liberdade e a obediência são polos complementares na vida do sujeito social e político. Por aí já podemos antever a importância que Rousseau deposita na educação, como preparadora dessa soberania popular. Costuma-se dizer que Rousseau provocou uma *revolução copernicana* na pedagogia: assim como Copérnico inverteu o modelo astronômico, retirando a Terra do centro, Rousseau centralizou os interesses pedagógicos no aluno e não mais no professor. Mais que isso, ressaltou a especificidade da criança, que não devia ser encarada como um "adulto em miniatura". Até então, os fins da educação encontravam-se na formação do indivíduo para Deus ou para a vida em sociedade, mas

Rousseau quer que o ser humano integral seja educado para si mesmo: "Viver é o que eu desejo ensinar-lhe. Quando sair das minhas mãos, ele não será magistrado, soldado ou sacerdote, ele será, antes de tudo, um homem".

Em sua obra *Emílio* relata de forma romanceada a educação de um jovem, acompanhado por um preceptor ideal e afastado da sociedade corruptora. O projeto de uma "educação conforme a natureza", entretanto, não significa retornar à vida selvagem ou primitiva, mas sim buscar a verdadeira natureza, que corresponde à vocação humana.

O que para Rousseau significa uma *pedagogia naturalista*? Ao fazer a crítica dos costumes da aristocracia, Rousseau preconiza uma educação afastada do artificialismo das convenções sociais, que busque a espontaneidade original, livre da escravidão aos hábitos exteriores, a fim de que o indivíduo seja dono de si mesmo, agindo por interesses naturais e não por constrangimento exterior e artificial. A educação natural consiste também na recusa ao intelectualismo, reforçado no ensino tradicional muito formal e livresco. Para ele, a pessoa não se reduz à dimensão intelectual, como se a natureza pudesse ser apenas razão e reflexão, porque antes da "idade da razão" (15 anos) já existe uma "razão sensitiva". Portanto, os sentidos, as emoções, os instintos e os sentimentos são anteriores ao pensar elaborado, e essas disposições primitivas são mais dignas de confiança do que os hábitos de pensamento inculcados pela sociedade.

Além de naturalista, Rousseau preconiza a *educação negativa*. Desconfiado da sociedade constituída, teme a educação que põe a criança em contato com os vícios e a hipocrisia. Por isso, em um primeiro momento, o preceptor, além de afastar a criança do mundo corrompido, deve abster-se de transmitir conceitos sobre a virtude ou a verdade, a fim de não criar preconceitos e hábitos que impeçam o florescimento espontâneo de sua natureza.

É, portanto, delicada a função do professor na pedagogia rousseauniana. Se não deve impor o saber à criança, tampouco pode deixá-la no puro espontaneísmo. Afinal, ela deve aprender a lidar com os próprios desejos e a conhecer os limites para se tornar um indivíduo adulto dono de si mesmo. Aprendendo a controlar-se no mundo físico e nas relações com as pessoas, aos 15 anos começa para o jovem a educação moral propriamente dita. De posse da verdadeira razão, só então ele poderá observar as pessoas e suas paixões e também iniciar a instrução religiosa, porque falar precocemente de Deus com a criança é apenas lhe ensinar a idolatria. Rousseau defende a religião natural, como a do deísmo iluminista, e por isso foi ameaçado de prisão, precisando sair de Paris para se refugiar na Suíça.

Rousseau sofreu diversas críticas à sua pedagogia: uns a consideravam elitista, já que Emílio é acompanhado por um preceptor; outros a rejeitavam por defender uma educação individualista, já que separava o aluno da sociedade. Mesmo admitindo a procedência dessas críticas, não convém esquecer que Rousseau recorre à abstração metodológica de uma relação ideal, hipotética — semelhante à do contrato social —, a fim de formular a teoria pedagógica. Ou seja, perguntar como seria possível a educação natural de Emílio em uma sociedade corrompida significa tratar do mesmo problema da política, quando nos perguntamos: Como é possível estabelecer a vontade geral em uma sociedade que ainda não é democrática? Para os filósofos contratualistas, o *estado de natureza* não é uma situação histórica que existiu no tempo, mas uma hipótese para sustentar a argumentação sobre o pacto original. Do mesmo modo, também não estaria sendo proposto um ensino cen-

A pedagogia nos séculos XVIII e XIX

trado apenas na relação professor-aluno.

Compreende-se o artifício de Rousseau porque, por ser liberal, concebia a sociedade como uma justaposição de indivíduos, e a crítica ao individualismo só aparecerá mais tarde, com as teorias socialistas. Lembramos que Rousseau é um opositor da educação do seu tempo, extremamente autoritária, interessada em adaptar e adestrar a criança e que, ao contrário dele, se apoiava na concepção de uma natureza humana má. Ao contrário, Rousseau abre um novo caminho para recuperar as forças originais da infância, o que o faz o precursor não só das pedagogias do final do século XIX que valorizam a atividade da criança, como a Escola Nova, mas sobretudo de movimentos mais radicais das pedagogias não diretivas, como veremos no capítulo 15.

3. Kant pedagogo

A reflexão pedagógica de Kant encontra-se no livro *Sobre a pedagogia*, que resultou de anotações recolhidas por um de seus alunos, na Universidade de Königsberg.

Kant foi o principal filósofo do Iluminismo. Em sua obra *Crítica da razão pura*, revolucionou a maneira de pensar do seu tempo, até então dividida entre a tendência racionalista de Descartes e a empirista de Locke, ao considerar, por um lado, impossível uma "razão pura" independentemente da experiência e, por outro, que a experiência não se concretiza sem as formas *a priori* da razão. Em outra obra, *Crítica da razão prática*, Kant se ocupa com a questão moral, examinando como o ser humano é capaz de autodeterminação.

As reflexões de Kant a respeito da moral se tornaram fecundas para a pedagogia, na sua busca de laicização. Segundo ele, é por meio da consciência moral que o ser humano rege sua vida prática, conforme certos princípios racionais (e não religiosos). No entanto, a lei moral resulta da luta interior entre as inclinações individuais e a lei universal, fundada no dever. Portanto, a moral formal se constrói a partir do postulado da *liberdade*, que se baseia na *autonomia* e exige a aprendizagem do controle do desejo pela disciplina, a fim de que o indivíduo atinja seu próprio governo e seja capaz de autodeterminação.

Como um dos maiores pensadores iluministas, Kant afirma que a *Aufklärung* "é a saída do homem de sua menoridade, da qual ele é o próprio responsável". Esse caminho novo é expresso no lema da Ilustração, *Sapere aude!* ("Tenha coragem de usar seu próprio entendimento!").

A educação, ao desenvolver a faculdade da razão, forma o caráter moral. Por isso, quando Kant diz "Mandamos, em primeiro lugar, as crianças à escola, não na intenção de que nela aprendam alguma coisa, mas a fim de que se habituem a observar pontualmente o que se lhes ordena", não pretende reduzir a criança à passividade da obediência, mas que ela aprenda a agir com planos e pela submissão às regras. Kant busca a "obediência voluntária", fruto do reconhecimento pessoal de que as exigências são razoáveis e superiores aos caprichos momentâneos.

Mesmo quando existe, a coerção tem por finalidade propiciar a liberdade do sujeito moral, porque, em última análise, cabe a cada um proceder a sua própria formação. Ao unir educação e liberdade, Kant redefine a relação pedagógica, reforçando a atividade do aluno, que deve aprender a "pensar por si mesmo". O mesmo princípio da conduta moral vale para o saber, também um ato de liberdade, porque nenhuma verdade vem de fora (não é transmitida nem deve ser imposta), mas é construída pelo sujeito.

Coerente com o conceito de autonomia do pensar e do agir, Kant destaca a liberdade de credo e valoriza a tolerância religiosa. Embora tenha sido educado sob severa disciplina religiosa, preocupa-se — à semelhança de Rousseau — com os riscos das superstições inculcadas desde cedo nas crianças. A pessoa moralmente livre é um fim em si mesmo, e não meio para coisa alguma, para alguém, nem mesmo para Deus. Com essas afirmações, Kant mostra-se mais uma vez como representante do Iluminismo, na busca dos fundamentos de uma educação laica, própria do pensamento burguês.

A ênfase posta na disciplina aproximaria Kant da escola tradicional, não fosse uma nítida diferença com relação ao essencialismo metafísico: se Kant valoriza o controle e o aprimoramento da razão, o faz como instrumento que permite ao ser humano sair da sua menoridade, ou seja, libertar-se do jugo da tradição e da autoridade.

Os princípios da pedagogia kantiana, tão fortemente arraigados em uma concepção ética, serão reexaminados no século XX por diversos pensadores na área da moral e da educação, como Piaget, Kohlberg ou ainda Habermas. Esses teóricos seguiram rumos diferentes, mas utilizaram largamente os fecundos parâmetros do filósofo alemão.

4. A experiência de Pestalozzi

Johann Heinrich Pestalozzi (1746-1827), suíço-alemão nascido em Zurique, atraiu a atenção do mundo como mestre, diretor e fundador de escolas. Suas obras principais são *Leonardo e Gertrudes* (1781) e *Gertrudes instrui seus filhos* (1801). Pode-se dizer que Pestalozzi é um pedagogo do século XIX, porque, embora as suas atividades tenham-se iniciado no século XVIII, elas amadureceram no início do século seguinte.

Estudioso de Rousseau e Basedow, Pestalozzi sempre se interessou pela educação elementar, sobretudo de crianças pobres.

Em 1774, fundou em Neuhof uma escola em que recolhia órfãos, mendigos e pequenos ladrões, aos quais oferecia formação geral e reeducação profissional por meio de trabalhos de fiação e tecelagem. Por questões financeiras, a experiência durou apenas cinco anos.

De 1805 a 1825 aplicou suas ideias no internato de Yverdon, recebendo com frequência estudiosos e autoridades de várias partes do mundo que para lá se encaminhavam com o intuito de conhecer seu trabalho inovador. Pestalozzi é considerado um dos defensores da escola popular extensiva a todos. Reconhecia firmemente a função social do ensino, não como simples instrução, mas como formação completa, pela qual cada um é levado à plenitude do seu ser.

Como bom discípulo de Rousseau, estava convencido da inocência e da bondade humanas, bastando que se estimulasse o desenvolvimento espontâneo do aluno, atitude que o distancia do ensino dogmático e autoritário. A psicologia proposta por Pestalozzi era ainda incipiente e ingênua, mesmo porque no seu tempo essa disciplina ainda não tinha se constituído como ciência, mas a sua tentativa indica uma direção que se tornaria constante na pedagogia daí em diante.

Para Pestalozzi, o indivíduo é um todo cujas partes devem ser cultivadas: a unidade espírito-coração-mão corresponde à tríplice atividade conhecer-querer-agir, por meio da qual se dá o aprimoramento da inteligência, da moral e da técnica. Daí a importância dos métodos para a organização do trabalho manual e intelectual: segundo ele, deve-se partir sempre da vivência intuitiva, para só depois introduzir os conceitos abstratos.

A criança tem potencialidades inatas, que serão desenvolvidas até a maturidade, tal como a semente que se transforma em árvore. Semelhante a um jardineiro, o professor não pode forçar o aluno, mas ministrar a instrução "de acordo com o grau do poder crescente da criança". Ou seja, o método para educar funda-se em um princípio simples: seguir a natureza.

A família constitui a base de toda a educação por ser o lugar do afeto e do trabalho comum. Também é positiva a experiência religiosa íntima e não confessional, que diz respeito à pessoa e, portanto, não se submete a dogmas nem a seitas. Em outras palavras, despertar o sentimento religioso na criança não significa fazê-la memorizar o catecismo.

Pestalozzi exerceu profunda influência em vários países da Europa, e suas ideias chegaram até os Estados Unidos.

5. As turbulências do século XIX

Convencionou-se considerar a Revolução Francesa (1789) como o marco histórico para a entrada na Idade Contemporânea. Com a queda do Antigo Regime, a aristocracia cedeu lugar a outra ideia de cidadania, além de que a burguesia triunfante acelerou o processo de industrialização, o que provocou transformações sociais que agudizaram o confronto de classes durante o século XIX.

As novas máquinas modificaram profundamente as relações de produção, com o desenvolvimento do sistema fabril em grande escala e a divisão do trabalho. Na agricultura, a introdução de novas técnicas e a aplicação de conhecimentos científicos ampliaram a produtividade. Deu-se também uma revolução nos transportes, com o navio a vapor, a construção de rodovias e ferrovias. Novas fontes de energia, como o petróleo e a eletricidade, substituíram o carvão. Acentuou-se o processo de deslocamento da população do campo para as cidades, que passaram a concentrar grande massa trabalhadora.

O contraste entre a riqueza e a pobreza era cruel nesse século, em que a jornada de trabalho estendia-se de catorze a dezesseis horas, inclusive com mão de obra infantil e feminina. Para enfrentar essas dificuldades, o proletariado fortaleceu-se como a classe revolucionária, opondo aos interesses burgueses suas próprias reivindicações. Os movimentos dos trabalhadores se inspiraram nas ideologias críticas do liberalismo burguês, como o socialismo utópico (Proudhon), o anarquismo (Bakunin) e o socialismo científico (Marx e Engels). Vimos as características do socialismo no capítulo 12 e veremos o anarquismo no capítulo 15.

No século XIX, desenvolveram-se ainda outras duas vertentes de pensamento, que veremos na sequência: uma delas influenciada por Hegel e caracterizada pelo idealismo dialético, e a outra por Augusto Comte, o primeiro positivista.

O idealismo dialético

Em filosofia, o conceito de *idealismo* não se confunde com o sentido comum do termo, que identifica a atitude de pessoas com um grande ideal moral ou intelectual. Do ponto da teoria do conhecimento, *idealismo* é o nome genérico de diversos sistemas filosóficos segundo os quais o ser ou a realidade são determinados pela consciência: são as ideias que produzem a realidade, porque "ser" significa "ser dado na consciência".

Hegel (1770-1831), o mais importante dos pensadores idealistas do século XIX, desenvolveu a filosofia do devir (do movimento, do vir-a-ser). Ao explicar o movimento gerador da realidade, Hegel desenvolve a *dialética idealista*, em que o mundo é a manifestação da ideia, e por esse movimento a razão passa por todos os graus, desde a natureza inorgânica, a natureza viva, a vida humana individual, a social até as mais altas manifestações da cultura.

Para explicar a realidade em constante processo, Hegel não utiliza a lógica tradicional, aristotélica, inadequada para compreender o movimento, mas estabelece os princípios de uma outra lógica: a *dialética*. Da concepção dialética deriva um novo conceito de razão e de história: enquanto os filósofos anteriores estavam preocupados em afirmar ou rejeitar a capacidade da razão para alcançar a verdade eterna e imutável, Hegel argumentava que a razão é histórica. Nesse sentido, o presente é visto como resultado de longo e dramático processo. A história não se faz linearmente, como acumulação e justaposição de fatos no tempo, mas por verdadeiro engendramento, cujo motor interno é a contradição. Essa transformação se processa por tese, antítese e síntese, os três momentos da dialética.

Hegel atribui ao Estado uma importância muito grande, afirmando que, ao superar a contradição entre o privado e o público, ele se constitui uma das mais altas sínteses do Espírito objetivo, permitindo assim a superação da subjetividade egoísta, para vivermos melhor em sociedade.

Outros contemporâneos de Hegel, tais como Fichte, Schleiermacher, Von Humboldt, empenharam-se na chamada pedagogia do neo-humanismo. Segundo o historiador da educação Franco Cambi, "o tema pedagógico dominante nesses autores é o da *Bildung* (ou formação humana) que aponta na direção de um ideal de homem integral, capaz de conciliar dentro de si sensibilidade e razão, de desenvolver a si próprio em plena liberdade interior e de organizar-se, mediante uma viva relação com a cultura, como personalidade harmônica"[1].

O positivismo

O sucesso da industrialização e o desenvolvimento das ciências trouxeram algumas preocupações específicas à escola tradicio-

nal do século XIX. Por um lado, acentuou-se o dualismo escolar, que destina escolas de diferente qualidade para a elite e para o segmento popular operário; por outro, a necessidade de não restringir a formação dos jovens apenas às humanidades, mas estimular o estudo das ciências.

Nesse intuito, destacaram-se os positivistas interessados na "formação do espírito científico". Augusto Comte, fundador do positivismo, estava convencido de que cada indivíduo passa, durante sua vida, pelas mesmas etapas percorridas pela humanidade. Desse modo, o pensamento fetichista da criança deveria ser superado pela concepção metafísica na adolescência, enquanto o estado *positivo* (ou científico) é fruto da maturidade.

Outra característica do positivismo é a concepção determinista, que atribui ao comportamento humano as mesmas relações invariáveis de causa e efeito que presidem as leis da natureza. Por exemplo, para Taine, um dos seguidores de Comte, o ato humano não é livre, já que é determinado por causas das quais não pode escapar, como a raça (determinismo biológico), o meio (determinismo geográfico) e o momento (determinismo histórico).

Da perspectiva positivista, Comte define a sociologia como uma *física social*, aplicando a ela os modelos da biologia para explicar a sociedade como um organismo coletivo. Submetido à consciência coletiva, resta ao indivíduo pequena possibilidade de intervenção nos fatos sociais. Na mesma linha, ao desenvolver o método sociológico, Durkheim recomenda que os fatos sociais sejam observados como coisas. Igual intenção orientou o método da psicologia, ainda que o próprio Comte admitisse ser impossível contornar o seu caráter subjetivo. Apesar disso, a psicologia experimental surgiu

---

[1] *História da pedagogia*, São Paulo, Unesp, 1999, p. 420.

no final do século XIX. Os primeiros psicólogos abandonaram as especulações de caráter filosófico — sobre a origem, destino ou natureza da alma ou do conhecimento, por exemplo — e, seguindo a tendência naturalista do positivismo, aplicaram o método experimental voltando-se para os aspectos do comportamento que podiam ser verificados exteriormente. Os pioneiros da psicologia experimental foram os alemães Weber, Fechner, Helmholtz e Wundt, este último responsável pelo primeiro laboratório de psicologia experimental em Leipzig, em 1879.

Só depois surgiram teóricos de outra tendência — genericamente chamada de *humanista* —, que, ao criticar o positivismo, procuravam garantir a especificidade do objeto das ciências humanas, distinguindo-as das ciências da natureza.

O positivismo permeou de maneira eficaz a pedagogia daí em diante, ora de maneira explícita, ora camuflada. Dentre os seguidores mais próximos, destacamos a contribuição de Herbert Spencer (1820-1903), que, além da influência positivista, incorporou o evolucionismo de Darwin. Para ele a educação, como tudo no mundo, sofre um processo evolutivo em que o ser revela suas potencialidades. Essa convicção baseia-se na ideia de *progresso*, cara ao ideário positivista, que parte do pressuposto segundo o qual as coisas têm em germe aquilo que elas serão, bastando existir condições para serem desencadeadas. Imbuído da concepção cientificista, Spencer escreveu a obra *Educação*, que conquistou muita popularidade. Nela considera o ensino das ciências o centro de toda educação, não só em termos de transmissão dos conhecimentos, como da formação mesma do espírito científico. Entre as ciências, a física, a química e a biologia seriam as mais importantes. Na sua obra prevalece o interesse pelas questões utilitárias, em franca oposição ao ensino humanista tradicional.

O positivismo atuou de forma marcante no ideário das escolas estatais, sobretudo na luta a favor do ensino laico das ciências e contra a escola tradicional humanista religiosa. No século XX ainda permaneceu viva a influência positivista, por exemplo, com a psicologia comportamentalista de Watson e Skinner (behaviorismo norte-americano), que serviu de base a muita teoria pedagógica.

O positivismo teve repercussão no Brasil e influenciou as medidas governamentais do início da República, sobretudo pelo cientificismo que marcou muitas vezes a escolha dos currículos escolares, devido à preocupação com a transmissão de um conteúdo enciclopédico, na tentativa de dar conta da imensa contribuição das ciências, sobretudo das ciências da natureza (ver dropes 3). Além disso, o positivismo sempre esteve subentendido nas práticas empiristas da educação e, de modo mais explícito, na década de 1970, por ocasião da tentativa de implantação da escola tecnicista.

6. A pedagogia de Herbart

Um grande pedagogo do século XIX foi o alemão John Friedrich Herbart (1776-1841), com o seu projeto de educação da vontade. Propôs uma abordagem realista da pedagogia, baseada na busca de maior rigor dos métodos, cujas linhas principais são dadas pela psicologia. Podemos dizer que Herbart é o iniciador, ou pelo menos o precursor, de uma psicologia experimental aplicada à pedagogia.

A pedagogia social e ética tem por finalidade a formação do caráter moral por meio de uma vontade esclarecida, que se alcança pela instrução. Por isso é enorme a importância do professor que educa os sentimentos e os desejos dos alunos mediante o controle de suas ideias. Herbart assume, portanto, uma posição intelectualista que privilegia o conhecimento, enquanto o sentir e o querer são vistos como funções secundárias e derivadas do processo ideativo. Sob esse aspecto, o pensamento de Herbart se coloca em oposição à onda romântica do seu século.

Convicto de que a educação tradicional ensina muita coisa inútil para a ação, ele julga importante a utilização rigorosa do método. A conduta pedagógica deve, então, seguir três procedimentos básicos: o governo, a instrução e a disciplina.

O *governo* é a forma de controle da agitação infantil, aplicado inicialmente pelos pais e depois pelos mestres, visando a submeter a criança às regras do mundo adulto e tornando possível o início da instrução. Se necessário, recorre-se a proibições, ameaças, punições e vigilância constante, desde que sejam evitados os excessos contraproducentes. Para tanto, é preciso combinar autoridade e amor e manter a criança sempre ocupada.

A *instrução* é o procedimento principal da educação e baseia-se no desenvolvimento dos interesses. Para Herbart, a instrução é compreendida como construção (aliás, é esse o sentido etimológico do termo), porque não se separa a instrução intelectual da moral, por ser uma condição da outra. Formar moralmente uma criança significa educar sua vontade, e isso só pode ser feito por meio de maior clarificação das representações e do crescimento das ideias na mente da criança.

Com essa finalidade, ele propõe os cinco passos formais que propiciam o desenvolvimento do aluno:

• *preparação* — o mestre recorda o já sabido;

• *apresentação* — o conhecimento novo é apresentado ao aluno;

• *assimilação* (associação ou comparação) — o aluno é capaz de comparar o novo com o velho, percebendo semelhanças e diferenças;

• *generalização* (sistematização) — além das experiências concretas, o aluno é capaz de abstrair, chegando a concepções gerais;

• *aplicação* — por meio de exercícios, o aluno mostra que sabe aplicar o que aprendeu em exemplos novos.

Examinamos até agora dois procedimentos básicos da conduta pedagógica: o governo e a instrução. Resta analisar a disciplina, procedimento pelo qual se mantém firme a vontade educada no propósito da virtude. O governo é exterior e heterônomo, portanto, mais usado com crianças pequenas; já a disciplina supõe a autodeterminação, característica do amadurecimento moral que leva à verdadeira formação do caráter.

Numa rápida avaliação de seu trabalho, é preciso reconhecer que Herbart conseguiu elaborar, pela primeira vez, uma pedagogia que se propunha como verdadeira ciência da educação, com objetividade de análise, tentativa de psicometria, rigor dos passos seguidos e sistematização. Embora sua psicologia tenha sofrido diversas restrições, é grande sua influência no pensamento pedagógico.

A maior crítica feita a ele posteriormente, sobretudo pela Escola Nova, deve-se ao caráter excessivamente intelectualista de seu projeto, que, inclusive, supõe o controle do sentir e do querer, o que não deixa de ser um exagerado otimismo quanto ao poder da educação. Por outro lado, esse mesmo poder significa, sob certo ponto de vista, a diminuição do campo de atuação livre do educando, o que nos levaria a indagar se tanto controle poderia ainda tornar viável a passagem do governo para a disciplina.

7. As críticas de Nietzsche

As teorias pedagógicas analisadas neste capítulo em parte nasceram do ideal iluminista, em parte a ele se contrapõem. Vimos que a filosofia iluminista do século XVIII exalta o poder da razão, que levaria o indivíduo a conquistar sua "maioridade" como ser autônomo. No entanto, ainda naquele século, Rousseau antecipava um movimento que se fortaleceu no século seguinte, em que diversos pensadores se posicionam criticamente ante a herança do racionalismo extremado, buscando recuperar valores vitais que estavam esquecidos.

É o caso de Friedrich Nietzsche (1844--1900), que se orienta no sentido de valorizar as forças inconscientes, vitais, instintivas, subjugadas pela razão durante séculos. Vale lembrar também a contribuição da psicanálise de Freud (1856-1939), cuja principal novidade se encontra na hipótese do inconsciente e na compreensão da natureza sexual da conduta humana.

Nietzsche usou em seus escritos o recurso dos aforismos, cuja força está no conteúdo questionador e provocativo. Aliás, é assim, de forma contundente e crítica, que Nietzsche examina a cultura de seu tempo e lamenta o estilo de educação: em toda sua obra condena a erudição vazia, a educação intelectualizada, separada da vida.

Vemos no dropes 4 alguns fragmentos da primeira parte de *Assim falou Zaratustra*, em que ele cita as três transmutações possíveis do espírito humano, que de camelo pode-se fazer leão, e de leão se transformar em criança. De que fala Nietzsche? Que a educação tem nos transformado em camelos cheios de conhecimentos desligados da vida e sujeitos obedientes, prontos para negar nossos impulsos vitais: agimos de acordo com o "você deve" e não com o "eu quero". A posição reativa do leão é intermediária porque ousada, mas negativa: o leão apenas conquista a liberdade de criação, continuando ressentido e niilista (do latim *nihil*, "nada"). Quem pode criar, no entanto, é a criança.

Assumindo o tom profético de Zaratustra, Nietzsche quer destruir a antiga ordem que aprisiona o espírito, mas não sem apresentar a esperança da criação de novos valores que sejam "afirmativos da vida": a criança simboliza o começo, a possibilidade de recuperação das energias vitais que foram abafadas pela longa trajetória da educação greco-judaica-cristã.

Para ele, "o erudito é um eunuco do saber". Ao criticar os "homens cultos" da Alemanha, Nietzsche os vê imbuídos de uma cultura livresca, que não passa de um "verniz", de um adorno, e que acumulam conhecimentos alheios e imitam modelos de modo artificial. Condena também a escola utilitária e profissionalizante, bem como os riscos de um ensino submetido à ideologia do Estado. Mais ainda, acusa de "filisteus da cultura" aqueles indivíduos de espírito estreito e vulgar que tornam a produção cultural venal, ou seja, que a transformam em mercadoria, objeto de venda, de consumo.

No século XX, um grande crítico da escola tradicional — bem como de outras instituições surgidas na modernidade, tais como a prisão, o Estado, o hospício — foi o filósofo Michel Foucault (ver leitura complementar).

Conclusão

A abrangência multifacetada dos séculos XVIII e XIX nos dá uma noção clara da fermentação de ideias muitas vezes contraditórias que fecundaram o ideário pedagógico, com repercussões até nossos dias. Embora houvesse esforços no sentido de criar uma nova escola, com atenção maior à criança e sua psicologia, ou então, conforme as teorias socialistas, com ênfase na escola universal, o que predominou de fato foi a escola tradicional, elitista, porque baseada no dualismo.

O século XX nasceu sob o impacto das ideias escolanovistas, mas a educação tradicional persistiu em grande parte das escolas, convivendo com diversas outras tendências, o que se deveu a inúmeras causas. Como veremos no próximo capítulo, a implantação da Escola Nova trouxe exigências como a formação específica dos professores e a reorganização adequada do espaço da escola, dos laboratórios etc., o que tornou esse empreendimento altamente elitizado, restrito a poucos.

A dificuldade de assimilação das novas teorias pedagógicas com frequência criou um professor "híbrido", que pensa estar aplicando técnicas novas, mas se encontra preso a concepções tradicionais, que se refletem na sua maneira de ver o mundo.

Georges Snyders, criador da tendência progressista (ver capítulo 16), apesar de pertencer a uma das tendências inovadoras da pedagogia contemporânea e fazer críticas à escola tradicional, procura recuperar o que aquela escola ofereceu de melhor, superando o ranço das críticas ligeiras e caricaturadas que a ela costumam ser feitas. Portanto, para ele, criticar o intelectualismo da escola antiga não significa descuidar dos conteúdos; negar o enciclopedismo não implica desprezar a aquisição de informação dosada e necessária; recusar o autoritarismo do mestre não é deixar de reconhecer a importância de sua autoridade e a assimetria com relação ao aluno; acusá-la de passadista e de estar a reboque dos acontecimentos não significa abandonar o estudo dos clássicos e de toda a herança cultural.

Com isso, não se pretende retornar à escola tradicional, mas sim avaliá-la sem preconceitos, a fim de evitar uma abordagem superficial e falsa, incapaz de reconhecer o que ainda interessa conservar. Afinal, muitos dos valores da escola tradicional são valores iluministas que ainda não se conseguiu realizar na escola contemporânea.

Dropes

1 - Se o homem é bom por natureza, segue-se que permanece assim enquanto nada de estranho o altere. (...) A educação primeira deve portanto ser puramente negativa. Ela consiste não em ensinar a virtude ou a verdade, mas em preservar o coração do vício e o espírito do erro. (...) Sem preconceitos, sem hábitos, nada teria ele em si que pudesse contrariar o resultado de vossos cuidados. Logo ele se tornaria, em vossas mãos, o mais sensato dos homens; e começando por nada fazer, teríeis feito um prodígio de educação. (Rousseau)

2 - Uma educação perfeita é para mim simbolizada por uma árvore plantada perto de águas fertilizantes. Uma pequena semente que contém o germe da árvore, sua forma e suas propriedades é colocada no solo. A árvore inteira é uma cadeia ininterrupta de partes orgânicas, cujo plano existia na semente e na raiz. O homem é como a árvore. Na criança recém-nascida estão ocultas as faculdades que lhe hão de desdobrar-se durante a vida: os órgãos do seu ser gradualmente se formam, em uníssono, e constroem a humanidade à imagem de Deus. (Pestalozzi)

3 - *Sobre a Reforma Republicana do Ensino Público Paulista, na última década do século XIX* — A crença no poder educativo das ciências levou à adoção de um plano de estudo enciclopédico que incluía, desde a escola elementar, todo o elenco de noções científicas. (...) Acreditava-se que pelo domínio do conhecimento científico, pela posse das verdades reveladas pela ciência, formar-se-ia o homem perfeito e o cidadão completo. (...) O ano escolar compreendia mais de dez meses letivos, com cinco horas diárias de aulas. O rigoroso sistema de exames procurava, por sua vez, assegurar a seleção dos mais capazes. Data de então o equívoco da educação elementar paulista. Ao mesmo tempo que era destinada a todos, criava-se um sistema seletivo que excluía da escola, pela repetência e pela consequente evasão, considerável parcela da população escolar. (Casemiro dos Reis Filho)

4 - Descrevendo o espírito como camelo, leão e criança, Nietzsche diz em *Assim falou Zaratustra*:

"O que é pesado? Assim pergunta o espírito de carga, assim ele se ajoelha, igual ao camelo e quer ser bem carregado. (...) Todo esse pesadíssimo o espírito de carga toma sobre si: igual ao camelo, que carregado corre para o deserto, assim ele corre para seu deserto.

Mas no mais solitário deserto ocorre a segunda transmutação: em leão se torna aqui o espírito, liberdade quer ele conquistar, e ser senhor de seu próprio deserto. (...) Meus irmãos, para que é preciso o leão no espírito? Em que não basta o animal de carga, que renuncia e é respeitoso?

Criar novos valores — disso nem mesmo o leão ainda é capaz: mas criar liberdade para nova criação — disso é capaz a potência do leão.

Criar liberdade e um sagrado *Não*, mesmo diante do dever: para isso, meus irmãos, é preciso ser o leão. (...) Mas dizei, meus irmãos, de que ainda é capaz a criança, de que nem mesmo o leão foi capaz? Em que o leão rapinante tem ainda de se tornar em criança?

Inocência é a criança, o esquecimento, um começar-de-novo, um jogo, uma roda rodando por si mesma, um primeiro movimento, um sagrado dizer-sim.

Sim, para o jogo do criar, meus irmãos, é preciso um sagrado dizer-sim: *sua* vontade quer agora o espírito, *seu* mundo ganha para si o perdido do mundo."

● Leitura complementar

[A disciplina]

A disciplina é uma técnica de exercício de poder que foi não inteiramente inventada, mas elaborada em seus princípios fundamentais durante o século XVIII. Historicamente as disciplinas existiam há muito tempo, na Idade Média e mesmo na Antiguidade. Os mosteiros são um exemplo de região, domínio no interior do qual reinava o sistema disciplinar. A escravidão e as grandes empresas escravistas existentes nas colônias espanholas, inglesas, francesas, holandesas etc. eram modelos de mecanismos disciplinares. Pode-se recuar até a Legião Romana e, lá, também encontrar um exemplo de disciplina. Os mecanismos disciplinares são, portanto, antigos, mas existiam em estado isolado, fragmentado, até os séculos XVII e XVIII, quando o poder disciplinar foi aperfeiçoado como uma nova técnica de gestão dos homens. Fala-se, frequentemente, das invenções técnicas do século XVIII — as tecnologias químicas, metalúrgicas etc. —, mas, erroneamente, nada se diz da invenção técnica dessa nova maneira de gerir os homens, controlar suas multiplicidades, utilizá-las ao máximo e majorar o efeito útil de seu trabalho e sua atividade, graças a um sistema de poder suscetível de controlá-los. Nas grandes oficinas que começam a se formar, no exército, na escola, quando se observa na Europa um grande progresso da alfabetização, aparecem essas novas técnicas de poder que são uma das grandes invenções do século XVIII.

Tomando como exemplos o exército e a escola, o que se vê aparecer nesta época?

1º) Uma arte de distribuição espacial dos indivíduos. No exército do século XVII, os indivíduos estavam amontoados. O exército era um aglomerado de pessoas com as mais fortes e mais hábeis na frente, nos lados e no meio as que não sabiam lutar, eram covardes, tinham vontade de fugir. A força de um corpo de tropa era o efeito da densidade desta massa. A partir do século XVIII, ao contrário, a partir do momento em que o soldado recebe um fuzil, se é obrigado a estudar a distribuição dos indivíduos e a colocá-los corretamente no lugar em que sua eficácia seja máxima. A disciplina do exército começa no momento em que se ensina o soldado a se colocar, se deslocar e estar onde for preciso. Nas escolas do século XVII, os alunos também estavam aglomerados e o professor chamava um deles por alguns minutos, ensinava-lhe algo, mandava-o de volta, chamava outro etc. Um ensino coletivo dado simultaneamente a todos os alunos implica uma distribuição espacial. A disciplina é, antes de tudo, a análise do espaço. É a individualização pelo espaço, a inserção dos corpos em um espaço individualizado, classificatório, combinatório.

2º) A disciplina exerce seu controle não sobre o resultado de uma ação, mas sobre seu desenvolvimento. No século XVII, nas oficinas de tipo corporativo, o que se exigia do companheiro ou do mestre era que fabricasse um produto com determinadas qualidades. A maneira de fabricá-lo dependia da transmissão de geração em geração. O controle não atingia o próprio gesto. Do mesmo modo, se ensinava o soldado a lutar, a ser mais forte do que o adversário na luta individual da batalha. A partir do século XVIII, se desenvolve uma arte do corpo humano. Começa-se a observar de que maneira os gestos são feitos, qual o mais eficaz, rápido e mais bem ajustado. É assim que nas oficinas aparece o famoso e sinistro personagem do contramestre, destinado não só a observar se o trabalho foi feito, mas como é feito, como pode ser feito mais rapidamente e com gestos mais bem adaptados. Aparece, no exército, o suboficial e com ele os exercícios, as manobras e a decomposição dos gestos no tempo. O famoso Regulamento da Infantaria Prussiana, que assegurou as vitórias de Frederico da Prússia, consiste em mecanismos de gestão disciplinar dos corpos.

3º) A disciplina é uma técnica de poder que implica uma vigilância perpétua e constante dos indivíduos. Não basta olhá-los às vezes ou ver se o que fizeram é conforme à regra. É preciso vigiá-los durante todo o tempo da atividade e submetê-los a uma perpétua pirâmide de olhares. É assim que no exército aparecem sistemas de graus que vão, sem interrupção, do general chefe até o ínfimo soldado, como também os sistemas de inspeção, revistas, paradas, desfiles etc., que permitem que cada indivíduo seja observado permanentemente.

Michel Foucault, *Microfísica do poder*. Rio de Janeiro, Graal, 1979, p. 105-106.

Atividades

Questões gerais

1. Quais são os principais vetores da educação, segundo a concepção iluminista?

2. Explique por que se costuma dizer que Rousseau realizou uma *revolução copernicana* na pedagogia.

3. Considerando o dropes 1, explique o que significa para Rousseau a educação negativa.

Posicione-se a respeito, até porque ainda hoje tem prevalecido a inculcação de valores quando o objetivo é a educação moral. Se for necessário, reveja no capítulo 11 o item sobre programas de educação moral.

4. Em seu livro *Emílio, da educação*, Rousseau diz: "Viver é o que eu desejo ensinar-lhe. Quando sair das minhas mãos, ele não será magistrado, soldado ou sacerdote, ele será, antes de tudo, um homem". Discuta com seus colegas a respeito da atualidade dessa afirmação; critique também quando a escola não consegue atingir esse objetivo; nesse caso, analise o que seria necessário para formar seres humanos integrais.

5. Apesar de religioso, Kant defende a educação moral "não pela simples razão de que Deus o proibiu, mas porque é desprezível por si mesmo" e em seguida diz que Deus "exige que pratiquemos a virtude pelo seu valor intrínseco e não porque Ele o ordena". De acordo com esse pensamento, responda às questões:

a) Qual é o fundamento filosófico dessa posição kantiana a respeito da conduta moral?

b) Qual a consequência para a sua concepção de educação?

6. Com base no dropes 2, explique em que sentido a comparação entre o plantio da semente de uma árvore e a educação é reveladora de algumas características típicas da educação liberal. Se necessário, consulte o capítulo 9.

7. Vimos que Rousseau se refere a uma educação próxima da natureza e distante da sociedade corrupta, enquanto Kant se debruça sobre o comportamento ético do indivíduo. Explique em que sentido Hegel se distancia dessas concepções para propor uma educação que não separa o ser humano da cultura.

8. Explique sob que aspectos o positivismo influenciou a pedagogia contemporânea, com reflexos que podem ser notados até hoje.

9. Com base no dropes 3, responda às questões:

a) Que características de que tendência filosófica o texto revela? Justifique.

b) Em face de seu caráter enciclopédico, a referida reforma provocou uma reversão na expectativa da educação universal?

10. Lembrando o que foi visto no capítulo 10, quais são os pressupostos epistemológicos da escola tradicional? Para tanto, observe também os passos do método de Herbart.

11. Explique o que é tradicional e o que é novo na pedagogia de Herbart.

12. Releia o dropes 3 e explique com suas palavras o que Nietzsche quis dizer com as figuras do camelo, do leão e da criança e o que elas representam como crítica à escola tradicional e como reorientação da atividade escolar.

13. Nietzsche fez crítica aos "filisteus da cultura" e desse modo criticou a educação vigente no seu tempo. Poderíamos reconhecer ainda essa tendência filisteia no sistema educacional atual? Justifique.

14. Apesar das justas críticas feitas à escola tradicional, há nela elementos positivos que poderiam ser resgatados?

Questões sobre a leitura complementar

1. Segundo Foucault, o que distingue a disciplina imposta no século XVIII das demais existentes ao longo da história?

2. O que há em comum entre a escola, a fábrica e o exército?

3. Como podemos relacionar essas mudanças com o desenvolvimento do capitalismo?

4. Por que a disciplina se tornou importante na escola tradicional?

A pedagogia nos séculos XVIII e XIX

Capítulo 14

Concepções liberais do século XX

A escola tradicional nasceu em um mundo ainda de certa forma estável, no qual a educação se fazia com base em modelos ideais. Voltada para o passado, essa escola tinha em vista transmitir a maior quantidade possível do conhecimento acumulado, valorizando, portanto, um ensino predominantemente intelectualista e livresco. À medida que a sociedade se industrializava, tornando mais complexa a vida urbana, a educação exigia reformas radicais que se expressaram em diversas teorias pedagógicas e inúmeras experiências escolares efetivas. Dentre estas, vamos destacar a Escola Nova, pelo impacto que causou, pelas esperanças desencadeadas e, posteriormente, pelas críticas que, se não anularam muitos de seus méritos, puderam, no entanto, iluminar novos caminhos.

Escolhemos também destacar a tendência tecnicista, pelo fato de sua implantação no Brasil no período da ditadura militar ter sido perniciosa para o ensino brasileiro, desviando de seu rumo (pela força) projetos realmente democráticos que teriam dado melhores frutos.

‹ A educação renovada do começo do século XX nos deixou a herança de respeito pela criança. Entre as inovações metodológicas, os jogos não se opõem ao trabalho, mas constituem atraentes facilitadores da aprendizagem.

1. O legado da escola tradicional

Comecemos pelo legado da escola tradicional, uma vez que as teorias inovadoras, de um modo ou de outro, se posicionavam contra ela. É difícil, porém, delimitar um conceito tão extenso quanto o de *escola tradicional*. Sob essa denominação articulam-se as mais diversas tendências no decorrer de pelo menos quatro ou cinco séculos, desde o século XVI até o século XX, período em que a escola tradicional sofreu inúmeras críticas e transformações. Por conta da sua avaliação negativa, sobretudo pelas pedagogias inovadoras do século XX, é vista com desprezo na sua totalidade e muitas vezes de maneira caricaturada.

A fim de evitar o risco de uma análise que nos levaria a posições simplistas, lembramos o que já foi dito no capítulo 7, no qual descrevemos a didática dos jesuítas, que absorvia a disponibilidade de tempo da criança e cuidava para que ela não sucumbisse aos vícios, inculcando-lhe regras de conduta e uma aprendizagem baseada na memorização. É bem verdade que outros tentaram caminhos diversos, e sempre houve críticas à pedagogia tradicional burguesa, tal como vimos no capítulo 13.

Reconhecendo não ser possível analisar de modo homogêneo o que seria a escola tradicional, já que ela se expressou ao longo do tempo de maneiras multifacetadas, por questões didáticas levantaremos suas características gerais, mesmo correndo o risco das simplificações. O procedimento visa a facilitar a comparação com as propostas pedagógicas inovadoras do século XX.

Quanto à *relação entre professor e aluno*, a educação tradicional é magistrocêntrica, isto é, centrada no professor e na transmissão dos conhecimentos. O mestre detém o saber e a autoridade, dirige o processo de aprendizagem e se apresenta, ainda, como modelo a ser seguido. Essa relação vertical, porque hierárquica, tem como consequência, nos casos extremos, a passividade do aluno, reduzido a simples receptor da tradição cultural.

Quanto à *metodologia*, valoriza-se a aula expositiva, centrada no professor, com destaque para exercícios de fixação, como leituras repetidas e cópias. Submetidos a horários e currículos rígidos, os alunos são considerados um bloco único e homogêneo, sem atenção especial para as diferenças individuais.

O *conteúdo* selecionado visa à aquisição de noções, com ênfase no esforço intelectual de assimilação dos conhecimentos. Daí derivam o caráter abstrato do saber, o verbalismo e a preocupação em transmitir o saber acumulado. A valorização do passado é inevitável, assim como o destaque ao estudo das "obras-primas". O exagero desses aspectos leva a um distanciamento com relação à vida e aos problemas cotidianos e atuais.

A *avaliação* enfatiza os aspectos cognitivos (de aquisição de conhecimentos transmitidos), superestimando a memória e a capacidade de "restituir" o que foi assimilado. As provas, instrumento central de avaliação, desviam o aluno do objetivo de "estudar para a vida" por estar sempre preocupado em "estudar o que será avaliado", ou seja, "estudar para a escola". Se de um lado o professor "dá a lição", de outro a prova representa o momento de "restituição", em que ele "toma a lição". É o que Paulo Freire chamava de *educação bancária*. Como o processo de verificação da aprendizagem se torna artificial, ela passa a ser estimulada por meio de prêmios e punições, pela competição entre os alunos, submetidos a um sistema classificatório.

Do ponto de vista epistemológico, a escola tradicional privilegia a posição empirista, que dá ênfase à assimilação, por parte do aluno, do conhecimento que lhe é externo e que deve ser adquirido por meio de transmissão, sem a exigência de maiores elaborações pessoais (ver capítulo 10).

Segundo a fundamentação antropológica, predomina a concepção essencialista, pela qual o professor tem em mente um modelo universal de ser humano a ser alcançado, bastando desenvolver as potencialidades inerentes ao educando (ver capítulo 9).

Sob o aspecto axiológico (ver capítulo 11), a institucionalização da escola surgiu sob o signo da hierarquia e da vigilância. Assim, para ser "protegida", a criança se submete a um sistema disciplinar paternalista, autoritário e dogmático. Rigidamente estipuladas, as normas garantem a submissão do aluno, para quem a obediência é a virtude primeira. A disciplina, garantida frequentemente por meio do castigo corporal, mantém a ordem pela intimidação, procedimento que até bem pouco tempo atrás era considerado normal.

2. A Escola Nova

As críticas à escola acadêmica surgiram diante da impossibilidade de se continuar pensando em modelos em um mundo marcado por transformações sociais, políticas e econômicas que atingiam uma rapidez nunca antes experimentada. O indivíduo contemporâneo devia se preparar para uma sociedade dinâmica, em constante mutação e, para tanto, precisava *aprender a aprender*, indo além da fixação de conteúdos predeterminados. Daí o interesse por métodos e técnicas, bem como maior ênfase nos *processos* de conhecimento do que no *produto*.

Além disso, aspirava-se ao acesso de todos ao saber, o que promoveria a mais ampla democratização do ensino e, consequentemente — segundo a crença de então —, a mobilidade social.

O movimento educacional conhecido como Escola Nova surgiu no final do século XIX justamente para propor novos caminhos à educação, em descompasso com o mundo no qual se achava inserida. Representa o esforço de superação da pedagogia da essência pela pedagogia da existência. Não se trata mais de submeter a pessoa a valores e dogmas tradicionais e eternos nem de educá-la para a realização de sua "essência verdadeira". A pedagogia da existência volta-se para a problemática do indivíduo único, diferenciado, que vive e interage em um mundo dinâmico.

Daí o caráter psicológico da pedagogia da existência, segundo a qual a criança é o sujeito da educação, ocupando o centro do processo (pedocentrismo). Destaca-se a importância da satisfação das necessidades infantis, bem como a estimulação de sua própria atividade. A criança não mais é considerada "inacabada", uma miniatura do adulto, um "adulto incompleto", e por isso precisa ser atendida segundo as especificidades de sua natureza infantil.

Características gerais da Escola Nova

Relação professor—aluno

Na escola renovada o aluno é o centro do processo, e o professor se esforça por despertar a atenção e a curiosidade da criança, sem lhe cercear a espontaneidade. O professor é apenas um facilitador da aprendizagem, e, dependendo da escola, existe maior ou menor não diretividade (ver capítulo 15).

Conteúdo

O professor não transmite noções gerais, pois a abstração deve resultar da experiência do próprio aluno. Como o *processo* do conhecimento é mais importante do que o *produto*, o conteúdo precisa ser compreendido, não decorado. Daí a crítica à escola acadêmica e livresca, que privilegia a transmissão de conteúdos, em detrimento dos processos de descoberta do conhecimento.

Concepções liberais do século XX

Metodologia

A fim de superar o estreito intelectualismo da escola tradicional, a Escola Nova tem por princípio o "aprender fazendo". O objeto da educação é a pessoa integral, constituída não só de razão, mas de sentimentos, emoções e ação. O corpo também é valorizado, por meio das atividades de educação física e do desenvolvimento da motricidade. O psicólogo suíço Piaget bem mostrou como a atividade mental da criança é inicialmente sensório-motora e, em seguida, predominantemente intuitiva, o que exige maior atenção aos movimentos e à estimulação da percepção.

Devido à influência da psicologia e ao fato de muitas escolas novas terem surgido a partir do acompanhamento de crianças com problemas, há uma constante preocupação com a individualização das atividades, embora não sejam desprezados os trabalhos em grupo, importantes para a socialização das experiências.

Programas e horários tornam-se maleáveis, a fim de acompanhar os ritmos individuais. Como é importante partir do concreto para o abstrato, pesquisas e experiências são estimuladas. Privilegiar a pedagogia da ação significa equipar a escola com laboratórios, oficinas, hortas e até imprensa, conforme a metodologia predominante. Os jogos não se opõem ao trabalho, antes constituem atraentes facilitadores da aprendizagem.

Avaliação

A avaliação é compreendida como um processo válido para o próprio aluno, não para o professor. Por isso representa apenas uma das etapas de aprendizagem, não o seu centro. Despojada do terror que a mistifica, não afere apenas os aspectos intelectuais, mas também as atitudes e a aquisição de habilidades. O sistema de prêmios é condenado e a competição substituída pela cooperação e pela solidariedade.

Disciplina

Uma sociedade em mutação precisa educar para o improvável, para o novo, daí ser necessário preparar para a autonomia. O afrouxamento das normas rígidas tem por objetivo educar a responsabilidade e a capacidade de crítica a fim de alcançar a disciplina voluntária. Por isso são estimuladas discussões que permitam ao aluno a compreensão do significado e da necessidade das normas coletivas.

Escola Nova e pragmatismo

Compreende-se o ideário escolanovista a partir da situação social e econômica em que foi gerado. Nesse sentido, a Escola Nova é típica representante da pedagogia liberal. Com o fortalecimento do capitalismo, a partir da Revolução Industrial, realçaram-se valores como a livre concorrência, a competição, a aceitação do desafio do novo, a afirmação da individualidade e a liberdade de pensamento (rever capítulo 12).

A crescente industrialização da sociedade, com suas rápidas transformações, requeria a ampliação da rede escolar, bem como uma escola que preparasse para o novo; além do mais, as esperanças de superação das desigualdades sociais encontravam na adequada escolarização uma promessa de mobilidade social.

Antecedentes do movimento de inovação já se notavam no Renascimento, como as críticas feitas por Rabelais à escola autoritária e as experiências de Feltre na *Casa Giocosa*. Na Idade Moderna foram importantes as contribuições de Ratke e de Comênio. Rousseau (século XVIII), sem dúvida o principal precursor, teve sua contribuição reconhecida como uma verdadeira "revolução copernicana". O pensamento de Rousseau influenciou Basedow, Pestalozzi e Froebel (o fundador dos jardins de infância), mas foi no final do século XIX e no começo do século XX que se esboçaram na Europa e nos Estados Unidos as principais teorias e surgiram as primeiras experiências educacionais, dando corpo às inovações.

Essas teorias em parte nasceram do ideal iluminista e em parte a ele se contrapuseram. Já vimos que uma das características da filosofia iluminista é a exaltação do poder da razão, que levaria o indivíduo a conquistar sua "maioridade" como ser autônomo. No entanto, no século XIX, muitos foram os estudiosos, como Nietzsche e, posteriormente Freud, que se posicionam criticamente ante a herança do racionalismo extremado, buscando recuperar valores vitais que estavam esquecidos.

Dentre as inúmeras tendências que se opuseram ao idealismo, recusando o conhecimento contemplativo, puramente teórico, para afirmar uma postura que privilegia a prática e a experiência, destaca-se, pela sua influência na educação, a corrente filosófica do pragmatismo, que examinaremos com mais detalhes por ter influenciado sobremaneira o ideário da Escola Nova.

A palavra *pragmatismo* vem do grego *prágma*, que significa "ação" e, consequentemente, "prática". A expressão foi utilizada por Charles Peirce e posteriormente por William James (1842-1910), ambos importantes filósofos norte-americanos.

O pragmatismo recusa os "sistemas fechados, com pretensões ao absoluto", voltando-se para o concreto, para os fatos, para a ação. As teorias deixam de ser respostas definitivas aos problemas humanos, para se tornarem simples instrumentos, ou seja, a verdade não é rigidamente estabelecida de uma só vez e para sempre, mas muda, está sempre "se fazendo". Por isso uma proposição é verdadeira quando "funciona", quando permite que nos orientemos na realidade, levando-nos de uma experiência a outra. Portanto, nada é estável, tudo se encontra em constante movimento.

Ao reduzir o verdadeiro ao útil, o pragmatista não visa apenas à satisfação das necessidades materiais, mas ao desenvolvimento humano integral e da sociedade.

O filósofo norte-americano John Dewey (1859-1952) sofreu a influência do pragmatismo de William James, tornando-se um dos maiores teóricos da Escola Nova. Ele próprio preferia identificar sua teoria como um *instrumentalismo* ou *funcionalismo*, já que as ideias têm valor instrumental para resolver os problemas que resultam da experiência humana. O conhecimento é uma atividade dirigida e não tem um fim em si mesmo, mas está voltado para a experiência. Como hipóteses de ação, as ideias são verdadeiras na medida em que funcionam como orientadoras da ação.

Ao ressaltar o papel da *educação pela ação*, o pragmatismo critica severamente o intelectualismo e a ênfase na memorização, típicos da escola tradicional. Para Dewey, *vida*, *experiência* e *aprendizagem* não se separam, por isso cabe à escola promover pela educação a retomada contínua dos conteúdos vitais. A *educação progressiva*, na medida em que dá condições para a criança exercer controle sobre a própria vida, permite que ela enriqueça sua experiência. Daí o destaque às atividades manuais e físicas, bem como o estímulo ao espírito de iniciativa e à independência do aluno.

Do ponto de vista epistemológico (ver capítulo 10), em um primeiro momento, é clara a influência da tendência empirista, que valoriza os elementos resultantes da experiência. Diferentemente da escola tradicional, no entanto, não reserva à escola o destino de simples transmissora da experiência da humanidade, mas realça também o papel ativo do aluno.

É nesse sentido que John Dewey define tecnicamente a educação como "uma reconstrução ou reorganização da experiência, que esclarece e aumenta o sentido desta

Concepções liberais do século XX

e também a nossa aptidão para dirigirmos o curso das experiências subsequentes"[1]. Com isso, Dewey dá destaque aos dois polos de influência no processo de conhecimento. O sujeito que conhece e o objeto conhecido são igualmente importantes, já que "a experiência consiste primariamente em relações ativas entre um ser humano e seu ambiente natural e social" e, consequentemente, "a educação praticada intencionalmente (ou escolar) deveria apresentar um ambiente em que essa interação proporcionasse a aquisição daquelas significações que são tão importantes, que se tornam por sua vez instrumentos para a ulterior aquisição de conhecimentos"[2].

Além de destacado teórico da Escola Nova, Dewey desenvolveu, no final do século XIX, uma curta experiência concreta, com a fundação de uma escola experimental na Universidade de Chicago. Um de seus mais importantes seguidores foi William Kilpatrick, cujo foco de interesse era sobretudo a formação para a democracia em uma sociedade em constante mutação. No capítulo 16 veremos o neopragmatismo do filósofo norte-americano Richard Rorty.

Na Europa destacam-se Edouard Claparède, Ovide Decroly, Maria Montessori, Hélène Lubienska, Georg Kerschensteiner e Célestin Freinet. É evidente que, apesar das semelhanças de todos esses projetos de educação, persistem muitas vezes diferenças de orientação, por exemplo, era explícita a divergência entre Montessori e Dewey.

O escolanovismo no Brasil

No Brasil, o movimento da Escola Nova só começou na década de 1920, com diversas reformas esparsas do ensino público. Suas ideias expressaram-se de maneira clara, em 1932, no *Manifesto dos pioneiros da educação nova*, cujos principais signatários foram Fernando de Azevedo, Anísio Teixeira e Lourenço Filho. Esse manifesto foi muito importante na história da pedagogia brasileira, porque representou a tomada de consciência da defasagem existente entre a educação e as exigências do desenvolvimento.

O manifesto surgiu em uma época de conflito entre os adeptos da escola renovada e os católicos conservadores, que detinham o monopólio da educação elitista e tradicional. No período do Estado Novo, o movimento renovador entrou em recesso, ressurgindo na década de 1950 com a participação dos já citados pedagogos, entre outros. Embora a polêmica entre os defensores da escola leiga e os da escola confessional ainda existisse, alguns colégios religiosos abandonaram os métodos tradicionais para aderir ao escolanovismo.

Destacamos a contribuição do pedagogo, filósofo e educador Anísio Teixeira (1900-1971), responsável pela difusão das ideias pragmatistas de John Dewey no Brasil. Também realizou experiências efetivas, como a criação, em 1950, do Centro Popular de Educação conhecido como Escola-Parque. Com esse projeto, pretendia desenvolver uma escola piloto que posteriormente pudesse atender alunos de todas as classes, indistintamente. A ideia inicial era atender 4 mil alunos, visando a uma educação integral, que incluía alimentação, higiene, socialização, preparação para o trabalho e para a cidadania. Mais tarde, participou, com Darci Ribeiro, da instalação da Universidade de Brasília.

---

[1] *Democracia e educação*: introdução à filosofia da educação. 4. ed. São Paulo, Nacional, 1979, p. 83.

[2] *Democracia e educação*: introdução à filosofia da educação, p. 301.

Além de atuar em inúmeras reformas educacionais, Anísio Teixeira foi um pensador fecundo, com amplo conhecimento da história brasileira, ancorado numa filosofia da educação. Sempre escreveu nos intervalos de suas atividades na vida pública; são de sua autoria as obras *Educação não é privilégio*, *Pequena introdução à filosofia da educação*: a escola progressiva ou a transformação da escola, *Educação para democracia*: introdução à administração escolar e *Educação é um direito*.

Devido à influência de Dewey, Anísio Teixeira preferia usar a expressão "escola progressiva" e não Escola Nova, denominação afinal consagrada no movimento escolanovista. Aqui, vale lembrar a posição de Anísio Teixeira sobre o ensino tradicional, cujos princípios precisariam ser reformulados pela didática da escola progressiva. Se para ele é positiva a necessidade de nos apropriarmos dos conhecimentos científicos e dos valores construídos pela sociedade, critica, porém, a maneira pela qual esse processo ocorre na escola tradicional, por meio de memorização e repetição de um saber acabado. Ao contrário, é preciso dar condições para que o aluno desenvolva uma atitude científica, que aprenda por si mesmo, o que não é possível pela distribuição de disciplinas separadas, ministradas por professores em compartimentos estanques. A escola deveria ser o lugar da elaboração de projetos, que exigem reflexão, intensa atividade participativa e que levam à conquista progressiva da autonomia e da responsabilidade do educando.

Tal como Dewey, tem como meta a democratização do ensino, sobretudo em um país como o nosso, de escolarização tardia e alto índice de analfabetismo. Lembrando os títulos de dois de seus livros, para Anísio Teixeira a educação é um *direito* e, portanto, não pode continuar como *privilégio* da elite. Para a democratização da sociedade, defende a instalação da *escola pública*, *universal*, *laica*, *gratuita* e *unitária*. Por isso considera que as crianças e jovens — na sua totalidade, sem excluir os segmentos populares — deveriam frequentar a escola primária e secundária com finalidades culturais e científicas. No secundário, todos, indistintamente, continuariam recebendo essa formação integral, complementada com práticas de diversas profissões, de maneira flexível e variada, a fim de atender aos diversos interesses e capacidades dos alunos. Seria essa a maneira de superar a tradição do dualismo escolar, que sempre destinou à elite a educação acadêmica e aos pobres o ensino profissional, geralmente de modo precoce, antes que as crianças desse último segmento tivessem acesso aos bens simbólicos da sua cultura, distorção que garante a reprodução das desigualdades sociais.

Subjacente a essas diretrizes, encontramos a convicção segundo a qual a sociedade justa e democrática depende da renovação cultural de todos os seus segmentos, o que seria alcançado por meio da educação unitária.

No ideário da Escola Nova foram incorporadas outras teorias, tais como as de Jean Piaget e de Jerome Brunner, até que na década de 1960, por ocasião do golpe militar, houve a tentativa de implantação da tendência tecnicista, como veremos adiante.

As ilusões da Escola Nova

Os teóricos da Escola Nova estavam convencidos de que a verdadeira democracia seria instaurada pela "escola redentora", na qual todos poderiam garantir "um lugar ao sol" a partir de seu talento e esforço.

Segundo Dewey, o desenvolvimento tecnológico e a vida democrática tinham na escola um instrumento ideal, por meio do qual os benefícios da educação seriam estendidos a todos, indistintamente.

Concepções liberais do século XX

A escola teria a função democratizadora de equalizar as oportunidades. Eis aí, segundo alguns teóricos, o chamado "otimismo pedagógico" ou, ainda, a "ilusão liberal" da Escola Nova.

Embora reconheçamos os aspectos inovadores da contribuição de Dewey, sobretudo quanto à oposição à escola tradicional, essa pedagogia ainda se inscreve no horizonte dos ideais liberais e, como tal, se funda na aceitação e não no questionamento dos valores burgueses. A sociedade como tal não é colocada em questão em momento algum, como acontece nas teorias de inspiração socialista, em que, por exemplo, a noção de trabalho passa pelo crivo da análise ideológica. Sob esse aspecto, era mais avançada a posição de Anísio Teixeira, que lutou pela instalação da escola unitária, de atendimento aos segmentos desfavorecidos.

Como veremos no capítulo 15, a aparente equalização de oportunidades na verdade dissimula a *reprodução* do sistema, isto é, são dadas poucas chances reais para os filhos de operários deixarem de ser proletários, o que se verifica pelos altos índices de evasão e repetência, indicativos do afastamento precoce das crianças do ambiente escolar.

Contraditoriamente, o ideário da Escola Nova contribuiu para uma maior elitização do ensino, sobretudo no Brasil. Ao dar ênfase à qualidade e à exigência de escolas aparelhadas e professores altamente qualificados, colocou a escola pública em posição inferiorizada, incapaz de introduzir as novidades didáticas. Tais desacertos dificultavam a implantação da democracia, porque o rebaixamento da qualidade da escola pública concorria para o agravamento da marginalização do maior segmento da sociedade.

Além disso, alguns prejuízos resultaram da assimilação inadequada das novas ideias e da tentativa de sua implantação sem critérios. Por exemplo, a crítica ao autoritarismo da velha escola — justa, sem dúvida — não reconhece a assimetria da relação professor—aluno e não raramente descamba em ausência de disciplina; a ênfase dada ao processo (e não ao produto) é confundida com o aligeiramento do conteúdo.

Outra dificuldade decorreu do risco do *puerilismo*, ou seja, a supervalorização da criança e a consequente depreciação do adulto. Como resultado, tanto se deu a minimização do papel do professor, como a sua quase ausência nas formas extremas de não diretividade.

A má assimilação dos princípios da Escola Nova encontra-se também na confusão entre ensino e pesquisa. O escolanovista critica a valorização da transmissão de conteúdos na escola tradicional, enfatizando, ao contrário, a importância da experiência, da descoberta pessoal. É sempre um risco, no entanto, tentar reproduzir em sala de aula, de forma artificial, os passos da humanidade nas descobertas científicas. Além de impossível, seria no mínimo ingênuo, porque a pesquisa científica segue procedimentos específicos que exigem rigor, tempo e conhecimentos. Artificializar tais processos em sala de aula é descuidar de um dos aspectos importantes da função da escola: a apropriação do já conhecido. A esse propósito, diz o professor Dermeval Saviani: "Qualquer pesquisador sabe muito bem que ninguém chega a ser cientista, se ele não domina os conhecimentos já existentes na área em que se propõe a ser investigador".

Com tais críticas, não desmerecemos as muitas conquistas da Escola Nova, sobretudo quando ela questiona as formas esclerosadas da escola tradicional e abre novos rumos para a educação. Muitas foram as experiências fecundas que trouxeram novas luzes para a educação e que precisam ser redimensionadas, a fim de que se percebam com mais clareza o seu alcance e os seus limites.

3. A tendência tecnicista

Vimos que, no século XX, a escola tradicional sofreu inúmeras críticas, com enfoques os mais diversos. A partir da década de 1960 surgiram propostas de inspiração tecnicista, baseadas na convicção de que a escola só se tornaria eficaz se adotasse o modelo empresarial, ou seja, se fosse aplicado na escola o modelo de racionalização típico do sistema de produção capitalista.

No capítulo 5 vimos que esse modelo, implantado na indústria, passou a ser conhecido como taylorismo, o qual se baseia na especialização de funções. A principal consequência de sua implantação foi a separação entre o setor de planejamento e o de execução do trabalho.

A tendência tecnicista aplicada à educação surgiu nos Estados Unidos. Em seguida, seus teóricos e técnicos influenciaram os países latino-americanos em via de desenvolvimento. No Brasil, após o golpe de 1964, que instaurou a ditadura militar, foram realizados diversos projetos, sigilosos inicialmente e revelados em 1966: eram os acordos MEC-Usaid. Voltaremos a esse assunto no final do capítulo.

Características do tecnicismo

De maneira genérica, vejamos as características da tendência tecnicista, que visa a uma escola estruturada a partir do modelo empresarial.

O *objetivo* é adequar a educação às exigências da sociedade industrial e tecnológica. Daí a ênfase na preparação de recursos humanos, ou seja, de mão de obra qualificada para a indústria.

O *conteúdo* a ser transmitido baseia-se em informações objetivas que proporcionem, mais tarde, a adequada adaptação do indivíduo ao trabalho. É nítida a preocupação

com a apropriação do saber científico, exigido pela moderna tecnologia.

O *método* para a transmissão dos conhecimentos é o taylorista, que propõe a divisão de tarefas entre os diversos técnicos de ensino incumbidos do planejamento racional do trabalho educacional, cabendo ao professor a execução em sala de aula daquilo que foi projetado fora dela. Para tanto, nas reuniões de planejamento os objetivos instrucionais e operacionais são rigorosamente esmiuçados, estabelecendo-se um ordenamento sequencial das metas a serem cumpridas. Os objetivos instrucionais, que, como sabemos, se referem às mudanças comportamentais esperadas, especificam a competência a ser alcançada pelo aluno, evitando-se "objetivos vagos", que deem margem a interpretações diversas, e destacando-se aqueles que podem levar a uma clara identificação da aprendizagem. Posteriormente, a definição dos objetivos facilitaria a avaliação dos trabalhos dos alunos, com a verificação passo a passo do cumprimento ou não dos objetivos propostos, atendendo a critérios mensuráveis da avaliação "objetiva".

São valorizados os meios didáticos da avançada tecnologia educacional, como a utilização de filmes, *slides*, máquinas de ensinar, telensino ("ensino a distância"), módulos de ensino, computadores etc. Nessa perspectiva, o professor é um técnico que, assessorado por outros técnicos e intermediado por recursos técnicos, transmite um conhecimento técnico e objetivo. Como é de esperar, a relação entre professor e aluno exige distanciamento afetivo.

Pressupostos teóricos do tecnicismo

Embora a prática pedagógica tecnicista não tenha esclarecido seus pressupostos teóricos, é importante que o façamos. Constatamos então a influência da filosofia positivista e da psicologia americana behaviorista.

Concepções liberais do século XX

Como vimos no capítulo 13, segundo o positivismo, corrente filosófica que surgiu no século XIX e teve Augusto Comte como principal representante, o objeto da ciência se restringe ao conhecimento *positivo*. Entende-se por *positivo* o conhecimento sujeito ao método de observação e experimentação, que leva à descoberta das leis da natureza.

Por valorizar a experiência, o positivismo é herdeiro da tendência empirista, que, no processo do conhecimento, enfatiza o objeto conhecido, não o sujeito que conhece. Em outras palavras, o conhecimento é compreendido como "descoberta" de algo que se acha fora do sujeito (não resulta de uma construção). Coerente com esse princípio, o ensino busca a mudança de comportamento do aluno mediante treinamento, a fim de que ele desenvolva habilidades e adquira saberes.

Herdeira do cientificismo, a tendência tecnicista busca no behaviorismo, teoria psicológica também de base positivista, os procedimentos experimentais necessários para a aplicação do condicionamento e o controle do comportamento. Daí a ênfase na avaliação dos aspectos observáveis e mensuráveis da conduta e o cuidado com o uso da tecnologia educacional, não só quanto à utilização dos recursos avançados da técnica, mas também quanto ao planejamento racional, a fim de alcançar os objetivos propostos com economia de tempo, esforços e custo.

Como se vê, os ideais de racionalidade, organização, objetividade e eficiência que permeiam as propostas tayloristas têm sua fundamentação teórica no positivismo e encontram na tendência tecnicista sua adequada expressão.

O tecnicismo no Brasil

Desde a década de 1950, com a implantação da indústria de base, o Brasil sofreu acelerada industrialização, com o consequente crescimento do setor de serviços. No entanto, o sistema educacional vigente não tinha condições de oferecer os recursos humanos exigidos pela expansão econômica. Daí a crise que se arrastou por toda a década de 1960, provocando movimentos estudantis que pressionavam o governo por mais vagas nas escolas, bem como por sua adequação às novas necessidades.

Com o golpe militar de 1964, com estudantes e educadores silenciados, o governo aceitou a ajuda dos Estados Unidos para a implantação das reformas educacionais, realizada por meio dos acordos MEC-Usaid (firmados entre o Ministério da Educação e Cultura e a United States Agency for International Development). O Brasil passou, então, a receber assistência técnica e cooperação financeira que resultaram nas Leis nº 5.540/68 (ensino universitário) e nº 5.692/71 (ensino de 1º e 2º graus). Essas reformas foram antecedidas pelos estudos que constam no Relatório Meira Matos, cuja comissão, criada no final de 1967, teve continuidade no Grupo de Trabalho da Reforma Universitária (ver dropes 5 e 6).

No entanto, é bom lembrar que nunca houve, de fato, plena implantação da reforma porque os professores continuaram, de certa maneira, imbuídos da tendência tradicional ou das ideias escolanovistas. Tiveram, porém, de adotar muitas das imposições decorrentes dos decretos-leis, e os alunos sofreram as consequências funestas das mutilações a que o currículo foi submetido, na fracassada tentativa de reformulação das disciplinas.

A burocratização do ensino foi intensificada, afogando os professores em papéis nos quais deviam ser detalhados os objetivos de cada passo do programa. Com suas funções inferiorizadas, o professor tornou-se simples executor de ordens vindas do setor de planejamento, a cargo de técnicos em educação que, por sua vez, não pisavam em sala de aula.

Nesse período, a educação elementar esteve bastante abandonada, e a pretendida reforma do 2º grau, com a implantação do ensino profissionalizante, redundou em absoluto fracasso. A inclusão de disciplinas técnicas no currículo teve por consequência a diminuição da carga horária de algumas (geografia e história, por exemplo) e a exclusão de outras (como a filosofia).

A queda do nível de ensino repercutiu de maneira mais drástica na escola pública, obrigada a atender às exigências oficiais ao pé da letra, enquanto as escolas particulares de certa forma "contornavam" a lei, assumindo apenas a nomenclatura dos cursos, mas mantendo os conteúdos tradicionais. Isso aumentou a seletividade de nossa educação, fazendo com que o ensino superior se destinasse cada vez mais aos filhos da elite.

Quanto à escola pública, o que se conseguiu, de fato, foi a formação de mão de obra barata, não qualificada, pronta para engrossar o "exército de reserva" — trabalhadores disponíveis para empregos de baixa remuneração.

Baseadas na tendência tecnocrática, essas reformas se apresentam sob uma pretensa neutralidade técnica, como se resultassem de uma atividade descompromissada com a política. No entanto, isso é uma ilusão. A administração e o planejamento "despolitizados" na verdade camuflam e fortalecem estruturas de poder, substituindo a participação democrática — tão fundamental em qualquer projeto humano, sobretudo pedagógico — pela decisão de poucos. Portanto, foi uma reforma fundamentalmente política.

Críticas ao tecnicismo

A tendência tecnicista na educação se insere em uma estrutura maior, na qual se desenrola o que podemos chamar de *crise da razão* contemporânea, diante da qual vários filósofos têm discutido sobre os enganos do racionalismo exacerbado. Por essa ótica da exaltação da razão, descuidou-se de aspectos importantes do ser humano, tais como os instintos vitais, os afetos, a imaginação, os sentidos, para só usar as práticas da tecnologia ancoradas no conhecimento científico.

Portanto, a tendência tecnicista é tributária de uma visão tecnocrática e cientificista que orienta o pensamento contemporâneo. O cientificismo exalta a ciência e despreza outras formas possíveis de conhecimento do mundo. Decorre daí o *mito do especialista*, cuja valorização excessiva deveu-se à fragmentação do saber em diversos campos das ciências particulares, o que deixou para cada especialista a investigação rigorosa de uma pequena parte da realidade. Ao se aprofundar no campo que investiga, em nome de um discurso competente, o especialista passa a ser considerado o único capaz de compreender a realidade e, mais ainda, de indicar diretrizes de ação. Como consequência dessa noção de especialização, desenvolve-se o *mito da tecnocracia* (*cracia* = poder), segundo o qual passamos a viver em um mundo em que a última palavra é sempre dada aos técnicos e aos administradores competentes.

Ao enfatizar a especialização, a tendência tecnicista descuida da visão do todo, ao mesmo tempo que desenvolve uma concepção autoritária: pela ótica da especialização, o poder pertence a quem possui o saber. Desse modo, o não especialista seria consequentemente "incompetente" e... não teria poder algum!

Lembrando as reflexões do filósofo Jurgen Habermas, o mundo contemporâneo orienta-se predominantemente pela *razão instrumental*, que submete a *razão comunicativa*. Ou seja, a primeira, predominantemente técnica, é aplicada na organização

Concepções liberais do século XX

das forças produtivas e não segue a mesma lógica que preside a *razão vital*, vigente no mundo das experiências pessoais e da comunicação entre as pessoas. Não se deve negar a importância da razão instrumental, válida sobretudo para o desenvolvimento da técnica, mas é preocupante quando ela se expande e interfere em campos que não lhe são próprios e que deveriam ser regidos pela razão comunicativa: trata-se de uma indevida "colonização", que descaracteriza e desumaniza setores amplos da vida humana, incluindo o da educação.

Em outras palavras, ao apresentar uma solução reducionista, o tecnicismo dá uma resposta simplista demais a uma questão muito mais complexa. Por mais que a ciência e a tecnologia auxiliem o trabalho do pedagogo, isso não significa que a educação resulte apenas de uma técnica bem aplicada ou mesmo que não existam outras formas possíveis de compreensão da realidade educacional fora do conhecimento científico.

Faz sentido que nas reformas educacionais promovidas sob a orientação tecnicista a ênfase tenha recaído sobre as disciplinas pragmáticas, enquanto foi bastante descuidada a formação crítica. Basta ver a exclusão, no curso secundário, de disciplinas como a filosofia e a minimização da literatura, da história, da geografia humana e das artes.

A tendência tecnicista mereceu a crítica dos teóricos crítico-reprodutivistas e das pedagogias progressistas (ver capítulos 15 e 16).

Conclusão

Voltaremos mais adiante, nos capítulos 15 e 16, a examinar outras tendências pedagógicas do século XX. No entanto, as três que analisamos aqui — a tradicional, a Escola Nova e a tecnicista — ainda hoje repercutem no imaginário dos educadores.

A escola tradicional, pelos costumes arraigados de encarar a educação como mera transmissão de conhecimento, costumes estes fundamentados no caráter empirista e metafísico do senso comum. A Escola Nova, pela sua oposição ferrenha aos desvios da escola tradicional e pela compreensão científica do comportamento infantil, que permitiu a aplicação de métodos mais condizentes com a criança, não mais considerada um "adulto em miniatura". A importância do escolanovismo vai além dos seus insucessos, mesmo porque favoreceu a abertura de outros caminhos, no entusiasmo de buscar soluções para os impasses da educação contemporânea.

Quanto à tendência tecnicista, infelizmente não representa apenas uma triste lembrança, porque ainda percebemos seus fundamentos em escolas que, à maneira de empresas, crescem desmedidamente e, obedecendo a critérios de "racionalidade" e "eficácia", padronizam aulas, tornando os professores meros técnicos repetidores de pacotes pré-elaborados. A propósito, consultar o capítulo 3, em que defendemos o professor como intelectual transformador e citamos a advertência da professora Maria Amélia Santoro Franco, para quem a instrumentalização da pedagogia para organizar procedimentos de sala de aula de acordo com os pressupostos da racionalidade tecnicista fez com que a pedagogia perdesse "sua dimensão fundamentadora de ser a parceira crítica da prática educativa, para ser apenas a formadora de *técnicos de produção de aula*".

Dropes

1 - A educação, mais do que qualquer outro instrumento de origem humana, é a grande igualadora das condições entre os homens — o eixo de equilíbrio da maquinaria social (…). Dá a cada homem a independência e os meios de resistir ao egoísmo dos outros homens. Faz mais do que desarmar os pobres de sua hostilidade para com os ricos: impede-os de ser pobres. (Horace Mann)

2 - Obtém-se interesse, exatamente, não se pensando e não se buscando conscientemente consegui-lo; mas, ao invés disto, promovendo as condições que o produzem. Se descobrirmos as necessidades e as forças vivas da criança, e se lhe pudermos dar um ambiente constituído de materiais, aparelhos e recursos — físicos, sociais e intelectuais — para dirigir a operação adequada daqueles impulsos e forças, não temos que pensar em interesse. Ele surgirá naturalmente. Porque então a mente se encontra com aquilo de que carece para vir a ser o que deve. (John Dewey)

3 - Na escola, a criança que trabalha não só se apropria das coisas aprendidas, mas ainda as assimila. A Escola Nova, evitando dispersar a atenção para multíplices objetos a todas as horas do dia ou da semana; acostumando o estudante a cumprir seus deveres com calma, sem precipitação; reservando horas especiais para o trabalho manual e dando ocasião para tratar todas as matérias; despertando, finalmente, na criança o desejo de recolher, elaborar mentalmente e utilizar para a ciência e

para a vida os documentos tangíveis, proporciona resultados infinitamente superiores aos que possa dar a leitura de centenas de livros insossos, ainda que escritos e aprovados por todos os inspetores acadêmicos do mundo. (Ferrière)

4 - "Estudante é para estudar, trabalhador para trabalhar": a ditadura coloca fora da lei as organizações consideradas subversivas, como o Comando Geral dos Trabalhadores (CGT) e a União Nacional dos Estudantes (UNE). O controle se estende às escolas de nível médio, com a transformação dos grêmios estudantis em centros cívicos, sob a direta orientação do professor de educação moral e cívica (cargo ocupado apenas por pessoas "de confiança" da direção da escola).

5 - É condição fundamental para o bom funcionamento de qualquer empresa a existência de uma estrutura adequada à sua finalidade. A estrutura empresarial deve oferecer uma organicidade lógica, criando escalões sucessivos de direção técnica e de administração, tudo no sentido de assegurar a fluição material das ordens e diretrizes, a sua apreciação por setores especializados, a intercomunicação entre esses setores, a coordenação administrativa e técnica e o fácil trânsito vertical de cima para baixo e de baixo para cima. (Peter D. Drucker, citado no Relatório Meira Matos)

6 - (…) para as próprias funções de reitores e diretores da universidade, assim como a de qualquer das suas entidades, poderão ser convocados valores humanos que, embora alheios à carreira do

Concepções liberais do século XX

magistério, possuam alto tirocínio da vida pública ou empresarial. (Grupo de Trabalho da Reforma Universitária/1968)

7 - Se na pedagogia tradicional a iniciativa cabia ao professor, que era, ao mesmo tempo, o sujeito do processo, o elemento decisivo e decisório; se na pedagogia nova a iniciativa desloca-se para o aluno — situando-se o nervo da ação educativa na relação professor— aluno, portanto, relação interpessoal, intersubjetiva —; na pedagogia tecnicista, o elemento principal passa a ser a organização racional dos meios, ocupando professor e aluno posição secundária, relegados que são à condição de executores de um processo cuja concepção, planejamento, coordenação e controle ficam a cargo de especialis-

tas supostamente habilitados, neutros, objetivos, imparciais. A organização do processo converte-se na garantia da eficiência, compensando e corrigindo as deficiências do professor e maximizando os efeitos de sua intervenção. (Dermeval Saviani)

8 - Segundo o professor Dermeval Saviani, a situação do professor no Brasil, na década de 1970, era a seguinte: "Imbuído do ideário escolanovista (tendência 'humanista' moderna), ele é obrigado a trabalhar em condições tradicionais (tendência 'humanista' tradicional), ao mesmo tempo que sofre, de um lado, a pressão da pedagogia oficial (tendência tecnicista) e, de outro, a pressão das análises sócio-estruturais da educação (tendência 'crítico-reprodutivista')".

● Leitura complementar

Organização psicológica das "matérias" escolares

Partindo da criança e de suas necessidades, chegamos à conclusão de que o programa escolar se deve organizar em uma série de experiências reais e socializadas, e não como uma simples distribuição de matérias escolares.

O próprio estudo das matérias escolares nos vai levar, também, aos mesmos resultados. O mesmo problema, visto de um ângulo diverso, ganha, se possível, maior clareza e a solução aventada maior plausibilidade.

Reconstituiremos aqui, com a brevidade possível, a exposição de John Dewey, no seu estudo, hoje universalmente conhecido, sobre a criança e o programa escolar,

valendo-nos ainda da contribuição trazida por Kilpatrick à consolidação da doutrina sustentada pelo famoso filósofo.

As *matérias escolares* ou *matérias de estudo*, em rigor, deveriam ser tudo sobre que incidissem o inquérito, a reflexão, o estudo, no desenvolvimento de uma determinada atividade. Não tem sido esse, entretanto, na teoria tradicional, o conceito de matérias escolares. Na linguagem clássica, significam os diferentes ramos classificados do saber.

A finalidade suprema da educação escolar é a de levar a criança à participação no sentido, nos valores e na conduta da sociedade a que pertence.

Por que razão julgou a escola que ensinando aqueles diferentes ramos do saber operava o milagre dessa participação?

Pela razão muito simples de se enxergar naquelas "matérias" o conjunto de conhecimentos que consubstanciam a própria vida coletiva da sociedade contemporânea.

(...) Com efeito, as "matérias escolares" — linguagem, matemática, história, ciências naturais etc. — nada mais são do que resultados sistematizados dos conhecimentos humanos em sua forma lógica e abstrata. Como tais, só interessam ao especialista que pode compreender a sua linguagem simbólica ou técnica e perceber as relações que existem entre as diferentes partes da sua estrutura lógica. São *matérias de estudo* para o especialista. Não o podem ser para as crianças.

A marcha da criança, em sua educação, atravessa três fases distintas. Primeiro, a criança aprende a *fazer coisas*. É a forma mais simples de seu contato com o meio. Assim aprende a caminhar, a falar, a brincar, a fazer isso e aquilo. No mesmo passo, por isso que se acha em contato com outros, a criança aprende através das experiências alheias, que lhe são comunicadas. Aprende por intermédio da informação. Essa informação está, porém, articulada e presa à sua atividade geral, de sorte que ela a absorve diretamente. E, por último, esses conhecimentos poderão ser enriquecidos e aprofundados, até receberem uma organização lógica, racionalizada e sistemática

A escola mostra desconhecer essa progressão e se atira desde os primeiros tempos à terceira fase. Como todo o material acumulado hoje nos livros é imenso e complexo, mais fácil do que dirigir organicamente a experiência infantil até ele, é dividi-lo e dá-lo por doses aos alunos. A escola constitui, então, um outro mundo, onde, contra o bom senso e contra a utilidade, se aprende para fins de promoção e de exames. Nem existe, ali, a vida no seu sentido normal de um conjunto de atividades aceitas, em que nos empenhamos com sentido de responsabilidade e de prazer,

nem ali existem, propriamente, saber e ciência, porque isso mesmo se perverteu em um simples esforço de repetir, pela palavra ou pela escrita, o que outros formularam em livros.

Como então organizar as "matérias" para que possam, realmente, constituir o objeto do estudo e da aplicação das crianças?

Para isso temos que fugir da organização "lógica", que representa o seu último estágio de aperfeiçoamento, e, partindo da experiência da criança, desenvolver, cronologicamente, os diferentes passos da aquisição do conhecimento científico.

A organização da matéria escolar ou das lições por essa forma educativa é geralmente chamada a *organização psicológica* em contraposição à *organização lógica* do especialista.

Em essência, a organização psicológica representa a disposição da matéria ou da lição na ordem em que se realiza a experiência da criança. A organização lógica é o modo por que se organiza o que ela aprendeu da experiência.

(...) Sob tais bases, o ensino passará a ser dado por meio de projetos, em vez de lições. E os projetos não acompanharão, é bem de ver, a sequência lógica em que hoje é dividida a matéria, por isso que se devem organizar em harmonia com os impulsos, as tendências, os interesses e a capacidade da criança. As matérias serão ensinadas à medida que se tornem precisas, na sequência de cada projeto.

O critério não será, neste caso, o de sua organização e da necessidade em que ela se acha para prosseguir em lógica, mas o da aptidão da criança para compreender determinada atividade.

Anísio Teixeira, *Pequena introdução à filosofia da educação*: a escola progressiva ou a transformação da escola. 6. ed. Rio de Janeiro, DP&A, 2000, p. 74-77 e 86.

Concepções liberais do século XX

Atividades

Questões gerais

1. Revendo as características da escola tradicional, discuta com seus colegas como muitas delas ainda persistem na educação atual.

2. Do ponto de vista social e econômico, como se justifica a crítica feita pela Escola Nova à escola tradicional?

3. Destaque e comente algumas das principais virtudes da Escola Nova.

4. Identifique as raízes liberais (burguesas) da Escola Nova.

5. A pedagogia de Dewey também é conhecida como *instrumentalismo* ou, ainda, como *pedagogia progressiva*. Explique como essas denominações fazem sentido na sua teoria.

6. Organizem-se em grupos de trabalho. Cada grupo deve escolher um educador da Escola Nova, cujas teorias e experiências deverão examinar com mais detalhes.

7. No dropes 1, Horace Mann expressa uma das mais caras esperanças da Escola Nova. Explique qual é ela e por que foi posteriormente chamada de "a ilusão liberal" do escolanovismo.

8. Considerando o dropes 2, analise em que Dewey se contrapõe à escola tradicional; identifique também os elementos científicos da sua pedagogia.

9. Com base no dropes 3, responda às questões:

a) Que crítica Ferrière faz à velha escola quando diz: "(...) não só se apropria das coisas aprendidas, mas ainda as assimila"?

b) Localize o trecho que revela preocupação com a psicologia.

c) O que o autor quer dizer com "documentos tangíveis"?

d) Em que sentido a educação livresca merece críticas? Como seria possível recuperar a importância do livro?

10. Faça uma pesquisa sobre a implementação da Escola-Parque, em Salvador, obra do educador Anísio Teixeira. Em seguida, identifique os elementos que o fazem pertencer ao movimento da Escola Nova e aqueles que o distanciam dele.

11. Explique em que consiste o taylorismo na administração empresarial e como esse modelo empresarial foi aplicado na escola.

12. Analise os aspectos da educação tecnicista que se fundamentam no positivismo.

13. Em que sentido pode-se dizer que o tecnicismo é um reducionismo?

14. O que foram os acordos MEC-Usaid e quais foram as consequências de sua implantação para a educação brasileira?

15. A partir das características da escola tradicional, da Escola Nova e da escola tecnicista, compare as diferenças entre elas.

16. Com base no dropes 4, atenda às questões:

a) Analise o caráter ideológico da frase: "Estudante é para estudar, trabalhador para trabalhar".

b) Discuta a importância das organizações representativas dos estudantes e indique suas possíveis funções.

c) Qual é a relação entre a introdução da disciplina educação moral e cívica e o contexto da ditadura militar?

17. Com base nos dropes 5 e 6, identifique as características do tecnicismo.

18. Com base no texto do dropes 7, atenda às questões:

a) Identifique as três pedagogias às quais o texto se refere e a posição do professor em cada uma delas.

b) Comparando a organização escolar na pedagogia tecnicista e o taylorismo, explique como se dá naquele modelo a dicotomia concepção—execução.

c) Explique o que o autor quer dizer com "supostamente neutros".

d) Por que o modelo analisado leva fatalmente a uma desvalorização do professor? Por que essa fragmentação é incompatível com a natureza do trabalho do professor?

19. Com base no dropes 8, atenda às questões:

a) Discuta a importância de uma ampla formação pedagógica do professor.

b) Discuta a relação entre educação e política e, portanto, a necessidade de informações sobre os pressupostos subjacentes às reformas educacionais.

20. Escreva um texto sobre o tema: a tecnocracia é inimiga da democracia.

Questões sobre a leitura complementar

1. Teixeira reconhece a contribuição de Dewey e Kilpatrick em sua formação pedagógica. Identifique no texto passagens que justifiquem essa afirmação.

2. Qual é a distinção feita por Anísio Teixeira entre a organização psicológica e a organização lógica das disciplinas escolares?

3. Embora Anísio Teixeira pertencesse à pedagogia da Escola Nova, suas ideias não se coadunavam com o viés elitista que muitas vezes resultou desse movimento. Justifique.

4. A respeito da sugestão do ensino por projetos, atenda às questões:

a) Explique qual é a diferença entre ensino por disciplinas e ensino por projetos.

b) A 1ª edição do livro do qual foi tirado o texto data de 1934; no entanto, só atualmente começam a ser implementadas práticas de *projetos*. Posicione-se pessoalmente a respeito.

Concepções liberais do século XX

Capítulo 15

Críticas à escola

Uma das mais radicais críticas feitas à escola tradicional talvez esteja na denúncia do seu caráter autoritário. A escola hierarquizada, magistrocêntrica, esclerosada em modelos, impregnada de dogmas e regras é identificada de modo pejorativo a uma "escola-quartel". A partir daí, muitos pedagogos, desejosos de dar outra orientação para a escola, voltam-se menos para a questão dos métodos e processos de ensinar, para enfatizar a recusa do exercício do poder: a educação deve ser realizada em liberdade e para a liberdade.

Nessa linha se posicionam pedagogos das mais diversas tendências: muitos deles influenciados pelas correntes da psicologia, sobretudo pela psicanálise de Freud, outros que realizaram trabalhos com crianças problemáticas, mas todos preocupados em centrar o processo de aprendizagem no aluno, não no professor. Mas, se entre as diversas tendências antiautoritárias alguns pedagogos se restringem a uma visão baseada na psicologia, outros dão destaque aos aspectos sociais e políticos e estendem suas críticas também à sociedade a que pertencem, havendo ainda quem concilie psicanálise e marxismo. Enquanto uns são típicos

‹ Na foto, a Universidade de Sorbonne, um dos palcos do movimento estudantil de 1968, que se irradiou pelo mundo. Mas as reivindicações não se restringiam à educação; as críticas se estenderam ao modelo político e social vigente.

representantes da pedagogia liberal, outros partem de pressupostos socialistas e anarquistas e, mais que reformar a escola, assumem a tarefa revolucionária de liberação das classes oprimidas.

Vejamos como essas diversas tendências podem ter influenciado, direta ou indiretamente, as teorias pedagógicas não autoritárias.

1. Uma proposta radical: a desescolarização

Temos analisado as diversas faces que a escola adquiriu no correr da história, até o presente momento. Vivemos uma crise muito séria e nos preocupamos em saber qual será o destino da instituição escolar. A década de 1970 foi fértil em críticas à escola e propostas para alterar esse quadro sombrio. Fazendo coro com essa tendência, Ivan Illich apresenta uma proposta aparentemente mais radical: por que não "desescolarizar" a sociedade? Para ele a solução da crise não estaria em promover reformas de métodos ou currículos, nem simplesmente em denunciar o elitismo, mas em questionar o fato aceito universalmente de que a escola é o único e melhor meio de educação. Melhor seria se ela fosse destruída.

Ivan Illich (1926-2002), nascido na Áustria, foi padre por um tempo, mas abandonou a vida eclesiástica para evitar sanções do Santo Ofício. Viveu em Nova York, foi vice-reitor em Porto Rico e, finalmente, fixou-se em Cuernavaca, no México, onde fundou uma universidade livre. Escreveu inúmeros artigos e livros, entre os quais *Sociedade sem escolas*, publicado em 1970.

A sociedade institucionalizada

Para Illich, um dos grandes mitos de nossa época está na crescente institucionalização: todos os nossos passos são submetidos a instituições criadas para "proteger" e "orientar", mas que na verdade cerceiam as ações humanas. Saúde, nutrição, educação, transporte, bem-estar, equilíbrio psicológico, comunicação, ao serem colocados nas mãos dos especialistas e tecnocratas, retiram dos indivíduos a capacidade de decidir por si mesmos. Desse modo, a separação entre os "competentes" e os "incompetentes" infantiliza a pessoa, sempre dependente de especialistas e incapaz, ela mesma, de gerir sua própria vida, de educar seus filhos e até de consertar qualquer engenhoca de que se utiliza no seu mundo repleto de máquinas.

Mais ainda, o progresso estaria provocando o consumo desordenado, resultado da criação ilimitada de novas necessidades. Todas as exigências naturais são transformadas em procura de produtos manufaturados e, portanto, artificiais: hoje em dia ter sede não é preciso beber água, mas comprar um refrigerante qualquer. O automóvel, esperança de economia de tempo, gerou os engarrafamentos das grandes cidades e a poluição do ar. Sufocado pelas máquinas que ele próprio ajudou a criar, o indivíduo é um "aprendiz de feiticeiro" que não consegue mais controlar os efeitos da "mágica" desencadeada.

Em um mundo marcado pelo controle das instituições, a escola escraviza mais que a família, devido à estrutura sistemática e organizada, à hierarquia, aos rituais das provas e ao mito do diploma. Uma sociedade assim estruturada desconsidera o autodidata e encara com desconfiança aquele que quer aprender por si próprio.

A escola agrupa pessoas segundo a idade, a partir de três premissas consideradas inquestionáveis: o lugar das crianças é na escola; as crianças aprendem na escola; só se podem ensinar as crianças na escola. Ora, aqueles que pensam assim esquecem que o sistema escolar é um fenômeno moderno,

242   Filosofia da educação

como também o conceito de "ser criança" (ver capítulo 6). Portanto, a infância "artificial" é uma consequência da escolaridade obrigatória e prolongada.

Segundo Illich, não é verdade que as crianças aprendem na escola. Ao contrário, os alunos realizam a maior parte de seu aprendizado fora dela. "Aprendemos a falar, pensar, amar, sentir, brincar, praguejar, fazer política e trabalhar sem interferência de professor algum[1]."

Por fim, quando se diz que só se pode ensinar na escola, são criadas expectativas prejudiciais, já que a escola promete o que não é capaz de cumprir. Afastada do mundo da produção, vive o paradoxo de querer preparar para o mundo ao mesmo tempo que corta os contatos com ele. Encarceradas nas escolas pela exigência da frequência obrigatória, as crianças ficam à mercê do poder arbitrário dos professores. Aí elas se curvam à obediência cega, desenvolvem uma atitude servil e o respeito pelo relógio. É a aprendizagem perversa da hierarquia.

Ao criticar nossa sociedade, produtivista e burocratizada, em que o indivíduo fica reduzido a consumidor passivo, Illich acusa a escola de ser cúmplice desse estado de coisas. Ela ajuda a alimentar o mito do progresso, da competência, do consumo. Ainda mais: ao mesmo tempo que cria nas pessoas o anseio de atingir os altos escalões da hierarquia escolar simbolizados pelo diploma, exclui a maioria delas, perpetuando as desigualdades sociais. A enorme massa sem acesso à escola acha-se inferiorizada e despojada de sua autoestima.

Sociedade sem escolas

O que, afinal, Illich propõe como substituição à escola que ele quer destruir? Ao constatar que o vertiginoso desenvolvimento tecnológico provoca alienação, Illich desmistifica o ideal de progresso e de consumo insaciável. O símbolo daquele que afronta o destino é Prometeu, um dos titãs da mitologia grega que roubou o fogo dos deuses e o ofereceu aos seres humanos. Nesse mito, o fogo simboliza a técnica e, portanto, a capacidade humana de transformar a natureza. Ora, para Illich é importante abolir o mito prometeico, a fim de limitarmos nossa ambição, reduzir as aspirações e não afrontar tanto a natureza, respeitando a ordem nela inscrita.

Para isso é preciso destruir a megamáquina. As pessoas poderiam, por exemplo, viver bem sem o automóvel, preferindo a bicicleta, que é mais saudável e mais fácil de consertar, não polui o ar e permite que a paisagem seja mais bem apreciada. Evidentemente, ao fazer a crítica às sociedades industrializadas avançadas, Illich bem sabe que elas não teriam como reverter esse quadro perverso. No entanto, pensa ser possível advertir os dois terços do globo que ainda não foram plenamente industrializados, a fim de evitar os malefícios da destruição da natureza, da sociedade e da imaginação. Por isso suas esperanças se dirigem aos países em via de desenvolvimento.

Embora reconheça que a vida em sociedade seria impossível sem as instituições, faz uma nítida distinção entre as *manipulativas* e as *conviviais*. As primeiras são as que merecem suas críticas, pois não estão mais a serviço das pessoas, mas contra elas, constituindo-se "falsos serviços públicos" voltados para os interesses econômicos de alguns privilegiados. As segundas seriam interativas, por permitirem o intercâmbio entre as pessoas com a condição de que todas mantenham sua autonomia.

Ao simplificar a forma de vida, as instituições conviviais proporcionariam melhor interação familiar, criando autênticas

---

[1] Ivan Illich, *Sociedade sem escolas*. 2. ed. Petrópolis, Vozes, 1973, p. 58.

comunidades. Illich chama de *convivialidade* a criação de "redes de comunicações culturais" que facilitariam o encontro de pessoas interessadas no mesmo assunto.

Então, o inverso da escola se tornaria possível. Essas redes não seriam escolas — por não terem programas preestabelecidos nem reconstituírem a figura do professor — e proporcionariam apenas a troca de experiências, com base na aprendizagem automotivada. "Desescolarizar significa abolir o poder de uma pessoa de obrigar outra a frequentar uma reunião. Também significa o direito de qualquer pessoa, de qualquer idade ou sexo, de convocar uma reunião[2]."

O recurso ao computador seria indispensável, por facilitar a localização dos parceiros a partir de interesses revelados. Haveria também o auxílio do sistema de correios, bem como de uma rede de boletins informativos ou anúncios classificados de jornais.

Illich refere-se a quatro diferentes abordagens que permitem ao estudante o acesso a qualquer recurso educacional:

• serviço de consulta a objetos educacionais armazenados em bibliotecas, laboratórios, museus, teatros, ou ainda nas fábricas, aeroportos ou fazendas;

• intercâmbio de habilidades (o que permite às pessoas oferecer seus serviços);

• encontro de colegas (parceiros interessados no mesmo tipo de pesquisa);

• serviço de consulta a educadores em geral, agora despojados de seu autoritarismo e limitados ao importante papel de aconselhamento e orientação.

Avaliação da proposta de desescolarização

A desescolarização foi um projeto provocador que mereceu a atenção dos educadores contemporâneos. Illich não inovou ao criticar a escola; o grande impacto resulta da solução dada ao problema, ao conceber uma teoria que instiga a imaginação e a rebeldia contra o que aí está. O que ele pôs em dúvida foi justamente a escola como instituição, ao se perguntar se ainda ela seria o melhor meio de educação. Respondendo negativamente, justifica-se acusando a escola de ser uma instituição "manipulativa" e, portanto, dispensável.

Não deixa de ser interessante a ênfase dada à multiplicação dos contatos do estudante com o mundo, por meio das *redes de convivialidade*, o que sugere uma sociedade globalmente educativa. No entanto, alguns reparos ao seu projeto podem ser feitos[3].

A crítica de Illich destina-se à escola estritamente tradicional, mas é tão exagerada que parece ignorar as contribuições progressistas que vêm ocorrendo desde o final do século XIX. Além disso, se por um lado é pertinente a crítica antitecnocrática e antiburocrática feita às instituições esclerosadas, que deixaram de servir aos fins propostos, por outro lado Illich não consegue explicar bem como deve ser feita a reversão para a convivialidade, recorrendo a conceitos pouco definidos e às vezes superficiais. Falta ao seu projeto uma fundamentação teórica mais bem definida, e a sua crítica não é propriamente política, já que ele não questiona as causas das divisões sociais que tornam perversas a técnica e as instituições.

A ausência de aprofundamento agrava-se porque Illich se restringe a uma análise apenas formal das instituições, sem refletir sobre o seu conteúdo. A esse respeito, diz o espanhol Jesús Palacios: "Não pensamos que o problema deva situar-se em nível de supressão das instituições — que é o nível

---

[2] Ivan Illich, *Sociedade sem escolas*, p. 153.
[3] Consultar Georges Snyders, *Escola, classe e luta de classes*. São Paulo, Centauro, 2005.

formal —, mas sim de um novo tipo de relações que devem instaurar-se no seio dessas instituições e em nível do novo papel que as instituições devem exercer na vida social. Nesse sentido, a proposta desescolarizadora nos parece idealista e sem perspectiva política. (...) Como assinalaram alguns autores, a desescolarização é um *slogan* vazio e a 'escola' sonhada por Illich é justamente uma 'escola sem sociedade'[4]".

Podemos concordar com Illich quanto ao "mito da competência", por meio do qual o saber do especialista retira a iniciativa das pessoas e resulta em poder de manipulação das massas. Mas é preciso reconhecer que o saber especializado pode aliviar o esforço humano e que a ciência e a técnica, quando bem utilizadas, só podem ajudar o indivíduo a sair da privação e da penúria. Afinal, pela primeira vez na história da humanidade vislumbrou-se a possibilidade de emancipação dos seres humanos por meio da técnica. Não se trata, então, de rejeitá-la devido aos riscos de alienação, mas sim de utilizá-la mais adequadamente, em seu benefício. Se é verdade que também Illich pensa assim, a solução que propõe não deixa de ser ingênua, já que desvinculada da referida perspectiva política.

Por isso a principal crítica à proposta de lllich refere-se à dimensão individualista de seu projeto, que despreza uma análise mais profunda dos conflitos sociais. Na verdade, ele propõe uma revolução moral, empenhada em conscientizar os indivíduos para a mudança e em converter cada um.

É nesse sentido que Illich, temendo os riscos do autoritarismo do professor, propõe uma não diretividade na qual as pessoas estariam entregues às forças espontâneas de seu autointeresse. Ora, o ideal de convivialidade, segundo o qual a desigualdade existente no nosso sistema de escolarização seria substituída pelo ensino em rede igualitária, repousa na ingenuidade de supor que o sistema de redes escaparia à pressão e às contradições dos interesses estabelecidos.

O grande risco do não diretivismo e do ideal de convivialidade está em que os alunos se encontrariam abandonados a formas conservadoras de pensar e viver, impregnadas da ideologia da classe dominante. Para evitar isso, apenas um corpo docente crítico e experiente teria condições de provocar um questionamento profundo e radical, muitas vezes doloroso e demorado.

2. Pedagogias não diretivas liberais

A educação centrada no aluno, típica da escola renovada, é levada até as últimas consequências nas pedagogias antiautoritárias, típicas representantes do pedocentrismo rousseauniano, sobretudo quanto à recomendação da "educação negativa": o professor não comanda o processo de aprendizagem, mas é antes um "facilitador" da atividade do aluno. Embora haja diferenças entre as diversas propostas, predomina a *não diretividade*, pela qual o mestre não dirige, mas cria as condições de atuação da criança. Com isso, quer-se evitar toda e qualquer hierarquia que propicie o exercício indevido do poder. Daí derivam diversos cuidados, que veremos a seguir.

O *conteúdo* a ser analisado na escola não pode ser dogmático, no sentido de expressar verdades "doadas" externamente, nem pode resultar de exposição "magistral" (do professor), mas precisa ter ressonância nos interesses dos alunos, isto é, não pode estar desligado de sua experiência de vida.

Coerente com as críticas feitas ao ensino tradicional, de que existe uma grande distância entre o que o professor ensina e o que o aluno aprende de fato, a *metodolo-*

---

[4] *La cuestión escolar, críticas y alternativas.* Barcelona, Laia, 1978, p. 629.

gia não resulta de caminhos pré-estipulados pelo professor, mas se baseia na *autogestão*. Ou seja, valoriza-se apenas a aprendizagem autoiniciada e autoconsumada, bem como as "comunidades de aprendizagem", cuja direção é dada pelo próprio grupo em discussões, encontros e assembleias, meios que aumentam a coesão do grupo e ajudam a trabalhar melhor os conflitos.

Com relação à *avaliação*, desprezam-se os seus clássicos instrumentos (exames, qualificações, notas), mesmo porque, não havendo "matéria transmitida", não há como "tomar a lição", entendido esse processo como exercício de dominação. Prefere-se a autoavaliação, que nasce da aprendizagem da autocrítica e da responsabilidade. Com isso são descartados também os procedimentos burocráticos, abominados pelos libertários por serem considerados instrumentos de poder.

A *disciplina* resulta da autonomia e nunca é imposta externamente; nada de prêmios, castigos ou qualquer tipo de sanção artificial.

Principais representantes

Carl Rogers (1902-1987), psicólogo clínico americano versado em psicanálise, aplicou na educação os procedimentos usados na terapia, segundo os quais o indivíduo é capaz de resolver por si só seus problemas, bastando que tenha autocompreensão ou *percepção do eu*. Como esta percepção não se alcança automaticamente, o educador deve, não propriamente dirigir, mas criar condições para que o aluno seja capaz de se guiar por conta própria.

No processo pedagógico, Rogers enfatiza aspectos importantes da terapia, tais como a empatia e a confiança. Ao contrário da escola tradicional, considera o ato educativo essencialmente relacional e não individual, daí a importância dos intercâmbios, para que o grupo, com seu professor,

se transforme em uma "comunidade de aprendizagem".

Rogers desenvolveu os *T-group* (*training group*, dinâmica de grupo), formados por dez a quinze pessoas interagindo sob a observação de um monitor, que intervém o mínimo possível. Sua função é dissolver as relações de autoridade que decorrem da compulsão das pessoas em mandar ou obedecer. Nesses grupos, o professor não dá preleções, mas fala ou avalia trabalhos quando solicitado pelos alunos. Ele é apenas um "facilitador" do processo e, como tal, oferece recursos, como livros, artigos, meios audiovisuais para a consulta dos alunos.

Ao recusar as acusações de espontaneísmo, Rogers pondera que, apesar de tudo, há limites para a liberdade, limites estes impostos pelas exigências mesmas da vida, como, por exemplo, o fato de um médico precisar aprender química, um engenheiro, física etc.

Outro grande representante do não diretivismo foi o inglês Alexander Sutherland Neill (1883-1973), que durante meio século dirigiu a famosa escola de Summerhill. Fundada em 1927, essa escola recebeu crianças do mundo inteiro e continuou funcionando após a sua morte.

Diferentemente de outros antiautoritários, Neill teve formação de esquerda, por isso era muito clara para ele a ideia de que a escola tradicional, por ser fruto do sistema capitalista, é repressora e usa de autoritarismo para obrigar a criança a se adaptar a uma sociedade doente, marcada pela divisão entre ricos e pobres.

Leitor de Wilhelm Reich, cuja teoria concilia Freud e Marx, estava atento às formas de repressão da vida sexual, às restrições que a sociedade autoritária faz aos instintos, impedindo pelo medo o desenvolvimento dos mecanismos de autorregulação. Leitor de Freud, estava convicto de que a educação não deve reprimir as emoções e que é preciso preparar as crianças para serem adultos felizes.

Em *Liberdade sem medo*, seu livro mais conhecido, relata a experiência efetuada na citada escola de Summerhill, frequentada por não mais que setenta alunos ao todo e na qual foram abolidos os exames e a obrigatoriedade de assistir às aulas. Ali, as questões de disciplina se resolvem na assembleia geral, em que os próprios alunos decidem as regras da comunidade.

Preocupado com a liberdade e o amor, mais com o coração do que com a cabeça, Neill dava pouca importância às aulas, sempre optativas, nunca obrigatórias. Para ele, constranger uma criança a estudar alguma coisa tem a mesma força autoritária de um governo que obriga a adotar uma religião. Se educarmos as emoções, o intelecto se cuidará por si. Pesquisas realizadas com ex-alunos quando já adultos mostraram que eles nem sempre prosseguiam nos estudos, mas geralmente se tornavam pessoas tolerantes, espontâneas e sinceras. No entanto, estatísticas inglesas verificaram que a grande maioria dos ex-alunos de Summerhill vota "de forma conservadora; como a escola abdicou de uma formação política, essa foi feita pela mídia"[5].

Avaliação do não diretivismo

As teorias antiautoritárias foram importantes para o questionamento do exercício do poder, que nas suas formas sutis camufla a repressão e transforma a escola em instrumento de doutrinação. É louvável o esforço em favor de encaminhar as crianças para a felicidade, superando as relações marcadas pelo medo e pela opressão.

Alguns autores, no entanto, veem com reservas certas práticas educativas das pedagogias não diretivas liberais por igualarem inadequadamente professor e aluno e por descuidarem da transmissão da cultura acumulada. Um desses severos críticos é Georges Snyders[6], que aborda a questão em diversos livros. Essas tendências são criticadas pelo excessivo pedocentrismo e por não evitar o individualismo. Nas teorias em que predomina a análise psicológica, recrimina-se o descuido nas causas sociais das diferenças de classe.

Mesmo quando existem preocupações sociais, ainda haveria um risco em deixar os alunos às suas inclinações imediatas, aos seus desejos ou àquilo que poderíamos chamar de sua experiência empírica. Nem sempre eles saberão livrar-se sozinhos da rede de pressupostos e preconceitos que caracterizam a ideologia, necessitando, portanto, da atuação efetiva do professor.

3. Teorias anarquistas

O *movimento anarquista* ou *libertário*, embora tenha raízes antigas, nasceu no mesmo bojo das teorias socialistas do século XIX. Etimologicamente, a palavra *anarquia* vem do grego *archon*, "governante", e *an*, "sem": "sem governante". Daí o seu princípio fundamental, que elege modos alternativos de organização voluntária, cooperativa e participativa em oposição ao Estado, considerado nocivo e desnecessário.

Seus representantes foram Joseph Proudhon (1809-1865), Mikhail Bakunin (1814-1876) e Pierre Kropótkin (1842-1912). Contemporâneos de Marx, partilham as mesmas críticas à sociedade capitalista e visam à abolição da propriedade privada

---

[5] Segundo Carlos Díaz, apud Silvio Gallo, *Educação anarquista*: um paradigma para hoje. Piracicaba, Ed. Unimep, 1995, p. 173, rodapé.

[6] Consultar, no capítulo 16, o item sobre as teorias progressistas.

dos meios de produção, mas divergem dele quanto ao modo de implantação da sociedade comunista, pois negam toda expressão autoritária de poder. Criticam, portanto, a proposta marxista de implantar a ditadura do proletariado como processo de transição até o comunismo (ver capítulo 12).

Os anarquistas recusam o Estado, a Igreja ou qualquer instituição que dificulte a emancipação humana. Naturalmente capaz de viver em paz com seus semelhantes, o indivíduo poderia realizar "a ordem na anarquia", pois essa é a ordem natural, enquanto nas instituições a ordem é artificial e, por isso, geradora de hierarquia e dominação.

As organizações anarquistas, fundadas na cooperação voluntária e na autodisciplina, são, portanto, não coercitivas. Para tanto, é estimulada a relação direta, em que as decisões são tomadas inicialmente nos níveis mais simples, para depois serem ampliadas em instâncias mais complexas. Com relação à política, por exemplo, as discussões começariam no local de trabalho e nos bairros, e continuariam nas instâncias superiores, já que as decisões são sempre pessoais, sem intermediários. Desse modo, os anarquistas criticam a democracia parlamentar, representativa, preferindo a democracia direta. Quando ocorre a necessidade de convocar assembleias, os delegados são escolhidos por tempo limitado e têm seu mandato sujeito à revogação a qualquer momento. A ideia é sempre evitar o fortalecimento de focos individuais de poder.

Além da crítica ao Estado e à Igreja, os anarquistas pregam a supressão da propriedade privada dos meios de produção, que seria substituída por organizações de sujeitos livres na comuna livre e em empresas dirigidas coletivamente. Segundo Bakunin, essas empresas podem ser "tanto industriais e agrícolas como científicas e artísticas, o operário tornando-se, ao mesmo tempo, homem de arte e de ciência, e os artistas e os sábios tornando-se também operários manuais". Estamos diante de um conceito caro e fundamental no anarquismo, ou seja, a *autogestão*, em que fica abolida toda e qualquer hierarquia e imposição de autoridade. Portanto, a autogestão também pode ser implantada na escola: é o que veremos a seguir.

A autogestão pedagógica

O conceito de *autogestão* não é simples, nem teve o mesmo significado entre as diversas pedagogias antiautoritárias e não diretivas. Em um primeiro momento, podemos compreendê-lo em oposição à heterogestão, típica das sociedades baseadas em um núcleo de poder de onde emanam as leis e as regras, cabendo aos demais acatá-las, como acontece hoje em dia. Mesmo que consideremos a possibilidade da expressão das divergências nas sociedades ditas democráticas, o que se destaca nessa ideia de heterogestão é que o Estado representa um poder fortemente solidificado. E, no caso da escola, existe a expectativa de que o Estado se incumba da instalação, do financiamento e da regulamentação do ensino público.

Assim, a questão primeira que se coloca para o pedagogo anarquista é recusar a função do Estado como mediação necessária, sobretudo porque os interesses do poder não visam à educação unitária e universal, já que está imerso na ideologia liberal e serve à elite. Para tanto, devem ser construídas alternativas pedagógicas. Segundo Silvio Gallo, "no paradigma anarquista, a educação pública não é nem deve ser uma função do Estado, mas sempre uma responsabilidade da comunidade, da sociedade. Assim, cada grupo social deve auto-organizar-se para constituir seu sistema de ensino, definindo-lhe os conteúdos, a carga horária, a metodologia, os processos de avaliação, etc., sempre num regime de autogestão".

Em seguida, Gallo examina o conceito de *autogestão* em diversas tendências, para concluir, com Henri Arvon, que "a única visão verdadeiramente completa da autogestão, aquela que busca explorar todas as suas potencialidades é a anarquista"[7].

Entre os teóricos anarquistas, destaca-se Bakunin, a quem já nos referimos a respeito das organizações de sujeitos livres na comuna livre e em empresas dirigidas coletivamente. Também na escola ele propõe a auto-organização dos estudos por parte do grupo. Mas, se conferirmos as ideias de Bakunin, verificaremos que ele foi contra, explicitamente, a educação negativa de Rousseau, mentor das pedagogias não diretivas que surgiram no século XX.

Para Bakunin, o início do processo de educação das crianças não dispensa a autoridade, ou seja, elas não devem ficar à deriva, porque a liberdade não se encontra no ponto de partida, mas no de chegada, isto é, ela deve ser construída pelos próprios alunos, nas relações travadas no cotidiano escolar. Enfatiza, no entanto, que na educação de adultos não se deve recorrer à autoridade, a fim de evitar a manipulação política. Por isso, de acordo com a interpretação bakuniniana de *autogestão*, o antiautoritarismo na educação não se identifica a *não diretivismo*. Gallo completa: "Assim como a não diretividade implicaria a inocente submissão das crianças a desejos externos mais fortes que o delas, gerando na verdade indivíduos politicamente manipuláveis pela mídia, a pedagogia antiautoritária de Bakunin busca fortalecer o desejo, a consciência e a autonomia dos indivíduos, de modo que sua ação social futura seja a confirmação de uma liberdade conquistada e conscientemente assumida" (consultar a leitura complementar adiante).

No entanto, uma questão se coloca: Como instaurar a autogestão pedagógica em uma sociedade capitalista heterogestionária? Assim responde Gallo: "Não podendo jamais fugir da sociedade na qual está inserida, a educação anarquista deverá agir no capitalismo não através da instauração imediata da autogestão (…), mas sim através de uma progressiva construção da possibilidade da autogestão, de uma cada vez mais efetiva aproximação a ela. A construção dessa possibilidade implica, necessariamente, a destruição paulatina de determinadas características do capitalismo, o que obviamente não tem a menor possibilidade de acontecer da noite para o dia"[8].

A escola libertária de Ferrer

O espanhol Francisco Ferrer i Guàrdia (1859-1909) foi um apaixonado defensor da liberdade. Sofreu influência de pensadores anarquistas, de Godwin a Kropótkin, passando por Bakunin e pelos socialistas utópicos, mas relutava em aceitar qualquer rótulo de sua atuação política. Herdou do racionalismo iluminista a esperança de construir um mundo sem superstição e dogmas, e do positivismo o reconhecimento da importância da ciência no mundo contemporâneo.

Criticava a atuação do Estado e da Igreja na educação e, para implantar suas ideias, fundou a Escola Moderna de Barcelona, frequentada por ricos e pobres, dos quais cobrava conforme as posses dos alunos, vindos de famílias das mais diversas ideologias.

Ainda ao contrário das demais tendências antiautoritárias, Ferrer defendia a atuação mais efetiva do professor nos primeiros anos, para só depois se tornar menos diretiva.

---

[7] *Educação anarquista*: um paradigma para hoje. Piracicaba, Ed. Unimep, 1995, p. 149 e 159.

[8] Silvio Gallo, *Educação anarquista*: um paradigma para hoje, p. 218.

Diante do desafio da formação do corpo docente, fundou uma escola para orientar os professores quanto aos novos métodos e conteúdos e montou a biblioteca da escola com livros especialmente escritos, traduzidos ou adaptados.

Diferentemente do reformismo e do individualismo da escola renovada, o revolucionário Ferrer destacou o papel social da escola no projeto mais amplo das transformações políticas. Ao se dedicar a incansável militância, provocou o temor de setores reacionários, o que culminou com seu fuzilamento.

A pedagogia institucional

Os principais representantes da chamada *pedagogia institucional* são Michel Lobrot, Fernand Oury e Aïda Vásquez.

Antes, porém, uma observação. Quando falamos em *instituição*, entendemos logo de pronto as formas sociais enquanto assumem uma organização duradoura, como a escola, o casamento, a família, o direito, e assim por diante. No entanto, esse sentido está muito distante do conceito que evidentemente interessaria a um pedagogo antiautoritário. Este entende o conceito de *instituição* a partir do caráter dinâmico de qualquer agrupamento humano, em que descobrimos dois sentidos: o primeiro destaca o já instituído, que, como tal, pode estar cristalizado; o segundo é o sentido de *organização instituinte*, capaz de revelar as contradições do processo de se fazer, justamente porque as forças instituintes sempre trabalham no esforço de vencer a inércia do instituído, a fim de criar o novo.

Por estar voltada para a atuação do *indivíduo como pertencente ao grupo*, essa tendência pedagógica apresenta elementos que ultrapassam as dimensões da pessoa, buscando uma análise "de campo", influenciada pela sociologia.

Os elementos comuns à pedagogia institucional são a oposição à escola tradicional, a negação de todo recurso de coerção, a proposta de autogestão, a influência da pedagogia renovadora de Célestin Freinet, as experiências comunitárias de Summerhill, a psicanálise de Freud, o caráter fronteiriço entre o educativo e o terapêutico e a estreita relação entre o pedagógico e o político[9].

Michel Lobrot, um dos mais significativos representantes da pedagogia institucional, assim enuncia o princípio fundamental da autogestão: "O princípio consiste em confiar aos alunos tudo o que é possível lhes confiar, isto é, não a elaboração dos programas ou a decisão dos exames, que não dependem nem do docente nem de seus alunos, mas o conjunto da vida, das atividades e da organização do trabalho dentro desse âmbito".

Tal como Rogers, afirma que o professor deve intervir só quando solicitado e, mesmo assim, cabe a ele a difícil tarefa de saber quando a pergunta de um aluno é pertinente ao grupo. Caso não seja, deve calar-se. Aliás, para exercer a desafiadora prática da ausência do poder, o mestre precisa aprender, com prudência e humildade, a silenciar sempre que possível: o silêncio sistemático e prolongado é a concretização da não diretividade.

As clássicas tarefas do professor passam à responsabilidade do grupo, porque a noção de autogestão supõe a atividade instituinte dos alunos. Realçando a dinâmica dessas relações, Lobrot critica severamente a burocracia, típica expressão do poder que, ao instaurar a hierarquia, coisifica as pessoas e cristaliza toda ação.

---

[9] Segundo Jesús Palacios, *La cuestión escolar*, p. 252 e seguintes.

O anarquismo no Brasil

Com a vinda dos imigrantes, sobretudo italianos e espanhóis, as ideias anarquistas fertilizaram o movimento operário com a organização sindical e a divulgação das concepções libertárias por meio de jornais e outras atividades culturais, como centros de estudos, bibliotecas e escolas, que floresceram principalmente nas primeiras décadas do século XX.

Contrários à intervenção do Estado e da Igreja, esses anarquistas criaram diversas escolas espalhadas pelo país, algumas delas influenciadas pelas ideias de Ferrer. No final da década de 1910, intensificou-se a repressão ao movimento operário e, consequentemente, à livre expressão dos ideais libertários.

Posteriormente, José Oiticica (1882--1957), professor universitário e do Colégio Pedro II, no Rio de Janeiro, tentou aplicar em aula os princípios libertários. Além de teórico divulgador do anarquismo, foi ativista, o que o levou ao exílio.

Mais recentemente, Maurício Tragtenberg (1929-1998), de formação intelectual autodidata não tradicional, que defendeu tese de doutoramento sem percorrer a trajetória comum de escolarização, aprofundou as discussões a respeito. Não por acaso, em *Burocracia e ideologia* discute o tema das relações de poder na escola. Tradutor de Pistrak, também se inspira em Ferrer i Guàrdia. Jaime Cubero, igualmente de formação autodidata, divulgou o anarquismo como jornalista e participou ativamente do Centro de Cultura Social de São Paulo, preparando jovens para a melhor compreensão dessa filosofia e para a militância. Fora dos meios acadêmicos, tem sido importante a atuação de Roberto Freire, psiquiatra, escritor e criador da Soma, uma terapia anarquista. Além destes, entre outros estudiosos identifica-dos com o ideário anarquista, destacam--se os professores Silvio Gallo (ver leitura complementar), Margareth Rago, Edson Passetti.

Avaliação das pedagogias antiautoritárias

Os movimentos libertários muitas vezes têm dificuldade em manter viva sua atuação pelo próprio espírito que emana de suas ideias, ou seja, por serem contrários a toda burocracia, recusam o instituído, negam a delegação de poder a representantes e, portanto, geralmente não têm como dar continuidade à organização. Além disso, as experiências libertárias, por serem vividas em sociedades burocratizadas e hierarquizantes, não têm fôlego para prosseguirem, seja por problemas econômicos, seja por repressão pura e simples. Afinal, como seria possível instaurar a autogestão em um sistema capitalista, caracterizado fundamentalmente pela heterogestão?

Manifestam-se em movimentos espontâneos, alguns deles de muita força, tais como os notáveis acontecimentos de maio de 1968 na França. O conflito teve início nas instalações dos estudantes da Sorbonne, assumiu proporções mundiais, alastrando-se pelos quatro cantos do mundo como uma crítica profunda à instituição escolar e à civilização contemporânea.

Ao denunciarem o afastamento do indivíduo comum dos centros de decisão, as ideias anarquistas privilegiam as palavras--chave *autonomia*, *diálogo* e *autogestão*. Como vimos, o ideal da escola anarquista, no contexto da sociedade capitalista, visa a mostrar que uma outra educação é possível e que essa educação, ao construir nova mentalidade, está comprometida com a superação das condições de desigualdade impostas pela economia liberal.

4. Teorias crítico-reprodutivistas

É comum as pessoas desejarem que seus filhos frequentem a escola para que "sejam alguém na vida", sobretudo se pertencem às classes menos favorecidas.

Essa visão otimista da escola como instrumento de equalização, ou seja, como meio de tornar iguais as chances para indivíduos que pertencem a classes diferentes, também atraiu muitos teóricos da educação. Segundo eles, ao desfazer as injustiças sociais, a escola seria uma alavanca do progresso e da democratização, bastando para isso que as pessoas tivessem ânimo e talento para estudar. No entanto, os índices de repetência e de evasão escolar estão aí para comprovar que a esperada universalização do saber não se cumpriu.

Nas décadas de 1960 e 1970, diversos teóricos franceses, refletindo sobre essa visão da escola, por diversos caminhos, chegaram à mesma conclusão: a ideia da função equalizadora da escola era ingênua, porque, em vez de democratizar, a escola reproduz as diferenças sociais, perpetua o *status quo* e, por isso, é uma instituição altamente discriminadora e repressiva.

Bourdieu e Passeron: a violência simbólica

Pierre Bourdieu e Jean-Claude Passeron, sociólogos franceses, influenciados pelo estruturalismo, sobretudo pelo linguista Ferdinand de Saussure, escreveram juntos *Os herdeiros* (1964) e *A reprodução* (1970). Esses autores fizeram rigorosa crítica à instituição escolar ao analisar o fenômeno escolar a partir dos condicionantes sociais, concluindo pela total dependência da escola em relação à sociedade.

O mérito de Bourdieu e Passeron está em desfazer a ilusão da autonomia absoluta do sistema escolar. Para eles, a escola não é uma ilha separada do contexto social; ao contrário, o sistema social marca os indivíduos submetidos à educação de maneira inevitável e irreversível. Ao abordar essa influência, os autores criticam aqueles que veem a ação pedagógica como não violenta, mostrando que, sob a aparência de neutralidade, a escola dissimula uma verdadeira *violência simbólica*.

Quando nos referimos à violência, é comum a associação imediata com a violência material, por meio da qual as pessoas ou a natureza são agredidas fisicamente. Haveria violência, então, no ato de espancar, prender alguém numa prisão ou coagir, sob ameaça de morte. Como expressões explícitas de violência, nelas se percebe claramente a força exercida, ou seja, a violência surge mediante evidente coerção ou imposição de força física. Há, no entanto, a chamada *violência simbólica*, exercida pelo poder de imposição das ideias transmitidas por meio da comunicação cultural, da doutrinação política e religiosa, das práticas esportivas, da educação escolar.

Enquanto no caso da persuasão convencemos alguém usando argumentos, abertos para a possibilidade de discordância e, portanto, do pensamento divergente, a violência simbólica leva as pessoas a agir e a pensar por imposição, sem se darem conta dessa coação. Nesse sentido, a cultura e os sistemas simbólicos em geral podem se tornar instrumentos de poder quando legitimam a ordem vigente e tornam homogêneo o comportamento social.

Para os autores, a escola constitui um instrumento de violência simbólica porque reproduz os privilégios existentes na sociedade, beneficiando os já socialmente favorecidos. O acesso à educação, o sucesso escolar, a possibilidade de escolaridade prolongada até a universidade estão reservados àqueles cujas famílias pertencem à classe dominante, ou seja, aos herdeiros de sistemas privilegiados. Não cabe à escola promover a democratização e possibilitar a ascensão social; ao contrário, ela reafirma os privilégios existentes. A escola limita-se a confirmar e reforçar um *habitus* de classe. *Habitus* significa, para Bourdieu e Passeron, "uma formação durável e transportável, isto é, [um conjunto de] esquemas comuns de pensamento, de percepção, de apreciação e de ação"[10].

Os *habitus* são inculcados desde a infância por um trabalho pedagógico realizado primeiro pela família e, posteriormente, pela escola, de modo que as normas de conduta que a sociedade espera de cada indivíduo sejam interiorizadas por ele. Ora, a educação familiar das crianças vindas das classes privilegiadas é muito próxima daquela que receberão na escola, isto é, seus hábitos familiares são semelhantes aos hábitos e ritos escolares. São crianças acostumadas a viagens, visitas a museus, contato com livros, discussões, além de ter o domínio da linguagem que é adotada na escola.

Por outro lado, as crianças das classes desfavorecidas pertencem a outro universo de experiências e expressam-se de maneira diferente. O "falar vulgar" é discriminado em relação ao "falar burguês" conforme índices como correção, sotaque, tom e facilidade de elocução. É natural que este estudante fique desambientado diante da descontinuidade entre o ambiente familiar e o escolar. A consequência dessas discrepâncias é o insucesso frequente dos estudantes vindos das classes pobres.

No entanto, é bastante frequente a explicação de que as desigualdades com relação ao sucesso escolar resultam de "desigualdades naturais". Segundo essa hipótese, o sucesso dos bons alunos decorre de qualidades inerentes, como aptidões, talentos, dotes, mérito pessoal. Para os reprodutivistas, esse tipo de justificativa representa uma forma de mistificação e de mascaramento das verdadeiras causas do insucesso escolar. O que essa "ideologia dos dotes" dissimula é a imposição da cultura da classe dominante sobre a classe dominada, levada a efeito pela ação pedagógica.

Essa imposição só é possível porque a autoridade pedagógica tem o poder de aplicar sanções, o que determina o reconhecimento da cultura dominante. Daí a importância do trabalho pedagógico, pelo qual é inculcada a pretensa universalidade dos modos de pensar, agir e sentir de um grupo.

Segundo os autores, a eficácia da ação pedagógica depende da existência de um sistema de ensino institucionalizado e burocratizado. A "objetividade" do sistema exige fórmulas aparentemente neutras de avaliação, tais como as provas e os exames, por meio dos quais são excluídos "os menos dotados", que por sua vez reconhecem a si mesmos como "incompetentes". O exame, aparentemente democrático, oculta os laços entre o sistema escolar e a estrutura das relações de classe.

Althusser: a escola como aparelho ideológico de Estado

Louis Althusser (1918-1990), filósofo francês influenciado pela corrente estruturalista e pelo marxismo, considera a função da escola não de forma isolada, mas inserida no contexto da sociedade capitalista. Desenvolve, então, a noção de *aparelho ideológico de Estado* em seu pequeno livro *Ideologia e aparelhos ideológicos de Estado*, lançado em 1969.

Partindo do pensamento de Marx, Althusser reconhece que toda produção precisa assegurar a reprodução de suas condições materiais. Qualquer empresa — por

---

[10] *A reprodução*: elementos para uma teoria do sistema de ensino. São Paulo, Francisco Alves, 1975, p. 259.

exemplo, uma tecelagem —, para continuar funcionando, reproduz sua matéria-prima, suas máquinas e sua força de trabalho. Por isso, fora da empresa, há o criador de carneiros, que fornece a lã, a metalúrgica, que fabrica as máquinas etc. Mas onde ocorreria a reprodução qualificada (diversificada) da força de trabalho? Althusser responde: "através do sistema escolar capitalista e outras instâncias e instituições".

Desse modo, ao mesmo tempo que ensina um saber prático, voltado para a qualificação da força de trabalho, a escola reproduz a ideologia dominante. E o faz por meio da *ideologia*, entendida, do ponto de vista político, como o conjunto de ideias da classe dominante estendido à classe dominada e que visa à manutenção da dominação. Por meio da ideologia, a exploração é mascarada e os valores da burguesia passam a ser considerados universais, não mais valores de determinada classe, impedindo o pensar autônomo do trabalhador.

Se a ideologia exerce um papel importante na reprodução dos valores capitalistas, é, no entanto, necessário recorrer a um elemento da superestrutura, o Estado, a fim de garantir por mais tempo a manutenção da ordem vigente[11].

O Estado constitui um dos elementos da superestrutura e, como tal, representa, nos países capitalistas, os interesses da burguesia. Dessa maneira, para Marx, o Estado não é garantia do bem comum nem um valor "acima dos interesses das classes", como se costuma dizer. Ao contrário, na sociedade dividida os interesses não são comuns, mas divergentes, e o Estado é justamente o instrumento de repressão que assegura a dominação de uma classe sobre outra.

Segundo Althusser, o Estado é composto de dois tipos de aparelhos que viabilizam a imposição da ideologia:

• O *aparelho repressivo de Estado* compreende o governo, a administração, o exército, a polícia, os tribunais, as prisões etc. Chama-se repressivo porque funciona "pela violência", isto é, o cidadão não cumpridor das leis é submetido a coerção (desde multa até prisão, e, em alguns países, a pena de morte). Na verdade, nem todos são punidos da mesma forma, porque, se quem legisla e aplica a lei é a classe dominante, conclui-se que ela tende a favorecer seus interesses.

• Os *aparelhos ideológicos de Estado*, embora se situem ao lado do aparelho repressivo de Estado, não se confundem com ele. Trata-se de uma pluralidade de instituições distintas e especializadas pertencentes ao domínio privado (sociedade civil) e que funcionam não mais predominantemente pela repressão (como o aparelho repressivo de Estado), mas pela ideologia.

Althusser assim classifica os aparelhos ideológicos de Estado (AIE)[12]:

• AIE religioso (o sistema das diferentes igrejas);

• AIE escolar (o sistema das diferentes "escolas" públicas e particulares);

• AIE familiar;

• AIE jurídico;

• AIE político (o sistema político, os diferentes partidos);

• AIE sindical;

• AIE de informação (a imprensa, o rádio, a televisão etc.);

• AIE cultural (letras, belas-artes, esportes etc.).

Se voltarmos agora à pergunta inicial de Althusser — como é assegurada a repro-

---

[11] Os conceitos de ideologia, alienação, infraestrutura e superestrutura estão explicados nos capítulos 5 e 12, (ver também Vocabulário, no final deste livro).

[12] *Aparelhos ideológicos de Estado*: nota sobre aparelhos ideológicos de Estado (AIE). 2. ed. Rio de Janeiro, Graal, 1981, p. 68.

dução das relações de produção? —, já é possível responder que essa reprodução é garantida pela superestrutura jurídico-política e ideológica. E mais: é "assegurada pelo exercício do poder do Estado nos aparelhos de Estado, o Aparelho (repressivo) do Estado, por um lado, e os Aparelhos Ideológicos do Estado, por outro".

Para Althusser, entre os AIE, a escola desempenha incontestavelmente um papel de destaque. Para o autor, a classe trabalhadora é marginalizada quando a escola não oferece chances iguais para todos, mas, ao contrário, determina de antemão a reprodução da divisão das classes sociais. Além disso, pela abrangência de sua ação, inculca a ideologia dominante e impede a expressão dos anseios da classe dominada.

Althusser reconhece que a escola também é um local de luta de classes, referindo-se aos professores como "heróis" no esforço pela desmistificação da ideologia, o que tenderia a minimizar a influência da classe dominante na educação. Apesar disso, ao afirmar que são raros aqueles realmente capazes dessa lucidez, termina por enfatizar o poder da ideologia e a incapacidade de reagir das classes dominadas.

Baudelot e Establet: a escola dualista

Os franceses Roger Establet e Christian Baudelot escreveram, em 1971, *A escola capitalista na França*, fundamentando-se em pressupostos teóricos marxistas, mais propriamente maoístas, sob a influência da Revolução Chinesa de Mao Tsé-tung. Retomam de Althusser o conceito de escola como aparelho ideológico e criticam em Bourdieu e Passeron o fato de não terem enfatizado a contradição real entre classe dominante e classe dominada nem terem levado em conta a força latente da ideologia do proletariado.

Para Establet e Baudelot, se vivemos em uma sociedade dividida em classes, não é possível haver uma "escola única". Existem na verdade duas escolas radicalmente diferentes quanto ao número de anos de escolaridade, aos itinerários, aos fins da educação. Mais ainda: trata-se não apenas de duas escolas diferentes, mas opostas, heterogêneas, antagonistas. As duas grandes redes de escolaridade são a secundária superior (SS) e a primária profissional (PP), que correspondem à divisão da sociedade em burguesia e proletariado.

A rede primária profissional (PP) diz respeito às séries finais dos estudos primários, que continuam com as aulas práticas em colégios técnicos ou de aprendizagem no próprio local de trabalho. A rede secundária superior (SS) prossegue no segundo ciclo e conduz ao bacharelado.

A divisão em redes não se dá no final da escolarização, como se poderia supor, porque desde o começo os filhos dos proletários estão destinados a não atingir níveis superiores, encaminhando-se para as atividades manuais. Aliás, é esta a função da escola primária, "é ela que, definitivamente, decide a orientação dos indivíduos para uma ou outra rede". Portanto, a escola tem a função de reproduzir as divisões sociais já existentes.

Desse modo, observa-se que a escola reafirma a divisão entre trabalho intelectual (rede SS) e trabalho manual (rede PP), já que nessa dicotomia repousa a possibilidade material de manutenção da estrutura capitalista. Como aparelho ideológico, a escola tem a função de contribuir para preparar a força de trabalho, mas, por ser o proletariado uma força ativa e "perigosa", no sentido de ter interesses antagônicos aos da burguesia, é preciso contê-lo e dominá-lo. Daí a segunda função da escola: inculcar a ideologia burguesa.

Diferentemente de Bourdieu e Passeron, para Establet e Baudelot o proletariado possui ideologia própria, que se origina fora da escola, nas diversas organizações de operários. Por isso cabe à escola não só inculcar a ideologia burguesa, mas também recalcar e disfarçar a nascente ideologia do proletariado.

Representantes brasileiros

Apoiados nas teorias crítico-reprodutivistas, vários teóricos brasileiros fizeram a releitura do fracasso escolar no Brasil e criticaram a ilusão liberal da Escola Nova, bem como as tendências tecnicistas que influenciaram a educação durante a ditadura militar.

Não convém, porém, enquadrar definitivamente esses teóricos na tendência reprodutivista, pois suas reflexões tiveram sentido naquele momento histórico em que foram levadas a efeito. Assim, partindo de Althusser e Gramsci, Barbara Freitag analisou a educação brasileira de 1964 a 1975. Maria de Lourdes Deiró Nosella fez uma análise dos livros didáticos, da perspectiva da ideologia a eles subjacente. Luiz Antônio Cunha criticou a escola liberal, sobretudo a Escola Nova, denunciando a política educacional que leva à discriminação e à falência educacional no Brasil.

Avaliação das teorias crítico-reprodutivistas

É necessário reconhecer a importância da análise feita pelos autores crítico-reprodutivistas para a compreensão dos mecanismos da escola na sociedade dividida em classes. Levar essa crítica às últimas consequências, no entanto, poderia resultar em um pessimismo imobilista. Se considerarmos a escola mera reprodutora das desigualdades sociais, não teremos como exercer a ação pedagógica sem mistificações, a menos que a exploração de classe seja politicamente superada.

Bourdieu e Passeron não enfatizaram o embate de forças contraditórias dentro da sociedade, nem destacaram que, se por um lado a classe dominante impõe seus valores como legítimos, por outro a classe dominada não se submete assim tão passivamente. O filósofo e educador francês Georges Snyders diz que, se o operário não atinge de imediato uma consciência lúcida da realidade social, também não se reduz a um alvo passivo de mistificação. "A partida não se joga unicamente entre alunos ludibriados e professores cúmplices do sistema."

Snyders completa que a separação entre escola e mundo descrita por Baudelot e Establet parece muito ultrapassada, presa a uma caricatura da escola tradicional e não leva em conta as contribuições da pedagogia contemporânea. Além disso, exageram quando afirmam que "todas as práticas escolares são práticas de inculcação ideológica", não admitindo que os conhecimentos adquiridos na escola possibilitam a elaboração de uma sabedoria autêntica. Embora enfatizem a luta de classes, parecem descartar a possibilidade de tornar a escola um dos campos dessa luta, o que redunda em pessimismo e impotência.

No entanto, tais questões são polêmicas. O professor Luiz Antônio Cunha não concorda com a acusação de que essas teorias sejam pessimistas e geradoras de impotência, ponderando que, "se algum problema existe, está na onipotência dos educadores, não nas teorias que pretendem desvelar a ilusão da mudança da sociedade a partir da educação escolar". E, em vez de "levarem à suposta impotência, por nada restar aos docentes senão conformar-se com a reprodução da sociedade, elas permitem, isto sim, orientar sua ação"[13].

---

[13] "A atuação de Dermeval Saviani na educação brasileira: um depoimento", in Celestino Alves da Silva Júnior (org.), *Dermeval Saviani e a educação brasileira*: o simpósio de Marília. São Paulo, Cortez, 1994, p. 52-53.

Conclusão

Por mais radicais que sejam as críticas à escola, elas são bem-vindas, porque, ao aguçar nossos argumentos para defendê-la, temos de reconhecer suas falhas mais graves. O importante é "não jogar a criança com a água do banho", tal como fez Illich com sua proposta de desescolarização. E também reconhecer, com prudência, que as tendências não diretivas deixam as crianças à deriva, em um período de heteronomia no qual, bem sabemos, elas precisam de nosso cuidado. As teorias crítico-reprodutivistas deram sua contribuição, ao analisar os determinismos sociais e muito aproveitamos delas, sem, porém, nos deixarmos levar a um beco sem saída. Nesse sentido, as pedagogias anarquistas reconheceram o impacto da sociedade na formação das crianças, mas descobriram na escola alternativa meios de desenvolver a autogestão, sobretudo sob o aspecto das questões morais e políticas, que possibilitem a construção da autonomia do jovem e sua inserção livre no coletivo.

Por fim, recuperando o que foi discutido na unidade I deste livro, a pedagogia tem suas especificidades, e descobrimos que a escola não constitui um espaço neutro, já que é marcada pela influência do contexto sociopolítico do seu tempo. No entanto, recusando os determinismos, as tendências contemporâneas descartam as teorias que ora reforçam o individualismo, ora o coletivo, para buscarem, na abordagem dialética da educação, o devido equacionamento dos polos opostos indivíduo—sociedade, como veremos no próximo capítulo, ao examinarmos as teorias histórico-sociais.

Mais ainda, é preciso lembrar que vivemos tempos de crise da instituição escolar, que terá de mudar para não morrer.

Dropes

1 - Num mundo sem escolas só restaria o clã familiar para a educação dos jovens ou os jovens se dispersariam numa sociedade de massa. Bem se vê que Illich não é um educador e nunca conviveu nas escolas com os jovens. Sua "sociedade sem escolas" é uma sociedade geriátrica, uma república de Platão gerida pelos sábios que "se encontram" ocasionalmente em seus simpósios... O fato de a escola não ser um "foyer"[14] de comunicação e de criatividade é, apenas, um defeito histórico superável e é para obter esta mudança processual que os educadores refletem e experimentam! Não se destroem as constituições e os códigos dos direitos do homem porque o código de processo civil é emperrado ou porque estas normas são violadas na prática forense... (Lauro Oliveira Lima)

---

[14] *Foyer*: no contexto, significa "centro", "sede".

2 - Tenho grandes reticências quanto à pedagogia não diretiva; não é por ela ser demasiado revolucionária, mas sim porque, querendo ser revolucionária, não o consegue e mantém-se no conformismo; pois, se tomarmos como fio condutor o desejo da criança, as crianças que vivem num meio onde ninguém ou quase ninguém se interessa, digamos, pela leitura de livros, devido às condições de vida, à superexploração, às condições do trabalho etc., essas crianças hão de vir a ter pouca vontade de ler. (Georges Snyders)

3 - Tinha razão aquele que, quando perguntado em que idade deve iniciar a educação da criança, respondeu: quando nasce seu avô. De fato, cada um de nós leva dentro de si prejuízos e defeitos atávicos que remontam a muitas gerações anteriores a ele: e os costumes e as ideias evoluem lentamente. Por isso precisamos nos convencer de que a educação moderna, que iniciamos agora, dará seus frutos em um futuro longínquo. Nós devemos, sem pisotear o sentimento dos pais, combater os prejuízos e erros dos filhos e educar inclusive os pais. (Ferrer i Guàrdia)

● Leitura complementar

A autogestão pedagógica

A concepção bakuniniana de uma educação libertária é uma crítica direta ao *Émile* de Rousseau, avatar da não diretividade: enquanto para o filósofo genebrino "tudo está bem, ao sair das mãos do Autor das coisas; tudo degenera entre as mãos do homem", o que o leva a propor uma educação o mais longe da sociedade (fonte de corrupção) e o mais próximo da natureza (fonte de virtude) possível, o anarquista russo considera o homem como um único criador, estando em suas mãos, portanto, tanto a virtude quanto a corrupção.

Mas o divisor de águas entre Rousseau e Bakunin é a questão da liberdade; enquanto o primeiro a considera como um fator eminentemente natural, donde decorre que a sociedade aparece-lhe como um obstáculo, o segundo considera-a como um fato estritamente social, sendo esta, pois, condição *sine qua non* de sua existência.

Desse *background* filosófico antagônico surgem, como seria de esperar, concepções pedagógicas também antagônicas. A concepção naturalista de liberdade de Rousseau sustenta o desenvolvimento de uma educação não diretiva: quanto menos o professor intervier, mais chances terá a criança de desabrochar suas faculdades naturais, dentre elas a liberdade; por outro lado, a concepção socialista de liberdade de Bakunin leva a uma proposta pedagógica onde a liberdade é algo a ser aprendido e construído pelos próprios alunos, através das relações que travam em seu cotidiano escolar. Na perspectiva bakuniniana não há, pois, nenhum impedimento para a relação do professor com os alunos, dado que não se deseja uma suposta não diretividade no processo pedagógico; por outro lado, existe sim uma meta a ser atingida, que é a da progressiva crítica da autoridade em nome da liberdade que é construída pelo grupo. As intervenções do professor devem dar-se justamente no sentido de se alcançar essa meta.

Poder-se-ia questionar então: O que tem a educação anarquista, na concepção de Bakunin, de antiautoritária? Não defende ele a ação manipuladora do professor? Onde está a liberdade?

Em um de seus textos mais conhecidos — o clássico "Deus e o Estado" — Bakunin anexou uma longa nota de pé de página onde oferece aquela que talvez seja a mais elucidativa explicação de sua concepção de educação (...). Retomando suas considerações, que são fundamentais para nosso tema, afirma ele que a autoridade é tão boa e indispensável na educação das crianças quanto perniciosa e desnecessária quando aplicada aos adultos. Por outro lado, continua ele, se tomamos a educação por um processo de crescimento, de desenvolvimento, devemos aceitar que todo desenvolvimento implica necessariamente a paulatina negação do ponto de partida à medida que nos aproximamos da meta de chegada; deve-se, pois, partir da autoridade para que seja possível chegar até a liberdade.

(...) Mas é chegado o momento de levantarmos uma questão: Posto que aceitemos os postulados bakuninianos de uma educação antiautoritária, onde fica a autogestão pedagógica nesse processo?

Bakunin foi um dos primeiros a tratar da questão de uma educação integral, conceito que ganharia corpo e importância no movimento socialista, merecendo inclusive uma moção num dos congressos da Associação Internacional dos Trabalhadores. No que tange a sua elaboração pelos anarquistas — em particular por Bakunin —, a educação integral abarcaria três níveis específicos, a saber:

• *educação intelectual*: o desenvolvimento do intelecto da criança, jovem ou adulto, envolvendo a assimilação da bagagem cultural produzida pela humanidade ao longo dos séculos. Na maioria dos casos, fala-se muito da educação intelectual como uma instrução científica, baseada na apreensão do saber científico e na compreensão de seu método, de modo que todo indivíduo possa ser um produtor de ciência.

• *educação física*: alarmados com as péssimas condições de higiene em que viviam os trabalhadores, os anarquistas preocupavam-se muito com a educação do físico, que não era muito difundida na época. Diferentemente de Marx, que pensava em uma educação física de

cunho militarista, subdividiam-na em três aspectos: o físico propriamente dito, desenvolvido através de exercícios e jogos que visavam à solidariedade; o manual, baseado no desenvolvimento sensório-motor da criança através da manipulação dos mais diversos tipos de objetos e instrumentos; e o profissional, em que os indivíduos passavam pelo aprendizado de várias atividades industriais.

• *educação moral*: talvez a mais importante do ponto de vista social. Consistia na crítica do modo de vida burguês e na proposta de uma ação social diferenciada, não através de discursos, mas da vivência mesmo de uma nova estrutura de coletividade participativa.

É no âmbito da educação moral que se situa a autogestão pedagógica na proposta educacional anarquista. Contrariamente à sociedade de exploração e dominação do capitalismo, busca-se organizar na escola um grupo baseado na solidariedade e na liberdade. Contra uma "democracia" eletiva do capitalismo, procura-se estabelecer uma democracia direta, participativa, na qual a coletividade mesma é responsável por seu destino.

Obviamente, como já ficou claro, não se trata de dar às crianças todo o poder de decisão, mesmo porque elas não teriam como nem o que decidir, e esse poder decisório a elas outorgado nada mais seria do que um demagógico engodo político. Trata-se muito mais de desenvolver atividades com o grupo de alunos que fortaleçam sua capacidade de crítica e autonomia, para sucessivamente ir aumentando sua participação nas reuniões comunitárias.

Silvio Gallo, *Educação anarquista*: um paradigma para hoje. Piracicaba, Ed. Unimep, 1995, p. 170-171 e 174-175.

Críticas à escola

Atividades

Questões gerais

1. "A escolaridade não promove nem a aprendizagem nem a justiça, porque os educadores insistem em embrulhar a instrução com diplomas." "A Nova Igreja do Mundo é a indústria do conhecimento, ao mesmo tempo fornecedora de ópio e lugar de trabalho durante um número sempre maior de anos na vida de uma pessoa. A desescolarização está, pois, na raiz de qualquer movimento que vise à libertação humana." Posicione-se a respeito das duas afirmações de Ivan Illich e, se for o caso, identifique os aspectos aceitáveis e os discutíveis.

2. Em contraposição a Illich, podemos dizer que a atuação do professor é insubstituível no processo educativo?

3. Faça uma crítica à proposta de desescolarização com base no dropes 1 deste capítulo, no conceito de ideologia do capítulo 5 e na leitura complementar 1 do capítulo 16.

4. Discuta com seus colegas a respeito das vantagens decorrentes da ampliação de adesões à internet. Analise também a possível veiculação de temas pornográficos, de pedófilos, racistas que incitem outras formas de violência, tendo em vista a educação das novas gerações.

5. Quais as principais críticas que as pedagogias antiautoritárias fazem à educação vigente em nossa sociedade?

6. Entre os teóricos analisados, identifique aqueles em que predomina o enfoque psicológico e os que acentuam o enfoque sociológico.

7. Com base no dropes 2, responda às questões:
a) Segundo Snyders, qual é o risco de se atender ao desejo infantil?
b) Por que para Snyders as pedagogias não diretivas são conservadoras e não revolucionárias? Em que medida seriam revolucionárias?

8. Explique qual é o sentido de autogestão para Bakunin e em que se distingue o mesmo conceito para as pedagogias não diretivas.

9. Leia o dropes 3 e, considerando a situação da sociedade em que vivia aquele pensador e sua concepção filosófica, justifique a afirmação de que a educação da criança deve começar quando nasce o avô dela.

10. Em que sentido as pedagogias institucionais se utilizam do conceito de instituição?

11. Escreva um texto a partir da citação do escritor Oscar Wilde: "Qualquer pessoa que tenha lido a história da humanidade aprendeu que a desobediência é a virtude original do homem".

12. Qual é a crítica que os reprodutivistas fazem à escola tradicional e à Escola Nova?

13. O que é violência simbólica? Dê exemplos diferentes dos que aparecem no texto.

14. Por que a ideologia facilita a dominação de uma classe sobre outra?

15. Por que a escola é considerada por Althusser o AIE mais importante?

16. Em que consiste a escola dualista segundo Baudelot e Establet?

17. Quais são as duas redes de escolaridade? Por que elas são antagônicas?

18. Quais são os limites das teorias crítico-reprodutivistas?

19. Escolha um dos temas a seguir para escrever um texto, fundamentado com argumentos pró e contra:

a) "Tudo o que acontece na escola só pode ser explicado através do que ocorre fora dos muros escolares." (Baudelot e Establet)

b) "A função mais escusa e mais específica do sistema de ensino consiste em esconder a sua função objetiva, isto é, mascarar a verdade objetiva da sua relação com a estrutura das relações de classe." (Bourdieu e Passeron)

Questões sobre a leitura complementar

1. Em que se distinguem os conceitos de liberdade para Rousseau e para Bakunin?

2. Ampliando a questão anterior, explique qual seria a crítica de Bakunin, caso tomasse conhecimento das pedagogias não diretivas.

3. Justifique por que a educação moral é importante para o anarquismo.

4. Discuta com seu grupo em que medida a proposta de educação moral hoje em dia também merece atenção.

Capítulo 16

Pedagogias histórico-sociais e outras tendências

As teorias pedagógicas que reunimos neste capítulo, apesar de apresentarem diferenças entre si, têm em comum o fato de se fundamentarem em uma concepção de ser humano que não é a do indivíduo solitário, mas a daquele que só se reconhece no seu vínculo com a cultura e a história de sua sociedade, bem como na inter-relação com os outros. Ou seja, a construção do sujeito e a sua educação dependem da realidade histórico-social em que se acha inserido.

Evidentemente, variam os enfoques destacados em cada uma delas, ora bastante orientados pelo materialismo histórico e dialético, ora ressaltando de preferência os aspectos sociais da interação humana. Veremos então as teorias socialistas, as progressistas, incluindo nestas últimas a pedagogia histórico-crítica, e as teorias construtivistas.

1. Teorias socialistas

Logo após a Revolução Russa de 1917, Lênin se empenhou em dar prioridade máxima à educação, apoiado por sua companheira Krupskaia e pelo ministro da Educação Lunatcharski. Lênin defendia a importância de "utilizar todo o aparato da

‹ **Com suas múltiplas imagens, a pintura de Jean-Michel Basquiat representa bem o caos das grandes metrópoles. Como educadores, refletimos como a fragmentação contemporânea dos antigos paradigmas nos coloca diante dos desafios de uma escola que precisa mudar de feição.**

sociedade burguesa capitalista" sobretudo quanto à aquisição dos saberes da ciência e da tecnologia, mas sem diminuir o arroubo revolucionário para construir uma nova sociedade, por ser importante opor-se às práticas educativas burguesas a fim de formar o "homem novo".

Decorre daí a íntima ligação entre educação e política, não só para compreender o nível de ingerência da política — que houve desde sempre — sobre a educação, mas também para preparar os educandos sob uma nova concepção de poder, não mais articulada com a visão hierárquica da sociedade, construída sobre o trabalho alienado. Ao contrário, a ideia central era a escola unitária, politécnica e laica, de formação integral para todos, que superasse a clássica divisão do trabalho intelectual e manual. Isso significava, também, integrar a educação na vida. O ensino religioso foi suprimido, prevalecendo uma orientação exclusivamente voltada para as concepções do marxismo-leninismo.

Em seguida, os pedagogos Moisei Pistrak e Anton Makarenko introduziram profundas alterações nas orientações pedagógicas, a fim de enfrentar o desafio de uma nação semifeudal, com 80% de analfabetos, que necessitava com urgência atingir o nível das nações desenvolvidas.

Moisei Pistrak (1888-1940) enfatizou a necessidade de um trabalho real, dando importância à oficina profissional nas escolas: as crianças menores trabalhavam com tecido, papel e papelão, e as maiores com metais ou madeira. Observava que no manuseio das ferramentas, por exemplo, o aluno compreendia melhor a mecânica, o que evidenciava a não separação entre trabalho intelectual e trabalho manual.

A partir do ensino secundário, deveria ocorrer a participação da escola no trabalho de fábrica, não na execução de tarefas mecânicas, mas como condição de "porta aberta para o mundo". Assim, o estudo da força motriz ou da fonte de energia nos leva à questão geral da transformação da energia, às questões de geografia econômica e política do país e do mundo, "incluindo-se a luta imperialista pela divisão do mundo na base da distribuição da energia".

Makarenko (1888-1939) escreveu o livro *Poema pedagógico*, no qual relata suas experiências em um instituto de reabilitação de adolescentes marginais. Para instaurar a prioridade do coletivo, Makarenko usou de uma autoridade que em várias circunstâncias resvalava em autoritarismo, recorrendo inclusive a castigos físicos. Para justificar sua atuação, argumentava que o choque entre as individualidades gerava conflitos nos quais imperava a lei do mais forte, o que podia prejudicar a instauração da comunidade de interesses. Mas ressalvava que o uso da violência tinha caráter provisório e não arbitrário, na medida em que visava a reeducar para a vida em uma coletividade cujos valores principais eram o trabalho, a disciplina e o sentimento do dever.

Fora da União Soviética, Antonio Gramsci (1891-1937), um dos mais importantes teóricos marxistas italianos, foi mantido no cárcere durante onze anos pela ditadura fascista de Mussolini. Na sua vasta obra, entre diversos assuntos, critica o dogmatismo do marxismo oficial.

Uma contribuição original de Gramsci foi o conceito de *hegemonia*. Etimologicamente, essa palavra significa "dirigir", "guiar", "conduzir". Uma classe é hegemônica não só quando exerce a dominação por meio do poder coercitivo, mas também quando o faz pelo consenso, pela persuasão, por isso os intelectuais são importantes na elaboração de um sistema convincente de ideias, por meio das quais se conquista a adesão até da classe dominada. De fato, a escola burguesa, classista, além de preparar seus intelectuais, infiltra-se nas classes populares, a fim de cooptar os melhores elementos, que, ao serem assimilados, aderem aos valores burgueses. A classe dominada, por sua vez, impedida de organizar sua própria visão de mundo, permanece desestruturada e passiva, incapaz de tornar eficazes as eventuais rebeliões.

Para confrontar-se com a ideologia burguesa dominante, os segmentos populares deveriam permanecer organicamente ligados à sua classe, para elaborar, coerente e criticamente, a experiência proletária. Só assim a classe dominada teria *intelectuais orgânicos* capazes de compreender as contradições que permeiam a sociedade dividida em classes. A partir dos grupos de pressão formados na sociedade civil, como o partido da classe trabalhadora e os sindicatos, por exemplo, seria desenvolvida uma contra-ideologia, pela tomada de consciência da classe oprimida.

Gramsci defendia a escola unitária, que oferece a mesma educação para todas as crianças, integrando trabalho manual e intelectual, mas, diferentemente dos teóricos soviéticos, critica a ênfase posta no trabalho, porque a escola não é uma fábrica, mas o local da formação do intelectual orgânico. O principal objetivo é que o aluno assimile criticamente a herança da cultura histórica e científica da humanidade.

Gramsci exerce até hoje grande influência na pedagogia, e a teoria progressista, que veremos adiante, deve a ele seus fundamentos.

2. A concepção histórico-cultural de Vygotsky

Os estudos de Vygotsky[1] a respeito da linguística e da psicologia cognitiva lhe deram substrato teórico para indagar sobre as estruturas do pensamento e as suas consequências para a educação. Ao analisar o desenvolvimento cognitivo, percebe que a aquisição do pensamento não é espontânea, mas sofre a influência histórico-cultural. Lança mão do materialismo histórico e do materialismo dialético para melhor compreender esse processo de formação da personalidade em que interferem o histórico, o social e o cultural no indivíduo.

Lev Semenovich Vygotsky nasceu na Rússia czarista, no final do século XIX, e morreu de tuberculose, em 1934, com 37 anos. Mesmo assim, foi grande sua produção teórica, acompanhada pelos colaboradores Alexander Luria (1902-1977) e Alexei Leontiev (1904-1979), que deram continuidade ao seu trabalho após sua morte prematura. No entanto, essas obras só começaram a ser traduzidas nos Estados Unidos nos anos 1960 e, no Brasil, apenas na década de 1980.

Em 1917, ano da Revolução Russa, graduou-se em direito, mas sua formação foi mais ampla, abrangendo filosofia, filologia, literatura, pedagogia e psicologia, o que o levou a se dedicar ao ensino, à pesquisa e a organizar o Laboratório de Psicologia para Crianças Deficientes. Sempre preocupado com o estudo das anomalias físicas e mentais, Vygotsky cursou também medicina. Viveu intensamente a implantação das

---

[1] Embora a maioria dos estudiosos classifiquem Vygotsky e seus seguidores entre os construtivistas, convém verificar a tese de outros, como a do professor Newton Duarte, que propõe chamar a teoria do pedagogo russo de *histórico-cultural*, negando que seja uma variante do interacionismo construtivista, embora tenha influenciado essa tendência. Ver em *Cadernos Cedes*, v. 19, n° 44, o artigo "Concepções afirmativas e negativas sobre o ato de ensinar".

ideias revolucionárias que transformaram a Rússia em União Soviética, sofrendo marcante influência marxista.

Vygotsky buscou uma alternativa para as teorias comportamentais de tendência naturalista que predominavam no seu tempo. Sabemos que a psicologia como ciência apareceu na Alemanha no final do século XIX, a partir do estudo de fenômenos psíquicos ligados à física e à fisiologia, tais como nas experiências do médico alemão Wilhelm Wundt e do russo Ivan Pavlov. Nessas pesquisas, as discussões a respeito da consciência, inclusive os temas relativos às atividades psíquicas mais complexas (como pensamento, linguagem e comportamento volitivo), foram abandonadas, consideradas impróprias para a abordagem experimental dita científica.

À tendência naturalista se opôs a psicologia da Gestalt (psicologia da forma), que não aceitava as explicações empiristas, segundo as quais as ideias se formam por associação, a partir de sensações e percepções. Vygotsky tomou conhecimento dessa corrente e das experiências feitas pelo alemão Köhler com macacos antropoides e, embora reconhecesse a importância da crítica que fizeram ao naturalismo, ainda considerava insuficientes as explicações dadas.

O esforço de Vygotsky no sentido de compreender os aspectos tipicamente humanos do comportamento, sobretudo os *processos superiores* — como o pensamento abstrato, a atenção voluntária, a memorização ativa, as ações intencionais —, pode ser mais bem avaliado à luz dos pressupostos teóricos oferecidos pelo materialismo histórico e dialético do marxismo.

O enfoque no desenvolvimento do comportamento resulta da constatação de que todos os fenômenos psíquicos são processos em movimento, têm uma *história*. Isso não se confunde, como muitos pensa-

riam, com uma teoria do desenvolvimento da criança nem com o processo de maturação de potencialidades pré-formadas que se atualizam no tempo, mas significa que o mecanismo de mudança individual tem raiz *social* e *cultural*. Mais ainda: esse processo não se faz de forma linear, mas dialeticamente, como veremos adiante. O que caracteriza fundamentalmente a psicologia humana e a distingue qualitativamente da psicologia animal é, portanto, a "internalização das atividades socialmente enraizadas e historicamente desenvolvidas". A esse propósito, assim diz Vygotsky: "O que é o homem? Para Hegel é um sujeito lógico. Para Pavlov, é um soma, um organismo. Para nós, o homem é uma pessoa social, um agregado de relações sociais incorporadas num indivíduo".

É tão forte o significado dessa posição que, mesmo quando se refere à base biológica de todo comportamento, Vygotsky admite que também o cérebro possui uma plasticidade, uma flexibilidade que permite o uso de novas funções de acordo com a história do indivíduo e da humanidade. Isso porque, no ser humano, o aspecto biológico se encontra enredado o tempo todo no processo sócio-histórico, representado pelas transformações das expressões culturais (ver dropes 4).

Para melhor compreender esse processo precisamos recorrer ao conceito de *mediação simbólica*.

Ao explicar as chamadas operações superiores, Vygotsky utiliza o conceito de *mediação*, segundo o qual a relação do sujeito com o mundo não é direta, mas mediada pelos sistemas simbólicos. Essa mediação é levada a efeito pelo uso de instrumentos e de signos. Para Vygotsky, "a invenção e o uso de signos como meios auxiliares para solucionar um dado problema psicológico (lembrar, comparar coisas, relatar, escolher etc.) é análoga à invenção e uso de instrumentos, só que agora no campo psicológico"[2].

No primeiro caso — o dos instrumentos —, se não consigo quebrar uma pedra com a mão fechada, fico mais potente com o artifício do uso de um martelo. No segundo caso — o dos signos —, se quero marcar a quantidade de cabeças de gado, uso o artifício de pedrinhas que representam o número de unidades que possuo. Assim, com frequência usamos recursos auxiliares da memória: um roteiro das atividades do dia, uma lista de compras, um mapa, um nó no lenço para não esquecer um compromisso importante. Ambos — instrumento e signo — são formas de mediação, mas se distinguem na orientação: o instrumento é orientado *externamente* e visa à mudança nos objetos, enquanto o signo é orientado *internamente*, dirigido para o controle do próprio indivíduo, não modificando em nada o objeto da operação psicológica.

No entanto, há uma ligação entre instrumentos e signos, um "elo psicológico real": "o controle da natureza e o controle do comportamento estão mutuamente ligados, assim como a alteração provocada pelo homem sobre a natureza altera a própria natureza do homem". Desse modo, tanto no desenvolvimento da espécie humana quanto em cada indivíduo, o uso desses artifícios externos passa por um processo de internalização. Veja, no dropes 5, o exemplo que mostra como a tentativa frustrada do bebê para pegar um objeto é transformada no gesto intencional de apontar, desde que a mãe perceba e interprete o movimento da criança.

A interferência do outro — que no exemplo dado é a mãe — é fundamental para que o bebê desenvolva o processo de internalização. Estamos diante de um aspecto crucial do pensamento de Vygotsky, para quem, na medida em que a psicologia humana é historicamente determinada, a aprendizagem dos signos adquire uma dimensão dinâmica, por ser socialmente elaborada.

O mesmo acontece com relação ao *pensamento* e à *linguagem*. O entendimento entre as mentes é impossível sem a expressão mediadora da fala humana, cujo componente essencial é o significado, que supõe a generalização. Ou seja, a palavra *casa*, por exemplo, não é um som vazio que pode ser identificado apenas a determinada casa concreta, mas se aplica à noção de casa em geral. Segundo Vygotsky, "a verdadeira comunicação humana pressupõe uma atitude generalizante, que constitui um estágio avançado do desenvolvimento do significado da palavra. As formas mais elevadas da comunicação humana somente são possíveis porque o pensamento do homem reflete uma realidade conceitualizada".

Mais ainda: esses conceitos não são fixos, mas construídos a partir de uma dialética indivíduo—sociedade, e sofrem constantes transformações conforme o grupo e o tempo. "Os significados das palavras são formações dinâmicas, e não estáticas. Modificam-se à medida que a criança se desenvolve; e também de acordo com as várias formas pelas quais o pensamento funciona."

Se a linguagem surge inicialmente como um meio de comunicação entre as crianças e as pessoas em seu ambiente, ao se converter em "fala interior" organiza o pensamento, transformando-se em função mental interna. O próprio Vygotsky se refere a Piaget[3] ao concordar com a importância da discussão entabulada entre as crianças

---

[2] *A formação social da mente, o desenvolvimento dos processos psicológicos superiores*, São Paulo, Martins Fontes, 1991, p. 59.

[3] Piaget teve conhecimento de que Vygotsky lera e comentara suas primeiras obras, apenas cerca de 25 anos após a morte de seu colega russo.

como modo de desenvolver a fala interior e o pensamento reflexivo.

Em todos os níveis de mediação é grande a importância dada ao outro, seja ele o adulto, seja o companheiro de brincadeira, o que pode ser mais bem avaliado no conceito de *desenvolvimento proximal* (ou potencial). Quando falamos de nível de desenvolvimento das funções mentais da criança, geralmente nos referimos ao *desenvolvimento real* como resultado de certos ciclos já completados, ou seja, aquilo que a criança consegue fazer por si mesma. É este o objetivo dos testes psicológicos. No entanto, Vygotsky se surpreende pelo fato de não ser dada a devida importância à resolução de problemas quando o professor fornece ou apenas inicia a solução ou ainda quando esta é alcançada com a colaboração de outras crianças.

Atento à questão, Vygotsky observou que crianças consideradas de mesmo nível mental (desenvolvimento real) apresentavam aproveitamento diferente quando estimuladas a partir da segunda hipótese, isto é, quando era oferecido algum tipo de auxílio. Chamou então a essa diferença de *zona de desenvolvimento proximal*, que é "a distância entre o nível de desenvolvimento real, que se costuma determinar através da solução independente de problemas, e o nível de desenvolvimento potencial, determinado através da solução de problemas sob a orientação de um adulto ou em colaboração com companheiros mais capazes"[4].

Essa zona define as funções que ainda não amadureceram, mas estão em processo de maturação, o que é importante para entender o curso interno do desenvolvimento. Dada a dimensão prospectiva (voltada para o futuro) dessa zona, ela constitui poderoso instrumento para resolver mais eficazmente problemas educacionais, justamente porque o bom aprendizado não é o que vai a reboque do desenvolvimento "de ontem" mas o que a ele se adianta. Além disso, destaca-se nele justamente o trabalho coletivo. A atividade da criança é estimulada enquanto ela interage com pessoas de sua convivência e em cooperação com seus companheiros, para só depois internalizar esses processos. Vygotsky reavalia, portanto, o papel da imitação no aprendizado, tão desprezada pela pedagogia que valoriza apenas a atividade independente da criança.

Igualmente, por meio do brinquedo a criança vai além do comportamento cotidiano, projeta-se nas atividades dos adultos, ensaiando regras, valores e futuros papéis a serem desempenhados na sua cultura — por exemplo, quando brinca de mãe, professor ou comerciante — e, desse modo, cria uma zona de desenvolvimento proximal.

Em resumo, com esse conceito pode-se melhor entender a transformação de um processo interpessoal — entre pessoas e, portanto, social — em direção a um processo intrapessoal, ou seja, de internalização pessoal e, portanto, rumo à independência intelectual e afetiva.

3. Teorias progressistas

As teorias progressistas buscam outros caminhos, a partir de uma nova concepção de educação. Não é fácil estabelecer as linhas de força desse movimento, caracterizado por nuanças as mais diversas. A própria denominação *pedagogia progressista* — retirada de um livro de Georges Snyders — não é assumida por todos os teóricos. No entanto, é possível encontrar interesses comuns aos representantes dessa tendência, sobretudo a partir da relação entre educação e trans-

---

[4] Vygotsky, *A formação social da mente*: o desenvolvimento dos processos psicológicos superiores. São Paulo, Martins Fontes, 1991, p. 97.

formação social. Descoberto o caráter político da educação, cumpre construir uma *pedagogia social e crítica*.

Ao reconhecer que o indivíduo está inserido em um contexto de relações sociais no qual a desigualdade é mantida, a tomada de consciência da opressão é importante justamente para orientar na direção de novas formas de ação pedagógica. Isso porque a escola se constitui como um elemento não só de continuidade da tradição, mas também de ruptura, na medida em que pode problematizar a realidade e trabalhar as contradições sociais.

O esforço da pedagogia progressista visa a tornar a escola o local de socialização do conhecimento elaborado, abrindo espaço para o acesso das camadas populares à educação e, portanto, ao estágio atual do saber, mesmo reconhecendo os limites desse empreendimento. No entanto, se em última análise o objetivo da educação é o desenvolvimento do ser humano integral, bem como a sua emancipação, a realidade efetiva é bem outra. A apropriação do saber tem sido sistematicamente negada aos segmentos mais pobres, o que se verifica pelos altos índices de exclusão, evasão, repetência e, ainda, pelo dualismo escolar, em que aos ricos é oferecida a formação intelectual, com abertura para formação superior, e aos pobres a escola profissionalizante, sem a teoria que possibilite a compreensão da prática.

A consequência dessa política tem sido a recorrente ruptura entre trabalho intelectual e trabalho manual, entre teoria e prática. A fim de superar essa dicotomia, a educação progressista quer formar o ser humano *pelo* e *para* o trabalho, ou seja, recusa tanto a educação humanista tradicional — que visa à aquisição de uma cultura supérflua, "de adorno", para os ricos — quanto a sonegação da cultura erudita aos pobres. Só assim seria possível um saber vinculado ao

vivido, portanto não abstrato, e uma atuação inserida na prática social global. A decisão sobre *o que saber*, *o que fazer* e *para que fazer* estaria na dependência da compreensão das necessidades sociais vividas, sempre a partir da situação histórica dada.

O destaque que a pedagogia progressista dá ao trabalho é de natureza muito diferente dos dois sentidos que mobilizam mais frequentemente a atenção dos pedagogos. Criticam, portanto, de um lado, escolas que têm ourivesaria, marcenaria, hortas, oficinas de arte e de atividades artesanais em geral, voltadas para o desenvolvimento das habilidades manuais, a fim de que o aluno, ocupado predominantemente com a atividade intelectual, possa diversificar seus talentos, ocupar o tempo de lazer e descansar do esforço mental. Nesse caso, o trabalho manual consiste em uma atividade paralela, acessória, e diríamos, até com um certo exagero, de "distração". De outro lado, estão as escolas profissionalizantes, destinadas a preparar mão de obra qualificada e que reduzem a atividade de trabalho à aquisição de técnicas.

Não são essas as concepções da pedagogia progressista, em que o trabalho constitui a atividade essencial da formação humana. Como vimos no capítulo 5, ao trabalhar, o ser humano transforma a natureza e a si mesmo. Para não permanecer à margem da cultura (e da vida), a educação precisa integrar o trabalho à escola como atividade existencial humana fundamental, não como passatempo acessório ou simples aprendizagem técnica.

A proposta de integração do trabalho à escola, porém, não aparece de modo homogêneo entre os diversos representantes da tendência progressista. Para alguns, é clara a necessidade de implantação de oficinas nas escolas, desde que representativas do estágio em que se encontra a tecnologia, isto é, não se propõe a montagem de oficinas artesanais, mas sim das que sirvam como modelo dos processos de produção, a partir dos quais os alunos estabeleçam a ponte entre a ciência e a técnica, o trabalho intelectual e o trabalho manual. O objetivo não é primordialmente a preparação de mão de obra qualificada, mas a compreensão, pelo aluno, do processo do fazer utilizado nas técnicas atuais. Esse é um dos objetivos da *politecnia*. Para outros teóricos, porém, esse projeto não é exequível, ou então não o enfatizam, preferindo reservar para a escola o papel predominantemente intelectual, ressalvando-se que não se trata de um saber abstrato, mas decididamente voltado à compreensão das práticas sociais nas quais o indivíduo de hoje se insere.

O saber necessário, sobretudo para a classe trabalhadora, é o saber consistente e clareador a respeito do mundo físico e social. Para tanto, é importante que a educação dada ao povo não seja superficial e "aligeirada", mas que propicie a transmissão dos conteúdos necessários para se atingir a consciência crítica a respeito das práticas sociais, por meio das quais o mundo é construído. Nesse caso, todos teriam iguais oportunidades de acesso ao saber acumulado pela tradição.

Se conseguíssemos integrar o trabalho à escola (de fato, como querem alguns, ou a partir de sua análise crítica, como querem outros), também seria possível superar a dicotomia entre cultura erudita e cultura popular (ver capítulo 4), em direção à construção de uma cultura nacional.

Como compreender a escola como espaço possível de luta em busca da superação das desigualdades sem negar ingenuamente sua força reprodutora, tão bem demonstrada pelos teóricos crítico-reprodutivistas? Afinal, não é a escola uma peça da engrenagem social? Como instaurar uma contraideologia?

Os teóricos progressistas recusam a orientação idealista que vê a escola como solução dos problemas sociais, porém se negam a cruzar os braços: é preciso lutar por uma escola mais crítica. É o que diz a educadora Guiomar Namo de Mello: "Nesse sentido, seria na sua eficiência em conseguir garantir às camadas populares a aquisição de conhecimentos que favoreçam sua inserção na dinâmica mais geral de mudança que a escola cumpriria a parte que lhe cabe nessa mudança. Em termos muito simples, seria ensinando — e bem — a ler, escrever, calcular, falar e transmitindo conhecimentos básicos do mundo físico e social que a educação escolar poderia ser útil às camadas populares. Não como promotora da igualdade, já que a sociedade é estruturalmente desigual. Nem como força revolucionária, já que isso vai além do seu movimento possível nessa sociedade. Mas como estratégia de melhoria de vida e pré-requisito para a organização política"[5].

Daí a extrema importância da formação do professor e de sua conscientização a respeito da educação como prática social transformadora (uma entre várias possíveis). Que o professor tenha, aliado à *competência técnica*, um *compromisso político* a orientá-lo na escolha das prioridades em educação, não só quanto ao conteúdo transmitido, mas também quanto à maneira de ensinar, tendo em vista objetivos que não se separam da realidade concreta vivida.

Se a ação dos professores é importante dentro da sala de aula, também é necessário que eles se aglutinem, para que a discussão dos problemas não se dilua em casuísmos, perdendo-se a visão do todo. Essa comunidade se expressa nas reuniões pedagógicas e educacionais, nos cursos de formação continuada e no engajamento nas associações de classe. Nestas últimas, a ação dos pro-

---

[5] *Educação*: paixão, pensamento e prática. São Paulo, Cortez, 1986, p. 77-78.

fessores se amplia pela participação política na sociedade, no sentido, por exemplo, de denunciar o desinteresse dos governos e defender a valorização da escola pública. Ao mesmo tempo que essas organizações exigiriam a atuação mais efetiva dos órgãos públicos e o cumprimento das obrigações do Estado, procurariam, dentro da própria sociedade civil, meios alternativos de expressão que, de certa forma, contrabalançassem a inércia dos governos.

Principais representantes

Já nos referimos às dificuldades de enquadrar os pedagogos na teoria progressista. Para orientação do leitor, lembramos que uma possível aproximação entre os diversos representantes está no exame dos pressupostos filosóficos dessas teorias.

De maneira geral, as bases teóricas da pedagogia progressista encontram-se na literatura marxista, que fornece o instrumento da lógica dialética, bem como os elementos conceituais que possibilitam a crítica ao liberalismo, na tentativa de superar a sociedade dividida em classes e as consequentes dificuldades para a democratização da educação. Já examinamos essas questões no capítulo 12.

Entre os pioneiros da tendência progressista se encontram os pedagogos soviéticos Pistrak e Makarenko, bem como o italiano Antonio Gramsci, já vistos no item 1 deste capítulo. Igualmente importante é a contribuição do francês Célestin Freinet com sua pedagogia popular e democrática, que influenciou também as correntes antiautoritárias de base socialista, tais como as de Lobrot, Oury, Vásquez, aos quais já nos referimos no capítulo 15. Aí também vimos o espanhol Ferrer i Guàrdia e o representante brasileiro Maurício Tragtenberg. Outros nomes significativos, que apresentam alguns pontos em comum, são os dos construtivis-

tas soviéticos Vygotsky e Leontiev. Há ainda muitos outros, como o francês Bernard Charlot, que analisou os processos ideológicos das teorias educacionais; Henry Giroux, representante da teoria crítica de inspiração frankfurtiana; o polonês Suchodolski, que desenvolveu elucidativa distinção entre pedagogias essencialistas e existencialistas, buscando uma superação a partir da análise da natureza social humana.

Entre os brasileiros, convém lembrar a importância dos movimentos populares da década de 1960 e, sobretudo, o trabalho pioneiro e inovador de Paulo Freire, ao criar um método de alfabetização de adultos que mereceu a atenção de pedagogos de várias partes do mundo. Moacir Gadotti, trilhando caminhos semelhantes, desenvolveu a *pedagogia do conflito*, baseada na concepção dialética da educação. Wagner Gonçalves Rossi, Carlos Rodrigues Brandão e tantos outros fazem parte, desde a década de 1970, da já fértil produção teórica sobre a educação brasileira.

A seguir, vamos abordar especificamente o francês Snyders e, no Brasil, a pedagogia libertadora de Paulo Freire e a pedagogia histórico-crítica, cujo principal representante é Dermeval Saviani, ao lado de inúmeros colaboradores.

A pedagogia de Snyders

O pedagogo francês Georges Snyders (1916) foi o primeiro a usar a expressão *pedagogia progressista*, título de um livro no qual apresentou uma teoria para superar a escola tradicional e a Escola Nova.

Como sabemos, do ponto de vista dialético, toda *síntese* é uma realidade nova que resulta de uma superação em que *tese* e *antítese* são *negadas*, mas ao mesmo tempo *conservadas*. Assim, são negados os aspectos conservadores da escola tradicional, bem como os excessos da Escola Nova, mas depois recuperados no nível superior da síntese. Por exemplo[6], sabemos que a escola tradicional se define antes de tudo por meio de *modelos*, mas ela "não conseguiu dar vida a esses modelos, daí a hipertrofia da noção de exercício e alguma coisa de infinitamente morno que se espalha através da escola". Por outro lado, "a educação nova propõe atitudes sedutoras e mesmo fecundas, de participação, de iniciativa, de atividade", mas, ao desprezar os modelos, essas atitudes perdem sua consistência e voltam-se contra o próprio projeto.

Para superar o impasse, Snyders propõe situar o ponto de partida nos conteúdos do ensino. No entanto, é preciso considerar os modelos enquanto se referem ao nosso mundo, ao mundo da criança, não como abstrações. E que as atitudes de participação ativa introduzam vivacidade e energia precisamente nessa relação com os modelos. Se a escola tradicional não conseguiu dar vida a seus modelos é porque partia de uma concepção essencialista e a-histórica do ser humano, o que Snyders supera com a perspectiva histórico-social. Dessa maneira, os modelos de moral, por exemplo, não independem da história, mas são engendrados a partir dela e, ainda, mudam conforme a classe social a que se pertence. No mundo capitalista, haveria uma moral proletária diferente da moral burguesa, a menos que predomine a força da ideologia.

No entanto, na sociedade dividida em classes, embora a cultura erudita seja acessível apenas à elite dominante, não deixa de interessar ao proletariado, que deveria utilizar as obras culturais da burguesia e enriquecer sua formação. Diz Snyders: "Só há ideias burguesas no que a escola da burguesia divulga. É burguês catapultar Victor Hugo em 'paraquedas' para crianças que ninguém preparou para acolher, é burguês interpretar Victor Hugo de maneira puramente formalista deixando na sombra as suas tomadas de posição essenciais: já não é burguês iniciar as crianças em Victor Hugo levando-as pouco a pouco a ir além do seu Tintim[7] habitual. E é a melhor das oportunidades para que finalmente sejam elas próprias a extrair, quer dos seus livros, quer da sua experiência, aquilo que irá alimentar uma tomada de consciência criadora do mundo de hoje. (...) A cultura operária carece da escola não para se renegar, mas para se realizar. A escola precisa de que a pressão operária seja forte: de outro modo corre o risco de se esquecer de tirar das obras culturais a sua substância revolucionária"[8].

Segundo os pressupostos teóricos histórico-sociais, Snyders reconhece a insuficiência de deixar as crianças à mercê de sua espontaneidade, como quer a educação renovada, porque nesse caso elas estarão sujeitas às ideologias da sociedade em que vivem (ver leitura complementar 1 adiante). Daí a ênfase dada à transmissão da cultura e ao papel que o professor desempenha nesse processo. Aquilo que os alunos já conhecem é fragmentado, contraditório e, portanto, exige do mestre o encaminhamento "a noções, a formas de ação e a atitudes às quais eles não chegariam por si mesmos".

O elemento essencial dessa pedagogia é que ela não corre o risco da abstração, porque "o aluno se *reconhece* precisamente nas ideias e nas atitudes as quais o mestre o ajudou a alcançar". Usando o tema do racismo, Snyders dá o exemplo do confronto

---

[6] Exemplo dado por Snyders em *Pedagogie progressiste*, Paris, Presses Universitaires de France, 1975, p. 130.

[7] Historietas infanto-juvenis de autoria de Hergé, pseudônimo do belga Georges Rémi. Muito conhecidas na França, foram transformadas em quadrinhos e filmes.

[8] *Escola, classe e luta de classes*. 2. ed. Lisboa, Moraes, 1981, p. 403.

entre dois alunos, um francês e seu colega árabe — nós diríamos entre um brasileiro do sul e um migrante nordestino, um branco e um negro ou ainda um rico e um pobre —, para mostrar que a criança sofre a experiência da contradição: há, de um lado, o sentimento da diferença e, de outro, a comunidade, a vida em grupo, que torna possível a descoberta da semelhança; de um lado, há momentos de amizade e companheirismo e, de outro, a estranheza, a recusa e o desprezo. O papel do mestre está em discutir, confrontar e dialogar a partir de conteúdos que serão reelaborados pelos alunos, "um vaivém entre o vivido e o conhecimento proposto, entre a atitude espontânea e a atitude encarnada pelo mestre".

Há professores para os quais a ênfase posta no conteúdo seria responsável por aulas maçantes, que, por sua vez, exigiriam atitudes autoritárias, a fim de manter a atenção dos alunos. Snyders acena, ao contrário, com a *alegria* e a *liberdade* autênticas no final do processo, mesmo que de início o professor precise traçar caminhos e indicar pistas.

Ao destacar a importância do contato dos alunos com as obras-primas da humanidade, Snyders diz que "ambiciona confrontar o aluno com as conquistas humanas essenciais, na esperança de que ele alcance assim as alegrias essenciais". E completa: "Parece-me que posso encontrar nessa relação com a obra-prima uma síntese entre a obrigação e a autonomia, entre a afirmação do obrigatório e o desejo de autonomia daqueles que protestam contra o obrigatório"[9]. Veja a esse propósito o dropes 2, em que Snyders justifica seu ponto de vista a partir de uma citação de Picasso. Ressalvemos, porém, que,

ao valorizar as obras-primas, Snyders não despreza as produções chamadas de *intermediárias*, por serem degraus para o acesso às obras essenciais.

A pedagogia libertadora de Paulo Freire

A pedagogia libertadora de Paulo Freire, também conhecida como *pedagogia do oprimido*, consiste na educação voltada para a conscientização da opressão, que permitiria a consequente ação transformadora. Após seu bem-sucedido projeto de alfabetização de adultos no Nordeste brasileiro ter sido desmantelado pela ditadura militar, Freire foi obrigado a exilar-se por quatorze anos, inicialmente no Chile, em vários países da África, e ainda na Suíça e Nicarágua. Seu método de alfabetização o tornou conhecido e respeitado em toda parte.

Escreveu *Educação como prática da liberdade* (1965), *Pedagogia do oprimido* e, ao voltar do exílio, publicou vasta produção intelectual, em que se incluem *A importância do ato de ler*, *A educação na cidade*, *Pedagogia da esperança*, *Pedagogia da autonomia*, entre outras obras. A maioria mereceu tradução e comentários em vários países.

Sua trajetória intelectual, marcada inicialmente pela formação cristã e neotomista, encaminhou-se depois para a fenomenologia, o existencialismo e o neomarxismo, quando adquiriu a orientação dialética e a percepção clara de que os bens culturais, como a educação, eram negados à classe oprimida. Daí a necessidade de dar condições para que os oprimidos recuperassem "a sua humanidade roubada". Além de teórico fecundo, suas experiências educacionais começaram em 1962, no Rio Grande do Norte, quando alfabetizou trezentos traba-

---

[9] *Alunos felizes*: reflexão sobre a alegria na escola a partir de textos literários. Rio de Janeiro, Paz e Terra, 1993, p. 111.

lhadores do campo em 45 dias. O impacto desse sucesso atraiu a atenção de governantes, que, primeiro no estado de Pernambuco e depois no governo federal, pretendiam organizar "círculos de cultura" para rápida alfabetização. Freire também fez parte do Movimento de Cultura Popular (MCP) de Recife.

Paulo Freire distingue, então, dois tipos de pedagogia: a *pedagogia dos dominantes*, na qual a educação existe como prática de dominação, e a *pedagogia do oprimido* — como tarefa a ser realizada —, na qual a educação representa a prática da liberdade. A dificuldade do processo está no fato de que geralmente não é claro, para a classe dominante, que ela seja opressora. Do mesmo modo, os oprimidos costumam introjetar sua pretensa "inferioridade", não reconhecendo a opressão. Por isso o trabalho de alfabetização deve vir necessariamente acompanhado de conscientização e politização, ou seja, não basta ao oprimido ter consciência da opressão, mas deve dispor-se a transformar essa realidade: "A práxis é reflexão e ação dos homens sobre o mundo para transformá-lo. Sem ela, é impossível a superação da contradição opressor-oprimidos".

Comparando as duas pedagogias, Freire acusa a primeira de se basear em uma concepção "bancária" da educação, segundo a qual o professor "deposita" o saber e o "saca" por ocasião do exame, definindo uma relação de verticalidade, em que o saber é doado de cima para baixo, e de autoritarismo, pois só o professor "sabe". Já a pedagogia do oprimido é problematizadora, e parte da concepção de que o ato de conhecer não é uma "doação" do educador, mas um processo que se estabelece no contato do educando com o mundo vivido, lembrando que este se encontra em contínua transformação. Ainda mais, a relação entre educador e educandos e destes entre si é dialógica: e o diálogo, como sabemos, supõe troca, não imposição. Essa postura permite que o conhecimento adquirido seja crítico, porque autenticamente reflexivo, implicando o constante desvelamento da realidade para nela se posicionar.

Coerente com esses princípios, o método de alfabetização não se reduz a mera técnica, que o professor conheceria de antemão. Ao contrário, ele precisa do educando, para saber o que lhe interessa e o motiva. Por isso Freire recomenda o levantamento do universo vocabular dos grupos, a fim de escolher *palavras geradoras*, que certamente variam conforme o lugar. Por exemplo, em uma região de Pernambuco as palavras escolhidas foram: tijolo, voto, siri, palha, biscate, cinza, doença, chafariz, máquina, emprego, engenho, mangue, terra, enxada, classe. Já nas favelas do Rio de Janeiro elas foram outras: favela, chuva, arado, terreno, comida, batuque, poço, bicicleta, trabalho, salário, profissão, governo, enxada, tijolo, riqueza.

Em seguida são organizados os círculos de cultura, constituídos de grupos pequenos sob a coordenação de um animador, que pode ser um professor ou um companheiro já alfabetizado. Diante da representação de uma favela, por exemplo, há o debate sobre o problema da habitação, da alimentação, do vestuário, da saúde, da educação, descobrindo-a como uma situação problemática. Em seguida, passa-se à visualização da palavra favela. Para Paulo Freire, "a alfabetização de adultos, para que não seja puramente mecânica e memorizada, o que se há de fazer é proporcionar-lhes que se conscientizem para que se alfabetizem"[10].

Como Paulo Freire defende a autogestão pedagógica, o professor é apenas animador

---

[10] *Educação como prática da liberdade*. Rio de Janeiro, Paz e Terra, 1971, p. 120.

do processo, para evitar o autoritarismo que costuma minar a relação pedagógica. Mesmo quando há necessidade de textos, prefere que os próprios alunos os redijam. Nesse sentido, sua pedagogia representa não só um esforço, mas um trabalho efetivo em direção à democratização do ensino. Ao longo das mais diversas experiências de Paulo Freire pelo mundo, o resultado sempre foi gratificante e muitas vezes comovente. A pessoa iletrada chega humilde e culpada, mas aos poucos descobre com orgulho que também é um "fazedor de cultura" e, mais ainda, que a condição de inferioridade não se deve à sua incompetência, mas à sua humanidade roubada.

O método de Paulo Freire pretende superar a dicotomia entre teoria e prática: no processo, quando o indivíduo descobre que sua prática supõe um saber, conclui que, de certa maneira, conhecer é interferir na realidade. Percebendo-se como sujeito da história, toma a palavra daqueles que até então detêm seu monopólio. Alfabetizar é, em última instância, ensinar o uso da palavra.

Pedagogia histórico-crítica

Se o problema dos altos índices de exclusão da escola preocupou autores europeus, como os crítico-reprodutivistas e Snyders, com maior razão tem merecido a atenção de pedagogos brasileiros. Dentre estes, destacamos Dermeval Saviani (1944), principal articulador da *pedagogia histórico-crítica*, anteriormente denominada *pedagogia dialética* e, também, *pedagogia crítico-social dos conteúdos*, que se apropria de conceitos de Marx, Gramsci, Suchodolski, Snyders e Álvaro Vieira Pinto, mas os reelabora a partir da análise da realidade brasileira, que busca conhecer sob os mais diversos ângulos.

A tendência progressista histórico-crítica constitui um projeto pedagógico em construção do qual participam inúmeros educadores. Podemos distinguir, além de Dermeval Saviani, José Carlos Libâneo, Carlos Roberto Jamil Cury, Guiomar Namo de Mello, entre muitos outros.

Em *Educação brasileira*: estrutura e sistema, Saviani se debruça sobre a antiga Lei de Diretrizes e Bases da Educação Nacional (Lei nº 4.024), cujo anteprojeto data de 1948 e que foi promulgada em 1961 após conturbado percurso e discussões. Nesse livro discute a inexistência de um *sistema educacional* brasileiro, devido à falta de planejamento, à importação e à improvisação de teorias: as nossas instituições de educação permaneciam ainda no nível da *estrutura*, e não no do *sistema*, por estarem desprovidas de planos e de intencionalidade, por apresentarem incoerências internas e externas (inadequadas à realidade brasileira). Como consequência, a LDB/61 era inoperante, incapaz de realizar as transformações necessárias para superar nossas mazelas.

Enquanto muitos países, a partir do século XIX, conseguiram implantar sistemas nacionais de educação e outros o fizeram recentemente, como o Japão e a Coreia, no Brasil a educação permanece desorganizada e com altas taxas de analfabetismo. As reformas educacionais constantes fragmentam e deformam ainda mais nossas precárias leis, nas quais também não existe articulação entre graus e cursos. Uma danosa descontinuidade de programas prejudica o trabalho educativo, que exige, ao contrário, tempo para que as habilidades e os conceitos sejam assimilados pelos alunos.

Com a LDB nº 9.394 de 1996, porém, a situação não foi revertida, porque, apesar de alguns avanços, não se conseguiu dar condições melhores para implantar uma educação pública nacional e democrática. Ainda segundo Saviani, "uma outra vez deixamos escapar a oportunidade de traçar as coordenadas e criar os mecanismos que viabilizassem a construção de um sistema nacional de educação aberto, abrangente, sólido e adequado às necessidades e aspirações da população brasileira em seu conjunto". O que só poderia ocorrer "com a clara determinação do Estado de assumir a educação como prioridade número 1, com a consequente vontade política de realizar as ações concretas em que se expressa essa prioridade"[11]. O motivo principal é que os recursos orçamentários regulares destinados à educação não são suficientes para instalar o sistema.

A tarefa da pedagogia histórico-crítica consiste na tentativa de reverter esse quadro a partir da compreensão de nossa realidade histórico-social, a fim de tornar possível o papel mediador da educação no processo de transformação social. Não que a educação possa por si só produzir a democratização da sociedade, mas a mudança se faz de forma mediatizada, ou seja, por meio da transformação das consciências. Que não se veja aí uma proposta idealista de mudança, mesmo porque o projeto pedagógico histórico-crítico se funda em pressupostos materialistas e dialéticos. De fato, Saviani começa sua análise a partir da categoria do trabalho, a maneira por excelência pela qual o ser humano produz sua própria existência, transformando a natureza em cultura.

O fazer que tem como resultado um produto material, no entanto, não se separa do trabalho "não material", que consiste na produção de ideias, conceitos, valores, ou seja, na produção do saber. Essa produção espiritual (conhecimento sensível ou intelectual, prático ou teórico, artístico, axiológico, religioso, e assim por diante) varia de acordo com os povos, e cada pessoa precisa se inteirar dela para sua humanização.

Desse modo, a escola promove a socialização do saber por meio da apropriação do conhecimento produzido coletivamente no decorrer do tempo e que é a sua herança cultural: a ciência, as artes, a religião, a filosofia, as técnicas etc. A atividade nuclear da escola é, portanto, a transmissão dos instrumentos que permitam alcançar o saber elaborado. Como mediadora entre o aluno e a realidade, a escola se ocupa com a aquisição de conteúdos, a formação de habilidades, hábitos e convicções, o que significa identificação com os métodos tradicionais, porque o caráter histórico-social da pedagogia progressista exige a constante vinculação entre educação e sociedade, entre educação e transformação da sociedade, ou seja, o ponto de partida e o de chegada do processo educativo é sempre a prática social.

Por isso o saber objetivo transformado em saber escolar não interessa por si mesmo, mas sim como meio para o crescimento dos alunos, a fim de que "não apenas assimilem o saber objetivo enquanto resultado, mas aprendam o processo de sua produção, bem como as tendências de sua transformação"[12]. A fim de desfazer confusões, Saviani destaca a diferença entre *elaboração do saber* e *produção do saber*. Esta última é social e se dá no interior das relações sociais, e só alcançam o nível de elaboração aqueles que possuem o domínio dos instrumentos de sistematização. Nas sociedades divididas, só a classe dominante atinge essa etapa. Daí a importância da educação formal, pois, "se a escola não permite o acesso a esses instrumentos, os trabalhadores ficam bloqueados e impedidos de ascenderem ao nível da elaboração do saber, embora continuem, pela sua atividade prática real, a contribuir para a produção do saber"[13].

---

[11] *A nova lei da educação*: LDB, trajetória, limites e perspectivas. Campinas, Autores Associados, 1997, p. 230 e 231.

[12] Dermeval Saviani, *Pedagogia histórico-crítica*: primeiras aproximações. 4. ed. Campinas, Autores Associados, 1994, p. 20.

[13] Dermeval Saviani, *Pedagogia histórico-crítica*: primeiras aproximações, p. 100.

Por isso mesmo os teóricos progressistas criticam a *educação compensatória* como uma distorção da teoria. Ao ser constatado que as dificuldades das camadas populares para terem acesso à cultura dominante muitas vezes decorrem de deficiências nas áreas de saúde, nutrição e psicomotricidade, a própria escola utiliza as verbas públicas destinadas à educação para atender a essas necessidades, oferecendo merenda escolar, atendimento médico e dentário e assistência psicológica.

Não se trata de insensibilidade diante desse quadro precário que, sem dúvida, exige providências urgentes. Mas o problema está no fato de a escola assumir um papel que não é incumbência da área da educação, mas de outros setores do Estado, deixando de executar o projeto especificamente pedagógico, que consiste em tornar acessível aos pobres os conhecimentos que só os ricos alcançam, a fim de evitar maior disparidade entre as diversas camadas da população.

A escola progressista e a democracia

Ficou claro que, para a pedagogia histórico-crítica, não há como separar o funcionamento da escola de seus laços com a política. No entanto, a escola não é o local de se "fazer política", no sentido de proselitismo do professor, mas sim de se estar atento aos pressupostos políticos de determinada concepção de educação. Como já vimos no capítulo 12 e também no capítulo 5, não existe educação neutra, já que toda educação viva não se isola do contexto social e político e, por isso, os polos educação e política são complementares e indissociáveis. Não estar atento a esse fato favorece a ideologia, porque, sob a aparente neutralidade de uma educação "apolítica", sempre se esconde determinada política de educação.

A ênfase na ação política, no entanto, pode provocar distorções. Uma delas é descuidar do próprio trabalho pedagógico, privilegiando a ação política, o que, afinal, "ideologiza" a educação. O que a pedagogia progressista pretende é compreender a educação como dependente da política, mas não com ela identificada nem a ela subordinada. O trabalho do professor é especificamente pedagógico, embora ele precise de clareza quanto ao processo político no qual está inserido, justamente para não sucumbir à ideologia.

Portanto, as propostas progressistas não só se orientam em direção a uma democratização das oportunidades de ensino, mas também alertam para que o trabalho exercido na escola não seja autoritário. Cabe ao professor a sensibilidade de não desmerecer a visão de mundo do aluno e suas necessidades fundamentais, voltado sempre para essa realidade dada (ver leitura complementar 1).

Tais premissas não levam à recusa do papel organizador do professor, que efetivamente se encontra em posição assimétrica à do aluno, na medida em que existe uma desigualdade inicial entre os dois. Isso não justifica qualquer arbitrariedade do professor, mas é suficiente para explicar que a percepção dos fins da educação e o próprio conteúdo do que é ensinado dependem mais clara e objetivamente do professor competente.

Desse modo seriam superados tanto o autoritarismo da escola tradicional como a não diretividade típica da educação renovada. Nesse sentido, Dermeval Saviani se refere à "democracia como possibilidade no ponto de partida e a democracia como realidade no ponto de chegada", orientação que já vimos a propósito do pensamento de Bakunin (consultar leitura complementar do capítulo 15).

Pedagogias histórico-sociais e outras tendências

4. Teorias construtivistas

As teorias construtivistas surgiram no bojo da psicologia cognitiva e de pesquisas linguísticas voltadas para o exame das estruturas do pensamento e do desenvolvimento cognitivo da criança. Os principais representantes dessa corrente são estudiosos de psicologia e de medicina, que procuram, por meio de pesquisas com crianças, a melhor compreensão do processo da aprendizagem. Embora tenham atuado em locais e épocas diferentes, percorrendo caminhos originais, é possível estabelecer entre eles algumas orientações comuns, sobretudo no que se refere aos pressupostos filosóficos subjacentes a essas teorias.

Do ponto de vista antropológico (ver capítulo 9), esses teóricos recusam a concepção metafísica, que supõe uma natureza humana essencial e estática. Superam também a tendência naturalista, que atribui às ciências experimentais uma rigidez inaplicável ao estudo do comportamento humano livre e criador. Nessas teorias prevalece a orientação antropológica *histórico-social*, pela qual o ser humano se faz pela interação social, isto é, pelas relações intersubjetivas e pela ação humana sobre o mundo. Por isso, a maneira de apreender a realidade é um processo dinâmico que se expressa de formas diferentes através da história.

Do ponto de vista epistemológico, os representantes dessa tendência desenvolvem uma *concepção interacionista* ou *construtivista* do conhecimento, ao recusarem tanto o inatismo, pelo qual o sujeito seria o polo mais importante no processo de conhecimento, quanto o empirismo, pelo qual o sujeito receberia passivamente de fora os elementos para a elaboração do conteúdo mental (ver capítulo 10).

Para os construtivistas, o conhecimento não é inato nem só transmitido; não está só no sujeito nem é dado apenas pelo objeto, mas se forma e se transforma pela interação entre ambos. A criança não é passiva nem o professor é simples transmissor de conhecimento, porque o educando não dispensa a atuação do mestre e a dos companheiros com os quais interage. Mais propriamente, o conhecimento resulta de uma construção contínua, interativa, entremeada pela invenção e pela descoberta. Outra característica desse modelo epistemológico é a constatação de que o conhecimento se produz por etapas ou estágios sucessivos, nos quais a criança organiza o pensamento e a afetividade.

Veremos melhor essas características na exposição do pensamento de Jean Piaget e de Emilia Ferreiro, embora inúmeros outros teóricos façam parte dessa tendência, como o francês Henri Wallon (1879-1962) e Bärbel Inhelder (1913-1997), além de terem sofrido influências das concepções de Vygotsky.

A epistemologia genética: Jean Piaget

Jean Piaget (1896-1980), suíço formado em biologia, também se interessou por filosofia e psicologia, entrando em contato com o trabalho de Freud, Binet e Claparède. Suas obras, produzidas desde a década de 1920, obtiveram logo viva repercussão. Dentre elas, destacam-se *O juízo moral da criança, A gênese do número na criança, A representação do espaço na criança, A construção do real na criança.*

Além de realizar estudos com crianças em idade escolar, Piaget e sua mulher observaram com cuidado o desenvolvimento da inteligência e a construção do real nos seus próprios filhos. O encaminhamento das pesquisas para a discussão de questões epistemológicas levou-o à elaboração da *psicologia genética*, que investiga a gênese do desenvolvimento cognitivo, dividido por ele em quatro estágios: sensório-motor (de 0 a 2 anos), intuitivo ou simbólico (de 2 a 7 anos), das operações concretas (de 7 a 14) e das operações formais ou hipotético-dedutivo (a partir da adolescência).

A passagem de um estágio para outro se faz pelos mecanismos de *organização* e *adaptação*, conceitos que Piaget aproveita de seus conhecimentos de biologia. "Do ponto de vista biológico [e psicológico] a organização é inseparável da adaptação: são dois processos complementares de um único mecanismo, o primeiro sendo o aspecto interno do ciclo do qual a adaptação constitui o aspecto exterior".

A adaptação, por sua vez, supõe dois processos interligados, a *assimilação* e a *acomodação*. Pela assimilação, a realidade externa é interpretada por meio de algum tipo de significado já existente na organização cognitiva do indivíduo, ao mesmo tempo que a acomodação realiza a alteração desses significados já existentes.

Como se vê, são funções opostas mas complementares. Mais propriamente, trata-se de uma estrutura concebida como uma totalidade em equilíbrio em que as partes, relacionadas umas com as outras, provocam transformações constantes, em que cada mudança singular altera o todo. As mais significativas ocorrem na passagem de um estágio para outro, quando se desfaz o equilíbrio instável e se busca nova equilibração.

Os quatro estágios representam o desenvolvimento da inteligência (da lógica), da afetividade e da consciência moral desde o nascimento até a adolescência:

• a inteligência: começa com a simples motricidade, depois a criança atinge as formas intuitivas e o pensamento concreto, até chegar ao pensamento abstrato, à possibilidade de reflexão;

• a afetividade: de início, predomina a indiferenciação entre o bebê e o mundo que o cerca; depois, a criança evolui para o egocentrismo, apenas superável na vida adulta, ao atingir a reciprocidade e a cooperação;

• a consciência moral: da anomia inicial (ausência de leis), passa pela heteronomia (aceitação da norma externa) e atinge a autonomia ou capacidade de autodeterminação, caminho percorrido pelo desejo até a construção da vontade, que indica a superação da moral infantil.

A compreensão desse processo ajuda o pedagogo a identificar em que estágio o aluno pode *assimilar* determinada informação — por exemplo, entender mapas de seu bairro — e *acomodá*-la em novas formas de organização do conhecimento. O mesmo vale para a afetividade e para a construção da vida moral, presentes nas diversas formas de interação no grupo.

A teoria de Piaget influenciou as práticas pedagógicas no mundo e no Brasil, inclusive, de início se amalgamando a tendências escolanovistas e depois às construtivistas, propriamente ditas. Nos Estados Unidos, destaca-se o trabalho de Kohlberg, que se ocupou, sobretudo, com a questão da construção da moral (ver capítulo 11).

A psicogênese da escrita: Emilia Ferreiro

A psicopedagoga Emilia Ferreiro, argentina radicada no México, estudou com Piaget na Suíça. À teoria construtivista do mestre acrescentou seus estudos no campo da linguística, a fim de compreender como a criança realiza a construção da linguagem escrita. As reflexões de Emilia Ferreiro, desenvolvidas no final da década de 1970 em conjunto com Ana Teberosky, de Barcelona, bem como os resultados dessas pesquisas têm sido amplamente difundidos e incorporados nas escolas, modificando as técnicas de alfabetização.

De início a atenção da educadora voltou-se para as dificuldades enfrentadas por crianças com problemas de aprendizagem, sobretudo diante da realidade da América Latina, em que os setores marginalizados da população padecem de altos índices de repetência e exclusão. Como, de maneira geral, alfabetiza-se "de fora para dentro", conforme o pressuposto de que a criança nada sabe, os educadores explicam os insucessos da alfabetização pela insuficiência dos próprios mestres, pela ineficácia dos métodos ou ainda pela inadequação do material didático.

Para Emilia Ferreiro, no entanto, se a invenção da escrita alfabética resultou de um longo processo histórico, é pertinente concluir que também para a criança não é fácil compreender com rapidez a natureza da escrita. Por isso a alfabetização levanta, antes de tudo, um problema epistemológico fundamental: "Qual é a natureza da relação entre o real e a sua representação?".

Essa questão provoca uma revolução conceitual na alfabetização. Ao investigar a psicogênese da escrita, Emilia Ferreiro descobre que a criança de fato "reinventa" a escrita e, por isso, o professor precisa estar atento ao que a criança já sabe. À diferença da tradição, começa-se pela investigação de como a criança interpreta os sinais que a rodeiam, já que, antes mesmo de iniciar o ensino formal da escrita, ela já constrói interpretações, elaborações internas que não dependem do ensino adulto e não devem ser entendidas como confusões perceptivas. Ou seja, as garatujas não são simples rabiscos sem nexo, mas significam determinada interpretação pessoal.

Percebe-se aí o caráter não empirista dessa teoria, que acentua o papel do sujeito no processo de alfabetização. Cabe ao professor a função de observar e interpretar as intervenções da criança, para com ela interagir.

Outros teóricos construtivistas

Sem dúvida, é difícil enquadrar inúmeros educadores como construtivistas, porque às vezes eles desenvolvem teorias originais que têm afinidades com o construtivismo ou entrelaçam diversas outras. Entre eles destacamos César Coll Salvador e Philippe Perrenoud — teóricos que influenciaram a elaboração dos Parâmetros Curriculares Nacionais no Brasil — e Josep Puig. Entre os brasileiros, Yves de La Taille, Lino de Macedo e muitos outros.

Vejamos agora um pouco da proposta do sociólogo suíço Philippe Perrenoud (1944), que se interessou pela pedagogia na tentativa de entender por que a escola mantém a desigualdade e é responsável pelo fracasso constatado pelos altos índices de evasão e de repetência.

A partir desse impasse, Perrenoud afirma que "o desenvolvimento mais metódico de competências desde a escola pode parecer uma via para sair da crise do sistema educacional". Desenvolve então o conceito de *competência* como a capacidade de mobilizar diversos recursos cognitivos para enfrentar situações novas. As competências não são, portanto, saberes ou atitudes, mas elas "mobilizam, integram e orquestram tais recursos". Para evitar mal-entendidos, Perrenoud lembra, em *Construir as competências desde a escola*, que desenvolver competências não significa desistir de transmitir informações, mas trabalhá-las a fim de privilegiar um *"pequeno número de situações fortes e fecundas* que produzem aprendizados e giram em torno de importantes conhecimentos".

Para desenvolvermos as competências na escola, é preciso construí-las à medida que as exercitamos em situações complexas. Adverte, porém, não se tratar de propor aos alunos problemas artificiais e descontextualizados, mas trabalhar com situações-problema, o que supõe mudar o sistema de aula professoral e instigar as atividades em grupo e a realização de projetos. Isso significa superar de alguma maneira a tradição das disciplinas que fragmentam o currículo escolar, buscando modos de inter-relacioná-las e que atenuem as divisões rígidas que costumam existir entre elas.

As ideias de Perrenoud tiveram ampla divulgação no Brasil. Apesar disso, alguns críticos veem na adaptação das suas ideias nos Parâmetros como uma aproximação da noção de competência aos princípios do mercado, estabelecidos na atualidade em países que assumem políticas neoliberais. Ou seja, estimula-se uma "orientação que desconsidera o entendimento do currículo como política cultural e ainda reduz seus princípios à inserção social e ao atendimento às demandas do mercado de trabalho"[14].

A partir dos anos 1990, os educadores passaram a discutir o *construtivismo pós-piagetiano* e, posteriormente, o *pós-construtivismo*. De fato, se antes a ênfase do estudo do construtivismo estava em conhecer a *psicogênese do conhecimento*, isto é, a maneira pela qual a criança constrói o conhecimento, era preciso acrescentar a essas teorias epistemológicas as descobertas feitas durante a atividade mesma da *aprendizagem* infantil. O enfoque principal passou a ser, portanto, a didática: Como fazer para que a criança aprenda?

A teoria do pós-construtivismo não desconsidera tópicos importantes da concepção piagetiana, sobretudo seus aspectos psicológicos. No entanto, por não ser educador, Piaget não teve a vivência de sala de aula, na qual o professor enfrenta o desafio de alcançar bons resultados na aprendizagem dos seus alunos. Ao se destacar a importância do outro no processo educativo, não se observa apenas o desenvolvimento mental (da inteligência e afetividade) do sujeito que aprende, mas se enfatiza sua interação com o outro, além de examinar o educando como sujeito-em-situação, inserido em determinado contexto histórico e cultural, uma vez que a aprendizagem só progride quando leva em conta aspectos da realidade concreta.

5. Outras tendências: o pós-modernismo

As tendências mais recentes da filosofia apontam para a crise do paradigma da modernidade. Entendemos por modernidade o período que começa no século XVII, caracterizado pelo racionalismo de Descartes, pela revolução científica iniciada por Galileu, pelo advento do Estado-nação e de inúmeras outras instituições reguladoras, tais como a escola, o exército e a prisão sob a égide do Estado, além de uma diferente configuração da infância e da família.

O conceito de sujeito que nasce naquele momento compreende a valorização da consciência e da vontade, em que o ser humano é o autor de suas ideias e de seus atos. De fato, o *cogito* cartesiano descobre no sujeito "uma função pelo menos ordenadora do conhecimento. É ele a sede da certeza de todos os objetos". O primado da subjetividade significa "que o pensamento, metodicamente conduzido, encontra primeiramente em si os critérios que permitirão estabelecer algo como verdadeiro"[15]. Essas convicções atingiram seu ápice no século XVIII, com o Iluminismo, cujos representantes estavam convictos de que as luzes da razão tornariam o ser humano melhor, dono de um saber e de um querer autônomo.

---

[14] Alice Casimiro Lopes, "Os Parâmetros Curriculares Nacionais para o ensino médio e a submissão ao mundo: o caso do conceito de contextualização", in *Educação & Sociedade*, v. 23, nº 80, Especial, 2002, p. 399.

[15] Franklin Leopoldo e Silva, *Descartes*: a metafísica da modernidade. 2. ed. São Paulo, Moderna, 2006.

No entanto, a partir do final do século XIX começou a desconstrução dessa ideia, quando Nietzsche fez uma severa crítica à cultura erudita, esvaziada de sentido, valorizando então as forças inconscientes, vitais, instintivas, subjugadas pela razão durante séculos. Embora Marx fosse um representante da modernidade, o seu conceito de ideologia também significava um alerta quanto ao risco sempre presente da falsa consciência. Vale lembrar ainda a contribuição da psicanálise de Freud (1856-1939), cuja principal novidade se encontra na hipótese do inconsciente e na compreensão da natureza sexual da conduta humana.

Essas ideias, retomadas a partir do final da década de 1960 e intensificadas nos anos seguintes, alimentaram as discussões a respeito da "morte do homem", entendida a expressão como a perda de confiança na capacidade do ser humano de ser transparente a si mesmo e de tornar a realidade transparente. O que estava ocorrendo era a desconstrução da metafísica da subjetividade e o desmascaramento das ilusões do humanismo nascido na Idade Moderna. Entre os representantes dessa tendência, podemos citar Foucault, Lyotard, Derrida, Lacan, Baudrillard, Deleuze, Guattari e outros.

Por isso mesmo a crise da modernidade que hoje vivenciamos está constituindo um outro modelo, que alguns, como Jean--François Lyotard, chamam de *pós-moderno*. O diagnóstico da crise, porém, difere conforme o pensador que busca compreender essa realidade movediça. Para Jurgen Habermas, por exemplo, o projeto iluminista da modernidade apenas está incompleto, podendo ainda realizar as promessas não cumpridas. Na mesma linha, entre nós, Sérgio Paulo Rouanet prefere usar a expressão *neomoderno*, que justamente dá a

ideia de continuidade de algo ainda em processo.

Apesar das diferenças entre os diversos representantes do pós-modernismo, há uma tônica comum, pela qual, desde Nietzsche, a filosofia se apresenta como uma *genealogia* que procura nos discursos enunciados aquilo que está dissimulado, uma vez que não existe discurso neutro, porque o saber sempre se acha comprometido com o poder. Desse modo, descarta-se o conceito clássico de verdade — como adequação do juízo à realidade — e questiona-se a epistemologia tradicional que reconhece o saber fundado na razão. Não se trata, porém, de um ceticismo, mas, segundo Lyotard, de uma "incredulidade diante de metanarrativas", um rompimento com a pretensão de se atingir a verdade ou um ponto de vista definitivo. O conceito de *metanarrativa* traz o prefixo grego *meta*, que significa "além", "acima de", e indica, portanto, uma narrativa que se diz superior à outra, cujo sentido oculto pretende desvendar. Só que podemos duvidar também dessa outra narrativa, que não está imune à dissimulação, constituindo-se como "um lugar onde se exprimem de modo disfarçado interesses inconscientes — de tal modo que esse discurso deveria ser por sua vez interpretado e assim sucessivamente, até ao infinito. A consequência é límpida: nunca há verdade última que seja absolutamente certa, que possua a objetividade de um fato, porque há apenas, no sentido que Nietzsche dá a esta expressão, 'perspectivas' sobre o mundo, doravante, infinito"[16].

Na primeira metade do século XX os filósofos da Escola de Frankfurt (Adorno, Horkheimer, Benjamin e Marcuse) partem da convicção de que os ideais da razão emancipadora sonhados pelos filósofos ilu-

---

[16] Luc Ferry, "Modernidade e sujeito", in Manuel Maria Carrilho (dir.), *Dicionário do pensamento contemporâneo.* Lisboa, Publicações Dom Quixote, 1991, p. 237.

ministas do século XVIII não foram ainda atingidos. Ao contrário, sofreram desvios perversos na sociedade em que a ciência e a técnica se encontram a serviço do capital e em que se procede à dominação da natureza e do ser humano para fins lucrativos.

Os frankfurtianos criticam a exaltação ao progresso e desmistificam esse conceito, sobretudo quando os fins propriamente humanos são substituídos por outros que excluem a compaixão e levam ao ódio primitivo e à violência. No mundo "desencantado" — porque regido pelo cálculo, pelo lucro, pelos negócios — impera a razão instrumental, sem lugar para os afetos, as paixões, a imaginação, enfim, para a subjetividade. E se perguntam como pode ser concebível uma civilização da opulência, tão desenvolvida na sua ciência e técnica, permitir a coexistência de tantos excluídos, condenados à fome, à ignorância e submetidos à violência de toda sorte. Que racionalidade é essa que permite a barbárie dos Estados totalitários, ainda mais quando lembramos que o nazismo surgiu na Alemanha, tão culta e educada? A esse propósito, vale ler o clássico texto de Adorno "Educação após Auschwitz"[17].

Para os frankfurtianos, no entanto, criticar a razão não significa enveredar pelos caminhos do irracional, mas resgatá-la tendo em vista a emancipação humana. Justamente porque é preciso recuperar o indivíduo autônomo, consciente dos fins que se propõe. E isso só será possível se for resolvido o conflito entre a autonomia da razão e as forças obscuras que invadem essa mesma razão.

Outro grande crítico do sujeito da modernidade foi Foucault, que em seus livros *História da loucura*, *Vigiar e punir* e *Microfísica do poder* acusa os desmandos de poder na escola, bem como em outras instituições surgidas na modernidade, tais como o Estado, o exército, a prisão, o hospício (ver leitura complementar do capítulo 13).

A filosofia analítica representa outra vertente do pós-moderno que tem contribuído para a desconstrução dos mitos da modernidade. Frege, Wittgenstein, Carnap, Cassirer e os neopragmatistas, entre eles Rorty, promovem o que se chamou de virada linguística. A partir da análise pragmática da linguagem — e, portanto, não metafísica —, coloca-se a questão do conhecimento teórico em termos de linguagem, de significado. Ou seja, apenas a análise da linguagem nos permite compreender como conhecemos a realidade.

O norte-americano Richard Rorty é o principal representante do neopragmatismo, elaborado a partir de Dewey, Heidegger e Wittgenstein, cujo debate continua com filósofos de diversas tendências nas quais predomina a problemática epistemológica, tais como Donald Davidson e Jurgen Habermas.

No seu livro *A filosofia e o espelho da natureza*, Rorty recusa-se a buscar a "verdade objetiva", criticando a epistemologia tradicional, segundo a qual a mente humana teria a capacidade de *espelhar* a natureza e atingir a sua representação precisa. Propõe uma nova concepção de filosofia, antiplatônica por excelência, porque não essencialista tampouco sistemática do conhecimento. Para ele, ao contrário, o significado está sempre em aberto, mantendo-se assim por meio da reflexão que não dispensa o diálogo permanente na "grande conversação" capaz de buscar as novas crenças e novas descrições de um mundo em mutação. Não pretende, portanto, alcançar a pretensa "objetividade" da verdade, mas reconhece que o ser humano está sempre aberto à intersubjetividade, pela qual encontra so-

---

[17] Theodor Adorno, *Educação e emancipação*. Rio de Janeiro, Paz e Terra, 2000.

Pedagogias histórico-sociais e outras tendências

luções para os problemas, para em seguida deparar com outros problemas que aguardam novas soluções.

Quais as consequências desse posicionamento para a pedagogia? Segundo o professor Paulo Ghiraldelli Júnior, tradutor e divulgador das ideias de Rorty entre nós, podemos entender a sua filosofia "como uma filosofia da educação". E concorda com autores que situam essa teoria numa transição de paradigmas: "a passagem de um paradigma epistemológico — a filosofia como fundamentação do conhecimento — para um paradigma pedagógico — a filosofia como conversação contínua e plural visando à edificação das pessoas"[18].

As discussões de todos esses teóricos pós-modernos interessam à reflexão pedagógica e muito contribuem para a avaliação do papel da educação na sociedade contemporânea. Nesse sentido, a partir da denúncia do caráter desumanizador e repressivo das instituições, que sufocam a criatividade, a imaginação, os afetos, a individualidade, será possível desenvolver práticas libertadoras. Justamente porque, ao serem reconhecidos os desvios da razão, recupera-se o indivíduo autônomo, consciente dos fins que se propõe. E isso só ocorrerá se for resolvido — pelo menos provisoriamente — o conflito entre a autonomia da razão e as forças obscuras que invadem essa mesma razão, segundo um princípio de alerta constante contra aqueles aspectos sombrios do conhecimento.

Conclusão

Se fizéssemos um retrospecto do desenvolvimento das pedagogias contemporâneas, desde a "revolução copernicana" de Rousseau, veríamos as inúmeras propostas que oscilaram entre diversos polos, tais como a relação professor x aluno, a aquisição do conhecimento como produto ou como processo, escola dualista x escola unitária, democratização pela escola x escola reprodutora do sistema, até a tese radical da desescolarização.

O que vemos nas pedagogias examinadas neste capítulo é, de modo geral, a crença no poder da educação em desenvolver procedimentos que enfrentem as dificuldades postas pela situação concreta vivida. O que desafia os pedagogos é não só o aprofundamento do conhecimento científico sobre o fenômeno da aprendizagem, ou a proposta metodológica, como também o esforço de formação integral do educando, o que supõe, além dos aspectos cognitivos, os juízos axiológicos, que dizem respeito à ética, à cidadania e ao mundo dos afetos, da imaginação e da criatividade.

Por outro lado, a introdução das teorias contemporâneas nas escolas enfrenta os problemas de sempre. Sabemos a respeito das dificuldades de preparo teórico dos professores, dificuldades essas que se agravam diante da exigência de atualização contínua. Mesmo quando os mestres estão informados, ainda há o risco de não se conseguir superar rapidamente as sedimentações decorrentes das antigas práticas. Esses "resíduos" persistem, por exemplo, quando o docente, imbuído dos valores da escola de tendência magistrocêntrica, tem dificuldade em superar o autoritarismo, o dirigismo e o empirismo tradicional. Outra dificuldade para a implantação das novas ideias se encontra na própria organização da escola: número excessivo de alunos em classe, exigências de programas oficiais, problemas legais de avaliação, promoção de alunos, e assim por diante.

---

[18] *Richard Rorty*: a filosofia do Novo Mundo em busca de mundos novos. Petrópolis, Vozes, 1999, p. 67 e seguintes.

Dropes

1 - Se é razoável supor que não se ensina democracia através de práticas pedagógicas antidemocráticas, nem por isso se deve inferir que a democratização das relações internas à escola é condição suficiente de democratização da sociedade. Mais do que isso: se a democracia supõe condições de igualdade entre os diferentes agentes sociais, como a prática pedagógica pode ser democrática já no ponto de partida? Com efeito, se, como procurei esclarecer, a educação supõe a desigualdade no ponto de partida e a igualdade no ponto de chegada, agir como se as condições de igualdade estivessem instauradas desde o início não significa, então, assumir uma atitude de fato pseudodemocrática? Não resulta, em suma, num engodo? Acrescente-se, ainda, que essa maneira de encarar o problema educacional acaba por desnaturar o próprio sentido do projeto pedagógico. Isto porque, se as condições de igualdade estão dadas desde o início, então já não se põe a questão de sua realização no ponto de chegada. Com isto o processo educativo fica sem sentido. (Dermeval Saviani)

2 - Diante das objeções de que oferecer sistematicamente obras-primas para os alunos poderia ser contrário ao desenvolvimento de sua autonomia, por se tratar da transmissão de produtos acabados, obras concluídas, objetos alheios, exteriores, Snyders contrapõe os argumentos de Picasso:

"A resposta de Picasso a essas objeções banais é magnífica: neste exemplo, o quadro é um nu; ao mesmo tempo ele foi inteiramente realizado pelo artista e cada um pode compô-lo: 'É preciso que você dê a quem olha as condições para que ele próprio faça o nu, com os seus olhos; [é preciso que] ele tenha à mão todas as coisas das quais necessite para fazer um nu. Então ele mesmo as porá no lugar com os olhos dele. Cada um fará o nu que quiser com o nu que eu tiver feito para ele'.

A relação do espectador com o quadro é bem a síntese do obrigatório e da autonomia: a partir de dados impostos, é ele que monta o quadro, e esse quadro restituído é um Picasso; a prova de que a síntese foi bem-sucedida é a alegria sentida."

3 - É necessário imaginação pedagógica para dar às crianças oportunidades ricas e variadas de interagir com a linguagem escrita. É necessário formação psicológica para compreender as respostas e as perguntas das crianças. É necessário entender que a aprendizagem da linguagem escrita é muito mais que a aprendizagem de um código de transcrição: é a construção de um sistema de representação. (Emilia Ferreiro)

4 - O fato de que ao longo da história o homem tenha desenvolvido novas funções não significa que cada uma dessas funções depende do surgimento de um novo grupo de células nervosas ou do aparecimento de novos "centros" de funções nervosas superiores, tal como os neurologistas do final do século XIX buscavam com tanta ansiedade. O desenvolvimento de novos "órgãos funcionais" ocorre através da formação de novos sistemas funcionais, que é a maneira pela qual se dá o desenvolvimento ilimitado da atividade cerebral. O córtex cerebral humano, graças a esse princípio, torna-se um órgão da civilização, no qual estão ocultas possibilidades ilimitadas e que não requer novos aparelhos morfológicos cada vez que a história cria a necessidade de uma nova função. (Luria)

5 - Chamamos de internalização a reconstrução interna de uma operação externa. Um bom exemplo desse processo pode ser encontrado no desenvolvimento do gesto de apontar. Inicialmente, este gesto não é nada mais do que uma tentativa sem sucesso de pegar alguma coisa, um movimento dirigido para um certo objeto, que desencadeia a atividade de aproximação. (...)

Quando a mãe vem em ajuda da criança, e nota que o seu movimento indica alguma coisa, a situação muda fundamentalmente. O apontar torna-se um gesto para os outros. A tentativa malsucedida da criança engendra uma reação não do objeto que ela procura, mas de uma outra pessoa. Consequentemente, o significado primário daque-le movimento malsucedido de pegar é estabelecido por outros. Somente mais tarde, quando a criança pode associar o seu movimento à situação objetiva como um todo, é que ela, de fato, começa a compreender esse movimento como um gesto de apontar. Nesse momento, ocorre uma mudança naquela função do movimento: de um movimento orientado pelo objeto, torna-se um movimento dirigido para uma outra pessoa, um meio de estabelecer relações. O movimento de pegar transforma-se no ato de apontar. (Vygotsky)

6 - Desde os primeiros dias do desenvolvimento da criança, suas atividades adquirem um significado próprio num sistema de comportamento social e, sendo dirigidas a objetivos definidos, são refratadas através do prisma do ambiente da criança. O caminho do objeto até a criança e desta até o objeto passa através de outra pessoa. Essa estrutura humana complexa é o produto de um processo de desenvolvimento profundamente enraizado nas ligações entre história individual e história social. (Vygotsky)

● Leituras complementares

❶ [Não se educa inocentemente]*

Não se educa inocentemente. O sonho de muitos professores seria criar simplesmente condições favoráveis ao desenvolvimento dos alunos e o professor não pesaria sobre a sua liberdade. O professor deixaria simplesmente ao aluno desenvolver o que se designa por espírito crítico, a curiosidade, o sentido da observação; e não o doutrinaria. É o sonho de muitos professores, mas eu penso que isso é uma ilusão. Porque, há que reconhecê-lo, os nossos silêncios falam quase tanto como as nossas palavras...

---

* Este texto tem características de exposição oral por se tratar de debate após seminário realizado pelo autor em Portugal.

Vou buscar os meus exemplos ao racismo e à xenofobia. E continuarei a ser maldoso dizendo que em França, como todos sabem, há muitas crianças portuguesas; de uma maneira geral, as crianças mais mal-vistas são as argelinas, mas imediatamente a seguir vêm as portuguesas. Em contrapartida, às crianças amarelas, às asiáticas, tecem-se grandes elogios. (...) Ora, se o professor, na aula, não diz nada — e é a importância do silêncio —, ou diz simplesmente: "José, 2 em 20", sem qualquer comentário, nem agradável, nem desagradável, ele confirma aos olhos do pequeno Dupont que as crianças portuguesas são "estúpidas". Para lutar contra esta ideia é preciso dizer que o José não estuda na sua língua, tem um meio difícil e pais superexplorados. (...)

Ora, o meu desejo, o meu sonho, seria fazer da escola não o lugar do partido comunista, ou socialista, ou radical, nem também um lugar onde não se diria nada sobre nada, mas um lugar de congregação; por exemplo, e é o meu exemplo capital: seria o lugar de congregação de todos os que quisessem lutar contra o racismo e a xenofobia. (...) É preciso dar argumentos científicos — não creio haver nenhuma ciência que demonstre que os portugueses são mais "estúpidos" que os outros —, sendo preciso por conseguinte explicar as dificuldades dos imigrados, dar às crianças o hábito de trabalhar com os Josés e os Mohamedes; é preciso fazer-lhes sentir não só as diferenças, mas amar as diferenças, o valor criador das diferenças: dar portanto a possibilidade a José de fazer progressos, como os mais, mas dar-lhe a possibilidade também de mostrar a sua originalidade, pela sua própria experiência da vida. É, repito-o, não um discurso para ser feito uma vez, mas é um esforço de todo o ano, simultaneamente para dizer coisas aos alunos e para os fazer viver, para os fazer organizar-se, direi, de um modo acolhedor.

(...) Naturalmente, diz-se, os professores de Ciências têm menos dificuldades que os professores de História ou de Literatura, mas isso não é muito verdadeiro. Quando eles explicam como funciona um motor elétrico, há um acordo assaz grande, mas desde que eles se interroguem sobre a confiança que se pode ter na ciência, como nos servirmos da ciência para aumentar a felicidade dos homens, e sobretudo a confiança que se pode ter na razão científica dos homens, aí encontram-se perante as mesmas dificuldades. E os alunos esperam de nós não somente que lhes ensinemos a resolver uma equação do $2^{\underline{o}}$ grau, mas também em que medida o progresso da razão humana ajuda a humanidade a progredir, ou melhor: o que há a fazer para que o progresso das ciências seja acompanhado do progresso do conjunto dos homens.

Isto significa que todos os professores são confrontados com os problemas para mim essenciais da educação: como dizer aos alunos as coisas essenciais que esperam de nós, sem abusar da nossa posição. Dizemo-nos sempre que se não formos nós a falar do Amor, da Morte, e do Destino Humano adotarão as ideias que circulam em torno deles a partir da televisão, e dos jornais de grande tiragem.

Fico-me por aqui, pois tudo isto é demasiado difícil...

Georges Snyders, "Pedagogias não diretivas", in Georges Snyders *et al.*, *Correntes actuais da pedagogia*. Lisboa, Livros Horizonte, 1984, p. 29-33.

❷ A história natural da operação com signos

Embora o aspecto indireto (ou mediado) das operações psicológicas constitua uma característica essencial dos processos mentais superiores, seria um grande erro, como já assinalei em relação ao início da fala, acreditar que as operações indiretas surgem como resultado de uma lógica pura. Elas não são inventadas ou descobertas pela criança na forma de um súbito rasgo de discernimento ou de uma adivinhação rápida como um raio (a assim chamada reação do "aha"). A criança não deduz, de forma súbita e irrevogável, a relação entre o signo e o método de usá-lo. Tampouco ela desenvolve intuitivamente uma atitude abstrata, originada, por assim dizer, "das profundezas da mente da própria criança". Esse ponto de vista metafísico, segundo o qual esquemas psicológicos inerentes existem anteriormente a qualquer experiência, leva inevitavelmente a uma concepção apriorística das funções psicológicas superiores.

Nossa pesquisa levou-nos a conclusões completamente diferentes. Observamos que as operações com signos aparecem como o resultado de um processo prolongado e complexo, sujeito a todas as leis básicas da evolução psicológica. *Isso significa que a atividade de utilização de signos nas crianças não é inventada e tampouco ensinada pelos adultos*; ao invés disso, ela surge de algo que originalmente não é uma operação com signos, tornando-se uma operação desse tipo somente após uma série de transformações *qualitativas*. Cada uma dessas transformações cria as condições para o próximo estágio e é, em si mesma, condicionada pelo estágio precedente; dessa forma, as transformações estão ligadas como estágios de um mesmo processo e são, quanto à sua natureza, históricas. Com relação a isso, as funções psicológicas superiores não constituem exceção à regra geral aplicada aos processos elementares; elas também estão sujeitas à lei fundamental do desenvolvimento, que não conhece exceções, e surgem ao longo do curso geral do desenvolvimento psicológico da criança como resultado do mesmo processo dialético,

e não como algo que é introduzido de fora ou de dentro.

Se incluirmos essa história das funções psicológicas superiores como um fator de desenvolvimento psicológico, certamente chegaremos a uma nova concepção sobre o próprio processo de desenvolvimento. Podem-se distinguir, *dentro* de um processo geral de desenvolvimento, duas linhas qualitativamente diferentes de desenvolvimento, diferindo quanto à sua origem: de um lado, os processos elementares, que são de origem biológica; de outro, as funções psicológicas superiores, de origem sociocultural. *A história do comportamento da criança nasce do entrelaçamento dessas duas linhas*. A história do desenvolvimento das funções psicológicas superiores seria impossível sem um estudo de sua pré-história, de suas raízes biológicas e de seu arranjo orgânico. As raízes do desenvolvimento de duas formas fundamentais, culturais, de comportamento surgem durante a infância: o uso de *instrumentos* e a *fala* humana. Isso, por si só, coloca a infância no centro da pré-história do desenvolvimento cultural.

A potencialidade para as operações complexas com signos já existe nos estágios mais precoces do desenvolvimento individual. Entretanto, as observações mostram que entre o nível inicial (comportamento elementar) e os níveis superiores (formas mediadas de comportamento) *existem muitos sistemas psicológicos de transição*. Na história do comportamento, esses sistemas de transição estão entre o biologicamente dado e o culturalmente adquirido. Referimo-nos a esse processo como a história natural do signo.

Lev S. Vygotsky, *A formação social da mente*: o desenvolvimento dos processos psicológicos superiores. São Paulo, Martins Fontes, 1991, p. 51-52.

Atividades

Questões gerais

1. Explique o conceito de *escola unitária* e, em seguida, indique as diferenças entre os enfoques dados pelos diversos autores socialistas.

2. Por que os socialistas estão convencidos de que a educação, por si só, não possui um caráter revolucionário? Mesmo assim, o que deve ser feito?

3. "Para nós, não bastava *corrigir* uma pessoa. Era preciso educá-la de um modo novo, não apenas para fazer dela um membro inofensivo e seguro para a sociedade, mas para convertê-la em um elemento ativo da nova época." Situe essa citação de Makarenko na "nova época" em que ele vivia e explique o que ele entende por educar a pessoa "de um modo novo".

4. Segundo Gramsci, como a escola poderia ser um instrumento da contra-ideologia?

5. Considerando a pedagogia de Vygotsky, responda às questões:

a) Qual é a crítica feita por Vygotsky à psicologia de tendência naturalista?

b) O que significa o processo de internalização?

c) Explique o que é *zona de desenvolvimento proximal* de acordo com a frase de Vygotsky: "Essas funções poderiam ser chamadas de 'brotos' ou 'flores' do desenvolvimento, ao invés de 'frutos' do desenvolvimento".

d) Por que não seria bom separar em classe à parte as crianças consideradas "mais fracas"?

6. Explique o que Vygotsky quer dizer ao afirmar: "No brinquedo é como se ela [a criança] fosse maior do que é na realidade. Como no foco de uma lente de aumento, o brinquedo contém todas as tendências do desenvolvimento sob forma condensada, sendo, ele mesmo, uma grande fonte de desenvolvimento".

7. Em um de seus livros, Vygotsky usa como epígrafe o verso do poeta Osip Mandelstam: "Esqueci a palavra que pretendia dizer, e meu pensamento, privado de sua substância, volta ao reino das sombras". Explique o significado do verso utilizando argumentos de Vygotsky.

8. Baseado no dropes 4, atenda às questões:

a) O que significa para Luria dizer que o córtex cerebral humano se torna um órgão da civilização?

b) Para ilustrar o que se afirma na citação, compare a atividade intelectual reflexiva do homem das civilizações urbanas contemporâneas com a consciência mítica do homem tribal.

9. Baseado no dropes 5, atenda às questões:

a) Usando o conceito de mediação (pelo instrumento e pelo signo), explique por que o gesto de apontar resulta de um processo de internalização.

b) Neste trecho e também na citação do dropes 6, a referência à atuação do outro na construção dos signos remete a um conceito fundamental da teoria de

Vygotsky. Explique qual é este conceito.

10. Considerando as teorias progressistas, responda às questões:

a) Em que aspectos elas se assemelham às teorias crítico-reprodutivistas e em que aspectos se distinguem delas?

b) Em que sentido o conceito de *politecnia* é diferente daquele usado nas diversas teorias pedagógicas que recomendam a inclusão do trabalho no currículo?

c) Qual é, para essa teoria, a função da escola na sociedade capitalista?

d) Em que sentido a valorização dos modelos não significa necessariamente adesão à escola tradicional?

11. "A inteligência dos alunos não é um vaso que se tem de encher; é uma fogueira que é preciso manter acesa." A partir dessa citação do escritor e pensador Plutarco, faça uma dissertação a propósito da ênfase dada pelas teorias progressistas aos conteúdos.

12. Considerando o dropes 2, explique por que Snyders valoriza o contato dos alunos com as obras-primas da humanidade. Em seguida, analise o que ele diz sobre as obras intermediárias.

13. Identifique alguns pressupostos socialistas da teoria histórico-crítica.

14. Por que ainda não se pode falar em "sistema educacional nacional" em relação ao Brasil?

15. Explique quais são as relações entre educação e política e quais são os riscos de uma abordagem política da educação.

16. Posicione-se diante do recurso da educação compensatória e, usando argumentos, identifique o que pode ser defendido e o que deve ser recusado.

17. Baseado no dropes 1, atenda às questões:

a) O que significa a seguinte afirmação: "a educação supõe a desigualdade no ponto de partida e a igualdade no ponto de chegada"?

b) Dê alguns exemplos concretos de atitudes supostamente autoritárias quando analisadas do ângulo do ponto de partida, mas democráticas quanto ao ponto de chegada. Dê um exemplo referente à situação inversa.

18. "A alfabetização de adultos, para que não seja puramente mecânica e memorizada, o que se há de fazer é proporcionar-lhes que se conscientizem para que se alfabetizem." A partir dessa afirmação de Paulo Freire, explique qual é o fundamento de seu método para alfabetizar.

19. Do ponto de vista epistemológico, o que significa ser construtivista?

20. Piaget utiliza na psicologia os conceitos biológicos de organização, assimilação e acomodação. Compare o que é dito sobre o conhecimento com o processo de alimentação.

21. Para Piaget, a discussão verdadeira "começa a partir do momento em que os interlocutores limitam-se a afirmar suas opiniões contrárias, ao invés de contrariar, criticar ou ameaçar". Explique por que nessa frase podemos identificar o desenvolvimento próprio do quarto estágio (reflexão, discussão e autonomia).

22. Qual é a grande novidade introduzida por Emilia Ferreiro ao analisar as dificuldades da alfabetização?

23. Com suas palavras, explique o que quis dizer Emilia Ferreiro no dropes 3. Em seguida, discuta sobre o tipo de formação requerida para um professor alfabetizador.

24. Escreva um texto sobre um desses temas:

a) "Um estado de equilíbrio não é um estado de repouso final, mas constitui um novo ponto de partida." (Piaget)

b) Educação e democratização da sociedade: possibilidades e limites.

25. A propósito das teorias pós-modernas, responda às questões:

a) Quais são os aspectos da Idade Moderna a que os pós-modernos se contrapõem?

b) Que consequência epistemológica (a respeito do sentido da verdade) resultou dessa orientação contemporânea?

c) Quais as consequências para a educação?

Questões sobre as leituras complementares

Baseado no texto complementar 1, atenda às questões a seguir.

1. Com a frase "Não se educa inocentemente", Snyders se refere à impossibilidade de neutralidade na educação. Justifique.

2. Explique o que o autor quis dizer com "(...) os nossos silêncios falam quase tanto como as nossas palavras...".

3. Como enfrentar em sala de aula manifestações de racismo e xenofobia?

4. Qual é a importância do professor como veiculador de valores? Como cumprir essa tarefa sem o risco de doutrinação?

Baseado no texto complementar 2, atenda às questões a seguir.

5. Explique por que o aspecto indireto ou mediado é uma característica essencial dos processos mentais superiores.

6. Vygotsky começa o texto criticando os aprioristas e os empiristas. Explique isso.

7. Por que as transformações psicológicas pelas quais passa a criança são de natureza histórica?

8. Explique como se entrelaçam as duas linhas de desenvolvimento (a de origem biológica e a sociocultural).

Pedagogias histórico-sociais e outras tendências

Capítulo 17

Desafios para o século XXI

Antes de fechar este livro, gostaríamos de lançar um olhar prospectivo para o século XXI, que ora se inicia, cujo esboço já se delineia nas contradições pelas quais estamos passando. Analisamos até aqui questões que detectam a crise da educação brasileira ante os avanços dos países desenvolvidos. No entanto, existem problemas que ultrapassam esse nível de discussão, pois têm em vista a própria crise da sociedade mundial contemporânea, na gestação de novos tempos. De fato, foram tão grandes as transformações no final do século XX, em oposição aos tempos chamados modernos, iniciados no século XVII, que se tornou impossível pensar a educação do futuro sem levar em conta a desestruturação de antigos modelos, dando início a um período a que muitos chamam de *pós-moderno* ou ainda *neomoderno*. De qualquer modo, trata-se da gestação de um novo paradigma, tema que já começamos a tratar no final do capítulo anterior.

Como consequência, também a escola se encontra defasada, incapaz de atender às novas necessidades. Após o otimismo da Escola Nova, as denúncias das teorias crítico-reprodutivistas, as propostas das teorias histórico-sociais e de tantas

‹ **O surrealista Salvador Dalí parre de uma representação pictórica de Rafael Sanzio, pintor renascentista, "explodindo" a figura humana. Do mesmo modo, na constelação de mudanças da contemporaneidade, era de esperar que também a escola entrasse em crise.**

outras que surgiram nas últimas décadas do século XX, é preciso reconhecer que pouco se conseguiu alterar no padrão da velha escola. O que nos faz perguntar: Bastam reformas ou impõe-se uma inovação institucional?

1. A crise da sociedade contemporânea

Já vimos como a sociedade vem-se transformando de modo acelerado, sobretudo depois do desenvolvimento da ciência moderna e da tecnologia[1]. Apenas como reforço, lembramos as mudanças decorrentes das novas tecnologias de informação e comunicação que alteraram profundamente as maneiras de lidar com o conhecimento, tanto na sua produção como na sua transmissão, crítica e reformulação. Aliados a isso, os fenômenos da globalização, da interação intensa entre culturas e populações heterogêneas, da pluralidade de valores e de comportamentos têm ajudado a romper as estruturas tradicionais.

Os teóricos que hoje se debruçam sobre a questão da pós-modernidade, porém, não chegam a um consenso em torno desse conceito, porque para alguns o paradigma da modernidade já se esgotou, enquanto para outros os ideais do Iluminismo ainda não se cumpriram, cabendo a nós resgatá-los. Em todo caso, se a partícula *pós* se refere ao que "vem depois", comecemos então por relembrar as características do período que o antecede: a *modernidade*. E o faremos comparando com as fraturas que vêm ocorrendo nos tempos atuais.

A Idade Moderna começou no século XVII com a esperança de colher os frutos da racionalidade humana depurada de crendices, superstições e mitos. Os novos tempos se espelharam no sucesso da classe que emergia da burguesia capitalista, nos ideais de tolerância religiosa e de liberdade, na filosofia de Descartes, Bacon e Locke e no novo método científico desenvolvido por Galileu, Kepler e Newton, que possibilitou a revolução científica e tecnológica. O movimento intelectual europeu conhecido como Ilustração, no século XVIII, expressou de modo ímpar esses ideais da modernidade.

No entanto, hoje em dia, a essa racionalidade se contrapuseram duas guerras mundiais — a segunda culminando com o genocídio de Hiroshima e Nagasaki — e o horror do holocausto na Alemanha, país conhecido como modelo de refinamento intelectual. Além disso, o progresso trouxe o desequilíbrio ecológico e a ameaça de aniquilação atômica, e a opulência não resolveu o problema da miséria e da exclusão.

Os filósofos frankfurtianos (como Horkheimer e Adorno) e mais tarde Habermas discutiram amplamente a questão dessa *racionalidade instrumental* que nos orienta (e bem!) para saber *o que saber* e *como fazer*, mas descuida (e muito!) da *razão vital*, aquela que trata das relações humanas afetivas, comunicativas, voltadas para o sentido da vida, dos fins últimos da existência humana, do destino da humanidade. Essa razão vital torna-se bastante empobrecida quando "colonizada" pelo mundo do capital e do poder, que se rege pela lógica da eficácia, do sucesso, do progresso, produzindo, contraditoriamente, uma "irracionalidade" no modo de vida contemporâneo.

Do ponto de vista da política, configurou-se na modernidade o modelo do Estado-nação, com todo o aparato das leis e instituições que sustentam a democracia representativa e os valores de cidadania e

---

[1] Tópicos sobre essas questões encontram-se especificamente nos capítulos 4, 6, 7 e 12, mas que de certo modo permeiam o restante do livro.

participação, em oposição ao absolutismo real. Hoje, a globalização tem alterado esse quadro: se as nações ainda mantêm sua soberania, cada vez mais instituições intergovernamentais restabelecem o equilíbrio de forças, diante das pressões dos países mais poderosos. Fala-se inclusive em mecanismos de *governança global*, já postos em prática em setores mais restritos, como nas alianças entre blocos de países, como ocorre na União Europeia, ou, então, na cada vez maior explicitação do direito internacional.

Com relação não só à política, mas também à economia, grandes sistemas teóricos, como o liberalismo e, posteriormente, o socialismo, usaram de argumentos coerentes e convincentes para mapear as relações humanas, certos de que por essa via fosse possível a atuação efetiva — e revolucionária — para a implantação desses valores. Dentre os inúmeros movimentos, destacaram-se as revoluções burguesas do século XVIII e, no começo do século XX, a Revolução Russa. O que hoje constatamos, após a queda do Muro de Berlim e a derrocada do chamado *socialismo real*, é a adesão de muitos países socialistas à economia de mercado, o que fortaleceu o neoliberalismo e a implantação dos mecanismos do capital transnacionalizado.

Em decorrência, esvaíram-se os sonhos socialistas de uma sociedade igualitária, ou pelo menos não tão desigual. Ao contrário, com o recrudescimento do neoliberalismo, os países periféricos, por serem economicamente dependentes, curvam-se às decisões externas que nem sempre correspondem a seus interesses. Mesmo os países avançados sofrem o reflexo da crise, porque a eles chegam ondas de migrantes em busca de emprego e educação, criando impasses de vários tipos — econômicos, políticos, culturais — e provocando reações de xenofobia que se expressam não raramente com violência de lado a lado.

Mais uma mudança visceral: vimos no capítulo 6 como na modernidade surgiu uma nova concepção de infância e de família. Agora, porém, a família encontra-se transformada devido a múltiplas influências, dentre as quais se destaca a liberação da mulher e sua entrada no mercado de trabalho, o que alterou de maneira significativa as atribuições milenares das tarefas femininas, então aos poucos partilhadas entre os membros da família e outras instâncias da sociedade, como a escola.

Era de esperar que, nessa constelação de mudanças, a escola também entrasse em crise.

2. A crise da escola

O século XX foi especialmente fecundo em teorias pedagógicas, voltadas para ênfases diversas, entre as quais, o aperfeiçoamento dos procedimentos de alfabetização e de aprendizagem, a universalização da oferta de vagas ou a defesa da escola unitária. No entanto, apesar dos esforços e de algumas conquistas, não se pode concluir que essas propostas venham obtendo resultados convincentes em termos globais. Cada vez mais os pedagogos se convencem de que não bastam reformas, mas sim uma inovação radical, já que o modelo da escola tradicional não serve mais para os tempos atuais.

Não serve porque as novas tecnologias de informação e comunicação deslocaram o eixo de transmissão do conhecimento — antes centralizado na escola —, agora compartilhado pela mídia, sobretudo pelas infovias, como a internet. Além disso, a exigência de conhecimentos especializados expandiu-se para os diversos setores da sociedade, no campo, na indústria, no setor de serviços, e a rapidez das transformações requer a reatualização constante do saber e um dinamismo que a escola não tem.

Desafios para o século XXI

Outra questão está na diversidade cultural, que torna a população estudantil cada vez mais heterogênea, pluriétnica, devido aos fluxos migratórios. Uma das consequências é a intolerância com o diferente, o que tem acirrado as discussões sobre a importância de educar também para a conscientização dos direitos humanos.

Essas dificuldades, porém, não significam que a instituição escolar deva ser renegada, como propôs nos anos 1970 o radical Ivan Illich, mas indicam a necessidade de se repensar suas funções e redefinir os valores que a têm sustentado. De início, podemos lembrar que a "aula de saliva e giz" está condenada, bem como o professor encarregado da mera transmissão do saber. Seu papel seria antes o de selecionar a informação, organizá-la segundo os instrumentos que lhe dão acesso, articular a escola com os demais sistemas de informação, abrir espaços para a reflexão, a crítica e a criatividade dos educandos que, evidentemente, deixariam a atitude passiva de simples "ouvintes" de preleções.

Vejamos alguns tópicos que merecem reflexão.

3. Relação entre escola e Estado

No século XIX os Estados Unidos e vários países da Europa conseguiram implantar a escola pública, laica e gratuita. Desde então, o esforço tem sido o de ampliação da oferta, embora nos países periféricos, como no Brasil, ainda sejam registrados altos níveis de exclusão. Daí a demanda de uma legislação para sistematizar e democratizar o ensino, de verbas que viabilizem o trabalho dos professores, de educação com qualidade extensiva a todos. Mas, bem sabemos, nas sociedades liberais o ensino de qualidade tem permanecido elitista, restrito a poucos.

Desde há tempos se discute sobre o embate entre escola pública e privatização do ensino, até porque as escolas particulares também disputavam verbas do governo. As propostas de privatização global do ensino, porém, encontram objeções, sobretudo porque, nas sociedades de economia de mercado, existe o risco de se visar mais ao lucro e não aos interesses educacionais, além de se restringir o acesso aos que não podem pagar.

A propósito desses impasses, é bom lembrar que os anarquistas sempre denunciaram o beco sem saída que significa a mediação do Estado, descartando-a por considerá-la desnecessária (ver capítulo 15). Para eles, o Estado liberal, embora prometa, jamais investirá de fato na educação para todos, pois isso daria chances à população de tomar consciência clara da desigual distribuição dos bens produzidos. Por isso os anarquistas, por princípio, sempre propuseram alternativas pedagógicas aos sistemas públicos de ensino.

Deixando à parte essas questões ideológicas, vejamos o que tem sido feito em termos de propostas efetivas. Vimos no capítulo 12 que o desafio da construção da nova educação contemporânea tem merecido a atenção de organismos internacionais como a Unesco, a Unicef (estes dois, órgãos da ONU), o Banco Mundial (Bird), a Organização para a Cooperação e o Desenvolvimento Econômico (OCDE), que não só oferecem financiamentos como promovem encontros mundiais para a discussão dos novos rumos, tais como — entre inúmeros outros — a Conferência Mundial de Educação para Todos, realizada em 1990 em Jomtien, na Tailândia, e o Relatório para a Unesco, conhecido como Relatório Jacques Delors, finalizado em 1996.

No entanto, algumas dessas interferências têm sido criticadas pela ausência de uma efetiva discussão sobre projetos pedagógicos inovadores ou então pela excessiva ênfase na educação voltada para o mercado de trabalho, ou seja, para o desenvolvimento do "capital humano", conforme vimos na leitura complementar de Amartya Sen (parte I do capítulo 8).

Na tentativa de enfrentar o ceticismo, o Relatório Delors propõe que se dê maior autonomia às instituições, uma vez que apresentar sugestões gerais para todas não seria democrático, já que os contextos sociais, geográficos e culturais têm muitas diferenças entre si. Assim explicita o educador argentino Juan Carlos Tedesco, colaborador do citado Relatório: "Do ponto de vista estratégico, a mudança do tipo de organização institucional por meio da qual são oferecidos os serviços educacionais é uma prioridade. A *maior autonomia das instituições educacionais* e o *maior controle dos resultados*, acompanhados dos *mecanismos de compensação que garantam equidade*, parecem constituir o fundamento das transformações mais promissoras nesse âmbito"[2] (grifos nossos).

Expliquemos o que o autor quer dizer com os três itens em destaque.

• *maior autonomia das instituições educacionais*: em um processo de descentralização, significa atribuir a autoridade necessária para que as estratégias sejam definidas por conselhos de educação locais, respeitando a autonomia dos estabelecimentos; sob esse aspecto, as prioridades dependem da discussão democrática e da responsabilidade que cada profissional assumirá pelas decisões coletivas;

• *maior controle dos resultados*: a autonomia permite o consenso, que dá responsabilidade maior aos agentes, o que possibilita reavaliar as estratégias aplicadas e redefini-las visando à melhoria;

• *mecanismos de compensação que garantam equidade*: diz respeito aos países com marcante desigualdade social e à necessidade de compensar as diferenças que levam à exclusão.

Vejamos quais são as dificuldades do processo.

A descentralização não significa descartar a participação do Estado, que continua desenvolvendo uma política educacional, mas alterar o seu papel. Nesse sentido, os conselhos nacionais devem reunir "uma pluralidade de representações submetidas ao consenso nacional, conselhos de educação locais, autonomia dos estabelecimentos etc. Em resumo, a gestão da educação deve estar protegida de qualquer influência partidária". Esta última advertência decorre da constatação de que as políticas educacionais só funcionam a longo prazo e, portanto, exigem continuidade em sua aplicação, não podendo ficar à deriva dos humores da mudança de governantes.

Outra exigência depende do preparo dos educadores, tanto professores como diretores e demais profissionais do ensino, que devem ter um "amplo leque de informações sobre as tendências mundiais e de mecanismos de avaliação dos resultados de ações empreendidas que permitam, no caso de fracassarem, adotar uma outra trajetória antes que certos resultados se consolidem e que a correção seja difícil e onerosa". Essa questão sugere um entrave em países que descuidam da formação (inicial e continuada) de seus profissionais de ensino.

Também a falta de recursos financeiros constitui entrave a essa implementação. Mas não só. O próprio Tedesco, em outra publicação, alerta para as dificuldades, encontradas nas regiões mais pobres, em reverter as desigualdades e cita vários estudos realizados particularmente no Chile e na Argentina. Por se tratar de problema

---

[2] "Tendências atuais das reformas educacionais", in Jacques Delors (org.), *A educação para o século XXI*: questões e perspectivas. Porto Alegre, Artmed, 2005, p. 63.

complexo, pondera que a autonomia das escolas deve vir acompanhada por eficazes mecanismos de compensação de diferenças a cargo das administrações centrais.

4. Reflexos no Brasil

Após a Constituição de 1988 e durante a preparação da Lei de Diretrizes e Bases (LDB), houve tentativas de introduzir maior democratização no debate sobre a lei a ser implementada. O primeiro projeto da LDB resultou de amplo debate não só na Câmara mas também na sociedade civil, sobretudo no Fórum Nacional em Defesa da Escola Pública, composto de várias entidades sindicais, científicas, estudantis e de segmentos organizados da educação. Ao projeto original foram acrescentados mais sete, exigindo do relator Jorge Hage — que deu nome ao substitutivo — um trabalho importante para finalizar um projeto que, pela primeira vez, não resultara de exclusiva iniciativa do Executivo, mas sim do debate democrático da comunidade educacional.

Porém, com o apoio do governo e do ministro da Educação, o senador Darci Ribeiro propôs outro projeto, que começou a ser discutido paralelamente e alcançou aprovação com a Lei nº 9.394/1996. Ainda que houvesse defeitos no projeto popular, não deixa de ser significativo ter vencido um projeto do Poder Executivo, que dispensou as funções deliberativas de um Conselho Nacional formado por representantes do governo e da sociedade.

Outro momento de confronto entre Estado e sociedade civil deu-se na fase de discussão do que deveria ser o Plano Nacional de Educação (PNE), aprovado pelo Congresso Nacional por meio da Lei nº 10.172/2001.

Segundo essa lei, os municípios devem elaborar planos decenais para adequar a educação às características específicas da sua região, o que não deixa de ser auspicioso. Seria então propiciada a democratização da gestão do ensino público, além de que "a duração de dez anos possibilita a continuidade das políticas educacionais independentemente do governo, caracterizando-o mais como plano de Estado do que como plano governamental, o que é uma das vantagens de sua aprovação como lei"[3].

A tramitação dessa lei partiu de dois projetos, um do MEC e outro da sociedade civil, nos quais novamente se manifestaram conflitos de interesses, amplamente explicitados pela professora Lúcia Maria Wanderley Neves, ressaltando que do projeto da sociedade civil participaram entidades representativas dos trabalhadores da educação, organismos constituídos em defesa da escola pública, entidades estudantis. De novo acabou sendo aprovado o projeto governamental, o que, segundo Neves, demonstra a utilização com sucesso "da combinação de duas estratégias, na definição das políticas educacionais: a *centralização* no Executivo central da elaboração da política e a *descentralização* na sua execução. Em vez de se consubstanciar em um aumento da participação popular nas decisões do Estado, essa descentralização se reduz, na maioria das vezes, ao gerenciamento das ações decididas verticalmente pelo Executivo Central"[4].

Outras providências foram tomadas pelo governo na década de 1990, tais como a formação de professores por meio da educação a distância, a reforma curricular proposta nos Parâmetros Curriculares Nacionais (PCN) e pelas Diretrizes Curriculares Nacionais (DCN), bem como o sistema de

---

[3] José Carlos Libâneo *et al. Educação escolar*: políticas, estrutura e organização. São Paulo, Cortez, 2003, p. 159.

[4] "Por que dois planos nacionais de educação?", in Lúcia Maria Wanderley Neves (org.), *Educação e política no limiar do século XXI*. Campinas, Autores Associados, 2000, p. 167.

avaliação das escolas (Saeb, Enem e Provão). Muitos desses procedimentos foram inspirados por organismos internacionais, geralmente os financiadores das reformas. Dentre algumas críticas feitas às novas políticas, destaca-se o ritmo acelerado de sua implantação, em geral sem considerar a contribuição de entidades nacionais e de pesquisas educacionais realizadas nas universidades. Mesmo quando afirmam em seus documentos e decretos a participação da sociedade civil, ocultam o fato de que muitos vetos desconsideraram contribuições importantes, reduzindo, portanto, essa participação à mera consulta ao documento preliminar já elaborado e, segundo seus autores, sob pressão da área econômica do governo.

Esse procedimento já tinha ocorrido também com o Fundo de Manutenção e Desenvolvimento do Ensino Fundamental e de Valorização do Magistério (Fundef), criado em 1996 com a finalidade de financiar o ensino fundamental público por meio da distribuição automática de verbas diretamente para as escolas nos três níveis (federal, estadual e municipal). No entanto, o Fundef não aumenta de fato os recursos destinados ao setor, mas sim os redistribui entre os municípios, favorecendo aqueles que são mais pobres. Se estes conseguem melhorar o desempenho, no entanto o fazem à custa dos centros maiores, que são "sangrados" nas suas receitas. Além disso, o Fundef prioriza o ensino fundamental — conforme orientação do Banco Mundial —, mas descuida do ensino médio, da educação de adultos e do ensino superior, perdendo-se a oportunidade de tornar a educação um sistema integrado.

Ainda sobre o Fundef, o cálculo feito para a distribuição de recursos se baseia na estimativa do valor mínimo anual por aluno, o que leva à constatação (base da propaganda do governo) do sucesso do programa, quando consegue aumentar em até 270% o salário de professores de regiões mais pobres. O que não deixa de ser verdade, mas constrangedor, quando se descobre se tratar, entre outros, de municípios do Nordeste em que os salários mensais eram tão baixos que, ainda com o aumento, os valores continuam irrisórios[5].

A esse propósito, curiosamente, já na década de 1960 Anísio Teixeira, educador que se preocupava com a qualidade do trabalho docente, propunha um procedimento semelhante de distribuição de recursos, só que não se baseando no cálculo de custo por aluno, mas sim em um piso mínimo de salário para o professor, o que, evidentemente, representa maiores recursos disponíveis. Aliás, a respeito de verbas destinadas à educação, a duras penas conseguiu-se aumentar os gastos públicos aplicados à educação para 7% do Produto Interno Bruto (PIB), quando, por exemplo, no Japão pós-guerra o investimento foi de 14%. O que, de resto, denuncia o fato de que a educação não tem sido considerada meta prioritária.

Finalmente, por que tantos números e fatos para discutir a educação brasileira no século XXI? Porque apenas assim poderemos perceber o fosso que nos separa de uma verdadeira revolução no ensino que o torne universal, gratuito e de qualidade.

5. Formação do professor

No correr da história da educação, variou a imagem do professor de acordo com a expectativa sobre o papel por ele assumido em cada sociedade. Essa oscilação vai desde a supervalorização do docente na educação

---

[5] Consultar Angélica Maria Pinheiro Ramos, *O financiamento da educação brasileira no contexto das mudanças político-econômicas pós-90*. Brasília, Plano, 2003, p. 289.

tradicional magistrocêntrica até a extrema não diretividade, onde sua atuação é sobremaneira minimizada. A representação mais drástica da perda de espaço se configura na teoria de desescolarização de Ivan Illich.

Porém, quaisquer que tenham sido as funções reservadas ao professor e as que ainda lhe caberão, é um truísmo insistir na necessidade de valorizar seu trabalho, como vimos no capítulo 3, preparando-o inclusive para desenvolver uma atividade intelectual e reflexiva, não restrita a funções meramente técnicas.

A partir da promulgação da LDB de 1996, a formação de professores para a educação básica mereceu um avanço, pois essa lei estabeleceu, nos artigos 62 e 63, a exigência do curso de nível superior, de graduação plena em universidades e institutos superiores de educação (ISEs), para substituir o curso de magistério de nível médio (o antigo curso Normal). Constituiu também um avanço a proposta de programas de educação continuada e procedimentos para a valorização dos profissionais da educação. Segundo o professor Saviani os ISEs poderão promover uma aproximação entre a universidade e o ensino fundamental, desde que se procure fazer essa articulação tão necessária.

O novo tipo de formação de professores já está sendo implantado, mas ainda restam algumas dúvidas, já que no artigo 62 da LDB há a ressalva de se admitir, "como formação mínima para o exercício do magistério na educação infantil e nas quatro primeiras séries do ensino fundamental, a oferecida em nível médio, na modalidade Normal". Ou seja, como não fica claro que essa exceção seria permitida apenas nos locais que ainda não oferecem institutos superiores de educação, os cursos de magistério de nível médio continuam existindo em diversos estados brasileiros.

O que precisamos ressaltar é também a necessidade de direcionar de maneira mais justa e racional as verbas destinadas ao ensino, para investir de uma vez por todas na formação inicial e continuada dos professores, implementar o plano de carreira do corpo docente e garantir sua melhor remuneração. O que se tem visto, infelizmente, é a crescente desvalorização da profissão e o empobrecimento dos mestres. As perdas salariais, decorrentes de uma política de descaso pela educação, obrigam o professor a verdadeiras maratonas em diversas escolas, o que prejudica a preparação de aulas, a avaliação dos alunos e a sua própria auto estima. Mais ainda: tem-se verificado o êxodo de bons profissionais para outras áreas, nas quais terão melhores salários.

6. Outros desafios

As dificuldades que enumeramos no início do capítulo a respeito da mudança do paradigma da modernidade e de seus reflexos na escola podem provocar perplexidade e desorientação quanto aos valores até então vividos e aceitos, sobretudo em pais e professores. Em situações desse tipo é comum a reação de tentar recompor a "velha ordem", buscando culpados pela "desordem". É preciso, porém, reconhecer o que há de aproveitável nessa "nova ordem", mesmo que precisemos mudar (e, aliás, devemos mudar) os procedimentos tradicionais. Ou seja, reconhecer a mudança é também descobrir as maneiras de intervenção saudável no processo educativo.

O acolhimento do novo depende da construção de novas maneiras de conhecimento e de poder, de uma subjetividade emancipada e de outra sociabilidade. Portanto, lembremos que, se a educação exige intencionalidade e recusa o espontaneísmo na ação, também se beneficia de um espírito desarmado, disposto a reconstruir e abrir caminhos à força da imaginação.

Se não há como deixar de reconhecer o impacto da imagem e a importância da mídia como uns dos grandes apelos do mundo pós-moderno, é fundamental incorporar as novas técnicas, desde que se promova ao mesmo tempo a capacidade de leitura crítica das imagens e das informações transmitidas pela mídia, seja ela a internet, a televisão, o cinema, os vídeos, CDs ou DVDs. Diante da abundância de informações, convém estarmos atentos ao acesso, seleção e controle desses dados, sobretudo pelo fato de que elaborar, difundir e utilizar o saber sempre significaram formas de poder que devem se tornar transparentes.

No entanto, se as novas mídias, sobretudo a internet, são instrumentos valiosos por consistirem em janelas para o mundo, ao possibilitarem a troca de arquivos, o acesso a bancos de dados internacionais, a divulgação de pesquisas e a discussão ao vivo de temas os mais variados, pouco adiantarão, caso a compra de computadores para as escolas, por exemplo, não alterar a tradição das aulas acadêmicas. Esses novos recursos poderão revitalizar a função do professor, deslocando o papel tradicional de transmissor do conhecimento para a ênfase na organização, sistematização e crítica do saber. Também o aluno ganhará com uma atitude intelectual mais dinâmica, embora não devamos esquecer que a era do computador criou um novo tipo de exclusão, qual seja a do analfabeto digital.

Educação permanente e integral

Até agora constatamos o esforço — nem sempre alcançado — da universalização da educação, acrescido de outra questão que amplia o problema: diante das transformações vertiginosas da alta tecnologia, que muda em pouco tempo os produtos e a maneira de produzi-los, criando umas profissões e extinguindo outras, ninguém mais pode se formar em alguma profissão para o resto da vida. A *educação permanente* é, portanto, a exigência de continuidade ininterrupta dos estudos, o acesso às informações, mediante uma autoformação controlada.

Esse tópico exige uma advertência, devido ao risco de uma escolarização apenas orientada pelas necessidades do mercado, desprezando-se a educação geral e crítica do educando. Ainda persiste em muitos cursos de nível médio a tendência de encaminhar os estudantes para certas especializações, de acordo com uma pretensa vocação, agrupando-os em classes de humanas, biomédicas e exatas, quando não os direcionando às escolas estritamente profissionalizantes, como é o caso dos segmentos populares. Não deixa de ser problemática essa escolha precoce, já que antes de tudo o jovem precisa de uma formação abrangente, que dê condições para a formação integral como pessoa e cidadão. Daí a importância do domínio da língua, nas suas expressões de fala, leitura e escrita, bem como do contato com os mais diversos campos da cultura, tais como história, geografia, política, filosofia, moral, arte etc. Já desenvolvemos essa questão no capítulo 11, a propósito da educação para os valores políticos, éticos e estéticos.

Evidentemente, essa amplitude do leque a ser aberto para a formação do aluno não significa manter o ensino das disciplinas no molde da escola tradicional. Desde há muito os educadores vêm-se referindo à necessidade de superar essa visão compartimentada do saber, que constitui outra herança da modernidade, quando as ciências começaram a usar a metodologia que as consagrou. Sem desmerecer os frutos desse processo, não há como negar os riscos da permanência dessa fragmentação (ver dropes 4).

A discussão contemporânea sobre a interdisciplinaridade apresenta não só dificuldades, mas também a resistência das escolas e de seus professores, habituados, cada um deles, a tratar de sua especialidade.

No entanto, essa compartimentação, que é adequada para o indivíduo já formado, é prejudicial ao aluno que inicia o contato com o conhecimento e se vê diante de um currículo de inúmeras disciplinas ministradas no modelo tradicional de aulas isoladas. As propostas não devem, portanto, se resumir em trabalhos realizados pela simples justaposição das diversas disciplinas, mas ser algo novo que faça explodir o sistema tradicional de turmas rigidamente constituídas, de aulas em um horário fixo e de professores que ministram conhecimentos baseados em um programa determinado.

Algumas tentativas já estão sendo feitas com base em projetos, que enfatizam a contextualização, por meio de atividades interdisciplinares que tornam a aprendizagem mais ativa. Alguns diriam, no entanto, não ser possível permanecer o tempo todo na perspectiva geral, já que a alta tecnologia exige especialização, o que é correto, sobretudo no nível universitário, mas não na formação anterior de crianças e jovens. Mesmo no ensino superior, não se pode perder de vista a interdisciplinaridade ou a transdisciplinaridade, que permite a visão do todo. Muitas universidades já possuem *centros transdisciplinares*, que não substituem os departamentos, cuja atividade é o estudo específico das disciplinas. Os especialistas continuam garantindo o alto nível da pesquisa, mas encontram nesses centros a possibilidade de interação e integração.

Essa tendência à interpenetração tem sido sentida inclusive nas ciências chamadas *híbridas*, que rompem com as fronteiras do conhecimento (a físico-química, a bioquímica, a biofísica, a mecatrônica, a medicina nuclear) e mantêm a necessidade contínua de complementação, não só entre elas, mas também pelo diálogo com a filosofia, a propósito da reflexão ética e política, como, por exemplo, nas questões de bioética. O mesmo já vimos com relação à pedagogia, no interior da qual circulam as teorias filosóficas e das diversas ciências humanas.

A perspectiva interdisciplinar também se configura na necessidade de expandir o núcleo do ensino, quase sempre focado no desenvolvimento cognitivo do aluno, para dar maior atenção à formação da personalidade, o que supõe a educação dos valores éticos, políticos e estéticos.

Outro desafio que merece atenção na escola contemporânea diz respeito à tendência de redução da jornada de trabalho, que, consequentemente, aumentará o tempo de lazer; daí a necessidade de preparar as novas gerações para fruir o tempo livre de modo criativo. Sabemos que na sociedade marcada pelo imperialismo do trabalho e da razão instrumental nem sempre é fácil para o indivíduo ocupar esse tempo de forma criativa, já que se encontra "achatado" na unidimensionalidade, empobrecido na capacidade de invenção, imaginação e fantasia. Com frequência o tempo livre é usado para liberar a fadiga, reproduzir práticas da moda e sucumbir ao tédio, quando não, à violência.

Conclusão

O impacto das mudanças científicas e tecnológicas, intensificadas nas últimas décadas com o recrudescimento da chamada revolução da sociedade informatizada, tem estremecido ainda mais os alicerces da velha escola. As mudanças são necessárias, mas, como vimos, exigem cuidados não só dos governos, mas também dos indivíduos, solidarizados em grupos de discussão que permitam não só exercer pressões sobre o Estado como também inventar uma nova escola.

Sem fazer futurologia, mesmo porque não há como prever o rumo das mudanças, é possível, a cada um de nós, esboçar algumas linhas prospectivas, além das já indicadas, que poderão fertilizar a atuação futura dos educadores.

Dropes

1 - No contexto da sociedade contemporânea, a educação pública tem tríplice responsabilidade: ser agente de mudanças, capaz de gerar conhecimentos e desenvolver a ciência e a tecnologia; trabalhar a tradição e os valores nacionais ante a pressão mundial de descaracterização da soberania das nações periféricas; preparar cidadãos capazes de entender o mundo, seu país, sua realidade e de transformá-los positivamente. (José Carlos Libâneo *et al.*)

2 - A democracia é difícil, subversiva, como dizia Bobbio, quando não cessa de pôr em questão suas instituições. Esse questionamento permanente do instituído, pelo qual a sociedade democrática é plenamente histórica (e não o fim da história), é o que se entende por admissão da realidade dos conflitos. Dizer que o conflito é contradição e não oposição significa dizer que ele instaura uma forma de sociabilidade sempre questionável e questionada; significa, também, reconhecer que as divisões sociais não serão abolidas numa sociedade futura, mas que, por existirem, nem por isso serão legitimadas e legalizadas por mecanismos que as dissimulem. Não se trata de supor que a sociedade se tornará transparente, mas sim que não poderá dissimular seus conflitos. Precisará trabalhá-los e recriar-se. É isto que a faz livre ou autodeterminada. (Marilena Chaui)

3 - Os desenvolvimentos disciplinares das ciências não só trouxeram as vantagens da divisão do trabalho, mas também os inconvenientes da superespecialização, do confinamento e do despedaçamento do saber. Não só produziram o conhecimento e a elucidação, mas também a ignorância e a cegueira. (Edgar Morin)

● Leitura complementar

Educação e cibercultura

Qualquer reflexão sobre o futuro dos sistemas de educação e de formação na cibercultura deve ser fundada em uma análise prévia da mutação contemporânea da relação com o saber. Em relação a isso, a primeira constatação diz respeito à velocidade de surgimento e de renovação dos saberes e *savoir faire*[6]. Pela primeira vez na história da humanidade, a maioria das competências adquiridas por uma pessoa no início de seu percurso profissional estarão obsoletas no fim de sua carreira. A segunda constatação, fortemente ligada à primeira, diz respeito à nova natureza do trabalho, cuja parte de transação de conhecimento não para de crescer. Trabalhar quer dizer, cada vez mais, aprender, transmitir saberes e produzir conhecimentos. Terceira constatação: o ciberespaço[7] suporta tecnologias intelectuais que amplificam, exteriorizam

---

[6] *Savoir faire* (do francês, pronuncie savuár fér; literalmente, "saber fazer"): habilidade, competência.

[7] Ciberespaço: espaço de comunicação aberto pela interconexão mundial dos computadores e das memórias dos computadores (Pierre Lévy).

e modificam numerosas funções cognitivas humanas: memória (banco de dados, hiper-documentos[8], arquivos digitais de todos os tipos), imaginação (simulações), percepção (sensores digitais, telepresença, realidades virtuais), raciocínios (inteligência artificial, modelização de fenômenos complexos). Essas tecnologias intelectuais favorecem:

• novas formas de acesso à informação: navegação por hiperdocumentos, caça à informação através de mecanismos de pesquisa, *knowbots* ou agentes de *software*[9], exploração contextual através de mapas dinâmicos de dados;

• novos estilos de raciocínio e de conhecimento, tais como a simulação, verdadeira industrialização da experiência do pensamento, que não advém nem da dedução lógica nem da indução a partir da experiência.

Como essas tecnologias intelectuais, sobretudo as memórias dinâmicas, são *objetivadas* em documentos digitais ou programas disponíveis na rede (ou facilmente reproduzíveis e transferíveis), podem ser *compartilhadas* entre numerosos indivíduos, e aumentam, portanto, o potencial de inteligência coletiva dos grupos humanos.

O saber-fluxo, o trabalho-transação de conhecimento, as novas tecnologias da inteligência individual e coletiva mudam profundamente os dados do problema da educação e da formação. O que é preciso aprender não pode mais ser planejado nem precisamente definido com antecedência. Os percursos e perfis de competências são todos singulares e podem cada vez menos ser canalizados em programas ou cursos válidos para todos. Devemos construir novos modelos do espaço dos conhecimentos.

(...) De onde duas grandes reformas são necessárias nos sistemas de educação e formação. Em primeiro lugar, a aclimatação dos dispositivos e do espírito do EAD (ensino aberto e a distância) ao cotidiano e ao dia a dia da educação. O EAD explora certas técnicas de ensino a distância, incluindo as hipermídias[10], as redes de comunicação interativas e todas as tecnologias intelectuais da cibercultura. Mas o essencial se encontra em um novo estilo de pedagogia, que favorece ao mesmo tempo as aprendizagens personalizadas e a aprendizagem coletiva em rede. Nesse contexto, o professor é incentivado a tornar-se um animador da inteligência coletiva de seus grupos de alunos em vez de um fornecedor direto de conhecimentos.

A segunda reforma diz respeito ao reconhecimento das experiências adquiridas. Se as pessoas aprendem com suas atividades sociais e profissionais, se a escola e a universidade perdem progressivamente o monopólio da criação e transmissão do conhecimento, os sistemas públicos de educação podem ao menos tomar para si a nova missão de orientar os percursos individuais no saber e de contribuir para o reconhecimento dos conjuntos de saberes pertencentes às pessoas, aí incluídos os saberes não acadêmicos. As ferramentas do ciberespaço permitem pensar vastos sistemas de testes automatizados acessíveis a qualquer momento e em redes de transações entre oferta e procura de competência.

Pierre Lévy, *Cibercultura*. São Paulo, Ed. 34, 1999, p. 157-158.

---

[8] Hiperdocumento: documento de hipermídia que faz uso de *links*, permitindo ao usuário que pesquisa uma informação ter acesso imediato a outra; *link*: na tela do computador, trecho de texto em destaque ou elemento gráfico que, acionado por um clique de *mouse*, provoca a exibição de novo hiperdocumento.

[9] *Software*: sistema de processamento de dados de um computador; programa de computador.

[10] Hipermídia: sistema de exibição de informações no computador que dá acesso a certos documentos a partir de *links* que acionam outros documentos.

Atividades

Questões gerais

1. Com as suas palavras, faça um paralelo entre os ideais da modernidade que se acham confrontados pela realidade contemporânea.

2. Em que medida as novas tecnologias de informação e comunicação tendem a alterar a função do professor?

3. A partir do dropes 1, discuta com seus colegas o impasse que representa a necessidade de os países periféricos receberem investimentos vindos do exterior e a garantia de sua autonomia.

4. Releia o texto complementar de Amartya Sen (parte I do capítulo 8), e critique a educação voltada exclusivamente para o desenvolvimento do "capital humano".

5. No âmbito estatal já existem propostas de descentralização da gestão das escolas, tanto dos recursos financeiros como das definições curriculares. Dê exemplos de medidas ocorridas no Brasil e analise as dificuldades de sua implantação.

6. Baseado no dropes 2, responda às questões.
a) Em que sentido a democracia é subversiva?
b) Qual é a diferença entre dizer que o conflito é contradição e que não é oposição?

c) Aplique o conceito de conflito e de democracia para interpretar o confronto de posições na gestação da nova LDB e, posteriormente, do PNE.

7. Analise qual é a importância de hoje em dia ampliarmos a formação dos jovens evitando a especialização precoce.

8. Considerando ainda a questão anterior, destaque a necessidade de se educar para além do desenvolvimento cognitivo do aluno.

9. A partir do dropes 3, discuta sobre a importância da interdisciplinaridade. Reveja também a leitura complementar do capítulo 14 e identifique a proposta de Anísio Teixeira.

10. Faça uma narração imaginando como será a educação em meados do século XXI.

Questões sobre a leitura complementar

1. Em que sentido o ciberespaço já tem revolucionado o modo de relacionamento entre as pessoas?

2. Em que medida também tem modificado as funções cognitivas humanas?

3. Quais as consequências para a educação em um futuro muito próximo?

4. Com a exclusão de muitos do acesso à nova tecnologia da comunicação, criou-se o "analfabeto digital": discuta com seus colegas a esse respeito.

Vocabulário

Abstração. Ato de abstrair, ou seja, isolar mentalmente para considerar à parte o elemento de uma representação que não é dado separadamente na realidade. Por exemplo, o conceito de *mulher* resulta de uma abstração ao considerar o que é comum a todas as mulheres, deixando de lado as características de cada mulher individualmente.

Alienação. [Do latim *alienare*, "afastar", "distanciar", "tornar alheio", "vender".] No sentido comum, perda de posse de bens ou dos poderes mentais. Segundo Marx, a alienação surge na vida econômica quando o operário, ao vender sua força de trabalho, perde o que ele próprio produziu. Como consequência, perde a individualidade e a consciência crítica. Ver capítulo 5.

Amoralismo. Ausência de princípios morais: o ato amoral é o que se realiza à margem de qualquer consideração a respeito das normas morais. Não confundir com o ato imoral, que supõe a existência de normas morais, no caso, transgredidas.

Analogia. Raciocínio por semelhança; é um tipo de indução parcial em que passamos de um ou de alguns fatos singulares não a uma conclusão universal, mas a outra enunciação singular ou particular inferida em virtude da comparação entre objetos que, embora diferentes, apresentam pontos de semelhança.

Anarquia. No sentido vulgar (e às vezes pejorativo), significa confusão, ausência de governo. Ver *anarquismo*.

Anarquismo. [Do grego *an-archon*, "sem governante".] Doutrina política que rejeita toda forma de coerção e preconiza a supressão da instituição do Estado; também conhecido como *comunismo libertário*.

Antropologia. [Do grego *anthropos*, "homem".] Parte da filosofia que investiga a concepção de *ser humano*: a partir do que o ser humano é, reflete sobre aquilo que se pensa que ele deva ser. Distingue-se da *antropologia científica*, que estuda as diferentes culturas. Ver capítulo 9.

A posteriori (expressão latina: "posterior"). Conhecimento adquirido graças à experiência.

A priori (expressão latina: "anterior"). Anterior a toda experiência; conhecimento que independe da experiência.

Argumentação. O argumento é um discurso em que encadeamos proposições a fim de chegar a uma conclusão. Ver *raciocínio*.

Artes liberais. Na Grécia antiga, as chamadas *sete artes liberais* constituíam as artes do homem livre, distintas das artes dos servos, que eram as artes mecânicas. Na Idade Média, são chamadas *trivium* (gramática, retórica e dialética) e *quadrivium* (geometria, aritmética, astronomia e música).

Ascetismo. [Do latim *ascesis*, "exercício".] A ascese constitui o exercício prático que possibilita a realização da virtude por meio da mortificação da sensibilidade; desvalorização dos aspectos sensíveis e corpóreos humanos.

Axiologia. [Do grego *axios*, "digno de", "o que vale".] Também chamada *filosofia dos valores*, reflete sobre a natureza e as características do valor. Os juízos de valor podem ser de vários tipos: éticos, estéticos, políticos, religiosos, pragmáticos etc. Ver capítulo 11.

Behaviorismo. [Do inglês *behaviour*, "comportamento".] Psicologia objetiva, iniciada por Watson e desenvolvida por Skinner, que se baseia exclusivamente nos aspectos observáveis do comportamento exterior, com exclusão dos dados da consciência. O comportamento é explicado pelas relações entre estímulo e resposta, a partir do fenômeno do reflexo condicionado. Ver capítulos 9, 10 e 14.

Ceticismo ou cepticismo. [Do grego *skeptomai*, "examino".] Doutrina segundo a qual o espírito humano nada pode conhecer com certeza; conclui pela suspensão do juízo e pela dúvida permanente. Oposição: *dogmatismo* (ver).

Cientificismo. Maneira de pensar influenciada pelo positivismo, segundo a qual o único conhecimento adequado é o científico; concepção de ciência que consiste em tomá-la como sistema fechado e definitivo e como solução de todos os problemas. Ver capítulos 9 e 13.

Cognitivo. Referente ao conhecimento. Sujeito cognoscente: sujeito que conhece.

Comunismo. Organização política e econômica que torna comuns os bens de produção. Segundo Marx, o comunismo é a fase posterior ao *socialismo* (ver), quando seria instaurada a sociedade sem Estado. Ver capítulo 12.

Conceito. Ideia abstrata e geral; representação intelectual; apreensão abstrata de um objeto.

Concreto. São concretas as representações que manifestam o objeto tal como ele é dado na intuição sensorial (exemplos: sensação, imagem, percepção). Portanto, a representação concreta é singular, individual; ao contrário, a representação abstrata é geral (exemplo: ideia). Ver *abstração*.

Construtivismo. Segundo as teorias construtivistas ou interacionistas, o conhecimento resulta de uma construção contínua que se processa mediante a interação entre sujeito e objeto; essas teorias pretendem superar tanto o inatismo quanto o *empirismo* (ver). Ver também capítulos 10 e 16.

Contingente. Tudo que é concebido como podendo ser ou não ser de um modo ou de outro. Um fato é contingente quando pode ocorrer ou não, ao contrário de uma lei científica, que é *necessária* (ver).

Crítico-reprodutivistas (teorias). Teorias pedagógicas que criticam a ilusão liberal da escola como instância de democratização, concluindo que, ao contrário, a escola reproduz as diferenças sociais e perpetua o *status quo*. Ver capítulo 15.

Dedução. [Do latim *de-ducere*, "conduzir a partir de".] Operação lógica na qual se passa de uma ou mais proposições a uma outra, que é a conclusão, inferida necessariamente das premissas — isso significa que na conclusão não se diz mais do que já está nas premissas —; raciocínio que vai do geral ao particular ou ao geral menos conhecido. A dedução lógica por excelência é chamada por Aristóteles de *silogismo*.

Determinismo. Conjunto das condições necessárias de um fenômeno. Princípio da ciência experimental segundo o qual tudo o que existe tem uma causa, isto é, as leis científicas descrevem as relações constantes e necessárias entre os fenômenos. No campo da moral, teoria segundo a qual se tudo é determinado, inclusive as decisões da vontade, não há liberdade humana.

Diacronia / Sincronia. [do grego *dia*, "através de", ou *syn*, que expressa a ideia de simultaneidade, e *cronos*, "tempo".] Termos oriundos da linguística e incorporados em outros campos do conhecimento, como filosofia e história. *Diacronia* significa considerar os fenômenos na sua evolução no tempo; *sincronia* consiste em considerá-los de maneira simultânea, como fatos contemporâneos.

Dialética. [Do grego *dialéktiké*, "que diz respeito à discussão".] Arte de discutir; tensão entre opostos. Em educação, uma das sete *artes liberais* (ver) e uma das disciplinas do *trivium*. Em Hegel, significa a marcha do pensamento que procede por tese, antítese e síntese e reproduz o próprio movimento do Ser absoluto ou Ideia. Para Engels, que aproveita a dialética de Hegel, mas transforma o idealismo hegeliano em materialismo, a dialética é a ciência das leis gerais do movimento — tanto do mundo externo quanto do pensamento humano — que se faz pela contradição (por exemplo, a práxis expressa a relação recíproca entre teoria e prática etc.).

Dogmatismo. Doutrina filosófica que parte do pressuposto de ser possível atingir verdades certas e absolutas. Nesse sentido, o conceito de dogmatismo se opõe a *ceticismo* (ver). Para Kant, posição dos filósofos que admitem a capacidade da razão de conhecer sem antes fazer a crítica da faculdade de conhecer. No sentido comum, atitude de quem tende a impor doutrina ou valores sem provas suficientes e sem admitir discussões.

Doutrina. Conjunto de princípios, de ideias que servem de base a um sistema religioso, político, filosófico ou científico.

Ecletismo. Método filosófico que consiste em reunir diversas doutrinas, elaborando um sistema próprio.

Empírico. Baseado na experiência comum, não metódica. Não confundir com *experimentação* (ver).

Empirismo. Doutrina filosófica moderna (século XVII) segundo a qual o conhecimento procede sobretudo da experiência. Principais representantes: Bacon, Locke, Hume. Doutrina oposta ao *racionalismo* (ver). Ver também capítulo 10.

Enciclopedismo. [Do grego *enkyclios*, "geral".] Educação geral; a ampla gama de conhecimentos exigida na formação do indivíduo culto. Em sentido pejorativo, ensino com excesso de informações superficiais, além da possibilidade de assimilação do educando.

Epistemologia. [Do grego *episteme*, "ciência".] Estudo do conhecimento científico do ponto de vista crítico, isto é, do valor de suas hipóteses, do seu método, das conclusões alcançadas, da natureza do conhecimento científico; também chamada *filosofia das ciências, teoria do conhecimento científico*. Consultar o verbete *teoria do conhecimento*. Ver capítulo 10.

Escola Nova. O escolanovismo foi um movimento que surgiu em oposição à escola tradicional, magistrocêntrica e voltada para a transmissão de conteúdos. A Escola Nova, ao contrário, é pedocêntrica e mais voltada para o processo do que para o produto do conhecimento, uma vez que tem por objetivo a formação do ser humano para uma sociedade em mudança. A Escola Nova representa o pensamento liberal burguês. Ver capítulo 14.

Escolástica. Escola filosófica da Idade Média que sofreu influência do aristotelismo e cujo principal representante foi Santo Tomás de Aquino (século XIII); daí chamar-se também *filosofia aristotélico-tomista*. No sentido pejorativo, que decorre da

Escolástica decadente, o termo *escolástico* refere-se a todo pensamento formal, verbal, estagnado nos quadros tradicionais.

Essência. O que faz com que uma coisa seja o que é, e não outra coisa; conjunto de determinações que definem um objeto de pensamento; conjunto dos constitutivos básicos. Por exemplo, a essência de uma mesa é o que faz com que ela seja uma mesa, e não outra coisa, deixando de lado as características secundárias e acidentais, como cor, tamanho, estilo etc. *Pedagogia da essência*: concepção que atribui à educação a função de realizar o que o ser humano deve ser, antepondo (*a priori*) o ideal de humanidade a ser alcançado. Ver *existência (pedagogia da)* e capítulos 9 e 14.

Estética. [Do grego *aisthesis*, "faculdade de sentir", "compreensão pelos sentidos".] Parte da filosofia também chamada *filosofia da arte* que reflete sobre a arte e o sentimento que as obras de arte despertam nos seres humanos; a produção e a recepção estética da obra de arte. Analisa criticamente o belo e o feio. Ver capítulo 11.

Ética. [Do grego *ethos*, "costume".] Parte da filosofia — também chamada *filosofia moral* — que se ocupa com a reflexão a respeito das noções, dos princípios e dos fins que fundamentam a vida moral; o que são o bem e o mal, a liberdade etc. Consultar o verbete *moral*. Ver capítulo 11.

Existência (pedagogia da). Pedagogia que se opõe à pedagogia da essência, recusando-se a impor *a priori* um ideal à ação pedagógica; considera necessário que a educação se adapte à evolução interior do ser e à evolução histórica do ser humano. Ver capítulo 14.

Experimentação. Método científico que consiste em provocar observações em condições especiais, com vistas a controlar uma hipótese.

Fenomenologia. No sentido geral, é o estudo *descritivo* de um conjunto de fenômenos tais como se manifestam no tempo ou no espaço, em oposição às leis abstratas e fixas desses fenômenos. Em Hegel, a fenomenologia do Espírito é o estudo das etapas percorridas pelo Espírito, do conhecimento sensível ao saber verdadeiro. Em Husserl, trata-se de um novo método que procura apreender, por meio dos acontecimentos e dos fatos empíricos, as essências, ou seja, as significações ideais, percebidas diretamente pela *intuição* (ver). Ver também capítulo 10.

Geral. Conceito que convém à totalidade de indivíduos de uma espécie; que é atribuível a todos os componentes de um grupo, espécie ou gênero. Por exemplo, quando usamos o conceito *mesa*, referimo-nos a todas as mesas. Oposição: *particular* (ver).

Gestalt. [Do alemão *Gestalt*, "forma".] Conhecida também como *psicologia da forma*, em reação às teorias associacionistas, considera que a vida psíquica não é constituída pela agregação de elementos simples, como sensações e imagens, mas sim por formas, estruturas, conjuntos. Ver capítulo 10.

Humanismo. Movimento cultural dos séculos XV e XVI que recuperou os valores da Antiguidade greco-latina, buscando uma imagem de ser humano que superasse o teocentrismo medieval. Na tradição pedagógica, o estudo de humanidades consiste na predominância do estudo da língua e da literatura clássicas (greco-romanas), contrapondo-se ao estudo das ciências reais (ciências da natureza).

Idealismo. No sentido comum, atitude de subordinar atos e pensamentos a um ideal moral ou intelectual. Do ponto de vista da teoria do conhecimento, *idealismo* é o nome genérico de diversos sistemas por meio dos quais o ser ou a realidade são determinados pela consciência. "Ser" significa "ser dado na consciência". Ver capítulos 10 e 12.

Ideologia. No sentido amplo, conjunto de doutrinas e ideias ou de conhecimentos destinado a orientar a ação. Do ponto de vista político marxista, conjunto de ideias da classe dominante estendido à classe dominada e que visa à manutenção da dominação. Ver capítulos 5 e 15.

Iluminismo (Ilustração, Filosofia das Luzes ou *Aufklärung*). Movimento racionalista do século XVIII representado pelo filósofo Immanuel Kant e pelos enciclopedistas franceses; consiste na crença no poder da razão de reorganizar o mundo humano.

Inatismo. Concepção segundo a qual as ideias ou os princípios já existem na mente dos indivíduos, pertencem à natureza humana e, portanto, não são dados de fora para dentro, pela experiência. Ver capítulo 10.

Indução. Operação lógica em que, a partir de diversos dados singulares coletados, chegamos a proposições universais, ou seja, procedemos a uma *generalização indutiva*. Ao contrário da dedução, a conclusão ultrapassa o conteúdo das premissas. Ver *dedução* e *analogia*.

Instinto. Atividade automática, caracterizada por um conjunto de reações bem determinadas, hereditárias, específicas, idênticas na espécie. Não confundir com *intuição* (ver). Ver também capítulo 4.

Intuição. [Do latim *tuere*, "ver".] Conhecimento imediato, sem intermediários; visão súbita. Exemplos: *intuição sensível* (dada pelos órgãos dos sentidos); *intuição intelectual* (que se esforça por captar a essência dos objetos sem o recurso da argumentação); *intuição inventiva* (do sábio, do artista, do cientista).

Laicização. Ato de tornar algo ou alguém laico, isto é, não religioso. Diz-se também *secularização* (ver).

Liberal (pedagogia). Pedagogia própria da sociedade capitalista. Ver *liberalismo*. Ver também capítulo 15.

Liberalismo. Teoria política e econômica surgida no século XVII que exprime os anseios da burguesia. Defende os direitos da iniciativa privada, restringe o mais possível as atribuições do Estado e opõe-se vigorosamente ao absolutismo. O *neoliberalismo* é o modo pelo qual o liberalismo retoma, no século XX, as teses do ideal do Estado mínimo (não intervencionista na economia), após as práticas do *Estado de bem-estar social*, que visavam a regular a economia tendo em vista benefícios sociais. Ver capítulo 12.

Libertário. Partidário do *anarquismo* (ver).

Lógica. [Do grego *logos*, "razão", "teoria"; mais primitivamente, "palavra".] Estudo dos métodos e princípios da argumentação. Parte da filosofia que investiga as condições da validade dos argumentos e dá as regras do pensamento correto. A *lógica clássica* ou *lógica formal* é a que remonta a Aristóteles. No final do século XIX começaram os estudos relativos à *lógica simbólica* ou *matemática*, que adota uma linguagem artificial, mais rigorosa. Há ainda outras lógicas, além dessas.

Marxismo. Doutrina econômica e filosófica iniciada por Marx e Engels (século XIX) que se contrapõe ao sistema capitalista liberal; critica o Estado burguês. A teoria marxista tem como fundamento o *materialismo histórico* e *dialético*. Ver *materialismo* e capítulo 12.

Massificação. Ato de influenciar o indivíduo por meio da comunicação de massa ou orientá-lo no sentido de estereotipar-lhe as reações e a conduta. Ver capítulos 4 e 6.

Materialismo. No sentido *comum*, preocupação excessiva com bens materiais. No sentido *moral*, designa a orientação da vida em busca do gozo e dos bens materiais. No sentido *psicológico*, é a negação da existência da alma como princípio espiritual, reduzindo os fatos da consciência a epifenômenos da matéria. Do ponto de vista da *teoria do conhecimento*, o dado material é considerado anterior ao espiritual e o determina. Segundo o *materialismo histórico e dialético* (Marx e Engels), as ideias derivam das condições materiais: não é a consciência que determina o ser humano, mas é o ser social que determina sua consciência. Ver capítulo 12.

Metafísica. [Do grego, *meta*, "além de".] Também conhecida como *ontologia*, estuda o "ser enquanto ser", isto é, o ser independentemente de suas determinações particulares; estudo do ser absoluto e dos primeiros princípios. Era chamada por Aristóteles de *filosofia primeira*, porque fornece a todas as outras o fundamento comum, isto é, o objeto ao qual todas se referem e os princípios dos quais dependem. Estuda os seres imateriais como a essência do universo, a existência da alma e de Deus. A metafísica moderna teve seu campo reduzido, porque muitos de seus assuntos passaram para outros campos da reflexão filosófica, como a teoria do conhecimento. Ver capítulos 2 e 9.

Moral. [Do latim *mos, moris*.] Conjunto dos costumes e juízos morais de um indivíduo ou de uma sociedade com caráter normativo (regras de comportamento das pessoas no grupo); conjunto de regras que visa a orientar a ação humana, submetendo-a ao dever, tendo em vista o bem e o mal; conjunto de normas livre e conscientemente aceitas que visam a organizar as relações dos indivíduos na sociedade. Ver capítulo 11.

Não diretividade. Tendência radical das teorias pedagógicas pedocêntricas, que minimizam a ação e a autoridade do mestre e enfatizam a atuação do aluno.

Necessário. No sentido filosófico, o que não pode ser de outro modo, nem deixar de ser. Exemplos: se aquecermos a água, necessariamente ela entrará em ebulição a 100 graus. Oposição: *contingente* (ver).

Objetivo. Um objetivo é um fim a ser alcançado. Mas, se nos referimos a um *conhecimento objetivo*, queremos dizer que ele é fundado na observação imparcial — independentemente das preferências individuais —, que resulta da descentralização do sujeito cognitivo, pelo confronto com outros pontos de vista. A objetividade é um ideal da ciência. Oposição: *subjetivo* (ver).

Objeto. O que se apresenta à vista, coisa percebida; também o que é pensado, representado no espírito: o que está posto diante do espírito. Ver capítulo 10.

Ontologia. [Do grego *ontos*, "do ser".] Parte mais geral da metafísica; às vezes, o conceito de ontologia é usado como sinônimo de *metafísica* (ver).

Particular. Conceito que se refere a apenas alguns indivíduos da mesma espécie; supõe um todo do qual se considera uma parte (algumas pessoas, certos animais). É particular a proposição em que o sujeito é particular, ou seja, quando o predicado é afirmado ou negado de uma parte determinada da extensão do sujeito ("Algumas pessoas são jovens"; "Nem todas as pessoas são justas"). Não confundir com *subjetivo* (ver).

Pedagogia. [Do grego *pais*, *paidós*, "criança", e *agogé*, "conduzir".] Teoria geral da educação. "A pedagogia é uma ciência que tem por fim específico o estudo e a compreensão da práxis educativa, com vistas à organização de meios e processos educativos de uma sociedade" (Maria Amélia Santoro Franco). Ver capítulo 2.

Política. [Do termo grego *politiké*, derivado de *polis*, "cidade".] A filosofia política é a reflexão sobre as relações de poder entre os cidadãos, a sociedade e o Estado; a avaliação das formas de regimes políticos, dos fins da política, da violência.

Positivismo. Filosofia de Augusto Comte (século XIX), segundo a qual o estado *positivo* (ver) é o último e mais perfeito nível atingido pela humanidade. Doutrina que valoriza a ciência como a forma mais adequada de conhecimento, donde deriva o *cientificismo* (ver). Ver também capítulos 2 e 10.

Positivo. O que é real, palpável; dado da experiência; baseado nos fatos. Para o filósofo positivista Comte, depois de ter superado as formas teológicas e metafísicas de explicação do mundo, a humanidade atingiu o estado positivo, que se opõe a tudo o que é quimérico ou vago: "Somente são reais os conhecimentos que repousam sobre fatos observados".

Pragmático. Que se refere à ação, ao sucesso ou à prática; também significa útil, eficaz. Oposição: *teórico, especulativo*.

Pragmatismo. [Do grego *pragma*, "ação".] Sistema filosófico de William James e John Dewey, subordina a verdade à utilidade e reconhece a primazia da ação sobre o pensamento. Para Sanders Peirce, a verdade de uma ideia resulta de suas consequências práticas. O termo *pragma* indica a valorização dada ao concreto, ou seja, uma proposição é verdadeira quando funciona, quando permite nos orientarmos na realidade e que nos leva de uma experiência a outra. A validade de uma ideia está na concretização dos resultados que desejamos alcançar. Ver capítulo 14.

Prática. [Do grego *praktikós*, de *prattein*, "agir", "realizar", "fazer".] Atividade do ser humano sobre as coisas ou alguém. A ação prática pode produzir alguma coisa, uma obra externa, tal como ocorre no trabalho ou na arte (este tipo de ação prática chama-se *transitiva*, porque algo é feito, fabricado, criado); a atividade pode ser *imanente*, quando se restringe às ações intrínsecas ao agente: é o caso das ações práticas morais e políticas. Oposição: *teoria* (ver), *especulação*.

Práxis. [Do grego *prattein*, "agir", e do latim *praxis, praxis*, "maneira de proceder", "prática".] Os gregos chamavam *práxis* a ação de levar a cabo alguma coisa. Práxis também designa a ação moral; significa ainda o conjunto de ações que o indivíduo pode realizar e, neste sentido, a práxis se contrapõe à teoria. No marxismo, também conhecido como *filosofia da práxis*, o termo adquire sentido mais preciso e não se identifica propriamente com a prática, mas como *a união dialética da teoria e da prática*: ao mesmo tempo que a consciência é determinada pelo modo como os indivíduos produzem (na prática) a sua existência, também a ação humana é projetada, refletida, consciente (pela teoria), num processo *dialético* (ver) que não termina. Isto é, a relação entre teoria e prática é dialética porque não existe anterioridade nem superioridade entre uma e outra, mas sim reciprocidade (ambas se encontram numa constante relação de troca mútua).

Progressista (pedagogia). Também conhecida como *teoria crítica da educação, pedagogia crítico-social dos conteúdos* ou *pedagogia histórico-crítica*, pretende superar as limitações da escola tradicional para além do otimismo da Escola Nova ou do pessimismo das teorias *crítico-reprodutivistas* (ver), tornando a escola o local de socialização do conhecimento elaborado. Ver capítulo 16.

Psicanálise. Método, teoria e tratamento psicológico. Iniciada por Sigmund Freud, sua principal novidade encontra-se na descoberta do inconsciente e da natureza sexual da conduta.

Quadrivium. Ver *artes liberais*.

Raciocínio. Operação discursiva do pensamento que consiste em encadear logicamente juízos e deles tirar uma conclusão. Em lógica, chama-se *argumentação* (ver).

Racionalismo. Doutrina filosófica moderna (século XVII) que superestima o poder da razão ao admiti-la como única fonte de conhecimento válido. Principais representantes: Descartes, Leibniz. Doutrina oposta ao *empirismo* (ver). Ver também capítulo 10.

Razão. Em sentido geral, é a faculdade de conhecimento intelectual; entendimento (em oposição a sensibilidade). Faculdade de pensamento discursivo, feito por meio de argumentos e de abstrações; faculdade de raciocinar.

Reflexão. Ato do conhecimento que se volta sobre si mesmo, tomando por objeto seu próprio ato; ato de pensar o próprio pensamento.

Secularização. Ato de tornar secular (isto é, do século, do mundo); deixar de ser religioso ou sagrado. Diz-se também *laicização* (ver).

Signo. Alguma coisa que está no lugar de outra, sob algum aspecto.

Símbolo. [Do grego *symbolon*, "marca", "sinal de reconhecimento".] Tipo de signo que mantém relação arbitrária e convencional com a coisa representada. Qualquer representação de uma realidade por outra. A linguagem humana, por exemplo, é simbólica enquanto representa a realidade de forma analógica ou convencional. O símbolo caracteriza o mundo humano.

Sincronia. Ver *diacronia*.

Socialismo. Designação de correntes e movimentos políticos da classe operária que visavam à propriedade coletiva dos meios de produção a fim de substituir, por meio da revolução, o capitalismo por um sistema de governo que conduzisse a resultados mais equitativos e mais favoráveis ao pleno desenvolvimento do ser humano. Já o *socialismo democrático* (ou *social-democracia*) visa ao mesmo objetivo, mas por meio das vias institucionais (e não revolucionárias), com reformas dentro do sistema democrático. Ver capítulo 12.

Sofisma. Tipo de raciocínio incorreto, apesar de ter aparência de correção. Também conhecido como *falácia* ou *paralogismo*.

Sofista. [Do grego *sophistés*, "sábio".] Designação dada a filósofos do século V a.C., contemporâneos de Sócrates. Inicialmente, *sofista* designava qualquer filósofo, mas a partir de Platão e Aristóteles adquiriu um sentido pejorativo, qualificando a pessoa cuja sabedoria é aparente e que argumenta com *sofismas* (ver). Somente no século XIX, iniciou-se a reabilitação dos sofistas, então reconhecidos como mestres da retórica, além de terem dado início a uma espécie de educação de nível superior. Aqueles filósofos também se dedicaram à profissionalização dos mestres e à didática, cuidando inclusive da ampliação das disciplinas de estudo.

Subjetivo. Que se refere ao sujeito do conhecimento. Relativo ao conhecimento que depende do ponto de vista pessoal, individual, não fundado no objeto, mas condicionado por sentimentos ou afirmações arbitrárias do sujeito. Não confundir com *particular* (ver). Oposição: *objetivo* (ver).

Taylorismo (Teoria de Frederick Taylor). Método científico de racionalização da produção que, por meio da supressão de gestos desnecessários e comportamentos supérfluos no interior do processo produtivo, visa ao aumento da produtividade e à economia de tempo. O processo de trabalho parcelado acentua a dicotomia entre a concepção e a execução do trabalho. Ver capítulos 5 e 14.

Tecnicista (pedagogia). Teoria pedagógica que privilegia a instrumentalização do professor, adaptando a atividade educativa às técnicas empresariais que visam à racionalidade, à organização e à eficácia. A tendência tecnicista surgiu nos Estados Unidos a partir da tentativa de inserir a escola no modelo de produtividade típica do sistema de produção capitalista. Utiliza procedimentos do *taylorismo* (ver) e do *behaviorismo* (ver). Ver também capítulo 14.

Teologia. [Do grego *theos*, "Deus", e *logos*, "estudo".] Estudo da existência, da natureza e dos atributos de Deus, assim como de sua relação com o mundo. Chama-se *teologia racional* ou *teodiceia* a parte da metafísica que se ocupa desse assunto usando exclusivamente a razão. Chama-se *teologia sobrenatural* ou *revelada* a que baseia suas afirmações, em última instância, na revelação sobrenatural procedente de Deus, aceita pela fé.

Teoria. [Do grego *théorein*, "contemplar", e *theoria*, "visão de um espetáculo".] Construção especulativa do espírito; construção intelectual para justificar ou explicar alguma coisa. Em oposição à prática, a teoria é um conhecimento independente das aplicações; no entanto, isso não significa que a teoria esteja separada da prática, pois ela nasce da prática e está sempre sujeita à crítica a partir dos acontecimentos. Em oposição ao senso comum, a teoria é uma etapa do método científico, uma concepção metódica e sistematicamente organizada sobre determinado assunto. Sob esse aspecto é também chamada *hipótese geral*, por reunir diversas leis particulares numa explicação mais abrangente (exemplo: teoria da relatividade). O conceito de teoria é também usado, no sentido pejorativo, como construção racional, artificial e utópica, incapaz de explicar a realidade.

Teoria do conhecimento. Parte da filosofia que estuda as relações entre sujeito e objeto no ato de conhecer. Por exemplo, como apreendemos o real, se o conhecimento deriva principalmente de nossas sensações, se existem ideias anteriores a qualquer experiência, se é possível ou não conhecer a realidade, as noções de verdade e falsidade etc. Também chamada *gnosiologia* e *epistemologia* (ver). Esta última abrange as questões sobre o conhecimento científico. Ver capítulo 10.

Totalitarismo. Sistema político no qual todas as atividades do ser humano estão submetidas ao Estado.

Transcendência. Ato de ultrapassar, de ir além de; superação. Na teoria do conhecimento, diz-se do objeto como algo realmente distinto da consciência (caso não se admita a transcendência do objeto, mantém-se uma concepção idealista do conhecimento).

Trivium. Ver *artes liberais*.

Unesco. Organização das Nações Unidas para a Educação, a Ciência e a Cultura (*United Nations Educational, Scientific and Cultural Organization*), constituída em 1946 para proteger as liberdades humanas e incentivar o desenvolvimento cultural. Instituição especializada da Organização das Nações Unidas (ONU).

Utopia. [Do grego *u-topos*, "nenhum lugar".] Que não existe em lugar nenhum; descrição de uma sociedade ideal; um ideal de vida proposto. Pode ser também a expressão da esperança, pois, graças ao projeto utópico — como antecipação teórica daquilo que "ainda não é" —, torna-se possível criar condições para a reforma social. No sentido pejorativo, um ideal irrealizável.

Orientação bibliográfica

Bibliografia básica

Filosofia da educação

GHIRALDELLI Jr., Paulo (org.). *O que é filosofia da educação?* 2. ed. Rio de Janeiro, DP&A, 2000.

GILES, Thomas Ranson. *Filosofia da educação*. São Paulo, EPU, 1983.

KNELLER, George F. *Introdução à filosofia da educação*. 8. ed. Rio de Janeiro, Zahar, 1984.

MORANDI, Marc. *Filosofia da educação*. Bauru, Edusc, 2002.

REBOUL, Olivier. *Filosofia da educação*. Lisboa, Edições 70, 2000.

SAVIANI, D. *et al. Filosofia da educação brasileira*. Coord. Triguciro Mcndcs. Rio dc Janeiro, Civilização Brasileira, 1983.

SEVERINO, Antônio Joaquim. "A filosofia da educação no Brasil: esboço de uma trajetória". In GHIRALDELLI JR., Paulo (org.). *O que é filosofia da educação?* 2. ed. Rio de Janeiro, DP&A, 2000, p. 265 a 326.

TEIXEIRA, Anísio. *Pequena introdução à filosofia da educação*: a escola progressiva ou a transformação da escola. Rio de Janeiro, DP&A, 2000.

História da educação e da pedagogia

ABBAGNANO, N. e VISALBERGHI, A. *História da pedagogia*. Lisboa, Livros Horizonte, 1981-1982. 4 v.

ARANHA, Maria Lúcia de Arruda. *História da educação e da pedagogia*: geral e Brasil. 3. ed. rev. atual. São Paulo, Moderna, 2006.

CAMBI, Franco. *História da pedagogia*. São Paulo, Ed. Unesp, 1999.

DEBESSE, Maurice e MIALARET, Gaston (orgs.). *Tratado das ciências pedagógicas*. v. 2: *História da pedagogia*. São Paulo, Nacional, 1974.

EBY, Frederick. *História da educação moderna:* teoria, organização e prática educacionais. Porto Alegre, Globo, 1962.

GADOTTI, Moacir. *Pensamento pedagógico brasileiro*. São Paulo, Ática, 1995.

HILSDORF, Maria Lucia Spedo. *História da educação brasileira*: leituras. São Paulo, Pioneira Thomson Learning, 2005.

HUBERT, René. *História da pedagogia*. 3. ed. São Paulo, Nacional, 1976.

LARROYO, Francisco. *História geral da pedagogia*. São Paulo, Mestre Jou. v. 1: 2. ed., 1982; v. 2: 4. ed. atual., 1974 (com apêndice de Célio Cunha, "A educação no Brasil").

LOMBARDI, José Claudinei e NASCIMENTO, Isabel Moura (orgs.). *Fontes, história e historiografia da educação*. Campinas, Autores Associados/HISTEDBR, 2004.

LUZURIAGA, Lorenzo. *História da educação e da pedagogia*. 19. ed. São Paulo, Nacional, 2001.

MANACORDA, Mario Alighiero. *História da educação*: da Antiguidade aos nossos dias. 11. ed. São Paulo, Cortez, 2003.

MARROU, Henri-Irénée. *História da educação na Antiguidade*. São Paulo, EPU/Edusp, 1973.

MONROE, Paul. *História da educação*. 16. ed. São Paulo, Nacional, 1984.

PONCE, Aníbal. *Educação e luta de classes*. 15. ed. São Paulo, Cortez, 1996.

RIBEIRO, M. Luísa Santos. *História da educação brasileira*: a organização escolar. 17. ed. Campinas, Autores Associados, 2001.

ROMANELLI, Otaíza de Oliveira. *História da educação no Brasil*: 1930/1973. 25. ed. Petrópolis, Vozes, 2001.

ROSA, Maria da Glória de. *A história da educação através dos textos*. 16. ed. São Paulo, Cultrix, 1995.

SAVIANI, Dermeval, LOMBARDI, José Claudinei e SANFELICE, José Luís (orgs.). *História e história da educação*: o debate teórico-metodológico atual. São Paulo, Autores Associados/HISTEDBR, 2000.

_____. *O legado educacional do século XX no Brasil*. Campinas, Autores Associados, 2004.

SEBARROJA, Jaume Carbonell (org.). *Pedagogias do século XX*. Porto Alegre, Artmed, 2003.

SOCIEDADE BRASILEIRA DE HISTÓRIA DA EDUCAÇÃO (org.). *Educação no Brasil*: história e historiografia. Campinas/São Paulo, Autores Associados/SBHE, 2001.

STEPHANOU, Maria e CAMARA BASTOS, Maria Helena (orgs.). *Histórias e memórias da educação no Brasil*. Petrópolis, Vozes. v. I: *Séculos XVI-XVIII*, 2004; v. II: *Século XIX* e v. III: *Século XX*, 2005.

VIDAL, Diana Gonçalves e HILSDORF, M. Lucia Spedo. *Brasil, 500 anos*: tópicos em história da educação. São Paulo, Edusp, 2000.

XAVIER, Maria Elizabete *et al*. *História da educação*: a escola no Brasil. São Paulo, FTD, 1994.

Introdução à filosofia

ARANHA, M. Lúcia de Arruda e MARTINS, M. Helena Pires. *Filosofando*: introdução à filosofia. 3. ed. São Paulo, Moderna, 2003.

_____. *Temas de filosofia*. 3. ed. São Paulo, Moderna, 2005.

BLACKBURN, Simon. *Pense, uma introdução à filosofia*. Lisboa, Gradiva, 2001.

CASSIRER, Ernst. *Antropologia filosófica*. México, Fondo, 2000.

GARCÍA MORENTE, Manuel. *Fundamentos de filosofia*: lições preliminares. 8. ed. São Paulo, Mestre Jou, 1980.

JASPERS, Karl. *Introdução ao pensamento filosófico*. São Paulo, Cultrix, 1971.

OLIVEIRA, Armando Mora de (org.). *Primeira filosofia*. São Paulo, Brasiliense, 1996. 2 v.

REZENDE, Antonio (org.). *Curso de filosofia*. Rio de Janeiro, Jorge Zahar, 1998.

Dicionários (pedagogia, filosofia, história e outros)

ABBAGNANO, Nicola. *Dicionário de filosofia*. 4. ed. São Paulo, Martins Fontes, 2000.

ARÉNILLA, Louis *et al*. *Dicionário de pedagogia*. Lisboa, Instituto Piaget, s.d.

BLACKBURN, Simon. *Dicionário Oxford de filosofia*. Rio de Janeiro, Jorge Zahar, 1997.

BOBBIO, Norberto *et al*. *Dicionário de política*. Brasília, Ed. UnB, 2000. 2 v.

BURGUIÈRE, André (org.). *Dicionário das ciências históricas*. Rio de Janeiro, Imago, 1993.

CANTO-SPERBER, Monique (org.). *Dicionário de ética e filosofia moral*. São Leopoldo, Unisinos, 2003. 2 v.

HUISMAN, Denis (dir.). *Dicionário dos filósofos*. São Paulo, Martins Fontes, 2001. 2 v.

JAPIASSÚ, Hilton e MARCONDES, Danilo. *Dicionário básico de filosofia*. Rio de Janeiro, Jorge Zahar, 1990.

LALANDE, André. *Vocabulário técnico e crítico da filosofia*. 3. ed. São Paulo, Martins Fontes, 1999.

MORA, José Ferrater. *Dicionário de filosofia*. São Paulo, Martins Fontes, 2001.

Revistas

Cadernos Cedes (Centro de Estudos de Educação e Sociedade). Campinas/São Paulo, Unicamp, Fundação Carlos Chagas/Autores Associados.

Cadernos de Pesquisas. São Paulo, Fundação Carlos Chagas/Autores Associados. Quadrimestral.

Educação. São Paulo, Segmento.

Educação & Sociedade. Revista de Ciência da Educação. Campinas, Unicamp. Quadrimestral.

Fórum Educacional. Instituto de Estudos Avançados em Educação. Rio de Janeiro, Fundação Getúlio Vargas.

Pro-Posições. Revista quadrimestral da Faculdade de Educação. Campinas, Unicamp.

Revista Brasileira de Educação. Campinas, Autores Associados/Anped (Associação Nacional de Pós-Graduação e Pesquisa em Educação). Quadrimestral.

Revista Brasileira de História da Educação. São Paulo/Campinas, SBHE/Autores Associados.

Revista da Andes. São Paulo, Associação Nacional de Educação. Semestral.

Revista Nova Escola. São Paulo, Abril.

Coleções

COTIDIANO ESCOLAR. São Paulo, Moderna.

EDUCAÇÃO CONTEMPORÂNEA. Campinas, Autores Associados.

EDUCAÇÃO E CONHECIMENTO. Petrópolis, Vozes.

EDUCAÇÃO EM PAUTA. São Paulo, Moderna.

LOGOS. São Paulo, Moderna.

MAGISTÉRIO: FORMAÇÃO E TRABALHO PEDAGÓGICO. Campinas, Papirus.

OS PENSADORES. São Paulo, Abril Cultural.

PENSADORES & EDUCAÇÃO. Belo Horizonte, Autêntica.

PENSAMENTO E AÇÃO NO MAGISTÉRIO. São Paulo, Scipione.

POLÊMICAS DO NOSSO TEMPO. Campinas, Autores Associados.

QUESTÕES DA NOSSA ÉPOCA, São Paulo, Cortez.

Orientação para trabalhos

ARANHA, M. Lúcia de Arruda e MARTINS, M. Helena Pires. *Temas de filosofia*. 3. ed. São Paulo, Moderna, 2005 (consultar Apêndice, "Os instrumentos do filosofar", p. 320 a 335).

SEVERINO, Antonio Joaquim. *Metodologia do trabalho científico*. 22. ed. rev. e ampl. São Paulo, Cortez, 2002.

Bibliografia geral

ALARCÃO, Isabel. *Professores reflexivos em uma escola reflexiva*. 2. ed. São Paulo, Cortez, 2003.

ALTHUSSER, Louis. *Aparelhos ideológicos de Estado*: nota sobre os aparelhos ideológicos de Estado. 8. ed. Rio de Janeiro, Graal, 2001.

ARAÚJO, Ulisses Ferreira. *Temas transversais e a estratégia de projetos*. São Paulo, Moderna, 2003.

ARIÈS, Philippe. *História social da criança e da família*. 2. ed. Rio de Janeiro, Zahar, 1981.

AZEVEDO, Fernando de. *A cultura brasileira*: introdução ao estudo da cultura no Brasil. 6. ed. rev. e ampl. Brasília, Ed. UnB, 1997.

BECKER, Fernando. *A epistemologia do professor*: o cotidiano da escola. 10. ed. Petrópolis, Vozes, 2002.

BIAGGIO, Angela Maria Brasil. *Lawrence Kohlberg*: ética e educação moral. 2. ed. São Paulo, Moderna, 2006.

BOURDIEU, Pierre e PASSERON, Jean-Claude. *A reprodução*: elementos para uma teoria do sistema de ensino. São Paulo, Francisco Alves, 1975.

BUSQUETS, Maria Dolors *et al. Temas transversais em educação*: bases para uma formação integral. São Paulo, Ática, 1998.

CARNOY, Martin e LEVIN, Henry. *Escola e trabalho no Estado capitalista*. 2. ed. São Paulo, Cortez, 1993.

CHARLOT, Bernard. *A mistificação pedagógica*: realidades sociais e processos ideológicos na teoria da educação. 2. ed. Rio de Janeiro, Zahar, 1983.

CHAUI, Marilena. *Cultura e democracia*: o discurso competente e outras falas. 11. ed. São Paulo, Cortez, 2006.

CUNHA, Luiz Antônio. *Educação e desenvolvimento social no Brasil*. 8. ed. Rio de Janeiro, Francisco Alves, 1985.

_____. *Educação, Estado e democracia no Brasil*. 2. ed. São Paulo, Cortez, 1995.

_____. (org.). *Escola pública, escola particular e a democratização do ensino*. São Paulo, Cortez/Autores Associados, 1985.

CURY, Carlos R. Jamil. *Ideologia e educação brasileira*: católicos e liberais. 3. ed. São Paulo, Cortez/Autores Associados, 1986.

DEBESSE, Maurice e MIALARET, Gaston (orgs.). *Tratado das ciências pedagógicas*. São Paulo, Nacional, 1974-1977. 5 v.

DELORS, Jacques (org.). *A educação para o século XX*: questões e perspectivas. Porto Alegre, Artmed/Unesco, 2005.

DEWEY, John. *Democracia e educação*: introdução à filosofia da educação. 4. ed. São Paulo, Nacional, 1979.

DURKHEIM, Émile. *Educação e sociologia*. Lisboa, Ed. 70, 2001.

DUSSEL, Inés e CARUSO, Marcelo. *A invenção da sala de aula*: uma genealogia das formas de ensinar. São Paulo, Moderna, 2003.

ESTABLET, Roger. "A escola". In *Tempo Brasileiro*, n. 35, out.-dez., 1973, p. 93-125.

FOUCAULT, Michel. *Microfísica do poder*. 18. ed. Rio de Janeiro, Graal, 2003.

FRANCO, Maria Amélia Santoro. *Pedagogia como ciência da educação*. Campinas, Papirus, 2003.

FREIRE, Paulo. *A importância do ato de ler*, em 3 artigos que se completam. 2. ed. São Paulo, Cortez, 1982.

_____. *Educação como prática da liberdade*. 33. ed. Rio de Janeiro, Paz e Terra, 1999.

_____. *Pedagogia da autonomia*: saberes necessários à pratica educativa. Rio de Janeiro, Paz e Terra, 1996.

_____. *Pedagogia do oprimido*. 41. ed. Rio de Janeiro, Paz e Terra, 2002.

FREITAG, Barbara. *Escola, Estado & sociedade*. 6. ed. São Paulo, Moraes, 1986.

_____. *Itinerários de Antígona*: a questão da moralidade. 3. ed. Campinas, Papirus, 2005.

_____. *O indivíduo em formação*. 2. ed. São Paulo, Cortez, 1996.

GALLO, Silvio. *Educação anarquista*: um paradigma para hoje. Piracicaba, Ed. Unimep, 1995.

GALLO, Silvio e SOUZA, Regina Maria (orgs.). *Educação do preconceito*: ensaios sobre poder e resistência. Campinas, Alínea, 2004.

GIROUX, Henry. *Escola crítica e política cultural*. São Paulo, Cortez, 1992.

_____. *Os professores como intelectuais*: rumo a uma pedagogia crítica da aprendizagem. Porto Alegre, Artes Médicas, 1997.

GOHN, Maria da Glória. *Educação não formal e cultura política*: impactos sobre o associativismo do terceiro setor. 3. ed. São Paulo, Cortez, 2005.

GRAMSCI, Antonio. *Concepção dialética da história*. 10. ed. Rio de Janeiro, Civilização Brasileira, 1995.

_____. *Os intelectuais e a organização da cultura*. 5. ed. Rio de Janeiro, Civilização Brasileira, 1985.

ILLICH, Ivan. *Sociedade sem escolas*. 2. ed. Petrópolis, Vozes, 1973.

LA TAILLE, Yves de *et al. Piaget, Vygotsky, Wallon*: teorias psicogenéticas em discussão. São Paulo, Summus, 1992.

LIBÂNEO, José Carlos. *Democratização da escola pública*: a pedagogia crítico-social dos conteúdos. São Paulo, Loyola, 1985.

LORIERI, Marcos Antônio. *Filosofia no ensino fundamental*. São Paulo, Cortez, 2002.

LORIERI, Marcos Antônio e RIOS, Terezinha Azerêdo. *Filosofia na escola*: o prazer da reflexão. São Paulo, Moderna, 2004.

MILANESI, Luís. *A casa da invenção*. 3. ed. São Paulo, Ateliê, 1997.

MORIN, Edgar. *A cabeça benfeita*: repensar a reforma, reformar o pensamento. 7. ed. Rio de Janeiro, Bertrand Brasil, 2002.

_____. *Os sete saberes necessários à educação do futuro*. 3. ed. São Paulo, Cortez, 2001.

NEILL, A. S. *Liberdade sem medo* (Summerhill). São Paulo, Ibrasa, 1980.

NEVES, Lúcia Maria Wanderley. *Educação e política no Brasil de hoje*. 3. ed. São Paulo, Cortez, 2002.

_____. (org.). *Educação e política no limiar do século XXI*. Campinas, Autores Associados, 2000.

OLIVEIRA, Marta Kohl de. *Vygotsky*: aprendizado e desenvolvimento; um processo sócio-histórico. São Paulo, Scipione, 1993.

PAIVA, Vanilda Pereira. *Educação popular e educação de adultos*. 4. ed. São Paulo, Loyola, 1987.

_____. (org.). *Pensamento social brasileiro*. São Paulo, Cortez, 2005.

PISTRAK, M. *Fundamentos da escola do trabalho*. São Paulo, Expressão popular, 2000.

PUIG, Josep Maria. *A construção da personalidade moral*. São Paulo, Ática, 1998.

_____. *Ética e valores*: métodos para um ensino transversal. São Paulo, Casa do Psicólogo, 1998.

_____. *Práticas morais*: uma abordagem sociocultural da educação moral. São Paulo, Moderna, 2004.

_____. *et al. Democracia e participação escolar*: propostas de atividades. São Paulo, Moderna, 2000.

RIOS, Terezinha Azerêdo. *Ética e competência*. 5. ed. São Paulo, Cortez, 1997.

SÁNCHEZ VASQUEZ, Adolfo. *Filosofia da práxis*. Rio de Janeiro, Paz e Terra, 1968.

SANTOS, Boaventura de Sousa. *Pela mão de Alice*: o social e o político na pós-modernidade. São Paulo, Cortez, 1995.

SAVIANI, Dermeval. *Educação brasileira*: estrutura e sistema. 8. ed. Campinas, Autores Associados, 1996.

_____. *Educação*: do senso comum à consciência filosófica. 12. ed. Campinas, Autores Associados, 1996.

_____. *Escola e democracia*: teorias da educação; curvatura da vara; onze teses sobre educação e política. 35. ed. Campinas, Autores Associados, 1997.

_____. *Pedagogia histórico-crítica*: primeiras aproximações. 7. ed. Campinas, Autores Associados, 2003.

_____. *Política e educação no Brasil*: o papel do Congresso Nacional na legislação do ensino. 2. ed. São Paulo, Cortez, 1988.

_____. "Tendências e correntes da educação brasileira". In MENDES, Trigueiro (coord.). *Filosofia da educação brasileira*. Rio de Janeiro, Civilização Brasileira, 1983.

_____. (org.). *Desenvolvimento e educação na América Latina*. São Paulo, Cortez/Autores Associados, 1984.

SCHAFF, Adam. *A sociedade informática*: as consequências sociais da segunda Revolução Industrial. São Paulo, Unesp/Brasiliense, 1996.

SEVERINO, Antonio Joaquim. *Educação, ideologia e contraideologia*. São Paulo, EPU, 1986.

SNYDERS, Georges. *Alunos felizes*: reflexão sobre a alegria na escola a partir de textos literários. Rio de Janeiro, Paz e Terra, 1993.

_____. "A pedagogia em França nos séculos XVII e XVIII". In DEBESSE, M. e MIALARET, G. *Tratado das ciências pedagógicas*. v. 2: *História da pedagogia*. São Paulo, Nacional, 1974.

_____. *Escola, classe e luta de classes*. São Paulo, Centauro, 2005.

_____. *Pedagogia progressista*. Coimbra, Almedina, 1974.

_____. *Pedagogias não diretivas*. São Paulo, Centauro, 2002.

SNYDERS, Georges *et al. Correntes atuais da pedagogia*. Lisboa, Livros Horizonte, 1984.

SUCHODOLSKI, Bogdan. *A pedagogia e as grandes correntes filosóficas*. 3. ed. Lisboa, Livros Horizonte, 1984.

TEIXEIRA, Anísio Spínola. *Educação não é privilégio*. 5. ed. Rio de Janeiro, UFRJ Ed., 1994.

_____. *Educação para a democracia*. Rio de Janeiro, UFRJ Ed., 1997.

VYGOTSKY, L. S. A *formação social da mente*: o desenvolvimento dos processos psicológicos superiores, 8. ed. São Paulo, Martins Fontes, 2000.

_____. *Pensamento e linguagem*. São Paulo, Martins Fontes, 1993.

XAVIER, Maria Elizabete S. Prado. *Poder político e educação de elite*. 3. ed. São Paulo, Cortez, 1992.

Índice de nomes

ADORNO, Theodor (1903-1969). Filósofo alemão, 40, 53, 100, 109, 282, 283, 294

ALTHUSSER, Louis (1918-1990). Filósofo francês, 13, 253, 254, 255, 256, 261, 317

AQUINO, Tomás de (1225-1274). Frade dominicano, teólogo e filósofo italiano (Aquino, Reino de Nápoles),113,151, 174, 181, 308

ARENDT, Hannah (1906-1975). Filósofa alemã naturalizada norte-americana, 68, 109

ARIÈS, Philippe (1914-1984). Historiador francês, 95, 98, 99, 318

ARISTÓTELES (385-322 a.C.). Filósofo grego, 22, 24, 27, 90, 113, 151, 155, 176, 307, 310, 311, 313

ARROYO, Miguel Gonzales. Educador brasileiro contemporâneo, 315

AZEREDO COUTINHO, D. José Joaquim de (1742-1821). Bispo de Olinda, ensaísta, educador brasileiro, 140

AZEVEDO, Fernando de (1894-1974). Educador, crítico, ensaísta e sociólogo brasileiro, 46, 228, 318

BACON, Francis (1561-1626). Barão de Verulam, filósofo, advogado e político inglês, 35, 152

BAKUNIN, Mikhail Aleksandrovitch (1814-1876). Revolucionário e filósofo russo, 212, 247, 248, 249, 258, 259, 261,277

BARTHES, Roland (1915-1980). Filósofo francês, 38, 41, 87

BASEDOW, Johann Bernhard (1723-1790). Educador e pedagogo alemão, 211, 226

BAUDELOT, Christian (1938). Sociólogo e professor francês, 12, 36, 255, 256, 261

BAUDRILLARD, Jean (1929). Filósofo, sociólogo ensaísta francês, 282

BEAUVOIR, Simone de (1908-1986). Filósofa e romancista francesa, 138

BECKER, Fernando. Professor brasileiro contemporâneo, 12, 166, 167, 168, 169, 318

BELL, Andrew (1753-1832). Educador inglês, 116

BENJAMIN, Walter (1882-1940). Filósofo alemão, 282

BINET, Alfred (1857-1911). Psicólogo francês, 35, 278

BOBBIO, Norberto (1909-2004). Jurista e filósofo italiano, 139, 186, 188, 198, 303, 316

BOSI, Alfredo (1936). Professor de literatura brasileiro, 64

BOURDIEU, Pierre (1930-2002). Sociólogo francês, 13, 36, 252, 253, 255, 256, 261, 318

BRENTANO, Franz (1838-1917). Filósofo e psicólogo alemão, 172

BUSQUETS, Maria Dolors. Professora catalã contemporânea de psicologia, 179, 318

CALVINO, João (1509-1564). Teólogo reformador francês, 113

CARNAP, Rudolph (1891-1970). Filósofo alemão, 283

CARUSO, Marcelo. Educador e filósofo argentino contemporâneo, 11, 120, 318

CASSIRER, Ernst (1874-1945). Filósofo alemão, 283, 316

CASTELLS, Manuel (1942). Sociólogo espanhol, 101

CHARLOT, Bernard. Professor e pedagogo francês contemporâneo, 90, 271, 318

CHAUI, Marilena (1941). Professora e filósofa brasileira, 303, 318

CIRIGLIANO, Gustavo F. G. Filósofo argentino contemporâneo, 32

CLAPARÈDE, Edouard (1873-1940). Psicólogo e pedagogo suíço, 35, 228, 278

COLL SALVADOR, César. Professor, psicólogo e educador espanhol, contemporâneo, 280

COMÊNIO, João Amós (1592-1670). Educador e pedagogo nascido na Morávia, 35, 114, 115, 139, 145, 194, 207, 226

COMPAYRÉ, Jules-Gabriel (1843--1913). Pedagogo e historiador francês, 125

COMTE, Augusto (1798-1857). Filósofo francês, 152, 161, 212, 213, 232, 311

COMTE-SPONVILLE, André (1952). Filósofo francês, 9, 27, 28, 87, 155, 157

CONDORCET (Marie Jean Antoine Nicolas de Caritat), Marquês de (1743--1794). Filósofo francês, 125, 139, 194, 208

CORAZZA, Sandra Mara. Professora brasileira contemporânea, 12, 184, 187

COSTA, Jurandir Freire (1944). Psicanalista brasileiro, 50, 53

CUBERO, Jaime (1927-1998). Jornalista e pedagogo brasileiro, de formação autodidata, 251

CUNHA, Luiz Antônio. Sociólogo e educador brasileiro contemporâneo, 131, 193, 266, 315

CURY, Carlos Roberto Jamil. Educador brasileiro contemporâneo, 275

DAVIDSON, Donald (1917-2003). Filósofo norte-americano, 283

DECROLY, Ovide (1871-1932). Médico e educador belga, 228

DELORS, Jacques (1925). Político francês, articulador da União Europeia, 11, 144, 145, 199, 200, 296, 297

DÉMIA, Charles (1636-1689). Abade e educador francês, 125

DERRIDA, Jacques (1930). Filósofo francês, nascido na Argélia, 282

DESCARTES, René (1596-1650). Filósofo francês, 35, 113, 115, 152, 156, 160, 161, 162, 166, 210, 281, 294, 313

DEWEY, John (1859-1952). Filósofo e educador norte-americano, 32, 36, 194, 227, 228, 229, 230, 235, 236, 238, 239, 283, 311

DIDEROT, Denis (1713-1784). Filósofo francês, 125, 194, 208

DOWBOR, Ladislau (1941). Economista e professor francês, naturalizado brasileiro, 200, 201

DUARTE, Newton. Professor e psicólogo da educação contemporâneo, brasileiro, 265

DUARTE JR., João-Francisco (1953). Psicólogo e educador brasileiro, 183, 184

DURKHEIM, Émile (1858-1917). Sociólogo francês, 36, 162, 176, 213, 318

DUSSEL, Inés. Professora e educadora argentina contemporânea, 11, 120, 318

EBY, Frederick (1874-1968). Historiador canadense e filósofo da educação, 119, 315

ECO, Umberto (1932). Professor de semiótica e romancista italiano, 63

ENGELS, Friedrich (1820-1895). Filósofo alemão, 139, 195, 212, 308, 310, 311

ESTABLET, Roger (1938). Sociólogo francês, 13, 36, 255, 256, 261, 318

FELTRE, Vittorino da (1378-1446). Educador e pedagogo italiano, 226

FÉNELON, François (1651-1715). Bispo e educador francês, 139

FERNANDES, Florestan (1920-1995). Sociólogo, educador e ensaísta brasileiro, 69

FERREIRA GULLAR (pseudônimo de José Ribamar Ferreira) (1930). Poeta brasileiro, 189

FERREIRO, Emilia (1937). Psicolinguista e educadora argentina radicada no México, 14, 154, 278, 279, 280, 285, 291

FERRER I GUÀRDIA, Francisco (1859-1909). Educador e pedagogo espanhol, 249, 251, 258, 271

FERRIÈRE, Adolphe (1879-1961). Pedagogo suíço, 235, 238

FERRY, Luc (1951). Filósofo francês, 27, 282

FILANGIERI, Carlo (1784-1867). Nobre italiano (Duas Sicílias), militar, político, 125

FLORESTA, Nísia (Dionísia Gonçalves Pinto) (1810-1885). Educadora e feminista brasileira, 142

FOUCAULT, Michel (1926-1984). Filósofo francês, 13, 119, 121, 216, 219, 221, 282, 283, 318

FOURIER, Charles (1772-1837). Filósofo francês, 195

FRANCO, Maria Amélia Santoro Pedagoga brasileira contemporânea, 34, 39, 48, 153, 213, 234, 311, 315, 318

FREINET, Célestin (1896-1966). Pedagogo francês, 228, 250, 271

FREIRE, Paulo (Reglus Neves) (1921--1997). Educador e pedagogo brasileiro, 14, 49, 89, 107, 127, 143, 164, 224, 271, 273, 274, 275, 290, 318

FREIRE, Roberto (1927). Psiquiatra e escritor brasileiro, 251

FREITAG, Barbara (1941). Professora e socióloga alemã (residente no Brasil), 12, 50, 187, 256, 318

FREUD, Sigmund (1856-1939). Fundador da psicanálise, morávio (Rep. Tcheca) radicado na Áustria, 35, 96, 105, 216, 227, 241, 246, 250, 278, 282, 312

FROEBEL, Friedrich (1782-1852). Educador e pedagogo alemão, 35, 226

GADOTTI, Moacir. Educador e pedagogo brasileiro contemporâneo, 271, 315

GALILEU GALILEI (1564-1642). Físico, astrônomo e filósofo italiano, 35

GALLO, Silvio. Filósofo e educador brasileiro contemporâneo, 14, 106, 187, 247, 248, 249, 251, 259

GARCÍA MORENTE, Manuel (1888--1942). Filósofo espanhol, 172, 316

GERBIER, Laurent. Filósofo francês contemporâneo, 12,156

GHIRALDELLI, JR., Paulo (1957). Professor e filósofo brasileiro, 284, 315

GINTIS, Herbert. Economista e professor norte-americano contemporâneo, 133

GIROUX, Henry A. (1943). Professor e educador norte-americano, 11, 48, 49, 52, 53, 87, 102, 107, 109, 271, 319

GODWIN, William (1756-1836). Escritor e reformador social inglês, 249

GOHN, Maria da Glória. Professora e pedagoga brasileira contemporânea, 62, 95, 319

GOUGES, Olympe de (Marie Gouze) (1740-1793). Jornalista, teatróloga e feminista francesa, 139

GRAMSCI, Antonio (1891-1937). Filósofo italiano, 62, 88, 155, 164, 197, 201, 203, 256, 264, 265, 271, 289, 319

GUATTARI, Felix (1930-1992). Filósofo e psicanalista francês, 282

GUSDORF, Georges (1912). Filósofo francês, 157, 175, 188

Índice de nomes

HABERMAS, Jurgen (1929). Filósofo alemão, 179, 211, 233, 282, 283, 294

HAYEK, Friedrich von (1899-1992). Economista austríaco, 192, 194

HEGEL, Georg Wilhelm Friedrich (1770-1831). Filósofo alemão, 26, 153, 163, 196, 212, 213, 220, 266, 308, 309

HERBART, Johann Friedrich (1776--1841). Pedagogo alemão, 13, 35, 116, 207, 214, 215, 221

HESÍODO (c. 700 a.C.). Poeta grego, 22, 96

HESSE, Herman (1887-1962). Escritor, ensaísta e poeta alemão, 53

HOMERO (c. séc. IX-VIII a.C.). Poeta grego, 22, 102

HORKHEIMER, Max (1895-1973). Filósofo alemão, 100, 109, 282

HUMBOLDT, Wilhelm von (1767--1835). Filólogo e humanista alemão, 192, 213

HUME, David (1711-1776). Filósofo escocês, 160, 308

HUSSERL, Edmund (1859-1938). Filósofo alemão, 154, 163, 309

ILLICH, Ivan, (1926-2002). Professor e humanista, nasceu na Áustria e viveu nos Estados Unidos, México, Alemanha, 117, 242, 243, 244, 245, 257, 260, 296, 300, 319

INHELDER, Bärbel (1913-1997). Filósofa e psicóloga suíça, 278

JAMES, William (1842-1910). Psicólogo e filósofo norte-americano, 36, 227, 312

JULIANO, Flávio Cláudio, dito o Apóstata (331-363). Imperador romano, 124

KANT, Immanuel (1724-1804). Filósofo alemão, 13, 22, 23, 27, 29, 100, 116, 151, 163, 192, 207, 210, 211, 220, 308, 310

KERSCHENSTEINER, Georg (1854--1932). Pedagogo alemão, 228

KEYNES, John Maynard (1883-1946). Economista, jurista e filósofo inglês, 192, 194

KIERKEGAARD, Sören (1813-1855). Filósofo dinamarquês, 154

KILPATRICK, William Heard (1871--1965). Pedagogo norte-americano, 228, 263, 239

KOFFKA, Kurt (1886-1941). Psicólogo alemão, 36, 163

KOHLBERG, Lawrence (1927-1987). Psicólogo e educador norte-americano, 154, 177, 178, 179, 186, 187, 188, 211, 279, 318

KÖHLER, Wolfgang (1887-1967). Psicólogo alemão, 36, 163, 266

KOYRÉ, Alexandre (1892-1964). Filósofo russo, viveu em Paris, 91

KROPÓTKIN, Pierre A. (1842-1921). Teórico e escritor russo, 247, 249

LA BOÉTIE, Étienne de (1530-1563). Intelectual francês, 143

LACAN, Jacques (1901-1981). Psicanalista e pensador francês, 282

LANCASTER, Joseph (1778-1838). Pedagogo inglês, 116

LEONTIEV, Alexei N. (1904-1979). Cientista social russo, 265, 271

LE PELETIER, Louis Michel (1760--1793). Político francês, 125, 208

LÉVY, Pierre (1956). Filósofo francês, 14, 303, 304

LIBÂNEO, José Carlos. Educador brasileiro contemporâneo, 10, 31, 32, 51, 52, 119, 275, 298, 303, 319

LOBROT, Michel (1924). Filósofo e psicopedagogo francês, 250, 271

LOCKE, John (1632-1704). Filósofo inglês, 115, 152, 153, 160, 161, 162, 166, 192, 207, 208, 210, 294, 308

LORIERI, Marcos Antônio (1940). Filósofo e professor brasileiro, 319

LOTZE, Rudolf Hermann (1817-1881). Filósofo e psicólogo alemão, 172

LOURENÇO FILHO, Manuel Bergsтrön (1897-1970). Educador e escritor brasileiro, 228

LUBIENSKA, Hélène (1895-1972). Educadora de origem polonesa, 228

LURIA, Alexander Romanovich (1902--1977). Neuropsicólogo russo, 265, 286, 289, 324

LUTERO, Martinho (1483-1546). Teólogo reformista alemão, 113

LUTZ, Bertha (1894-1976). Bióloga, advogada e feminista brasileira, 142

MAESTRI, Mário. Professor e historiador brasileiro contemporâneo, 130

MAINTENON (Françoise D'Aubigne), Madame de (1635-1719). Educadora francesa, 139

MAKARENKO, Anton Semiónovitch (1888-1939). Educador e pedagogo russo, 197, 264, 271, 289

MANN, Horace (1796-1859). Político e educador norte-americano, 235, 238

MARCUSE, Herbert (1898-1979). Filósofo alemão, viveu nos Estados Unidos, 282

MARX, Karl (1818-1883). Filósofo e revolucionário alemão, 36, 80, 82, 88, 139, 153, 154, 157, 163, 195, 196, 197, 203, 212, 246, 247, 248, 253, 254, 259, 275, 282, 306, 307, 310, 311

MASI, Domenico (1938). Professor e sociólogo italiano, 91

MATOS, Olgária (1948). Professora e filósofa brasileira, nascida no Chile, 64, 232

McLUHAN, Marshall (1911-1980). Escritor canadense, 101, 102, 107, 109

MELLO, Guiomar Namo de. Professora brasileira contemporânea, 270, 275

MELLO E SOUZA, Antonio Candido de (1918). Cientista social e professor de literatura brasileiro, 184, 186

MERLEAU-PONTY, Maurice (1908--1961). Filósofo francês, 28, 29, 154, 163, 175, 185, 188

MILANESI, Luís. Professor e biblioteconomista brasileiro contemporâneo, 10, 60, 67, 69, 72, 319

MILL, John Stuart (1806-1873). Filósofo e economista inglês, 140, 192, 204

MONTAIGNE, Michel de (1533-1592). Filósofo francês, 28, 65, 114, 156

MONTESSORI, Maria (1870-1952). Médica e educadora italiana, 228

MORENO, Montserrat. Professora catalã de psicologia contemporânea, 179

NAGLE, Jorge. Educador e pedagogo brasileiro contemporâneo, 132

NEILL, Alexander Sutherland (1883--1973). Educador inglês, 117, 246, 247, 319

NEVES, Lúcia Maria Wanderley. Pedagoga brasileira contemporânea, 298, 319

NEWTON, Isaac (1642-1727). Matemático, físico, astrônomo, filósofo inglês, 152, 265, 295

NIETZSCHE, Friedrich (1844-1900). Filósofo alemão, 13, 154, 172, 215, 216, 218, 221, 227, 282

OITICICA, José (1882-1957). Educador e pensador anarquista brasileiro, 251

OLIVEIRA LIMA, Lauro (1921). Pedagogo brasileiro, 257

ORLANDI, Luiz B. Lacerda. Professor e filósofo brasileiro contemporâneo, 37

OURY, Fernand (1920-1998). Professor e pedagogo francês, 250, 271,

OWEN, Robert (1711-1858). Filósofo britânico, 195

PALACIOS, Jesús. Educador espanhol contemporâneo, 244, 250

PASSERON, Jean-Claude (1930). Sociólogo e filósofo francês, 13, 36, 252, 253, 255, 256, 261, 318

PAVLOV, Ivan Petrovich (1849-1936). Fisiologista russo, 162, 266

PEIRCE, Charles Sanders (1839-1914). Químico e filósofo norte-americano, 227, 312

Índice de nomes

PERRENOUD, Philippe (1944). Sociólogo e pedagogo suíço, 49, 154, 280, 281

PESTALOZZI, Johann Heinrich (1746--1827). Pedagogo suíço alemão, 13, 35, 100, 207, 211, 212, 217, 226

PIAGET, Jean (1896-1980). Psicólogo e filósofo suíço, 14, 35, 154, 163, 164, 167, 177, 211, 226, 229, 267, 278, 279, 281, 290, 316, 319

PISTRAK, Moisei Mikhailovich (1888--1940). Pedagogo russo, 197, 251, 264, 271, 319

PITÁGORAS (séc. VI a.C.). Filósofo grego (Magna Grécia), 22, 26

PLATÃO (427-347 a.C.). Filósofo grego, 20, 22, 150, 151, 155, 257, 313

PROUDHON, Pierre Joseph (1809--1865). Filósofo francês, 195, 212, 247

PUIG, Josep Maria. Psicólogo e pedagogo espanhol (da Catalunha) contemporâneo, 154, 176, 179, 188, 280, 319

RABELAIS, François (1494-1553). Humanista e pedagogo francês, 114, 226

RAMOS, Angélica Maria Pinheiro. Professora e economista brasileira contemporânea, 299

RATKE (ou Ratichius), Wolfgang (1571--1635). Educador alemão, 226

REBOUL, Olivier. Filósofo e educador francês contemporâneo, 41, 173, 187, 315

REICH, Wilhelm (1897-1957). Psicanalista alemão, 246

REIS FILHO, Casemiro dos. Professor brasileiro contemporâneo, 218

RIBEIRO, Maria Luísa Santos. Professora brasileira contemporânea, 316

RIOS, Terezinha Azerêdo. Filósofa e professora brasileira contemporânea, 319

ROGERS, Carl (1902-1987). Psicólogo e educador norte-americano, 246, 250

RORTY, Richard (1931). Filósofo norte--americano, 228, 283, 284

ROSSI, Wagner Gonçalves. Educador brasileiro contemporâneo, 271

ROUANET, Sérgio Paulo (1934). Bacharel em direito, cientista político, filósofo e diplomata brasileiro, 26, 29, 282

ROUDINESCO, Elisabeth. Historiadora e psicanalista francesa contemporânea, 101

ROUSSEAU, Jean-Jacques (1712-1778). Filósofo francês, nascido na Suíça, 13, 35, 100, 139, 151, 153, 207, 208, 209, 210, 211, 216, 217, 220, 226, 249, 258, 261, 284

SAFFIOTI, Heleieth (1934). Socióloga brasileira, 143

SAINT-SIMON, Conde de (1760-1825). Filósofo francês, 195

SARTRE, Jean-Paul (1905-1980). Filósofo francês, 108, 145, 154. 156

SASTRE, Genoveva. Professora espanhola de psicologia contemporânea, 179

SAUSSURE, Ferdinand de (1857-1913). Linguista suíço, 252

SAVATER, Fernando (1947). Filósofo espanhol, 9, 17, 27, 275, 276, 277, 285, 315, 316

SAVIANI, Dermeval (1944). Filósofo e pedagogo brasileiro, 20, 25, 64, 83, 84, 85, 131, 155, 188, 198, 230, 236, 256, 271

SCHELER, Max (1874-1928). Filósofo alemão, 154, 172

SCHÖN, Donald (1930-1997). Filósofo e educador norte-americano, 49

SEN, Amartya (1933). Economista indiano, 11, 135, 297, 305

SEVERINO, Antonio Joaquim (1941). Filósofo e educador brasileiro, 10, 50, 53, 70, 88, 315

SILVA, Franklin Leopoldo e. Professor e filósofo brasileiro contemporâneo, 281

SIRVENT, María Teresa. Professora argentina contemporânea, 91, 133

SKINNER, Burrhus Frederic (1904--1990). Psicólogo norte-americano, 35, 152, 162, 214, 307

SMITH, Adam (1723-1790). Filósofo e economista político escocês, 192, 194

SNYDERS, Georges (1917). Filósofo e educador francês, 14, 90, 115, 217, 244, 247, 256, 258, 268, 271, 272, 273, 275, 285, 287, 290, 291, 320

SÓCRATES (469-399 a.C.). Filósofo grego, 22,150, 313

SOUSA SANTOS, Boaventura de (1940). Sociólogo português, 198, 199

STIRNER, Max (pseudônimo de Johann Kaspar Schmidt) (1806-1856). Pensador alemão, 154

SUCHODOLSKI, Bogdan (1907-1993). Pedagogo polonês, 149, 271, 275, 320

SZYMANSKI, Heloisa. Psicóloga e professora brasileira contemporânea, 104

TAYLOR, Frederick (1856-1915). Engenheiro e administrador norte-americano, 77, 140, 313

TEBEROSKY, Ana. Professora e psicopedagoga espanhola, contemporânea, 279

TEDESCO, Juan Carlos (1944). Educador argentino, 297

TEIXEIRA, Anísio Spínola (1900-1971). Educador e pedagogo brasileiro, 13, 228, 229, 230, 237, 238, 239, 299, 305, 315

THORNDIKE, Edward Lee (1874-1949). Psicólogo norte-americano, 35

TOSCHI, Mirza Seabra. Cientista social e pedagoga brasileira contemporânea, 52

TRAGTENBERG, Maurício (1929-1998). Sociólogo brasileiro, 251, 271

VERNANT, Jean-Pierre (1914). Historiador helenista francês, 22, 29

VIEIRA PINTO, Álvaro (1909-1987). Matemático e filósofo brasileiro, 275

VIVES, Juan Luis (1492-1540). Humanista espanhol, 139

VOLTAIRE (François-Marie Arouet) (1694-1778). Filósofo francês, 125, 208

VYGOTSKY, Lev Semenovich (1896-1934). Filólogo e psicólogo russo, 14, 36, 164, 265, 266, 267, 268, 271, 278, 286, 288, 290, 291, 319, 320

WALLON, Henri (1879-1962). Psicólogo francês, 278, 319

WATSON, John B. (1878-1958). Psicólogo norte-americano, 35, 162, 168, 214, 307

WILDE, Oscar (1854-1990). Escritor irlandês, 260

WITTGENSTEIN, Ludwig (1889-1951). Filósofo austríaco, 283

WUNDT, Wilhelm (1832-1920). Psicólogo e filósofo alemão, 152, 162, 214, 266

ZIZEK, Slavoj (1949). Filósofo esloveno, 12, 200, 202, 204